王朝的赌局

宋徽宗联金灭辽的致命抉择

李臣◎著

新世界出版社
NEW WORLD PRESS

图书在版编目（CIP）数据

王朝的赌局：宋徽宗联金灭辽的致命抉择 / 李臣著 .
北京：新世界出版社，2025. 8. -- ISBN 978-7-5104
-8142-0

Ⅰ . K244.09

中国国家版本馆 CIP 数据核字第 2025CM6463 号

王朝的赌局：宋徽宗联金灭辽的致命抉择

作　　者：李　臣
策划编辑：董晶晶
责任编辑：董晶晶
责任校对：宣　慧　张杰楠
责任印制：王宝根
出　　版：新世界出版社
网　　址：http://www.nwp.com.cn
社　　址：北京西城区百万庄大街 24 号（100037）
发 行 部：（010）6899 5968（电话）　（010）6899 0635（电话）
总 编 室：（010）6899 5424（电话）　（010）6832 6679（传真）
版 权 部：+8610 6899 6306（电话）　nwpcd@sina.com（电邮）
印　　刷：天津中印联印务有限公司
经　　销：新华书店
开　　本：710mm×1000mm　1/16　尺寸：170mm×240mm
字　　数：514 千字　　印张：28
版　　次：2025 年 8 月第 1 版　2025 年 8 月第 1 次印刷
书　　号：ISBN 978-7-5104-8142-0
定　　价：78.00 元

目　录

楔子

大宋外交官

一、朋友、仇敌，还是兄弟？

宋徽宗政和元年[1]（公元1111年）九月，北宋都城东京汴梁（今河南开封）。

天刚亮不久，大街上已是人头攒动，热闹非凡。沿街的商铺已早早开门营业，各式各样的商品琳琅满目。丝绸、绢帛、瓷器、服装、名人字画、日用百货、各种吃食……甚至从国外远道而来的各种洋货，也大批大批地摆在店铺里售卖，显得稀松平常。

商铺门前，行人如织，往来穿梭。坐轿的、骑马的、牵驴的、赶牛的、推车的、步行的……熙熙攘攘。间或有挑着担子的小货郎穿行其中，测字算命的江湖先生和杂耍卖艺的能人异士也各显神通，吸引人们驻足观看。叫卖声、吆喝声、喝彩声、讨价还价声、欢声笑语声、马鸣牛嘶声……此起彼伏。一派繁华之象！

日头渐高，伴随着一阵杂乱的马蹄声，一支数十人的队伍从高大的城门中鱼贯而出，在随护军兵的保卫下一路向北，向着北方边境线浩荡而去。

随行的马车上，装着各种珍贵的礼物和北宋的土特产，部分人员的肩上还背着装有重要公文的包裹。为首的几人身着官服，器宇轩昂，官服颜色和样式的差异代表了官职品级的高低。就连队伍后方未穿官服之人，也是衣着华丽，一派富足之相。

队伍中几乎每个人都是精挑细选出来的，即便称不上英俊倜傥、仪表堂堂，也让人备感舒服，绝无面貌凶恶、贼眉鼠眼之徒。因为他们并不是外出公干的普通官员和随从，而是一群代表着北宋国家形象、肩负国家使命的特殊人员——国信使。

土生土长的汴京百姓对这种大场面显然已经熟视无睹了，他们每年都至少会两次见到这种情形，多的时候见十几次也不算意外。在他们看来，这次出使和往常没有什么不同，不过是大宋使节的又一次正常出访而已。

自澶渊之盟以来，大宋奉行和平相处的外交政策，与周边国家互派使者进行交流

---

① 这段历史涉及多个政权，同一年份在不同政权下的年号不同。本书中年号除做说明外，均为宋朝年号。

已成常态。除在偏远的西北地区与西夏偶有摩擦之外，大宋子民已经享受了一百多年和平。经过数代皇帝的休养生息和鼓励生产，此时的大宋，无论农业还是工商业，无论经济、文化还是科技，都已经达到了历代封建王朝所不能企及的高度。

史学家黄仁宇先生在《中国大历史》一书中写道："火药之发明、火焰器之使用、航海用之指南针、天文时钟、鼓风炉、水力纺织机、船只使用不漏水舱壁等，都于宋代出现。在十一、十二世纪内，中国大城市里的生活程度，可以与世界上任何其他城市比较而无逊色。"

陈寅恪先生也对宋代文明推崇备至。他说："华夏民族之文化，历数千载之演进，造极于赵宋之世。"

世界领先、登峰造极，这就是北宋的高度。

北宋灭亡后，被迫南渡的遗民孟元老抚今追昔，不胜感慨之余，根据自己在汴梁二十多年的生活经历，追忆成《东京梦华录》一书，为我们真实再现了汴梁城的繁华与辉煌：

太平日久，人物繁阜。垂髫之童，但习鼓舞；班白之老，不识干戈。时节相次，各有观赏。灯宵月夕，雪际花时，乞巧登高，教池游苑。举目则青楼画阁，绣户珠帘，雕车竞驻于天街，宝马争驰于御路，金翠耀目，罗绮飘香。新声巧笑于柳陌花衢，按管调弦于茶坊酒肆。八荒争辏，万国咸通。集四海之珍奇，皆归市易，会寰区之异味，悉在庖厨。花光满路，何限春游，箫鼓喧空，几家夜宴。伎巧则惊人耳目，侈奢则长人精神。

国宁人安，物阜民丰。此时的大宋，繁盛而稳定；此时的大宋子民，自信而富足。

大家相信，这样的盛世将会一直延续，这样的生活也会一直延续，一如昨日与往昔。

谁都不会想到，使团远去扬起的尘沙，不仅遮蔽天空，还会掩埋历史。

正是以这次出使为起点，之后的数年间，大宋子民的命运将发生可怕的转折，同时改变的，还有大宋的国运。安定的生活将戛然而止，繁华的盛世将轰然倒塌。而当这场巨变来临之际，无论是渺小的个人，还是庞大的国家，都显得无力和脆弱。

国信使们要出使的国家，是位于国家正北方的另一个大国，由契丹人建立的草原国家——大辽。

受《杨家将》《呼家将》等评书的影响，人们总是认为，大辽与北宋天生就是仇敌，不是你南侵，就是我北伐，打打杀杀似乎从未停止过，鲜有把酒言欢、握手言和的时候。

实际上，两国关系用一个词来形容再合适不过：相爱相杀。一百年前是仇敌，现在是兄弟，几年之后又将变成死敌。双方均见证了彼此从强盛走向衰弱，甚至灭亡的全过程。

如果我们认真计算一下，就会发现，在宋辽两国都存在的一百六十五年间（从公元960年宋朝建立至公元1125年辽国灭亡），百分之八十五以上的时间都是和平的，两国间的友好交往远大于杀伐征战。

事实上，北宋建立还要感谢大辽。

史载，公元960年正月初一，新年第一天刚刚开始，后周便收到了辽国大举南侵、进犯后周边境的消息。鉴于刚即位的周恭帝还是个年仅八岁的小朋友，完全没有政治概念，只好由宰相范质等人拍板，派赵匡胤率领军队前去反击。没承想走到陈桥驿的时候，士兵突然发生了哗变，胁迫赵匡胤做了皇帝。赵匡胤就这样无辜地成了宋太祖，建立了北宋。

当然，这都是北宋官方说法，辽国方面并无在公元960年出兵南下的记载。所以很多人怀疑，所谓辽国入侵，很可能是赵匡胤团伙编造的政治谣言，以便实施其谋权篡位的阴谋。这一公案，时至今日仍无定论，真相究竟如何，不得而知。

不管怎样，就是从这时开始，北宋开始和辽国产生了联系。

在后面的叙述中，我们将会大量涉及宋辽金三方在外交活动中的精彩博弈与智谋对决，不妨先以宋辽前期的外交为蓝本，大致了解一下北宋的外交程序。

北宋建立以后，并没有立即同辽国建立外交关系。一来是因为北宋继承自郭威建立的后周，而后周与辽国是世仇，虽然现在改名叫大宋了，但土地还是那些土地，人民还是那些人民，仇恨还是那些仇恨，并不会因国号改变而消失。赵匡胤的帝位本就得之不正，如果再着急忙慌地去和仇敌结交，只会更加丧失民心。二来是因为辽国对新建立的北宋政权也并无好感，三天两头来搞破坏，要么亲自来，要么安排“小弟”北汉来，而北宋也总是想把辽国的“小弟”北汉吃掉，导致双方没有开展正常外交的可能。

直到十四年后的开宝七年（辽保宁六年，公元974年），双方才开始外交接触。

根据宋方记载，接触是辽方首先发起的。辽国涿州（今河北涿州）刺史耶律琮给北宋雄州（今河北雄县）知州写了一封情深意长的信，诚恳地表达了想要和宋朝交朋友的良好愿望。信中说咱两家本没有什么深仇大恨（“初无纤隙”），如果能互派使者交流一下感情（“若或交驰一介之使”）、重修旧好，不是好事一件吗（“不亦休哉”）？

而辽方记载则恰恰相反，说接触是由宋朝先发起的，而且是上赶着要和辽国交朋友（“遣使请和”），辽国这才派耶律琮前去“议和”。

究竟谁先向谁示好，因双方政治立场不同，导致记载相左，已无从考证。此次接触的具体细节和内容，也因不载于史籍而无法弄清。但双方的外交接触开始于开宝七年（公元974年），是没有问题的，后世有史家称之为“雄州和议”。

“雄州和议”之后，双方开始互派使节，成了你好我好大家好的好朋友，逐步建立了友谊。

友谊的保质期，五年。

太平兴国四年（公元979年），斧声烛影中继位的宋太宗赵光义为了强调皇位的合法性，树立自己在群臣和百姓心中的威信，毅然决定柿子专拣软的捏，亲征北汉，铁了心要把辽国的这个小兄弟吃掉。

辽国当然不愿意，立即派人来传话：那是我小弟，大家都是朋友，能不能给我个面子，这事就算了。

没想到赵光义硬气得很，说这事你最好别掺和，那咱还是朋友，不然的话连你一块打。

大辽当然不是吓大的，打就打，谁怕谁！

两国正式断交。

其实在这之前，宋太祖赵匡胤已经对北汉下手好几次了，只可惜自身实力不够，对方又请有外援（大辽），没有一次能占到便宜。最后一次好不容易有了点收获，眼看胜利在即，没承想人算不如天算，赵匡胤突然死了，宋军只好草草班师，无功而返。

事实证明，北汉并不是软柿子，而是硬骨头。不出意外的话，北宋这一次也注定会以失败收场，绝无获胜的可能。

但统计学告诉我们，只要重复的次数足够多，小概率事件也必然会发生（买彩票的朋友就对此深信不疑）。这一次，北宋居然打赢了，虽然有大辽在背后撑腰，北汉还是被消灭了。哥哥用尽一生也未能做到的事，自己竟然一战就搞定了，宋太宗顿时膨胀了，觉得自己无敌于天下，那干脆把大辽也灭了吧！

当年五月，宋太宗亲征大辽。

事实证明，侥幸代替不了实力，大辽东北霸主的地位是不容撼动的，起码在当时是无可挑战的。宋军大败于高梁河，宋太宗本人也挨了辽军一箭，吓得乘着驴车落荒而逃。

为了找回面子，雍熙三年（公元986年），宋太宗不顾群臣反对，决定趁辽国皇帝新丧、新主年幼之机，欺负一下孤儿寡母，毅然决定北伐辽国，史称“雍熙北伐”。结果宋军再次大败于岐沟关，《杨家将》中的杨令公原型杨业也在这次北伐中身死殉国。

两次大败，终于让宋太宗认清了现实，既然打不过人家，只好求别人不要来打自己。淳化五年（公元994年），宋太宗两次遣使求和，结果都是热脸贴冷屁股，辽国压根不搭理他。

不仅不许和议，辽国还决定要报复一下北宋。宋真宗咸平六年（辽统和二十一年，公元1003年），辽圣宗耶律隆绪和承天太后萧绰（萧燕燕）统兵伐宋。宋军仓皇迎战于望都（今河北望都），大败，副都部署、云州观察使王继忠力战被俘。谁也不会想到，正是这个败军之将，间接影响了宋辽今后一百多年的政治格局。

王继忠被俘后，由于消息传递不畅，宋真宗一度以为他战死沙场了，追赠他为大同军节度，向家属发放抚恤金，并为其四个儿子安排了工作。事实上，被俘的王继忠不仅没有受到非人折磨和严刑拷打，还被辽国给予高规格待遇，赐名耶律显忠（后改名耶律宗信），封楚王。

一个异族俘虏竟然被封为王，辽国对王继忠的重视程度可见一斑。也正因如此，他才能够在后来那个关键时刻发挥出强大的影响力，改变了历史的走向。

从道德家们的角度来看，王继忠被俘之后，不仅没有撞碑而死、以身殉国之类的壮烈之举，还公然接受大辽的官职，甘为契丹人的鹰犬，实在有辱大节，应该牢牢钉在历史的耻辱柱上，永世不得翻身。

如果抛开道德说教，单从历史本身来讲，王继忠虽然气节有亏，但对自己的祖国北宋还是很够意思的。史料记载，王继忠虽身在大辽，但终生不忘宋朝，每见宋人必大哭。《四郎探母》中的杨四郎，据说就是以他为原型创造出来的。

望都之战的第二年（公元1004年），辽圣宗和萧太后再次南下。北宋朝廷再次陷入恐慌，以副宰相（参知政事）王钦若为代表的一众大臣被辽军吓破了胆，极力怂恿宋真宗南下逃跑。好在宰相寇凖力排众议，说服真宗皇帝御驾亲征，极大地鼓舞了宋军官兵的士气。

与此同时，降辽的王继忠也在关键时刻发挥了作用，他竭力劝说辽圣宗和萧太后罢战讲和，并最终成功说服了他们。

就这样，仗不打了，双方开始互派使节，商量和谈的具体内容和细节，最终于当年十二月签订条约，即《澶渊誓书》，史称“澶渊之盟”。

条约规定宋朝每年要向辽国支付三十万的助军之费（绢二十万匹、银十万两），看上去宋朝吃了大亏，因而后人常将之视为屈辱的城下之盟。

但事实上，三十万的助军费支出，还不到宋朝财政收入的百分之一，比战争造成的损失要少得多。战争不仅要耗费巨额物资（有时候一年的财政收入都不足以支撑一场大战），还会死人。战争破坏和导致的劳动力缺少，又会影响生产（在农业社会这是十分致命的），进而导致财政恶化和社会矛盾增加。历史上很多政权就是这样崩溃的。

《澶渊誓书》的签订，无论对北宋还是对辽国来说，都是一件划时代的大事。它不仅确立了宋辽两国今后的政治和外交框架，为宋辽两国人民带来了长达一百二十年的和平，还为百年后宋金关系的发展提供了样板。中原王朝和游牧国家之间能维持这么长时间的和平，无论在中国历史上，还是在世界历史上，都是十分罕见的。和平实现后，土地大量开垦，人口大幅增加，社会生产和经济发展都有了明显提升，宋朝由此在历代封建王朝中达到了经济和科技发展的巅峰。

无论何时何地，对大部分老百姓来讲，和平与安稳才是最重要的。日子不需要太富裕，衣食无忧就好；人生不需要波澜壮阔，平平淡淡就好；家人不需要战功卓著，健康活着就好。谁忽视了老百姓这最朴素的愿望，谁就必将受到历史的惩罚，绝无例外！

因此，后来宋徽宗单方面撕毁合约、挑起战争时，才会引来那么多人反对，而他也最终尝到了恶果——身死国灭。

澶渊之盟后，宋辽成为地位平等的国家，两国皇帝还约为兄弟，这在中国历史上是一个创举。而无论汉唐还是明清，少数民族政权与中原国家之间都是不平等的朝贡关系。不仅如此，宋辽两国无论是在对方国家和皇帝的称呼上，还是在外交文书和出使细节上，都力求平等，逐渐形成了规范的外交机构、使节团及外交程序。

为了突出辽国在外交上的特殊平等地位，宋朝特意设立了新的外交机构——国信所，专门负责处理和辽国的外交事宜。其他国家和宋朝的外交（仍是不平等的朝贡关系），则仍由礼部的主客司、兵部的驾步司，以及鸿胪寺、四方馆等部门负责。

当然，无论何时何国，大使才是外交活动的主体，大使的外交表现如何，直接影响到国家关系的好坏，甚至可以左右国际局势。那么，如何才能成为一名合格的大使呢？

二、大使是怎样炼成的

北宋派往辽国的使者称国信使，选拔标准十分严格："择其容止可观、文学优赡者，以充聘使。"

首先，要有一张标准的脸蛋，最好浓眉大眼，不怒自威，举手投足之间尽显大国风范。相貌粗陋、口歪眼斜、举止轻浮、气质猥琐的，着实影响国家形象，可以洗洗睡了。

其次，还要博学多才，胸藏万卷诗书，脑装天文地理，经史子集，均有涉猎，阴阳八卦，亦能一谈。总之，不管对方聊什么话题，都能接上话才行。当然，如果本人或亲戚就是当时知名的文坛巨擘，那再好不过了，就等着对方使劲吹捧吧。比如苏辙担任过出使辽国的大使，辽国人一听来的竟然是苏学士，立即由外交官变成了粉丝，说我曾看过您写的哪些作品，当真是文采斐然、造诣了得。苏辙顿时高兴得心花怒放，但越听越不对劲，搞了半天才明白，原来辽人把自己当成大哥苏轼了。尽管如此，他还是兴冲冲地给大哥写了一封家书，其中有"谁将家集过幽都，逢见胡人问大苏"之句，可见苏轼在大辽受欢迎的程度。有这层关系垫底，什么事谈不成？

再次，得熟悉出使国的风俗人情和生活习惯，尤其是一些禁忌。比如人家以某种动物为图腾，结果大使去了就问有没有它的肉可吃，那不是纯粹找事吗？再比如，人家和另一个国家本是宿敌，血海深仇不共戴天，大使去了却说这个国家真心不错，上次我去的时候招待得如何周到。如此恶心人家，再好办的事也得谈崩。

以上只是大使的入门条件。入门之后，还需要掌握一项最重要的技能——能言善辩、随机应变。从某种意义上来讲，外交活动其实就是一场场辩论、一场场谈判桌上的较量，战争时期更是如此。大使事先并不知道对方会抛出什么论点，抬出什么论据，使出什么招数。但不管对方如何出招，他总能在最短的时间内想出最优解，据理力争，见招拆招，轻松化解，最终将其驳倒，取得胜利。这不是多读几箱古书，或多背诵几卷名人文集就能做到的，需要丰富的处事经验、高超的谈判技巧、过人的勇气胆识，外加一点天赋异禀，方能做得到“临事而敏，应变无穷”。

以上几个条件同时满足，方算得一名出色的大使。

基于以上考虑，北宋的大使大都进士出身（容貌可观、博学多才）、年龄在五十至六十岁之间（政治经验丰富、临场应变能力强）的中级官员中选拔。

使节团通常由正使一人、副使一人、三节人若干和随护军兵组成。

正使多用文臣，副使多用武臣，一般由在职的五品或六品官充任。出使之前，大都会临时加上一个头衔，称之为“假官”。比如澶渊之盟中与辽国进行谈判的曹利用，本是个芝麻小官（大官都不愿意去），直接去和辽人谈判，实在显得不够分量，真宗皇帝只好授予他阁门祇候、假崇仪副使，这才正式出使。

正使副使之外，使节团还包括三节人若干。所谓三节人，是使节团中除正副使和随护军兵之外其余人员的统称，根据分工不同，分为上中下三等，故称为三节人。构成那可真叫一个复杂，有掌管文书的，有掌管礼物的，有负责翻译的，有负责做饭的，有负责看病的，甚至连负责缝缝补补的针匠人都有，可谓面面俱到。人数不定，少则二三十，多则满百，随出使目的和朝廷规定的变化而调整。

随护军兵就顾名思义了。那时候还没有飞机，出使主要靠马的四条腿和人的两条腿，也没有柏油马路，有时还要翻越大山、穿越戈壁，环境复杂，保不齐哪个地方就突然蹿出来一伙好汉，要你留下买路财。丢东西事小，影响外交那就事大了，所以必须有军兵护送。

辽国正使则由皇族耶律氏和后族萧氏担任，多为官阶较高的武将；副使多用熟悉宋朝风土人情的汉人，尤其是汉人大族。

好了，使节团选好了，出发吧！

且慢，您先别着急。外交出使毕竟不是个人旅游，想啥时候去就啥时候去，是有严格规定的。

每年的正月初一，宋辽时称为“正旦”，新年伊始，万象更新，双方会互派使节祝贺新年大吉，称“贺正旦使”。再比如，对方皇帝要过生日了，也是大喜，也要派使者祝他生日快乐，称“贺生辰使”。

一般情况下，这两次外交活动每年都会雷打不动地进行。

除非皇帝挂了。

皇帝（或大辽太后）驾崩，可是头等大事，自然要派使者告诉对方，方便大家一起哀悼，称“告哀使”。同时，还要派人把皇帝的遗物送一部分给对方做纪念，以便睹物思人，称“遗留使”。

对方皇帝得知多年好兄弟突然就这么没了，很悲伤，马上派人去驾崩的皇帝灵前祭奠，抚今追昔，痛不欲生，称“祭奠使”。还要派另一拨人去安慰死者家属，说些节哀顺变、保重身体之类的话，称“吊慰使”。

俗话说，国不可一日无君。这边老皇帝刚死，太子虽然还沉浸在无尽的悲痛之中，也只好为了国家和人民，勉为其难登基继位。于是又派人告诉对方，现在我说了算了，以后有事咱俩谈，称“告登位使”。对方立即从对老皇帝的哀悼中回过神来，乐呵呵派人来表示热烈祝贺（恭喜恭喜，你终于熬出头了），称“贺登位使”。

甭管是不是真心，既然人家派人来祭奠或贺登位，说明还是给面子的，咱就得再派人去谢谢人家，称“回谢使”。

以上这些皆成惯例，故称派出的使节为“常使”。

除“常使”之外，两国还会因各种需要临时协商或告知的事项，派出各种名义的使节，称为“泛使”，如通问使、计议使、告和使等。因为名目太多，就不再一一列举了。

因为山高路远坑深，交通工具不发达，还要考虑天气因素，使节团往往需要提前一至数月出发，才能保证按时到达，不耽误正事。

时间选好了，人也定好了，终于可以开拔了。

使团从都城汴京一路北上，晓行夜宿，碰上阴雨天还要耽误几天，就这样走走停停，终于来到了北方边境线上的雄州。这时就不能再往前走了，不然就成了非法越境，使节团只需要做一件事——等。

等什么呢？等对方的接待人员。

其实，使团出使的消息早就传到了大辽，对方也早已派人在边境线上的涿州等候迎接宋使到来。这些负责接待的人员，称“接伴使”。

接伴使等呀等，盼呀盼，终于看到了大宋使团的旗帜，脸上立马浮出笑容，赶紧走上前去寒暄：一路颠簸，辛苦辛苦。宋使也很讲礼貌：让您久等，劳驾劳驾。

一阵客套之后，宋使便在辽方接伴使的陪伴下，继续北行，一直到大辽皇帝所在的地方。值得一提的是，如果有幸多次出使辽国，且是在不同的季节出使，就会发现一个奇特的现象——皇帝还是那个皇帝，大臣也基本还是那些大臣，但地方却不是那个地方了！

这一切，不过是文化差异而已。受草原游牧文化影响，辽国皇帝并不像中原皇帝一样长年待在一个地方办公和住宿，而是随季节变化不断变换工作和生活地点。春季冰雪消融，南雁北归，皇帝就会到便于猎雁和捕鱼的地方办公；夏季烈日炎炎，酷暑难耐，自然要到可以避暑的地方去；秋季气候适宜，正是野兽膘肥肉壮之时，要到适合打猎的地方去；冬季寒风萧萧，冰冷刺骨，要找一个相对暖和的地方。皇帝走到哪里，群臣就跟到哪里，哪里就是政治中心，此即辽国富有特色的"捺钵"（意为行宫、行在）制度。

找到皇帝之后，接伴使的任务就算完成了，转手把宋使交给另一拨接待人员——"馆伴使"。

馆伴使主要负责给宋使安排住处，并与宋使同吃同住，方便照料其出使期间的饮食起居，协调工作。当然，公务之余，也会陪同宋使观赏一下大辽的异域风光，品尝一下富有民族特色的各种美食，总之一句话：吃好喝好住好玩好，有事您说话。

接下来，就进入正题了。北宋使者在相关人员的安排下觐见大辽皇帝，完成一系列复杂的外交礼仪后，阐明本次出使的目的。大辽皇帝和大臣们经过商讨后做出答复，并赐予使节团一定数量的赏赐，宋使的使命便完成了。

办完正事，就该带着大辽皇帝的回复和礼物回国了。就像普通人家里来客人会送出家门一样，大辽也会派人员将宋使送出国门。这些负责送客的人员，称为"送伴使"。他们一路陪伴宋使到边境线上的涿州，说些时间过得真快，和你还没处够，希望下次还能再见之类的话，然后挥手告别，各回各家。

不过，千万不要以为接伴使、馆伴使和送伴使们全程陪同，仅仅是出于外交礼仪和保护使者安全的考虑，实际上，他们还有另一个重要任务——监视对方，防止他们在出使期间收集情报搞间谍活动（使者也确实有这方面的任务）。当然，如果能反其道而行之，在酒桌上或陪玩过程中从对方嘴里套出点情报来搞个反间谍，那再好不过了。

安全回到祖国后，使者们需要向皇帝呈报，此次出访取得了什么成果，对方有什么答复和要求，还存在哪些问题，等等。使者还需要上交一样十分重要的东西——出使日记（也叫行程录、奉使录、随笔等），写明哪一天到了哪里，见了什么人，说了什么话，做了什么事，沿途耳闻目睹了哪些民俗风情、社会动态、经济状况，以及山川地理和军事部署、要塞分布等，比较负责的还会加上自己的分析评论，交付相关机构存档，作为政治决策和以后出使的参考。

该汇报的汇报了，该上交的也上交了，大使的工作才算真正画上了句号。接下来，皇帝和大臣们会根据大使们的工作业绩和外交表现进行综合评判，该升官的升官，该贬黜的贬黜，该发奖金的发奖金，该罚款的罚款（铜钱）。

通过以上介绍，相信大家对北宋的外交有了一个大致的了解。

接下来，就让我们一起回到波谲云诡的北宋末年，感受那场惊天巨变下的风云激荡，看北宋政府怎样在战与和的泥淖中艰难抉择，文臣武将如何在危如累卵的局势下出招应对，外交使者们在缺少军事支持的情况下，又靠什么在谈判桌上影响政治走向。

在宋辽金三方对峙的形势下，战与和究竟谁对谁错？又是什么导致了北宋最后的崩溃？

希望我能说得明白，您能看得有趣。

壹

大幕开启

一、从一次屈辱的外交开始

一切，都要从政和元年（公元1111年）的那次出使说起。

政和元年（公元1111年）九月，宋徽宗赵佶按照惯例向北方的辽国派出了使节团，对这个兄弟之国进行友好访问，顺便恭贺大辽天祚帝耶律延禧生辰，祝他生日快乐。

使节团正使由端明殿学士郑允中担任，此人是典型的文臣，符合大使任命的一般规律。但在副使的选择上，宋徽宗和群臣发生了争执。因为他派出的副使，名叫童贯。

读过《水浒传》的朋友都知道，童贯的身份很特殊，也很敏感——他是一个宦官。宦官是什么样的人，大家都很清楚，这里就不多说了。

童宦官明显与其他宦官不一样，不然史书上也不会留下他的名字，还给他起了一个响当当的名号——“六贼”之一。

史料记载，童宦官的外表其实一点也不像人们印象中的宦官，他不仅身材高大、目光如炬（“状魁梧，伟观视”），还生就一副钢筋铁骨（“皮骨劲如铁”），更奇特的是，他还有一样别的宦官少有的东西——胡子（“颐下生须十数”）。看这风姿飒爽的外表，说他是一位大将军，估计也有人信。

但这并没有给童贯带来什么好处，除了打架时略占优势，他同其他大多数宦官一样起点很低，最开始只是一名基层宦官，整天被上司呼来喝去。不过，他有一样别人望尘莫及的本领——“善策人主微指，先事顺承”，皇帝脑袋里想什么，他总能第一时间猜透，并顺应提前做事，做到皇帝的心坎里。凭借这一特殊技能，童宦官进步神速，很快就得到了宋徽宗的赏识，跻身高级宦官的行列。

如果就这么走下去，童贯很可能会成为宦官里的佼佼者，生前风光无两，死后籍籍无名。然而，上天似乎对他特别垂青，让他的人生更加精彩，以青史留名，或遗臭万年。

为了满足自己的艺术追求，满身艺术细胞的宋徽宗专门在杭州设立了一个叫“金明局”的机构，负责搜刮东南地区的古董文玩和奇珍异宝，点名要童贯去主持工作。

正是在杭州工作期间，童贯遇到了一个当时落魄失意、后来呼风唤雨的人，与他成了亲密无间的好朋友。在童贯的帮助下，这个人重新回到了权力中心，并凭借自己高超的敛财之术和登峰造极的艺术修养，深得徽宗喜欢，很快便身居相位，成为炙手可热的人物。

这个人的名字，叫蔡京。不久之后，他将有一个比童贯更加响亮的名号——“六贼”之首。

蔡贼首虽然在后世名声极差，既祸国又殃民，但对朋友还是很够意思的，尤其是有利用价值的朋友。重掌权力后，蔡京决定用实际行动来回报自己的这位宦官朋友。

很快，机会来了。

和与辽国长期保持和平局面不同，北宋与位于西北方向的“冤家”西夏一直处于打打杀杀的状态，今天你砍我一刀，明天我刺你一剑。从宋仁宗时代一直折腾到宋哲宗时代，打来打去，大家都很烦，却又都不甘心停手。

宋徽宗上台后，毅然接过了和西夏战斗的接力棒，恢复了对西夏用兵。蔡京瞅准机会，立即推荐童贯担任西北监军。

所谓监军，顾名思义，就是帮皇帝监视军队、监督将领，并将军情和官兵的动态及时传递给皇帝，防止出现将领们尾大不掉甚至拥兵作乱的现象。在北宋，这一任务通常由宦官去完成。蔡京推荐童贯担任监军，也算是人尽其才。

童宦官运气很好，在他担任监军期间，北宋军队居然一改屡战屡败的颓丧之势，接连打了好几个胜仗。一时之间，各种荣誉如燕山的雪花一样片片飞至，他先后被加封为检校太尉、领枢密院事、太傅、泾国公……

大家都知道，枢密院是北宋最高军事机构。现在，童贯成了这个机构的负责人。也就是说，一夜之间，一个宦官竟然成了北宋军队的掌门人。

奇观，真是奇观！

童贯惊讶地发现，除了猜皇帝心思拍马屁之外，自己的身上竟还隐藏着如此惊人的军事才能。原来，跳出宦官系统，我一样吃得开！

既然吃得开，那就要猛吃。

童宦官立即拓展工作方向，由专门研究皇帝心理的专家变成了坚定的好战派。他知道，自己的这些荣誉都是从战场上得来的，要想将这份荣耀维持下去，只有发动新的战争，开辟新的战场。正处在兴头上的他，决定趁热打铁，更进一步，走向新的辉煌。

他信心满满地将目光转向了北方的大辽，是时候同大辽这个强敌大战一场了！

虽然从以前的战绩来看，北宋在与大辽的战争中败多胜少，还被迫每年向大辽输送五十万助军之费①，简直是奇耻大辱！但现在不一样了，我童贯来了。我既然能打败西夏，就一定也能打败大辽（“既得志于西边，遂谓北边亦可图”）。耻辱，将在我的手中洗刷；失地，将在我的手中复得。

大辽，我将用你来成就我新的荣耀！

当然，童宦官虽说在军事方面还是个门外汉，但最起码的军事常识还是有的。正式同大辽决裂之前，他决定搞点情报工作，摸一下对方的底细。

机会说来就来。

听说宋徽宗要向大辽派出使团，童贯立刻意识到机会来了，遂主动请缨，申请担任副使，以使者的身份作为掩护，亲自去刺探辽国军情。

宋徽宗答应了。大臣们却不干了。

反对的理由很充分——自古以来，没听说过让宦官担任使节，代表国家出使的。我大宋天朝上国，人才济济，派谁去不行，干吗非得派个宦官去？

言外之意，你童贯功劳再大，地位再高，荣誉再多，那又怎样？依然改变不了你是个宦官的事实。是宦官，你就上不了台面，登不了大雅之堂，你就不配代表国家出使。老实在家待着算完，别丢人丢到国外。

但宋徽宗似乎铁了心要把这个出国考察的名额留给童宦官，不顾众人反对拍了板，还编造了一个貌似很有说服力的理由——大辽皇帝听说童贯打败了西夏，十分钦佩，想要会会他（“虏主欲识其面”）。那意思，不是我要派童贯出使，而是大辽皇帝点名邀请童贯去进行友好访问，我也不好拒绝呀。

就这样，童贯当上了副使，开始了他的间谍之旅。

此次出行，童贯到底有没有搞到有价值的军事情报，史料没有说，我们也不好妄加猜测。但有一点是可以肯定的，对于自己盛情邀请童贯前来访问一事，大辽皇帝耶律延禧表示毫不知情，完全是政治谣言。

不仅不知情，当他得知童贯是个宦官之后，还不由得发出了灵魂拷问：“宋

---

① 《澶渊誓书》本约定为三十万，后宋夏战争期间，辽国趁火打劫，又逼迫北宋朝廷每年增加岁币二十万，每年共计五十万。

朝难道没有人了吗，怎么派这么个人出使（‘南朝乏才如此，遣一腐夫来使，何也’）？”

伤害性不大，侮辱性极强！

好在使团带去了不少奇珍异宝，耶律延禧看在钱的面子上，这才像模像样地接待了他们，没有做出更过分的举动。

童贯尴尬而郁闷地结束了他的大使生涯，垂头丧气地准备回国复命。他意识到，官职、权位、荣誉可以带来他人的敬畏，却带不来他人的尊重，只要他还是个宦官，别人就会从骨子里瞧不起他。但他是宦官这个事实，神仙也改变不了。

如果就这么回去，童贯无疑会成为大家眼中的笑话，被人暗地里讥讽和嘲笑，沦为他人茶余饭后的谈资和笑料。

但他终究没有成为笑话。因为上天让他遇到了一个人，这个人改变了他的命运，也改变了历史进程。

二、一个改变历史的人

当使团回程至一个叫卢沟的地方（今卢沟桥附近），天色已晚。大家准备像往常一样，在此地休息一晚，待天明之后继续赶路。谁也不会想到，在这个平平无奇的夜晚，即将发生一件影响历史走向的小事。

是的，的确是一件小事。

当时，童贯正准备休息，属下忽然来报，有个辽人想和他聊聊。

尚未从“南朝乏才如此”的阴影中走出来的童贯，立即表现出不耐烦的情绪。聊什么聊？都几点了，有事明天再说！

但属下接下来的一句话，却让他改变了主意——这个辽人说，他有灭辽之策。

灭辽？

童贯立即兴奋起来，紧急召见了这个叫马植的人。

马植，在历史上是个比较神秘的人物。因为没人说得清他到底有什么来头，究竟为何叛辽归宋。

有史料说，他本是辽国的中高层官僚（光禄卿），但个人品行和生活作风很成问题，越来越不受皇帝待见，自觉政治前途渺茫，加之辽国危机四伏，想来个民族复兴似乎也不太可能，识时务者为俊杰，于是乎，他毅然背叛了祖国，投入了大宋的怀抱。

但在另一些史料里，他却成了正面典型。按这些史料的说法，马植祖上本是汉人，世居燕赵之地，在宋朝的怀抱里安居乐业。无奈辽国强盗入侵，将好好的乐土变成了殖民地，燕赵之民过上了水深火热的生活。但马植身在辽国心在宋，时刻不忘祖国，此时终于瞅准时机，冲破重重阻挠，回到了祖国的怀抱。

不论哪种说法为真，有一点是可以确定的，那就是马植肯定知道辽国的一些秘密，而且是相当重要的秘密。因为他叛逃之后，辽国曾数次派人来索要，要求北宋政府交出这个叛臣。

北宋政府的应对手段很无厘头，却很有效——您说谁？马植？马植是谁？没听过呀。一口咬定北宋从未接收过辽国的任何叛臣，辽国只能气得干瞪眼。

夜宿卢沟的那天晚上，马植和童贯聊了很多，如果整理成文字，大概可以命名为《辽国必亡论》。在这篇论文中，马植充分运用了摆事实、讲道理的议论手法，以及夸张、排比等修辞技巧，从社会矛盾到皇族内讧，从农民起义到部落冲突，从民心向背到危急存亡，环环相接，层层递进，最终得出结论：辽国马上就要完蛋了，正是北宋报仇雪恨的大好时机，此时不打，更待何时？！

一席话，说得童贯热血沸腾，又惊又喜。他做梦都没有想到，曾经强大的辽国，那个不久前还公然羞辱自己的皇帝所统治的国家，竟然已经如此千疮百孔，外强中干。早知如此，干吗还费这么大劲搞情报搜集，直接带领军队杀将过去，看他耶律延禧还敢不敢在自己的面前嚣张！

当然，马植毕竟是一个来历不明的人，他的话到底能不能信，能信多少，是要打问号的。谁知道他是不是辽国派来，打入我方内部的间谍呢？

童贯再傻，也不会听他上下嘴唇一碰，就立马撸起袖子跟他一起打回辽国。他决定将马植带回宋朝，交由宋徽宗定夺。

他为马植改名为李良嗣，躲过了辽国送伴使的耳目，将他顺利带回了北宋境内。

关于马植入宋的过程，史料上有多种不同的说法。

有的说，童贯简单粗暴，将马植乔装易名带回北宋后，大气都没喘两口，就拉着马植去面见了宋徽宗。

有的说，童贯多了个心眼，先是把马植藏在自己的府中静观其变，过了一段时间见时机成熟，才把他推荐给了宋徽宗。

还有的说，童贯回国的时候压根就没带马植，而是让马植继续留在辽国当细作。几年之后，马植见辽国局势已乱到不可收拾，再待下去怕是有生命危险，这才投书于北宋北方边境雄州，要求得到庇护。雄州上报朝廷，宋徽宗和大臣集体讨论批复同意后，马植这才入宋。

不管怎样，马植终于见到了宋徽宗，并向他提出了灭辽之策——联合女真，夹攻辽国。

宋徽宗一下子就蒙了。

对于辽国，他是熟悉的，毕竟两国已经打了一百多年的交道，每年还要成车成车地往辽国送岁币，这种刻骨铭心的“友谊”，那真是做鬼都忘不了。

但这个女真，是何方神圣？

宋徽宗习惯性地去问群臣，发现大臣们也是一头雾水，你看看我，我看看你，面面相觑，不知所以。

大家只好去查档案。

别说，还真找到了一点蛛丝马迹。

原来，一百多年前大宋刚刚建国的时候，二者曾有过往来。女真人从辽东半岛出发，通过海路贩运马匹至北宋境内，换取生活必需品后再沿海路返回辽东半岛。后来辽国控制了辽东半岛，沿海岸线设兵巡边，断绝了女真和大宋的联系。从此，女真便从大宋的视野里消失了。

一百多年来，女真到底发展到了什么程度，鬼才知道。

虽然马植信誓旦旦地说，女真和大辽有不共戴天之仇，和女真联合一定可以灭亡大辽。但这只是他的一面之词，女真究竟有没有这么强大的实力，宋徽宗和大臣是持怀疑态度的。

想想也是，江湖上从来没听说过这一号，您突然跳出来说他武功盖世，打遍天下无敌手，还要我入股，和他联手干笔大买卖，当我是三岁小朋友呀？

不过话又说回来了，万一是真的呢？错失大好机会，岂不是要后悔得撞墙？

好在宋朝君臣都是见过世面的人，处理起这种问题来轻车熟路。一番讨论下来，他们打算先派人去摸摸对方的底细，看看这个叫女真的家伙到底会些什么绝招。

联络员很快就选出来了，干粮盘缠也已打包好，却发现这趟任务根本没法成行。

因为按照马植的建议，要和女真取得联系，需要从北宋边境的莱州半岛出发，横跨渤海湾，然后经由辽东半岛到达女真。他忘了一点，当时的辽东半岛仍然控制在辽国手中，即便北宋政府派人顺利渡过了渤海湾，登上的依然是辽国的地盘，指望辽国人客客气气地送你去和女真商量怎么打他，显然是不现实的。

也就是说，马植的建议过于理想化，在当时的历史条件下，根本不具备可操作性。由此可见，理论联系实际，是多么重要。

但宋徽宗依然很高兴，他授予马植秘书丞的官职，赐姓赵（皇姓）。从此以后，马植在史书中便被称为赵良嗣。

宋徽宗相信，虽然暂时无法与女真取得联系，但机会一定会来的。

他没想到，这一等，就是七年。

三、中原之殇：燕云十六州

鉴于宋徽宗和群臣还有七年的时间需要等待，我们趁此机会先介绍一下女真这个即将在东北亚地区掀起一场腥风血雨的强悍民族。

为了更加清晰地了解女真所处的地理位置，以便分析他为何能够在极短的时间内肢解庞大的辽国，我们先大体说一下辽国的地理概况。

立国之初，辽国（那时候还叫契丹）只占据了燕山和阴山以北的土地，大致相当于今天的蒙古、内蒙古中东部及东北地区，妥妥的关外居民。除了在今天的辽宁辽阳一带有少量耕地外，放眼望去尽是茫茫草原，是典型的草原国家，整天过着蓝蓝的天上白云飘、风吹草低见牛羊的生活。用今天的话说，那是一幅美丽画卷，真正意义的诗和远方。

但远方待够了也会腻，诗看多了也会烦，这幅画卷里除了青青牧草和奔驰的骏马，还有凛冽的寒风和扑面的黄沙。天长日久，契丹人厌倦了策马奔腾吃风沙、牛粪羊毛扑面来的枯燥生活，决定到山的另一边去看看。后唐时期，他们从辽阳（今辽宁辽阳）出发，翻越了松岭和黑山，第一次来到了燕山以南（又称山前地区）。

他们的眼前豁然开朗：肥沃的土地、温和的气候、别样的风景。契丹人决定，不走了。但得有个立足之地呀，经过一系列战斗，他们以强龙之势击败了身为地头蛇的幽州军阀刘守光，从他手中夺取了营州（今河北昌黎）、平州（今河北卢龙）、滦州（今河北滦州）。这三个州紧靠渤海湾，又与山海关相邻，地理位置十分重要。契丹以此为根据地，打算向南谋求更大的发展。

就在这时，天上掉馅饼了，还是个大馅饼——一个人给契丹送来了一份惊人的大礼。这个人的名字，叫石敬瑭。

说起石敬瑭，后人往往恨得牙根痒痒，好像他天生就是一个十恶不赦的无耻卖国贼。但实际上，最开始的石敬瑭，是一个忠臣。

石敬瑭原本是后唐大将，跟随李嗣源南征北战，并数次救李嗣源于将死之际，立下赫赫战功。李嗣源登基称帝后，封其为侍中、河东节度使、蕃汉马步军总管，赐"竭忠匡运宁国功臣"名号，令其位极人臣。"竭忠"二字，足见皇帝对他忠心的肯定。

李嗣源病死后，儿子李从厚和养子李从珂争夺帝位。石敬瑭权衡利弊后，果断站在了实力更强的李从珂这边，帮助他击败了李从厚，拥立李从珂登基称帝。但他万万没有想到，此举险些给他带来了杀身之祸。

登上帝位的李从珂回报给石敬瑭的，除了更多的荣誉和权力外，还有猜忌。

两代帝王均是在石敬瑭的帮助下称帝，他的功劳太大了。功高震主，李从珂做梦都担心石敬瑭会反，他决定除掉石敬瑭。

有一次，石敬瑭的妻子去参加李从珂的生日宴会，待了一会儿便请辞说要早点回家。李从珂问她："这么着急回去，是不是想和石郎一起造反呀？"

石敬瑭听闻，惊出一身冷汗。他立即上书李从珂，表示自己愿意辞去马步军总管的职务，并要求离开自己的势力范围，去别的地方当节度使。

其实，这是试探。

如果李从珂挽留，表示事情还没有坏到不可收拾的地步，还可以再等等。如果李从珂立马同意，那就证明他确实动了杀机，没有回旋的余地了。

李从珂同意了。

于是，石敬瑭反了。

这是一场你死我活的斗争。

石敬瑭不想死，他请了外援。他派人与北方的大辽取得了联系，恳请大辽皇帝耶律德光派兵，帮他对付自己曾为之立下汗马功劳的老东家后唐。

熟悉足球的朋友都知道，外援的价格是很高的。但没办法，自己不行，还想小组赛出线，那就只能拿钱砸了。

石敬瑭付出的代价是尊严和土地。

先说尊严。自古以来，有奶便是娘，有钱便是爹，似乎是颠扑不破的真理。只要能够换来实实在在的利益，尊严几块钱一斤？石敬瑭在这一点上，做得尤其“出色”。辽国皇帝耶律德光本来比石敬瑭小十岁，石敬瑭为了让他出兵帮助自己，竟然以儿子自居，称呼耶律德光为父亲。耶律德光毫不客气，你既然敢叫，我就敢答应！反正吃亏的不是我。

恬不知耻，真正的恬不知耻！

当然，叫一声父亲就想让人家豁出命来帮助你，是不现实的。既然是儿子，就要懂得孝敬。

事实证明，石敬瑭这个“老儿子”，在孝敬这一点上，做得是相当好的。对耶律德光这个“小爸爸”，他出手就给了一大块地，一大块富得流油、辽人做梦都想得到的土地。

这块地以燕山以南的幽州，以及太行山以东、雁门关以南的云州地区为中心构成，史称“燕云十六州”，又称“幽云十六州”。

从名称便可以看出，这片广大的区域共计十六个州，分别为：幽州（今北京）、顺州（今北京顺义）、儒州（今北京延庆）、檀州（今北京密云）、蓟州（今天津蓟州）、涿州（今河北涿州）、瀛州（今河北河间）、莫州（今河北任丘北）、新州（今河北涿鹿）、妫州（今河北怀来）、武州（今河北宣化）、蔚州（今河北蔚县）、应州（今山西应县）、寰州（今山西朔州东）、朔州（今山西朔州）、云州（今山西大同）。

这片区域包括今北京、天津北部（海河以北）、河北北部以及山西北部地区。其中，以幽州为中心的幽州、顺州、檀州、蓟州、涿州、瀛州、莫州等七州，因位于燕山以南、太行山以东，从中原的角度看，在大山的前面，被称为“山前七州”；其余九州以云州（今山西大同）为中心，位于太行山西北，在大山的后面，被称为“山后九州”。

如此广袤的土地，被石敬瑭的一句话改变了主权，成了契丹人的囊中之物。

四、无奈之选：五京制

面对石敬瑭送上的这份大礼，耶律德光简直要高兴疯了。

因为燕云十六州不仅是重要的粮食产区，可以带来大量的财富，也是极具军事价值的战略要地。

熟悉中国地理的朋友都知道，在华北地区有一条著名的山脉，据诗仙李白说，那里的雪花非常大，像席子一样（“雪花大如席”）。没错，这条山脉就是燕山山脉。

燕山山脉的西部尽头，连有一道更加庞大、呈东北—西南走向的山脉，就是太行山。两条巨大的山脉横亘于中国北部，形成了一道天然防线，将北方游牧民族与中原王朝分割开来。游牧民族一旦踏过燕山，就可一马平川地直抵中原腹地，给中原王朝以毁灭性的打击。所以历代中原王朝都选择将北方边界设在幽州以北的燕山山脉，凭借山势防御游牧民族入侵。

为了进一步加强防御效果，历代中原王朝还在燕云地区构筑了大量的人工防御工程，最著名的便是沿燕山修筑的长城及五关（金坡关、居庸关、古北口、松亭关、榆关）。

天险与人造工程一起，构成了燕云地区严密的防御体系。

现在燕云十六州入契丹之手，意味着燕山成了辽国的境内山，沿燕山修筑的长城及五关也变成了辽国境内的要塞，完全失去了防御作用。辽国只要愿意，随时都可以从位于燕山以南的“山前七州”出发，率领精锐骑兵，不经任何险阻地向中原王朝发起进攻。

正因如此，燕云十六州，特别是“山前七州”的失去，成了石晋以后中原王朝挥之不去的最大心病。历代中原王朝多次试图收复燕云，均未能成功。后周建立后，雄才大略的周世宗柴荣曾亲自组织北伐，意图恢复燕云，并成功收复了最南端的瀛州和莫州。遗憾的是，天不假人寿，周世宗刚刚开了个好头，便英年早逝。自此以后，燕云十六州便只能在汉人的梦里出现了。

直到四百多年后，元朝至正二十七年（公元1367年），朱元璋命令徐达为主帅、常遇春为副帅，北伐元朝，攻占了元朝都城大都（今北京），燕云十六州才重又被中原王朝收回。

当然，这都是后话。我们回过头来，继续看一下辽国的地理版图。

燕云十六州收入囊中之后，辽国“东至于海，西至金山（今阿尔泰山），暨于流沙，北至胪朐河（今克鲁伦河），南至白沟（今拒马河下游），幅员万里”，疆域广袤。

但仔细观察，你就会发现，辽国的地理构成存在着极大的隐患。

只要总结一下历史上强盛国家的发展（比如我国的两汉和唐朝），就会发现，一个成熟国家的地理构成，往往是一个或多个核心平原地带，再加上环绕平原的山地和森林。

平原地带作为粮食主产区，通常是一个国家的政治和经济中心；周围环绕的山地和森林，则构成一道进可攻、退可守的屏障，保卫国家安全。

而辽国的疆域尽管十分广大，却有一个明显的缺陷——境内多山，而且是难以逾越的巨大山脉。

这些山脉有的呈东西走向，如燕山和阴山，有的呈南北走向，如太行山、大兴安岭、松岭、黑山等，彼此纵横交错，构成一个个网格，将辽国全境分割成互相隔绝的五大部分，互相之间缺乏快速、有效的联系，不能形成一个强有力的整体。一旦某个地方发生动乱，由于巨大山脉的阻挡，其他地方很难及时救援。

为了管理这些“碎块化”的领土，辽国人可谓煞费苦心。累死若干脑细胞之后，他们终于想出了一种特殊的方法——五京制。

所谓五京制，就是在五个不同的“碎块”上各设立一个都城，负责自己片区的管理和防御。

五京的设置如下：

北面上京临潢府（今内蒙古赤峰巴林左旗林东南），位于大兴安岭山麓，是辽国的发源地，同时负责防御北方的蒙古、奚人等部族。

中间中京大定府（今内蒙古赤峰宁城天义西），位于大兴安岭、燕山、努鲁尔虎山、松岭四大山脉中间的空地上，处于辽国的中间部位，是连接所有土地的交通要道，负责沟通四方领土。

东面东京辽阳府（今辽宁辽阳），是粮食主产区之一，主要负责防御高丽地区的部族以及即将兴起的女真人。

南面南京析津府（今北京西南），统辖幽州地区，也是粮食主产地之一，主要防御北宋，也是辽国皇帝最长驻扎的地方。

西面西京大同府（今山西大同），统辖云州地区，主要防御西方的西夏，以及与北宋接壤的山西北部。

需要说明的是，五京制并不是辽国的首创和专利。除辽国之外，其他朝代也出现过“多京制”。比如与辽同时期的北宋，也设有五京，但此五京与彼五京截然不同。

作为高度集权的国家，北宋的全部官僚系统均集中在皇帝常年所居的东京开封（今河南开封）。而辽国实行打一枪换一个地方的“捺钵”制度，皇帝一年四季到处跑，不可能将全部官僚都带在身边满世界溜达，因此，除部分高层智囊官僚外，大部分官员都根据工作需要分散到了五京，形成了不同的官僚机构。

南京析津府最富裕，也是接受北宋岁币的地方，因此设置了负责财政收入的三司。中京处于中间位置，负责沟通四方，因此设置了负责财政开支的度支部。上京自然资源丰富，设置了盐铁司。东京是辽国的大本营，也是重要的粮仓，设置了户部和钱铁司。西京同时与北宋和西夏接壤，设置了转运司。

这种权力分散型的五京制，有一个集权制的中原王朝无法比拟的好处，那就是即便某一个京或两个京被攻破，其余几京仍可以正常运作。加之辽国皇帝和高级官僚采用流动方式办公，即便大部分京城被攻破，其官僚系统依然不会受到致命伤害，政令得以保持畅通，并继续组织有效的抵抗。反观中原王朝，由于皇帝和官僚均固定集中在京师，京师一破，那就是团灭，朝廷基本上可以宣告玩儿完了。

大辽就在这样的制度下平稳运行了几十年，并且认为还可以继续运行下去。就在这时，出事了。

出事的地方，恰恰是辽国认为最不会出事的地方——东京，辽国的大本营。

闹事的民族，恰恰是辽国认为最不敢闹事的民族——女真。

贰

女真崛起

一、白山黑水出猛人

中国，东北。

广袤的黑土地上，一望无际的平原如一幅打开的巨大画卷，向四周无限延展。地理课本上，有一个称呼这里的专有名词：东北平原。

东北平原，又称松辽平原、关东平原，是中国三大平原之一，也是中国最大的平原。它由三江平原、松嫩平原、辽河平原组成，地跨黑龙江、吉林、辽宁和内蒙古四省（自治区），位于大、小兴安岭和长白山脉之间，北起嫩江，南至辽东湾，南北长约一千公里，东西宽约四百公里，面积约三十五万平方公里。

这里土地肥沃，水源充足，在物资极度丰饶的今天，依然是中国最重要的粮食生产基地之一，被人们亲切地称为“北大仓”。

当初，契丹民族正是从这里出发，不断南下，最终翻越燕山山脉，建立起雄霸一时的大辽。辽国建立后，在这个发源地和大本营设立了东京辽阳府。

辽阳位于东北平原的南部，从这里往北上千公里，也就是现在的黑龙江省境内，已属于辽国的边地。宋辽时期，这里森林密布，河流纵横。密林之间，生活着一支当时默默无闻、日后大名鼎鼎的民族——女真。

女真，是一个历史悠久的古老民族，其最早的祖先可以追溯到周代的肃慎，南北朝时期称之为勿吉，到了隋唐，称为靺鞨。靺鞨最开始分为七支（粟末、伯咄、安车骨、拂涅、号室、黑水、白山），后经不断战斗兼并，只剩下了两支：黑水靺鞨和粟末靺鞨。黑水靺鞨居住在东北平原的北部，粟末靺鞨则居住在东北平原南部。

虽然族出同源，但这两支靺鞨的发展水平是不一样的。处在平原南部的粟末靺鞨率先崛起，在著名首领大祚荣的领导下，建立起盛极一时、号称“海东盛国”的渤海国。黑水靺鞨也很识时务，深谙“打不过就加入”的生存之道，心甘情愿地成了渤海国的附庸。

渤海国的好日子还没过多久，没承想契丹人后来居上，在耶律阿保机的带领下，建立起强大的辽国（最开始称契丹），并最终灭了渤海国。黑水靺鞨再次展现出政治敏锐性，变成了辽国的附庸。

实际上，此时的靺鞨已经不叫靺鞨，改名叫女真了。

事实证明，契丹虽然被当时的中原称为“北方蛮族”“北番”，但在搞政治这一块，一点不比中原的士大夫差。为了便于统治，防止女真人团结一致搞事情（“虑女真为患”），辽国君臣想出了一个高明的主意——让女真移民。

辽国将一部分有影响、有势力的女真人（强宗大姓）强行迁移到其东京辽阳府（今辽宁辽阳）以南，禁止他们与故乡联系，以此分化女真的力量。为了淡化这部分女真人的民族观念，增强他们对辽国的认同感，辽国还免费为他们上了户口。那意思是以后咱就是一家人了，你们将享受到和辽国公民同等的待遇（纳税和兵役）。

这部分女真人，被称为“熟女真”。

辽国人认为，只要控制了这些豪强大族，剩下的女真人不过是小鱼小虾，能翻起什么大浪？

他们绝不会想到，恰恰是被他们看不起的小鱼小虾，最终汇聚成了一个庞大的群体，产生了强大的力量，掀起了滔天巨浪，吞噬了阻挡其前进的一切障碍，包括辽国。

除了被迁移到辽阳以南的熟女真外，在女真族的原住地，仍然居住着大量女真人。他们虽然名义上附属于辽国，但没有辽国户口，民族事务也由自己处理，被称为“生女真”。

生女真主要居住在今黑龙江和吉林北部一带。那里在宋辽时期尚未开化，被称为苦寒之地，生存条件极其艰苦，生女真吃不饱、穿不暖不说，连个像样的房子都没有，找堆木头简单一搭，上面盖上草或者树皮，就算豪华住宅了。尤其到了冬天，气候异常寒冷，又没有像样的保暖衣物，只能不断地往身上套动物皮毛，甚至连老鼠皮都不放过（“虽得一鼠亦褫皮藏之”），穿得稍微少点，就会冻掉手指、冻裂皮肤（“堕指裂肤”）。环境之恶劣，可见一斑。

俗话说：“穷山恶水出刁民。”女真人是不是刁民不好说，但艰苦环境使得他们个个彪悍异常，倒是真的。史书云：“其人则耐寒忍饥，不惮辛苦，食生物，勇悍不畏死……善骑，上下崖壁如飞……精射猎……”

不畏死、耐饥寒、善骑射，这样的人，天生适合干一种职业——战士。

当他们跨上战马，抽出马刀，挽起强弓，眼前的一切便都成了猎物。他们毫无畏惧，不计辛劳，心中只有一个信念——猎杀。猎物只要不收入囊中，刀绝不回鞘，弓绝不松弦。

他们，就是后来那场惊天巨变的主角。

当然，女真人并不是生来就想搞暴乱的。他们也曾像无数普通老百姓一样，在辽国统治者的压迫和剥削之下艰难地生存。在他们的意识里，只要压迫还不是太残暴，剥削还不是太严苛，只要还有一口饭吃，不至于明天就饿死，他们就会像沉默的大多数一样，逆来顺受，得过且过，战战兢兢地度过平凡而庸俗的一生。

毕竟，斩木为兵，揭竿而起，在任何时代都是一件危险系数极高的社会运动，说起来虽然痛快，真做起来可是要掉脑袋的。不到万不得已，只要还有一线希望，正常人都不会做这个选择。

可辽国统治者似乎连苟且一生的权利都不打算让女真人享有，他们开启了折腾模式。

当时，辽国已经和北宋约为兄弟之国，为了促进双方的经济共同繁荣，两国在边境地区开设了贸易区（榷场），允许商人们往来贸易，发展商品经济。经过多年观察，辽国人发现，在宋朝的采购清单中，有一样名叫“北珠”的货物十分抢手，利润极高。所谓北珠，就是海中的大贝壳自然生产的珍珠，因产量少、捕捞难度大而价值连城。

据说辽天祚帝耶律延禧最开始听说北珠也在贸易清单中时，十分生气，认为这么好的东西应该自己留着，怎么能卖给宋朝呢？打算用行政手段强行干预市场。

属下的一句话，改变了他的看法。这位属下的名字史料上没有记载，但他的这句话却值得每一位统治者深思——“中国倾府库以市无用之物，此为我利，而中国可以困。”

“倾府库以市无用之物”，多么精辟的概括。楼堂馆所，雕梁画栋；亭台楼阁，斗角飞檐；天下奇巧，争奢竞侈。历代帝王们何尝不知道这些都是无用之物，然而依旧在膨胀欲望的驱使下热衷追求，最终弄得国困民乏，甚至身死国灭。

可恨，可悲，也可叹！

耶律延禧显然知道其中的利害，立即接受了下属的建议，不仅同意北珠出口，还要求扩大规模，以进一步消耗北宋的国力。

于是，问题来了。

二、忍无可忍，无须再忍

我们前面说过，北珠这玩意儿虽然值钱，但是产量低、捕捞难度大。据史料记载，北珠多产于辽东附近海域，一般在农历八九月份长成，十月份进行捕捞采集。此时，北方天气已经十分寒冷，有的水域甚至已经结了冰，要想获得北珠，需要忍受着刺骨寒冰潜入水底，一不留神就会有去无回。因此，很少有人愿意从事这个回报率虽高但风险更高的职业。

可财富的诱惑是不可抵挡的，面对那些躺在海底、能够换来巨额财富的北珠，人们充分发挥了主观能动性——虽然人不愿下去，但有一样动物可以下去。

人们发现，有一种天鹅专门在辽东海域以捕食海蚌为生，它吞食蚌肉的时候，会将海蚌体内的北珠一起吞下，只要捉到这种天鹅，剖开它的肚子，就能获得北珠。

可是，天鹅飞翔在高空，还是"移动靶"，即便郭靖来了，怕是也难以射到它，怎么办?

别急，有办法。

万物总是相生相克的，天鹅虽然飞得高，但也有天敌。人们发现，有一种鹰恰恰能够捕猎天鹅。因为来自大海的东面，这种鹰被叫作"海东青"。

至此，完整的逻辑链条形成了：要想获得北珠，先要猎到天鹅；要想捕猎天鹅，先要得到海东青。

那么，只剩下最后一个问题了：怎么才能得到已经驯化的海东青呢?

这个问题的解决方法，就俩字——摊派。

既然海东青来自海东，北珠也产自辽东，那这事儿就交给附近的女真人去办吧。什么？有困难？别和我讲困难，我只要结果。这事办好了，是你们的本分；办不好，就给你们处分。

为了提高效率，确保实效，辽国还专门成立了一个叫作"外鹰坊"的机构，专职负责海东青一事。

要知道，女真也是分很多部落的，就像一个村子里有好几个大姓一样。虽然同属一个大集体，但彼此之间也是有矛盾的，有的矛盾还很复杂。

在当时女真众部落中，处于领导地位的是完颜家族。正是这个家族后来出了一位雄才大略的人物，统一了女真，建立起了属于自己的国家，并最终吞并了大辽，灭亡了北宋。

正所谓“能力越大，责任越大”，捕猎海东青一事，自然落到了完颜家族的头上。

这就难办了。因为完颜家族虽然出人才，却不出海东青，要想获得海东青，必须经过五国部（女真另一个部落的名称，不是五个国家）到达海边，才能从海东青的鹰巢里抓住幼鹰进行驯化。

要是其他部落还好说，毕竟大家都是同一个民族，说同样的语言，打个招呼、吃顿饭也就过去了。偏偏这个五国部不行，他们和完颜部是世仇。

再往上数几辈，五国部曾经反叛辽国，辽国立即派兵，打算经过完颜部的领地前去讨伐。完颜部首领担心辽国经过自己的领地时，会摸清本部落的底细，到时候来个假途灭虢，把自己也一锅端，那就完犊子了，遂主动请缨，说别劳您大驾了，这点小事我替您办了，于是帮助辽国打败了五国部，并将其首领活捉送给了辽国。

辽国皇帝很高兴，立即给完颜部首领封了个节度使的头衔，让他统领生女真诸部。后来，五国部再次叛乱，完颜部再次将其击败。

五国部很气愤，好你个完颜部，大家是一家人，你不帮我对付外人也就算了，竟然还反过来帮外人打我。此恨，势不两立！此仇，不共戴天！

梁子就这么结下了。

现在完颜部想经过五国部的领地去捉海东青，五国部自然不会答应，俩字——滚蛋！

一边催得紧，一边不让过，完颜部很苦恼。想来想去，辽国暂时还惹不起，只好委屈五国部了，开打！

就这样，每年一到辽国催促进贡海东青的时候，完颜部就要和五国部打一仗（“与五国战斗而后得”）。虽然打得过，但也经不起这么折腾呀，时间一长，完颜部也烦了（“不胜其扰”）。这样的日子，什么时候是个头呀！

这还不算，还有更过分的。

为了加强对女真的管理，除东京辽阳府外，辽国还另外设立了一个府，配合辽阳府进行统治。就政治地位而言，这个府的重要性远远不及辽阳府，但它在后世的知名度却比辽阳府大得多。这个府的名字叫作黄龙府（今吉林农安），后来岳飞喊出的著名口号“直抵黄龙”，就是要打到金人的老家去。

当然，叫什么名无所谓，重要的是官员的作风问题。据史料记载，无论是辽阳府，还是黄龙府，只要有新官到任，女真各部落都要送礼祝贺，个别急于“创收”的，甚至主动派人到部落里以各种名义索贿。

虽然贪婪，但这些官好歹是常任官，一般情况下怎么也得干个三年五载，所以多少都会有所顾忌，不敢太过放肆，万一激起民愤，任期还没满就被人赶跑了，那就不好收场了。

相比之下，那些临时出差至此、转悠十天半个月就走人的流水官员，完全没有这种思想负担，做起事来更加无法无天。

比如，为了加强同女真的联系，随时掌握女真的动向，辽国会不定期地向女真派出使者。这些使者均佩戴由皇帝亲赐的银牌，被称为“银牌天使”，所到之处如皇帝亲临，有点像后世的钦差大臣，威风至极。

不过，您千万不要被“银牌天使”这个名字骗了，这些人干起事来，不仅一点不像天使，相反，还很像魔鬼。“银牌天使”所到之处，最喜欢做的一件事就是要女真人“荐枕”。

所谓“荐枕”，说白了就是要女真族提供美女陪他们睡觉。最开始，“荐枕”的美女还可以由女真人自主决定，一般多从中户和下户的未嫁女子中选择。可到了后来，“银牌天使”连这个权利也给女真人剥夺了，只要是他看上的女人，不管有没有丈夫，不管是平民还是贵族，直接拉走。

怎么？不服气？我代表的可是皇帝，看上你是你的福分，别不知好歹，小心收拾你！

欺人太甚！是可忍，孰不可忍？！

经过长期的隐忍，女真人的愤怒已如一个装满了烈性炸药的木桶，只需要一根引线和一个点燃引线的人，就会迸发出极其可怕的能量，摧毁一切。

就在这时，一个人拿着火把，向这桶炸药走来。

三、不愿意跳舞的人

政和二年（公元1112年）二月，混同江（今松花江）边，一场盛大的宴会正在举行。

天祚帝耶律延禧端坐其中，一边和臣子们大碗喝酒，大口吃肉，一边欣赏着富有民族特色的舞蹈，君臣其乐融融，一派祥和。

这是辽国的固定节目。每年这个时候，耶律延禧都会带着高级官僚们将办公地点转移到混同江附近的春州（塔虎城），政治中心也随之转移至此，这就是我们前面提到的“春捺钵”。

此时正是冰雪消融、鱼儿欲上的季节，工作之余，顺便到江边钓钓鱼陶冶一下情操，可谓一举两得。

按照惯例，春捺钵期间，千里之内的生女真各部落首领都要前来朝拜，共沐天恩。今年也不例外。

当各部落首领跨越千里赶到混同江边时，发现今年比往年更加热闹。很幸运，他们赶上了头鱼宴。

所谓头鱼宴，即新的一年钓到第一条鱼（也有说捕到第一网鱼）后，举行的庆祝宴会。因为有大辽皇帝亲自参加，规模盛大。

各部落首领为自己有幸赶上头鱼宴而高兴，纷纷举杯向耶律延禧表示祝贺。

耶律延禧很开心，看着各部落首领齐集在自己的帐下，即便算不上万国来朝，起码也是百部来归，顿时有了一种君临万邦、莫敢谁何的满足感。

为了将宴会的气氛推向高潮，他决定拿出保留节目，让各部落首领依次起立，表演舞蹈助兴。

节目一开始进行得很顺利，各部落首领不敢怠慢，纷纷拿出看家本领，通过各种方式展现自己的才艺，以求给皇帝留下好印象，一团和气，其乐融融。

但当轮到一个人的时候，祥和的气氛被打破了，无论大家怎么劝，这个人就是俩字：不会。

耶律延禧只好亲自出马，说不会就随便跳两下，给我个面子，别扫大家的兴。没想到这个人完全不上道，连皇帝的面子也不给，任你怎么说，我就是不跳，你能把我怎的？！

耶律延禧还算有涵养，并没有当场发作。

他是事后发作的。发作的方式简单而直接，他对身边的大臣说："此人如此嚣张跋扈，给我找个理由把他杀了，否则将来必为后患。"

后来的事实证明，耶律延禧的眼光很准，正是这个拒绝跳舞的人，最终成了辽国的心腹大患，仅用几年时间，便将曾经的霸主辽国打得落花流水，撵得耶律延禧到处乱窜，不得不躲进深山老林里啃树皮。

如果耶律延禧能将自己的意见坚持到底，真把这个人给杀了，那么历史很可能会被改写，不仅大辽，连北宋的命运都将发生巨大的改变。

但这个人并没有死，救他的是耶律延禧的大臣——北院枢密使萧奉先。

说起萧奉先，那真是一个很神奇的人物，他总是在关键的时刻，用轻描淡写的语言向耶律延禧提出愚蠢的建议。耶律延禧一次次相信他，一次次被他忽悠，一次次被他所误，却始终对他信任有加。

这一次，萧奉先照例胸有成竹地向耶律延禧提出了他的看法。他对耶律延禧说，这不过是个不懂礼节的粗人，何必和他一般见识？如果因为这点小事就把他杀了，恐怕会寒了生女真各部落的心。就算他良心坏掉了想反，消灭他也不过是分分钟的事，能掀起什么大浪？

不出意外，耶律延禧再次相信了他的话，放过了这个人。大错就此铸成。

不久之后，耶律延禧会为自己的这个决定后悔得撞墙。

因为他放走的这个人，名叫完颜阿骨打。

此时的完颜阿骨打，尚不是后来那个赫赫有名的金太祖，甚至连生女真的首领都不是。现在的他，只是生女真完颜部首领乌雅束的弟弟。要不是乌雅束生病，他甚至连参加这次头鱼宴的资格都没有。

但这并不妨碍他尽显自己的英雄本色。

在此之前，他跟随自己的父亲和兄长南征北战，在同其他部落的战争中屡出奇谋、屡立战功，并且体恤百姓、关爱士卒，逐步积累起巨大的威望和丰厚的政治资本（"远近归心"）。

只要时机成熟，他就会舒展丰满的羽翼，以不可阻挡之势，一飞冲天，创造属于自己的辉煌。

机会很快就来临了。

参加头鱼宴的第二年，乌雅束去世，由于完颜部实行兄终弟及的传承制度，加之多年来积累的威望和资本，完颜阿骨打顺理成章成了完颜部首领的继承人。

属于他的时代到来了。

叁

决裂

一、宣战：不再沉默

大家应该还记得，我们前面说过，辽国为了奖励完颜部帮助其平息五国部叛乱，给完颜部首领封了一个节度使的头衔，让其作为辽国的鹰犬管理生女真各部。

按照惯例，上一任节度使死后，女真部要将噩耗上报辽国，方便朝廷派人来吊唁，顺便册封新任节度使。但完颜阿骨打不知是因哥哥去世而过度悲伤，还是因自己终于当上了部落首领而暗自庆幸，竟然把这件事忘了。

辽国很生气，立即派人来责问。好你个阿骨打，头鱼宴上不跳舞也就算了，现在竟然连前任节度使逝世这样的重要情况都不汇报，自己私自就接了班，眼里还有没有我大辽国？！

说实话，在这件事上完颜阿骨打的做法确实不妥。如果换作别人，赶紧向辽国赔个不是，保证下不为例、绝不再犯，这事也就过去了，但阿骨打不。他本来就对辽国充满了仇恨，现在哥哥刚死，自己正悲伤呢，你不安慰我两句也就算了，竟然还来责问我，当我好欺负是不是？

本着“无理也要讲三分”的心理，阿骨打不仅没有认错，还反将一军，责问辽使为何不早点来奔丧。辽使也是个聪明人，一看苗头不对，赶紧撒丫子跑回了辽国。

望着辽使远去的背影，一个酝酿已久的想法再次在完颜阿骨打的心中出现。

索贿，北珠，荐枕，献舞。

盘剥，压榨，羞辱，威胁。

够了！

大辽，女真人已经受够了你的蛮横无理，受够了你的残酷欺压，受够了你的作威作福，忍无可忍，无须再忍！

大辽，我要向你宣战！

可以肯定的是，完颜阿骨打之所以敢做出这个决定，并不是心血来潮、一时冲动，而是经过深思熟虑的。

此时的完颜部，经过几代人的努力，已经基本上统一了女真各部落，个别不服气的，也在完颜部的武力打击下变得老实顺从。加之女真人对大辽的切齿之恨，使得他们愿意团结在完颜部的周围，一起对付大辽这个共同的敌人。

仇恨的怒火一旦转化为力量，就会形成燎原之势，一往无前，不可遏制。

完颜阿骨打看到了这种力量，并将其转化为酝酿已久的行动——反辽。

当然，做任何一件事都是需要理由的，造反也不例外。

很快，阿骨打便找到了一个再合适不过的理由。他打算向大辽要一个人，一个大辽绝对不会交给他的人。

这个人的名字叫阿疏。

阿疏，原是女真族纥石烈部首领。纥石烈部是一个很有特色的部落，其最大的特色，就是始终对完颜部不服气。虽然阿疏的父亲曾短暂归降过完颜部，但阿疏继任纥石烈部首领后，立即恢复了不服气的脾气，联合其他几个小部落共同对付完颜部，企图阻止完颜部统一女真。

完颜部也不客气，不服气是吧，那就打到你服！立即派出人马，一直打到了阿疏的老巢阿疏城（今吉林延吉附近）。

阿疏虽然脾气大，无奈军事实力太差，眼看着完颜部打到了家门口，马上就冲进院子砸锅了，顿时没了脾气，连夜跑到大辽，请求大辽派人出面进行调停。

大辽自然不愿意看到完颜部在女真诸部落中一家独大，以免形成尾大不掉之势，当即派出使者，要求完颜部立即停火。

完颜部时任首领盈歌深知自己还不具备和大辽决裂的资本，只好表示同意，并立即率领人马撤回。辽使很满意，吃完喝完就高高兴兴地回去复命了。

他并不知道，其实盈歌和他耍了个心眼。

表面上看，盈歌很给辽使面子，辽使一发话，他当即就将人马撤回了，但实际上，他撤回的仅是一部分，仍有部分人马驻扎在阿疏城周围。辽使一走，盈歌立即下令继续对阿疏城展开进攻。

阿疏很着急，只好又向大辽哭诉，说盈歌这家伙不讲信用，说好不打了，现在又来进攻，这事你得管呀。

大辽也很生气，好你个盈歌，答应得好好的，我这前脚刚走，你接着就变了卦，当面一套、背后一套，耍我是不是？再次派出使者，要求完颜部罢兵停战。

盈歌得到消息，深知如果再像上次一样忽悠，肯定过不了关，他决定用点计谋。

他立即派人通知围困阿疏城的将领劾者，要他将军队的旗帜和衣服都换成阿疏军的样式，制造出一场城外阿疏军与城内阿疏军自相残杀的戏码，静等辽使的到来。

辽使首先到达了完颜部，对盈歌耍两面派的卑劣行为进行了严厉痛斥。盈歌表示冤枉，说完颜部的人马早就乖乖撤回来了，这是有人故意栽赃陷害，意图挑拨完颜部和大辽的关系，并主动提出派人和辽使一同前往阿疏城揭开真相。

就这样，辽使在完颜部相关人员的陪同下来到阿疏城外。水还没喝一口，就见一群“阿疏士兵”凶神恶煞地向自己走来，不容分说张口就骂：“我们纥石烈部自己人打自己人，关你们屁事！”更可怕的是，这群人觉得光骂还不过瘾，竟然动起粗，操起家伙就刺伤了使者们的马。

使者们又气又怕，心想我们不过是奉命前来调节部落冲突的，弄了半天，原来是你们纥石烈部搞内讧，内讧就内讧吧，怎么还冲我们来了？老子不管了，你们爱打不打，谁死谁活该！当即飞奔而逃。

使者走了，战斗继续。

在完颜部的持续攻击下，阿疏城终于被攻克，失去了立足之地的阿疏只好长期滞留辽国。完颜部历任首领曾多次向辽国索要阿疏，但辽国总是以各种理由推托。

现在，完颜阿骨打决定再次向辽国索要阿疏。

毫无意外，辽国再次拒绝了完颜阿骨打的要求。

阿骨打轻蔑一笑：没关系，你不给，我就亲自去取！

他召集众将和族人，宣布了自己的决定：反辽！

大家早就受够了辽国的窝囊气，纷纷表示拥护，并积极擦亮兵器、修筑城堡、占据要塞，做好战前准备，只等阿骨打一声令下，就冲上去和辽军拼命。

消息传入辽国，耶律延禧立即派人来责问。

阿骨打倒也不掩饰，说如果把阿疏交给我，那么我还像以前一样侍奉辽国，如果这点要求也不答应，那就别怪我不客气了。

耶律延禧觉得很好笑，你说给，我就给呀？到底你是皇帝，还是我是皇帝？好呀，既然你想造反，那就来吧，我倒要看看你究竟有多大能耐！

耶律延禧自信并非没有道理。

此时的生女真，虽然已经被完颜部基本统一，但从地理位置和人口规模来看，仍然只是偏居于东北一隅的小小部落而已，不仅物资缺乏，士兵数量更是少得可怜，撑死也不会超过三千人。就这点资本，有什么资格和国富兵强（起码耶律延禧这样认为）的大辽叫板？

所以，耶律延禧没有大动干戈，仅仅调集了少量兵马驻屯在宁江州（今吉林扶余），一旦阿骨打不老实，就给他点颜色看看。

在耶律延禧看来，这样的小事实在不值得他浪费精力，交给个把边将处理就好了，而他，则继续兴高采烈地打猎钓鱼去了。

但他忘了，有一句古语叫“人心齐，泰山移”。历史曾无数次证明，再弱小的群体，只要拧成一股绳，心往一块想，劲儿往一处使，也可以迸发出巨大的能量，最终形成不可抵挡之势，吞没比它大得多的庞然大物。

二、宁江州：反辽第一战

与天祚帝耶律延禧悠然自得不同，此时的完颜阿骨打紧张到了极点。

他深知，自己的力量太弱小了。虽然自己得到了女真各部落的支持（有些还不是真心的），虽然大家对大辽都怀着刻骨的仇恨，虽然生女真士兵个个“耐饥寒，不畏死”，但有一个残酷的现实他们不得不去面对，那就是他们的人数太少了。

阿骨打认真清点了女真士兵的人数，两千五百人。这就是女真的全部家当。

而此时的大辽虽然已经外强中干，内部危机频现，但瘦死的骆驼比马大，稍微调集一点兵力，就不知道要比女真军多出多少倍。

力量如此悬殊，女真有机会获胜吗？战端一开，到底是自取灭亡，还是能杀出一条血路？

都不重要了。完颜阿骨打明白，伐辽的口号一经喊出，就已如在弦之箭，不得不发，拖的时间越久，对女真越不利。那么，无须再犹豫，唯一要做的，就是以一往无前的勇气和坚定不移的决心，争取每一次战斗的胜利。

是的，现在的完颜阿骨打，最需要的就是一次胜利。

多年的征战经验告诉他，面对大辽这样强大的敌人，第一次战斗的胜败至关重要。胜则士气高涨、信心倍增，败则士气萎靡、一蹶不振。人心一旦散了，队伍就不好带了，士兵们甚至会在巨大的压力下作鸟兽散。

所以，反辽第一战，只能胜，不能败！

起步就是冲刺！开局就是决战！

经过斟酌，完颜阿骨打为反辽第一战选定了攻击目标——宁江州。

宁江州是夹在涞流水（今拉林河）和混同江之间的一座小城，是辽国的边城，统治力量相对薄弱。完颜阿骨打将这里作为攻击目标，可谓柿子专拣软的捏，取胜的概率要大得多。

即便如此，阿骨打仍不敢掉以轻心，正式攻击之前，他决定先派人去探探虚实。承担这一使命的是一个叫仆聒剌的家伙，这哥们儿显然没有领会意图，回来之后将辽军一顿猛吹，说辽国士兵多得数都数不清，要不咱还是别打了。

阿骨打表示绝无可能，你这是胡说八道，扰乱军心，并立即另派了一个叫胡沙保的人前去侦察。胡沙保显然知道完颜阿骨打心里是怎么想的，回报说宁江州的辽军不仅人数少，而且毫无防备，打它一定能取胜。

阿骨打很高兴。他充分肯定了胡沙保的工作，然后向全体士兵庄严下令：出征！

政和四年（公元1114年）九月，反辽之战正式打响。

完颜阿骨打首先将士兵集结在了涞流水西岸的寥晦城（今黑龙江哈尔滨双城）里，只要渡过涞流水，就进入了大辽国境。

在这座小城里，阿骨打做了最后的战前动员。背景、意义之类高大全的废话固然少不了，但真正让士兵们充满勇气和力量的，是阿骨打的许诺：都好好干，只要战斗积极，回来就给你晋升职务（“汝等同心尽力，有功者，奴婢部曲为良，庶人官之，先有官者叙进，轻重视功”）。

就这样，女真士兵在完颜阿骨打的带领下，怀着对美好生活的向往，跨过涞流水，正式开始了对辽国的攻击。

出乎阿骨打的意料，除了刚渡过涞流水时遭遇了一点抵抗，竟然一路上都没有遇到像样的阻击。没有残酷的浴血奋战，没有激烈的拼死冲杀，仅用一个月时间就攻克了宁江州。

之所以如此顺利，完颜阿骨打真该好好感谢一下耶律延禧。这位大辽皇帝没把女真当回事，只在宁江州部署了少量兵力做防备，就心无旁骛地跑到庆州（今内蒙古巴林右旗索博力嘎苏木）打猎去了。阿骨打起兵叛乱的消息传来后，他仍然不以为意，仅派少量人马前去增援，完全没起到任何作用。好好的一座宁江州，就这么给弄丢了。

不管怎样，完颜阿骨打实现了他的预期目标，取得了反辽第一战的胜利，打破了辽兵不可战胜的神话。女真士兵个个欢欣鼓舞，信心倍增。部分将领甚至开始自负起来，认为老天爷第一、女真第二，既然耶律延禧可以做皇帝，为何女真人不能？纷纷劝阿骨打登基称帝，像极了《水浒传》中黑旋风李逵那句："你做得皇帝，偏我哥哥做不得皇帝？"

好在阿骨打是见过世面的人，关键时刻保持了冷静的头脑，毅然拒绝了皇位的诱惑。他清醒地认识到，这次的胜利不过是一场小胜，而且是在辽国准备不足的情况下侥幸取得的，对辽国的伤害微乎其微，一旦辽国反应过来，调集大军对女真进行围剿，局势将急转直下。

更重要的是，宁江州不过是一座不起眼的小城，根本不适合作为长期根据地。要想真正站稳脚跟，为以后的进取做长久打算，必须攻占更加具有优势的城池。

事实证明，完颜阿骨打的判断是完全准确的。就在女真士兵沉醉在胜利的喜悦中时，一场危机正在慢慢向他们靠近。

宁江州的丢失，犹如一盆凉水浇在了耶律延禧烤肉的篝火上。他终于抬起头，开始正视女真这个他曾经颇为不屑的民族。

他想起了头鱼宴上完颜阿骨打那桀骜不驯的神态，以及他对完颜阿骨打的最初判断。游牧民族首领天生的敏锐性让他意识到，也许完颜阿骨打真的是辽国的一个劲敌。短短一个月之内，仅凭少得可怜的人马就攻占了宁江州，虽有侥幸成分在里面，但其战斗力之强，由此也可见一斑。任其发展下去，很可能给辽国带来巨大灾难，甚至动摇国本。

不，我绝不允许这样的事情发生！

三、称帝建国

为了将潜在的威胁消灭在萌芽状态，让完颜阿骨打这个讨厌的家伙彻底消失，耶律延禧一口气调集了十万大军，打算毕其功于一役，以泰山压顶之势将女真一举碾碎。

十万对三千，平均三十多个打一个，别说女真士兵，就是能打十个的武林高手来了，估计也得躺着回去。

按照耶律延禧的预想，此战将是大辽和女真的最后一战，大辽将以压倒性优势轻松取胜，而女真将会被彻底摧毁，再无翻盘可能。

然而他忘了一件事：军队调集并不是下军棋，手起手落之间几个军就过去了，那是需要时间的。从接到调集令开始准备，到整装出发踏上征程，最起码也需要十天半个月。而且，各处军队所处的位置是不一样的，离目的地近的，可能半个月就到了，而离得远的，可能还在赶路，那边的战斗就结束了。

事情的发展充分证明了这一点。

最先到达的是辽军的先头部队，大约一万多人，驻扎在鸭子河（今松花江扶余段）北岸的出河店（今黑龙江肇源），打算等后续部队集结完毕，再一起渡过鸭子河，向女真发起攻击。

完颜阿骨打自然不会给他们这样的机会。他听说辽军的先头部队已经到达，立即率领女真士兵一路急行军，趁着黎明渡过了鸭子河，向这支尚未完成战斗准备的辽军发起了攻击。

遭遇突袭的辽军，顿时陷入了慌乱。但毕竟在人数上占优势，经过短暂的调整，辽军仍然组织起了有效的抵抗。一时之间，双方难分胜负。

就在这时，意外因素出现了。也许是老天爷看完颜阿骨打比较顺眼，想帮他一把，刚才还晴朗明媚的天空，竟突然刮起了沙尘暴。风沙吹得辽军睁不开眼睛，女真士兵趁势掩杀，辽军大溃。完颜阿骨打乘胜追击，一直追到了斡邻泺（今吉林大安南查干湖），再次大败辽军。

可怜辽国九万人的后续部队，还没到达战场就听说了先头部队溃败的消息。那还去什么，咱也跑吧。

就这样，女真再次以少胜多，取得了出河店之役的胜利。

出河店之役后，完颜阿骨打兑现了他的诺言：“遍赐官属将士，燕犒弥日”。该升官的升官，该赏赐的赏赐，大家载歌载舞，大吃大喝了好几天，士气空前高涨。

更为重要的是，经过宁江州和出河店两战，完颜阿骨打所控制的区域已经到达松花江南岸，而女真士兵的人数也已经达到了一万人。

辽军中曾长期流传一句话：“女真兵若满万，则不可敌。”这意味着，完颜阿骨打所率领的女真军队已经成为一支名副其实的劲旅，一支让辽军开始恐惧的劲旅。

与女真的节节胜利、士气高涨形成鲜明对比，此时的辽国正一步步滑向失控的泥潭。

出河店之役中，辽军统帅是萧嗣先。按理说，经历如此大败，他这个败军之将肯定要被追究责任。关键时刻，他的哥哥救了他。

他的哥哥，名叫萧奉先。

没错，就是那个在头鱼宴后劝耶律延禧放走完颜阿骨打的萧奉先。

现在，他即将再次向耶律延禧提出一个愚蠢的建议。

为了替弟弟脱罪，他故意虚张声势，说战场上败退下来的辽国溃军担心被秋后算账，正在破罐子破摔，部分士兵甚至已经开始劫掠老百姓。如果朝廷这时候再治他们的罪，只会把他们逼上绝路，使他们铤而走险，成为社会的不稳定因素。不如以德服人，赦免他们，让他们感受到朝廷的宽容和温暖，戴罪立功。

耶律延禧再次相信了他的话，赦免了这些逃兵，对于该负主要责任的萧嗣先，也仅仅给了个免职处分。

萧奉先高兴了，辽国士兵却愤怒了，纷纷说道："战则有死而无功，退则有生而无罪。"

从此，辽军士气一落千丈，面对女真的进攻，多选择不抵抗政策。宾州（今吉林农安靠山）、祥州（今吉林农安万金塔）和咸州（今辽宁开原东北）均背叛了大辽，投降了女真。

三州的归顺，使得女真的实力大增。尤其是咸州，在现在的辽宁省境内，属于东北平原的中心地带，是辽国在东北地区的腹心之地。

这意味着，女真已经由最初的小打小闹变成了大辽的心腹之患，耶律延禧不得不将之视为辽国的头号敌人。

此时的完颜阿骨打，即将迎来他生命中最重要的时刻。

战斗的不断胜利、地盘的持续扩张、辽国州县的接连归降，让女真将领们再次兴奋起来，是时候搞点更大的动作了。女真将领们旧事重提，再次劝完颜阿骨打登基称帝。

这一次，完颜阿骨打没有拒绝。

起兵四个月以来，他亲自见证了女真的不断胜利，亲手造成了辽兵的接连溃败，辽国的腐朽无能已在他的眼前展露无遗。同时，他控制的区域，由小小的涞流水流域迅速扩展到了今天的辽宁北部，物资保障能力进一步增强。

军事实力的增强、物资保障的丰富，使得完颜阿骨打对大辽这个曾经的庞然大物的恐惧消失了。他坚信，在自己的率领下，在女真士兵的凌厉攻击下，腐朽的大辽必定会土崩瓦解、烟消云散。

到那时，一个新的国家必将取而代之，成为新的霸主。而这个国家的缔结者，非我完颜阿骨打莫属！我完颜阿骨打，完全有资格和耶律延禧平起平坐！

他接受了诸将的劝进。

政和五年（公元1115年）正月初一，完颜阿骨打正式登基称帝，国号大金，年号收国。

他认为，钢铁虽坚，也有变坏的时候，惟金不变不坏。因此他将国号定为金，希望它可以万世永存，不断传承下去。

这是每一个开国皇帝都心存的美好愿望，只可惜，到目前为止，尚没有一个政权能够做到。

称帝后的完颜阿骨打并没有停止前进的脚步，而是再接再厉，继续对辽国展开进攻。

四、直捣黄龙府

前面说过，咸州归降使完颜阿骨打所能触及的区域到达了今天的辽宁省北部一带。但实际上，在咸州和女真的大本营之间，仍然有许多辽国城池没有被占领。不把这些城池彻底征服，最南端的咸州就属于孤城一座，极容易被辽国再次夺去。

在这些尚未被征服的城池中，最重要也最著名的是黄龙府。

完颜阿骨打决定，先拿黄龙府开刀。

称帝后的第四天，在完颜阿骨打的亲自指挥下，金兵对黄龙府发动了进攻。

为了保住黄龙府，耶律延禧可谓下足了本钱，一下派出了二十万骑兵和七万步卒，大军浩浩荡荡，直奔黄龙府而来。

奇怪的是，这支规模庞大的军队，除了带着作战必备的刀箭，竟然还带了另一样笨重的东西——农具。

这是干啥？难不成是想去开荒种地吗？

没错，耶律延禧正是这么想的。

经过前几次的失败，耶律延禧清醒地认识到，历经一百多年人不知兵的和平，大辽士兵早已失去了最初那势不可当、敢打敢杀的锐气，而金国士兵正处于干事创业的上升期，一个个像打了鸡血似的，打仗毫无畏惧，冲锋不顾生死，像极了大辽建立初期的契丹勇士。

耶律延禧明白，辽军虽然在人数上多于金兵，但如果选择和如狼似虎的金兵硬碰硬、正面交锋，并不占有太大优势。所以，他决定换个战法，打持久战。

耶律延禧的算盘是，通过在东北设立一系列军屯，边屯田边备战，有机会就主动出击，没机会就防御为主，与金军形成长期对峙的局面。试图通过这种方式逐步消磨掉金兵的锐气，最终将其拖垮。

不得不说，耶律延禧这种稳扎稳打、长期对峙的做法，可谓是抓住了完颜阿骨打的软肋。

新生的大金国，虽然控制的区域在不断增大，人口也在不断增加，但如果放到辽国全境去看，仍然只是偏居在东北北部的一个小政权，无论人力财力物力，都不足以与大辽相抗衡。一旦陷入持久战的泥淖，大金国将完全丧失攻击优势，一步步被辽国耗死。

完颜阿骨打意识到了这一点，他决不允许这样的情况发生。一定要趁辽军立足未稳将其击溃，决不能让其屯田计划成功。

就在此时，意想不到的事情发生了——耶律延禧派人求和了。

完颜阿骨打简直不敢相信自己的耳朵，曾经的霸主、高高在上的大辽皇帝，竟然会向自己这个刚由部落首领登上皇位没几天的人求和？

他兴奋地打开使者带来的国书，在上面看到了自己的名字，还有让大金做大辽属国的条件。

完颜阿骨打呵呵一笑，他立即意识到，这不过是耶律延禧的缓兵之计。

因为按照惯例，为了表示尊敬，国书上不会直接写对方皇帝的名字，通常的格式是“大辽皇帝致书于大金皇帝阙下”。现在耶律延禧直书完颜阿骨打的姓名，显然是没把他这个小国皇帝当根葱，轻视之情溢于言表。

至于做大辽的属国，就更加可笑了。生女真原本就是辽国的附属，只因不堪忍受残酷盘剥侵扰，才奋起抗争，好不容熬到了称帝建国，让我继续做你的附属国，那不白折腾了吗？

作为回应，完颜阿骨打提出了一个大辽肯定不会答应的条件：交还阿疏，把黄龙府迁到别处，咱再慢慢商量。

谈判无果而终，完颜阿骨打立即下令进攻。

大金将士充分发扬“人不畏死”的精神，个个奋勇，经过数次冲锋，终于将辽军步兵冲垮。辽军步兵损失惨重，几乎全军覆没。

眼见步兵败下阵来，关键时刻，辽军骑兵发挥了自己的优势——跑得快。他们立即调转马头，跑得无影无踪。

就这样，在金军的凌厉攻势下，二十七万辽军几乎没怎么抵抗就土崩瓦解，留下了满地兵器和农具。耶律延禧屯田打持久战的愿望彻底落空。

望着满地的兵器和物资，大金士兵的心里简直乐开了花。有了这些兵器，金兵的战斗力再次得到了极大的提升。然而对大金来说，最有意义、影响最深远的，并不是武器，而是农具。

生产力决定生产关系。由于生产水平较低，女真民族一直过着原始的渔猎生活，虽然后期获得了一些适于耕作的土地，但由于缺乏生产工具，一直未能将农耕文明发展起来。现在耶律延禧竟然不远千里，主动将生产工具送上门来，实在是帮了女真人的大忙。正是靠着辽国无偿捐赠的农具，女真族终于开始了由游牧生活向农耕生活的过渡。

经济基础决定上层建筑。渔猎生活向农耕生活的转变，为大金国由奴隶制社会逐步向封建社会转型奠定了基础。

如果耶律延禧知道自己的一次无心之举竟然间接改变了另一个国家的社会制度，不知是该自豪，还是该后悔。

事实上，耶律延禧根本没有工夫去想这些，因为，一场更大的危机正在向他逼近。

肆

最危险的时刻

一、耶律延禧的愤怒

二十七万援军的溃败，使得黄龙府的形势岌岌可危。

幸运的是，经过此次恶战，金兵战士的体力也已经达到了极限，加上需要将缴获的大批辽军物资运回大本营，他们只好暂时班师，进行休整。

黄龙府外的战场上，暂时获得了难得的平静。

但耶律延禧并没有因此得到喘息的机会。二十七万援兵的失败，彻底暴露了辽军的无能，国内的不安定分子蠢蠢欲动，引发了一系列叛乱。

耶律延禧深知“攘外必先安内”的道理，为了集中精力对付国内的叛乱，他决定先稳住完颜阿骨打。于是，他使出了老套路——求和。

政和五年（公元1115年）三月，耶律延禧派耶律张家奴一行六人出使大金。

按理说，既然要稳住人家，就应该提一点人家大体能接受但又不能全部接受的条件，然后你来我往，讨价还价，有没有结果不重要，重要的是能浪费对方的时间，越多越好，以便腾出手来专心对付国内的叛乱。

可耶律延禧不。

不知是想让完颜阿骨打误以为辽国仍旧很强大，还是出于其他什么目的，耶律延禧给阿骨打开出的条件竟然是要他投降，而且越快越好。

如果不是写在辽国使者带来的正式公文上，完颜阿骨打肯定会以为这是谁给他闹的恶作剧。我大金士兵刚刚把你大辽二十七万军队打得丢盔弃甲、落荒而逃，你一个失败者，竟然要我这个胜利者投降？脑子坏掉了吧！

在向使者确认了耶律延禧的健康状况之后，完颜阿骨打很客气地将使者中的五人留下长久做客（“扣留”），然后将耶律张家奴礼送出境，要他向耶律延禧转达自己的亲切问候，请他保重身体、保持智力。

看着垂头丧气归来的耶律张家奴，耶律延禧不仅没处分他，反而再次委以重任——辛苦了，不好意思，还得麻烦你再去一次。

条件还是那个条件，使者还是那个使者。耶律张家奴快疯了，您就不能换一个人坑吗？上次去了六个只回来一个，这次再去，怕是我也得交待在那里了。

但圣命不可违，可怜的耶律张家奴只好硬着头皮，再次来到完颜阿骨打的面前，敦促他赶紧投降。

事实证明，耶律张家奴多虑了，完颜阿骨打不仅没扣留他，还亲自修书一封，让他务必交给耶律延禧。这封信的中心思想只有一句话：阿适（耶律延禧的小名），麻烦你搞清楚，应该投降的是你，不是我。

耶律延禧没有生气，也没有放弃，而是坚持到底，再次派出使者，要求完颜阿骨打立即投降。

这一次，完颜阿骨打没有理他。他没有兴趣和耶律延禧玩这种无聊的斗嘴游戏了，他直接扣留了使者，结束了这场毫无意义的外交活动。

完颜阿骨打主动下线退出游戏了，耶律延禧也没必要再装了。

此时，他已经基本平定了国内的叛乱，可以腾出手来对付讨厌的大金了。更重要的是，就在这个月（七月）的月初，他按时收到了北宋政府送来的岁币五十万。

没错，此时的北宋政府对于大辽的惨败毫不知情，仍然按照《澶渊誓书》的约定，将岁币如数如期地送到辽国。

钱有了，内乱也平息了，耶律延禧决定：进攻！完颜阿骨打，这一次，我一定要把你灭了！

辽军兵分数路，每人发给数月粮食，向大金国浩荡而去。

可才走到半路，消息传来：黄龙府失陷了！

原来，完颜阿骨打扣留大辽使者结束外交谈判后，并没有坐以待毙，而是立即恢复了战斗状态，再次向黄龙府发起了猛烈的进攻。

孤立无援的黄龙府终于支撑不住，于政和五年（公元1115年）九月被大金士兵占领。

有意思的是，完颜阿骨打在攻打黄龙府的时候，还特意带上了被他扣留的大辽使者，让他们目睹祖国的城池是如何被自己攻破的，完了再把他们放走，要他们以见证人的身份，回去向耶律延禧汇报大金士兵是如何在他们的眼皮底下攻取大辽城池的。

赤裸裸的羞辱。

黄龙府的丢失，意味着整个东北平原北部完全落入了大金手中，大辽的东京府已经失陷了一半。

这还不算，可恶的完颜阿骨打竟然还让代表大辽皇帝的使者亲眼见证这一过程。这哪里是打仗，分明是打耶律延禧的脸。

不仅失地，还丢人，耶律延禧简直要气疯了。完颜阿骨打，不把你灭了，我誓不为人！

恼羞成怒的耶律延禧决定御驾亲征，举全国之力也要将完颜阿骨打彻底消灭。

在当时，从辽国剩余的领土到金国控制区域，有两条路可以走：一是从西面的上京临潢府（今内蒙古赤峰巴林左旗林东南）出发，向东进攻；一是从南面的东京辽阳府（今辽宁辽阳）出发，向北进攻。

为了确保将完颜阿骨打一举歼灭，耶律延禧决定兵分两路：一路由他亲自率领，调集七十万大军由东京辽阳府方向进行攻击，驻扎在驼门（今吉林农安南五十里）；另一路由驸马萧特末等人率领，调集骑兵五万、步兵四十万，由上京方向进攻，驻扎在斡邻泺（今吉林大安南查干湖）。

两路大军协同作战，打算利用钳形攻势对大金进行夹击。

可以看出，耶律延禧这次下了血本，两路大军共计一百一十五万人，可谓倾巢而出，打算踩也要把完颜阿骨打踩死。

大金最危险的时刻到来了。完颜阿骨打清醒地意识到，这一次，耶律延禧不是来打仗的，而是来玩命的。他已经彻底疯狂了，变成了一个疯子、一个毫无理智的疯子。这样的疯子，无疑是极其可怕的。

更可怕的，是耶律延禧麾下那百万辽军。一百一十五万人啊，真正的投鞭断流、掷刀成山。别说打，就是硬挤，也能把女真人挤回老家去。

这根本不是打仗，这是驱赶！

完颜阿骨打恐惧了。起兵以来，他从未有过如此的恐惧。

自从打出反辽的旗号以来，他屡战屡胜，从宁江州到出河店，从鸭子河到黄龙府，从涞流水到混同江，他亲眼见证了女真士兵的一次次胜利，由一支不足三千人的小队伍，逐步成长为拥有数万勇士的骁勇劲旅，也亲眼见证了辽兵的一次次溃败。在他的带领下，女真部族从环境恶劣的苦寒之地一路攻城略地，占领了整个东北平原北部，建立起自己的国家。

在他的潜意识里，大辽已经成了一只待宰的羔羊，等他一刀刀结束它的生命。按照他的想象，接下来的战斗应该是辽兵继续落荒而逃，金兵继续乘胜追击，这样的过程单调而无聊地不断重复，直至大辽彻底崩溃，耶律延禧牵羊献降。

然而，残酷的现实让他不得不从想象里清醒过来。

当他听闻耶律延禧携百万大军愤怒而来时，他才意识到，大辽终究是大辽。虽然经历了一次次失败，虽然丢失了一座座城池，但它仍然是强大的。只要耶律延禧想，他仍然可以轻松组织起强大的军队，给大金以毁灭性的打击。

他突然发现，面对充分动员起来的大辽，他不得不去仰视。

一种无力感，压迫得他无法呼吸。

二、意料之外的胜利

望着手下这些跟随他出生入死的女真将士，再想想即将到来的可怕命运，一股悲壮而凄凉的感觉瞬间涌满了完颜阿骨打全身。

他们曾怀着美好的愿望和他一起奋起反抗，齐心协力、共同进退，不畏艰辛、视死如归，在无数士兵的壮烈牺牲和生死离别后，美好的生活终于展露出端倪。

然而，随着耶律延禧百万大军的到来，美好将被打破。更无奈的是，面对即将发生的一切，大金似乎毫无办法。

明知厄运即将来临，却无法改变，也无法逃离，世界上最痛苦的事，莫过于此。

完颜阿骨打终于坚持不住了，突然间，他放声大哭。

很多人说，完颜阿骨打的哭是虚伪的哭，和刘备的哭一样，是一种收买人心的权谋手段。

我反倒认为，此时的完颜阿骨打是真诚的，他是真的没有办法了。

他召集了大金的将领和士兵代表，对他们说出了自己的心里话：大辽倾巢而来，就算我们个个死战，也不一定能打得过。这一切都是因为我，不如你们把我杀了，拿我的人头去投降，或许还可以转祸为福，保全女真一族。

我相信，这是完颜阿骨打内心的真实想法。他虽然不是英雄，但也不是孬种。如果用他的人头能够换来女真人民的平安，他会毫不犹豫地去做。

事实证明，女真将士们也是个顶个的好汉。面对强大的辽军，没有人叛逃，没有人退缩，女真人体内那不畏死的血液，最终化为一句雄壮的口号——誓死杀敌！

将士们的忠心和无畏，犹如冬天里的一轮暖阳，将完颜阿骨打心里的阴霾一扫而净，他内心的斗志再次被点燃。

是呀，与其坐以待毙，不若拼死一搏，就是死，也要死在战场上。这才是女真人该有的样子，这才是女真人该有的尊严。耶律延禧，放马过来吧，即便我是鱼，也要和你来个鱼死网破！

完颜阿骨打终于下定了迎战的决心，他亲自率领人马，等待耶律延禧的到来，准备和他决一死战。

然而左等右等，就是不见辽军大部队到来。完颜阿骨打疑惑至极，这耶律延禧，葫芦里到底卖的什么药？

他主动出击，派人抓住了辽军先遣队里的一个辽兵。一问才知道，耶律延禧根本不在军队里。

不是没来，而是来了又走了，因为他的后院起火了——耶律章奴反了！

耶律章奴本是辽国的皇亲国戚，眼见大辽在耶律延禧的统治下每况愈下，甚至到了国破家亡的边缘，深感对不起列祖列宗的在天之灵，就想推翻耶律延禧，立一个更加贤明的皇帝。现在耶律延禧率军出征在外，正是他实现计划的好时机。

他选中的目标是魏王耶律淳。

耶律淳是辽兴宗耶律宗真的孙子，按辈分论，耶律延禧应该叫他一声叔叔。耶律淳素有人望。按照耶律章奴的设想，凭借耶律淳的地位和威望，拥立他一定能够得到大家的支持。但他忘了一个最重要的前提，那就是必须耶律淳本人同意才行。耶律章奴没有想到这一点，这就注定了他的悲剧。

事实上，对于和自己的侄子抢皇位这件事，耶律淳一点兴趣也没有。他不仅没兴趣，还很讲政治。他深知，天无二日，国无二主，必须坚决维护耶律延禧的核心地位，才能保证辽国内部稳定。有这样的意识，自然不会站错队、走错路。耶律章奴派去的联系人刚说明来意，耶律淳就将他们捆成粽子，亲自送到了耶律延禧那里。

耶律延禧很满意。自己的这位皇叔如此识大体，他感到很欣慰，对他赞赏有加。

他怎么也不会想到，仅仅几年之后，这位识大体的皇叔会登上皇位，另组政权，和他分庭抗礼。

再说耶律章奴，这哥儿们也是个硬汉，见耶律淳不肯上他的贼船，索性决定单干。他率领自己仅有的一点兵马，直接跑到了上京临潢府，将府库里的物资一扫而空，还跑到大辽开国皇帝耶律阿保机的祖庙里，痛心疾首地将耶律延禧一顿臭骂，请求祖宗保佑自己起事成功。

然后，他移檄各州县，号召大家共同起来造反，并一路收集败兵残将，凑起了一支数万人的队伍。虽然人数不多，但耶律章奴胆子够大，带着他们直接去攻击耶律延禧的行宫。

结果可想而知，一支临时拼凑起来的乌合之众，怎么敌得过耶律延禧的正规部队？耶律章奴大败，只好率领残兵逃走。他本想去投奔女真，结果在半路上被巡逻的辽兵抓获。对于这个意图颠覆自己统治的乱臣贼子，耶律延禧二话不说就送了他一个“分身术”——腰斩。

这场突如其来的叛乱虽然被镇压了，却彻底打乱了耶律延禧的军事部署，大辽因此失去了消灭女真的最后一次机会。

得知耶律延禧偷偷返回国内处理叛乱，完颜阿骨打敏锐地意识到，这是消灭辽军的大好时机。他立即下令全军追击。为了保证行军速度，他命令士兵不得捡拾辽军沿途丢弃的物资，违令者斩。

最终，金兵在一个叫护步答冈（今黑龙江五常西）的地方追上了辽军。

当时，金军士兵只有两万人，面对百万辽军，如何攻击成了最大的问题。

完颜阿骨打冷静分析了战场形势，认为擒贼先擒王，只有集中兵力，全力攻击耶律延禧所在的中军，一举将其击溃，才有取胜的可能。

他采用左右夹击的战术，对辽兵中军进行了猛烈的攻击。经过数轮冲击，终于将辽军冲散。辽军大败，“死者相属百余里”，耶律延禧仓皇而逃。

在这场生死攸关的对决中，完颜阿骨打获得了最终的胜利，耶律延禧完败。

对大辽来说，这次失败无疑是致命的。从此以后，它再也无力组织起如此庞大的军事力量，甚至再也无力主动向大金发起进攻，只能转入被动防御。更加严重的是，经过一连串失败，尤其是这次百万大军的大溃败，辽兵士气跌入低谷，斗志全无，很难再凝聚成强大的战斗力。人心，已经散了。

反观大金，则恰恰相反。尽管这次胜利有着很大的运气成分，但毕竟是胜利了。

望着满地辽军丢弃的物资，完颜阿骨打明白，辽国已经成为强弩之末，行将就木，战争主动权已悄悄转移到了自己的手里。更重要的是，起兵以来无一失败的战绩，让大金上下充满了信心，人人激奋，个个求战。

还有一点，很值得一说。此时的大金，还没有实行军饷制度。换句话说，士兵们是没有工资的。个人收入的高低，全看你在战斗中抢夺物资的多寡。在这种原始欲望的支配下，大金士兵唯一的冲动就是打更多的仗，抢更多的东西。战斗力之强，可想而知。

此消彼长之间，大辽和大金的国运已悄然转换。

三、捡来的辽阳府

击败耶律延禧的百万大军后，咸州以北的土地已悉数为大金所有，大金的后方基地正式成型。

现在的完颜阿骨打，完全掌握了战争主动权。此时的他，既可以向南攻击东京辽阳府，又可以向西进攻上京临潢府和中京大定府。

就在完颜阿骨打为接下来向哪个方向进攻犹豫时，好运气再次找上门来。

回顾完颜阿骨打起兵以来的战斗过程，好运气似乎一直伴随着他。宁江州之战，刮了一场大风，大败辽军。黄龙府之战后，耶律延禧率百万大军气势汹汹而来，辽国又上演了一场谋反大戏，使他有机会再次大败辽军。

这一次，完颜阿骨打的好运来自一个人，这个人的名字叫高永昌。

事情还得从政和六年（公元1116年）正月初一的一场叛乱说起。

没错，仍然是发生在辽国的叛乱。这次出事的地方，是位于大金国正南方的东京辽阳府。

东京辽阳府原本是女真族分支渤海人的故地，是辽太祖耶律阿保机用了二十多年才攻占的。虽然纳入了辽国的版图，但契丹人和渤海人的矛盾一直没有消失过。尤其是现在的东京留守萧保先为人严酷刻薄，对渤海人极尽盘剥征敛之能事，人皆怨之。

矛盾终于在政和六年（公元1116年）正月初一爆发。

这天夜里，十几个刚刚喝过新年酒的渤海青年醉醺醺地经过辽阳府衙。望着豪华的府衙和高大的围墙，再想想这些年萧保先对渤海人的欺压，他们气愤至极。加上喝了点酒，酒壮熊人胆，他们怒从心头起，恶向胆边生，毅然决定要为民除害。

他们带着刀翻越了辽阳府的围墙，一直来到了大厅。守卫发现了他们，赶紧上前将他们团团包围，进行盘问。

青年们反应很快，虽然处于醉酒状态，仍然想出了一个绝妙的回答。他们情绪激动地说："不好了，外面有人作乱，我们是来向留守大人汇报情况的。情况紧急，赶快带我们进去。"

守卫大概也喝多了，居然相信了这些不敲大门却翻墙头的人，真的带他们去见了萧保先。

接下来的事，不用我说你们也猜到了。仇人相见，分外眼红，这伙人二话不说，立即将萧保先刺杀，然后逃之夭夭。

这还得了？！堂堂东京留守，竟然在新年第一天就被刁民给害了，实在是岂有此理！不将凶手捉拿归案，大辽的脸面何在！

为了尽快给上边一个交代，暂时主持工作的东京副留守高清臣等人大肆搜捕，胡乱抓了数十人杀掉，以求尽快结案。

高清臣冤杀良民的消息传开后，渤海人集体爆发，更多人加入了造反队伍。

正月初三这天，造反的人从四面八方赶来，在辽阳城外集会示威。高清臣恐吓他们离开，没想到造反者不仅没被吓住，反而更加激动，搞起了破坏。有的高声叫骂，有的趁机放火，有的干脆翻墙而入，偷偷打开了城门。造反者一拥而入，局势彻底失控。

高清臣等人见情况不妙，只好率领残部逃走，辽阳城暂时出现了权力真空。

当时在辽阳城外不远处，驻扎着一支三千人的小部队，首领是一个名叫高永昌的渤海人。他虽然在辽国军中任职，但整天看着同胞被契丹官员欺负，自己却无能为力，心中郁积了深深的苦闷。

听说辽阳城出现了权力真空，他立即意识到机会来了，马上率领自己的部队向辽阳城进发，并沿途吸收渤海青年入伍，很快就组织起一支八千人的队伍，没费一弓一箭便占据了辽阳城。

这位高永昌，是个给三分颜色就敢开染坊的主，竟然称了帝，自号大渤海皇帝，大有要恢复渤海故地的意思。

别说，这一招还挺好使，大渤海的旗号一打出来，在民族情结的影响下，渤海故地纷纷归附。转眼间，辽东地区的五十多个州均落入叛军之手。

至此，整个东京地区完全沦陷。咸州以北被完颜阿骨打的大金国占领，咸州以南被高永昌的叛军占领，唯一还在大辽手里的，仅剩下位于现在辽宁沈阳的沈州。

耶律延禧大为震怒，立即派宰相张琳率军前去平叛。之所以派张琳前去，并不是因为他有多大的本事，而是因为沈州是他的老家。老祖宗的陵墓在那里呢，岂能不拼命？！

事实证明，对家乡浓浓的热爱之情是很管用的，张琳拼命对高永昌发起攻击，恨不得把祖坟里的老祖宗也拉出来一起战斗。高永昌渐渐不支，眼见自己的皇帝梦就要破碎，他决定求援。

求援的对象，是完颜阿骨打。

高永昌派人带着厚礼找到完颜阿骨打，请求他和自己一起攻打辽兵。

完颜阿骨打虽然牢牢控制了东北平原北部，对更加富庶的南部却一直无法染指。在他看来，大辽虽然刚刚经历了一场大败，但毕竟实力尚存，加之东北平原南部是东京辽阳府的治所所在，辽国十分重视，大金要想夺取，并不是轻而易举的事。

他万万没想到的是，如此重要的地方，竟然被几个酒鬼和一群叛军轻松占领了，真是让人大跌眼镜。更不可思议的是，这群叛军竟然还邀请自己前去分享胜利果实。他实在不敢相信，天下竟有这样的好事。他立即决定，出兵南下。

但他并不是去帮高永昌，他要去抢他的地盘。

他对高永昌的使者说："回去告诉你的主子，一起攻打辽国可以，但高永昌必须去掉帝号，投降大金，我可以考虑封他一个王爵。"

高永昌自然不愿意，放着好好的皇帝不当，去给你当什么王爷，做梦吧你。不仅不同意，他还要求完颜阿骨打归还历次战争中俘虏的渤海人。

完颜阿骨打不再理他，既然谈不拢，那就打吧。

金兵一路南下，先是在沈州遇到了辽国宰相张琳。

事实证明，在金兵强大的战斗力面前，再浓烈的爱乡之情也没什么用。辽军一触即溃，完颜阿骨打毫不费力地占据了沈州。

消息传来，高永昌害怕得要死。他没想到金兵的战斗力如此之强，自己鏖战好多天都没能击败的张琳，竟然被金兵轻而易举地收拾了。

这下可好，除掉了狼，却引来了虎。

为了自保，高永昌终于不再硬气，立即派人带着自己的印信找到完颜阿骨打，说愿意去掉帝号、称藩纳土。

完颜阿骨打正准备答应，有人告密说高永昌并不是真投降，这不过是他的缓兵之计而已。完颜阿骨打大怒，立即命令进军。

没办法，为了防止金军进一步南下，高永昌只好硬着头皮前去阻击。

结果可想而知，连张琳都打不过，怎么可能打得过金兵？两军刚一接触，高永昌军便仓皇而逃，一口气跑到了辽阳城内。金军立即乘胜追击，将辽阳城团团围住，打算将高永昌困死。

眼见城内的物资即将用尽，照这样下去，不被打死，也得被饿死，高永昌没办法，只好舍命一搏，率军冲出城去和金兵决战，结果再次大败。高永昌本想趁乱逃走，但运气实在太坏，跑到半路，自己的手下突然反水，将他捉住送给了金兵。对于这个不肯向自己低头的人，完颜阿骨打没客气，立即送他去见了阎王。

可怜高永昌，大渤海皇帝没做几天，便成了完颜阿骨打刀下的大头鬼。

再说辽阳城。高永昌逃走后，城内守军自知无法抵抗，便捉住了高永昌的妻儿老小，举城而降。金兵入城，辽阳城遂落入大金之手。

占据辽阳城之后，完颜阿骨打立即派人招降附近州县。大家也很识趣，跟谁混不是混呀，纷纷投诚。

至此，整个东京辽阳府所辖区域完全落入大金之手，完颜阿骨打占据了东北平原的大部分。辽国五京，已失其一。

时为政和六年（公元1116年）五月，距离完颜阿骨打起兵伐辽不足两年。

不到两年的时间里，他带领不足三千人的女真士兵，从偏远的涞流水岸边出发，一路南下，破宁江州，战出河店，克黄龙府，最终占据了辽国在东北地区的中心城市辽阳府，将辽国五分之一的土地收入囊中。

一路走来，有艰辛，也有运气，有牺牲，也有收获。更重要的是，经过一次次战斗的洗礼和锤炼，女真士兵已经成长为一支顽强不屈、勇于挑战、善于取胜的威武之师。

此刻的大金，上下齐力，满怀信心。他们相信，在完颜阿骨打的带领下，他们将继续胜利前进，攻克一座接一座的辽国城池，占领一寸接一寸的辽国土地。大金，将无往而不胜！

但历史告诉我们，穷凶极恶的敌人是不会甘心失败的。就在大金上下弹冠相庆的时候，实力尚存的耶律延禧正处心积虑地准备反扑。

一次次失败和东京辽阳府丢失，让耶律延禧对辽军的战斗力彻底失去了信心。为了打造一支能够与金兵对抗的队伍，他组建了特殊的部队——怨军。

所谓怨军，是由辽东地区的难民组成的队伍。按照耶律延禧的想法，完颜阿骨打挑起的战争将这些人的家园变成了一片废墟，迫使他们不得不流离失所、背井离乡，这些人肯定对金兵充满了仇恨，所谓“哀兵必胜”，如果将他们组织起来对抗金兵，肯定能够爆发出超强的战斗力。

在这种思想的指导下，一支两万八千人的怨军部队很快组织了起来，由渤海人郭药师担任统帅。

此时的郭药师只是一个籍籍无名的小人物，谁也不会想到，不久之后，他的两次抉择会影响历史走向。

军队组建起来了，那就开拔吧。在群臣的一致推荐下，识大体的皇叔耶律淳成了这次行动的指挥官。此时的他，已经由魏王晋封为秦晋国王，成了两个封国的王，可见耶律延禧对他的信任。

带着耶律延禧的信任，耶律淳率领怨军出发，驻屯在卫州蒺藜山（今辽宁阜新北），开始议和。

没错，耶律淳派人通知完颜阿骨打：咱们别打了，议和吧。

完颜阿骨打也很好说话：行呀，你把阿疏还给我，咱就议和。

又是阿疏。您可能要问了，这个阿疏就这么重要吗？耶律延禧为什么就是舍不得把他交给完颜阿骨打呢？抱歉，我也搞不懂。大概耶律延禧把哥们儿义气看得比江山社稷还重吧。人家信任咱才来投奔咱，碰到一点困难就出卖人家，那还是男人吗？也许，这就是耶律延禧的心理吧。

当然，什么原因不重要，重要的是结果。耶律淳不能把阿疏还给完颜阿骨打，只好开打。

事实证明，在绝对力量面前，仇恨也无济于事。更何况，所谓的怨军，并不像耶律延禧想象的那样对大金充满了仇恨。事实上，因为辽国对渤海故地的统治时间更长，盘剥也更严苛，怨军对辽国的仇恨反而更深。他们之所以应征入伍，不过是为了有口饭吃，根本就不会替辽国人卖命。

所以，两军甫一接触，怨军便四散而逃，耶律淳大败而归。金军乘胜攻击，一口气占领了辽国的八个州。

耶律延禧复仇不成，反而再丢八州，真可谓赔了夫人又折兵。

时为政和七年（公元1117年）十二月，新年将至。对于耶律延禧送上的这份新年大礼，完颜阿骨打十分满意。让他没有想到的是，更大的礼物还在后面。

一个叫马政的人来到了他的营地，这个人有一个特殊的身份——北宋国信使。

伍

北宋的选择

一、夭折的北伐

从政和四年（公元1114年）到政和七年（公元1117年），辽金战争已经进行了三年多。

虽然辽金双方打得热火朝天，但因战争主要在辽东地区展开，受山海阻隔的影响，位于中原地区的北宋政府对于北方发生的一切几乎一无所知。

直到政和七年（公元1117年）前后，不断有人将辽国军事调动的消息上报，这才引起了北宋政府的警觉。

此时，负责宋朝北方防务的，是我们的老朋友——童贯。

作为坚定的好战派，他听说辽国军事调动的消息，立即兴奋起来。

由于不了解辽金战事的发展，童贯想当然地认为辽国的军事调动是为了对付北宋。他激动地认为，实现自己抱负的机会来了。

前面说过，自从在与西夏的战争中侥幸取得了几次胜利后，童贯就自认为是军事奇才，一直想对大辽下手。特别是赵良嗣（就是马植）提出联合女真夹击辽国的策略后，他更是摩拳擦掌、跃跃欲试。只因当时辽东半岛尚被辽国控制，无法与女真取得联系，只好将计划暂时搁置。

这一搁置，就是六年，童贯也为此郁闷了六年。

没想到，踏破铁鞋无觅处，得来全不费功夫，辽国竟然自己送上门来了。

好呀，既然你想打，那我还客气什么。

童贯立即将辽国即将发起进攻的消息上报宋徽宗，建议宋徽宗先发制人，赶紧发兵北伐。

为了抢占先机，童贯没等宋徽宗正式下令，就通知了黄河以北的将帅做好战斗准备，甚至连调动哪些中央禁军都提前拟定好了，那真叫一个积极。

不仅积极，还很有效率。政和七年（公元1117年）二月，先头部队出发北上。

主力部队何时出发，那可是一件大事。按照古代出军的惯例，这事人定不了，得问老天爷。经过占卜，三月上旬的一个黄道吉日成了大部队出发的日期。

可就在大军即将出发时，宋徽宗却突然变卦了，他想起了一件事。

几个月前，他派出了以司封员外郎陶悦为首的外交使团去辽国进行访问，算算日子，这几天也差不多该回来了。他立即下令童贯先不要轻举妄动，等陶悦回来再说。

皇帝突然变卦，让一心求战的童贯大为沮丧。他隐隐感觉到，此次北伐很可能不会那么顺利。为了尽可能促成北伐一事，童贯决定先找陶悦谈谈。

二月二十五日，使团终于回来了。刚进国门，就看见了早已在此等候多时的童贯的下属。

他们热情慰问了使节团全体成员，并代表童贯对他们做出的贡献给予了充分肯定，然后表示童太尉想和陶悦大使深入交流一下，要他第二天先到童府中一坐，再去向皇帝汇报。

第二天，陶悦准时来到了童贯的府邸，开始了下面这段有趣的对话。

童贯先是关心地问了问陶悦出使途中的见闻和生活琐事，然后话锋一转，突然问道："我听说辽国已经准备入寇，对吗？"

陶悦很吃惊，说："应该不会。"

童贯："你怎么知道不会？"

陶悦："我们去的时候，每天都按照计划沿大路前进，行程一点也没耽误，根本没有看到辽国有军事调动的迹象。"

童贯笑了，他迅速抓住了陶悦话语的漏洞，得意地说："这只能说明你走的路上没有军事调动，其他地方不一定没有。"

没想到陶悦一点也不意外，不慌不忙地说："我们一路上所经过的地方，都会拿钱买通当地消息人士，从他们的嘴里获取情报。只听说辽国在和女真交战，除此之外，没有其他作战计划。"

童贯很着急，心想这个陶悦怎么这么不开窍，就不会说点对我有用的吗？

停了一会儿，童贯继续引导性发问："我听说辽国人因为惧怕战争，正在大批逃亡，对吧？"

没想到陶悦完全不识趣，说："谣言，绝对的谣言！我们所过之处，村居井然，人们都在田地里辛勤劳作。看见我们经过，纷纷跑来看热闹，道路两旁挤满了人，根本没有人逃亡。"

童贯简直要疯了，立即将语气温和的引导句变成了严肃的陈述句，说："我得到消息：辽国军马已经驻扎在了易州。”

陶悦：“我虽然没经过易州，但从我获取的情报来看，你这应该是假消息。”

看着眼前这个不上道的人，童贯百感交集。好在他是一个聪明人，打算打个圆场，给自己找个台阶下。

于是，童贯说道：“没关系，肯定是皇上没给你们安排这方面的任务，你们也就没仔细留意，不知道也很正常。”

可这陶悦实在是个直性子，立马反驳说：“不，不，童大人你有所不知，即便皇上没有安排，我们也要沿途搜集各种情报，回来向皇上禀报，这是我们最基本的工作职责。”

童贯终于失去了耐心，他决定教训一下这个不识相的使者，声色俱厉地说道：“看来辽人待你们不错呀！所以你不说实话，是吧？”

陶悦也急了，愤怒地说：“别说辽国并没有待我们比待其他使者更好，即便确实待我们稍好一点，我们堂堂大使，又岂会因这点小利而隐瞒敌情？！”

童贯碰了一鼻子灰，只好作罢。

陶悦将情况如实上报。宋徽宗一听原来是个误会，立即下令将出发的先头部队召回。

北伐之事就此搁置，童贯的计划再次落空。就在他为不知又得等多少年而郁闷时，一次意外事件的发生给北伐之事带来了转机。

准确地说，这是一次失误的海上漂流。

政和七年（公元1117年）七月的一天，登州（今山东蓬莱）守军正像往常一样来回巡逻。应该说，当天值班的士兵还是很负责的，因为很快他们就发现了情况：几艘可疑船只正从海上顺风而来，最终停靠在驼矶岛（今山东烟台砣矶岛）边。

常年巡逻在边境线上的士兵，敏锐性都很高，不用说，这肯定是敌人来搞破坏呀，赶紧上前盘问。正应了那句话：不问不知道，一问吓一跳。士兵们谁也没想到，这一问，竟问出了一个惊呆所有人的大消息。

原来，船上的人并不是敌人，而是难民，辽国的难民。

据难民头领高药师等人供述，辽国发生了严重的内乱，一个叫女真的部落造反了，而且战斗力惊人，将辽国军队打得一败涂地，大半个东北都已经落入了女真手里，他们还建立了自己的国家，国号大金。看样子，曾经强大的辽国马上就要完蛋了。这些人坐船出海，就是为了逃避战乱，本想逃到高丽（今朝鲜）去，没承想却被海风吹到了宋朝。

辽国难民加重要军事情报，登州守将王师中顿感关系重大，立即将情况上报给了朝廷。

消息传来，整个北宋朝廷都震惊了。他们这才知道，短短数年之间，就在离他们并不遥远的北方，竟发生了如此激烈的变局，而他们对这一切居然毫不知情。

当然，最兴奋的是以童贯、蔡京和赵良嗣为代表的好战派。在他们看来，与辽国开战的机会终于来了。

正所谓“痛打落水狗”，既然辽国已经被女真打得不成样子了，此时不打，更待何时？更重要的是，现在辽东半岛已经落入大金国手里，北宋横渡渤海湾去和女真联络的道路没有了辽国的阻隔，变得畅通无阻。这就意味着，赵良嗣提出的“联合女真，夹攻辽国”的计划很可能由理论变成现实。

六年了，机会终于等到了！

他们立即上书宋徽宗，要求派遣使者前往大金，商量共同瓜分辽国一事。在他们看来，这种白捡的便宜，不要白不要，实在想不出任何反对的理由。

然而事实再次出乎他们的意料，反对的人不仅有，而且还很多。

一场大辩论随即展开。

二、和战大讨论

以童贯为首的好战派认为，燕云十六州的丢失，一直像一根刺一样，刺痛着国人的神经，成了大家挥之不去的阴影。虽然不是在北宋手里丢失的，但收复燕云一直是历代帝王的梦想。现在辽国已成强弩之末，正是收复失地的大好时机。

如果真能灭掉辽国、收复燕云，不仅能够每年节省五十万岁币，北宋的领土也将大大扩张，燕山、长城等重要的战略要地将重新掌握在北宋手中，形成屏蔽中原的天然防线，而宋徽宗也将因这前无古人的功绩被称为“有为之君”，历代传颂。有这么多好处，还犹豫什么呢？

但反战派也有自己的理由。在他们看来，好处虽有，但坏处更多。

首先，从道义上讲，澶渊之盟后，宋辽已经约为兄弟之国，现在兄弟有难，你不帮忙也就算了，竟然还想帮着外人一起欺负兄弟，这要是传出去，北宋的脸面往哪里搁？

当然，历史曾无数次告诉我们，只要利益足够大，所谓的道义就会变得轻如鸿毛，尤其在政治面前，道义更是无足轻重。

那咱就不说道义，说点实际的。

先说岁币。反战派认为，虽然北宋每年要向大辽支付五十万岁币，猛一听好像很多，但这点钱实际上不到北宋年财政收入的百分之一，尤其是与战争的巨额花费相比，更是九牛之一毛。所以，还是不打仗划算。

好战派要反驳了："你说得不对。要知道，战争虽然花费多，但是一次性支出，岁币虽然看着不多，却是长期固定性支出，年年都是五十万，长此以往，未见得会比战争的花费少。"

其实，关于这个问题，八十年前宋仁宗就曾经和大臣们讨论过。

当大臣向他提出这个疑问时，宋仁宗是这样回答的：虽然每年都要支付五十万岁币，但不至于引起人民困顿，而一旦发生战争，巨额的花费和残酷的战火，将会立即造成民不聊生、家破人亡。世界上没有完美的解决方案，只能两害相权取其轻。

为更好地理解宋仁宗的话，我们可以将支付岁币形象地比喻成打板子。每次在一个人身上打五板子，然后过几个月再打五板子，如此循环，不管你打多少次，都不会对这个人造成什么影响，顶多是皮外伤。而如果一次打他几百甚至几千板子呢？结果可想而知，不把他打死才怪。

宋仁宗看到了这一点，宁愿花钱也不愿挑起战争，所以被称为仁宗。

百姓们看到了这一点，所以宋仁宗死后，他们才会发自内心地伤心欲绝。

以宇文虚中和安尧臣为代表的反战派也看到了这一点，所以他们反对主动挑起战争。

只可惜，以童贯为首的好战派看不到这一点，他们看到的只有军功、荣耀和幻想中的青史留名。士兵的生死、百姓的流离，和我有什么关系？

其实，与战争的巨额花费相比，反战派认为更可怕的是战争的后果。

既然要联金灭辽，肯定不能让人家金国单干，我们坐享其成，北宋必然也要同辽国发生直接战争。别看金兵能够轻易击败辽军，宋军能不能打得过辽军，还真不好说。万一连人家的手下败将都打不过，劳民伤财不说，大宋的面子往哪放？宋徽宗的脸面往哪里搁？

这还不是最可怕的，更可怕的是如果我们打胜了，真把辽国灭了，那就麻烦了。

因为辽国虽然与大宋有过节，但经过一百多年的和平相处，已经逐渐汉化，攻击性减弱，军事实力大幅下降，更希望维持和平，不会对大宋造成太大的威胁。而一旦辽国灭亡，大宋必然与如狼似虎的金国为邻。处于军事上升期、以抢掠为主要物资来源的金国，必然会将攻击的矛头对准富庶的大宋，对大宋造成致命的伤害。

综合以上，反战派得出最终结论：千万不能为了一时小利，就破坏与大辽的百年盟约，去结交虎狼之金国，否则必将后患无穷。

正反双方你来我往，谁也说服不了谁，皮球最后又踢给了宋徽宗。

此时的宋徽宗，正愁闷得很。

我们知道，宋徽宗是历史上有名的艺术皇帝，琴棋书画无所不精，奇玩珍巧无所不爱，亭台楼阁无所不建。而这些东西有一个共同的特点——烧钱。

宋徽宗虽然贵为皇帝，但看上的东西也不好明抢，也是要给钱的。古玩字画之类的艺术珍品，件件价值连城，加之他还热衷于搞一些大型假山（如“艮岳”里的山）、大型建筑群（如“延福宫”）之类工程量浩大的土木工程，那是真正的花钱如流水。

钱从哪里来？自然是从老百姓身上搜刮来的。为此，宋徽宗特意任命理财能力极强的蔡京为宰相，帮助他搞钱。

当然，蔡宰相所谓的理财能力，不过是变着法从老百姓身上盘剥而已。很快，他就不负皇帝期望，研究出了新花样。

首先，他打起了土地的主意。蔡京深知，土地是农业社会最大的税赋来源，只要对其稍微动点手脚，就有大把银子流进朝廷的腰包。

在他和“六贼”中的另一个大坏蛋——大宦官杨戬（不是二郎神杨戬）的操纵下，一个叫“公田所”的机构正式挂牌成立。顾名思义，所谓公田，就是公家的田、皇帝的田。

这就奇怪了，“普天之下，莫非王土”，天下都是皇帝的，难道田地还有不属于皇帝的？

还真有。五代十国时期，因为战乱频仍，人口大量逃亡，不少田地被撂荒，成了无主之地。进入北宋后，社会渐渐稳定，部分老百姓便开始在这些无主之地上耕种，且不需要缴纳赋税。北宋初期的皇帝为了休养生息，大都对此采取了默许的态度。

现在，蔡京决定将它们全部变成公田，农民必须缴纳租金（公田钱）才能耕种。

不仅如此，他还在土地丈量上耍起了手段。在这之前，土地丈量是以普通的“尺”为单位。现在，蔡京等人以符合礼仪为借口，将尺的单位缩小，推行了一种叫“乐尺”的度量单位。

“乐尺”比普通的“尺”小，但每亩所要缴纳的税不变。就这样，土地还是那些土地，只是通过简单的单位换算，农民便要多缴税，朝廷也多了收入。

这还是小打小闹，更难得的是，蔡京竟然还懂得利用各种金融票据，也就是纸币，来帮皇帝捞钱。

我们都知道，世界上最早的纸币就是在北宋时期出现的。大家最耳熟能详的一种，便是交子。所谓交子，就是以金属货币作为后盾的纸质凭证，每一张交子背后，都对应着一定数量的金银作为储备。理论上，每一张交子都可以随时兑换一定数量的金银。

最开始，交子的使用范围很有限，只在四川地区使用。现在，蔡京决定将交子在全国推行，并利用当时已经十分先进的雕版印刷技术，大量印制超过实际需求的纸币，以此来攫取民间财富。

皇帝的收入增加了，民间却出现了严重的通货膨胀，老百姓怨声载道，农民起义此起彼伏。

面对越来越严重的内部危机，宋徽宗打算采取历代统治者都会采用的方法——发动对外战争，利用外部矛盾和民族情结来吸引民众的注意力，将百姓的不满由国内引到国外去。

就在这时，发生了辽国难民来宋事件，并引起了一场是否应该联金灭辽的大讨论。

结果可想而知，宋徽宗坚定地站在了好战派一方。他太需要这个机会了，不仅可以转移国内矛盾，幸运的话，还可以灭掉辽国，完成列祖列宗未能完成的伟大事业，成为北宋历史上最伟大的帝王，怎么算怎么合适。

那还讨论什么？就这么定了！

宋徽宗并不知道，当他下定决心的那一刻，灾难，已注定不可避免。

三、第一次接触

政和七年（公元1117年）八月，宋徽宗派出了第一批人渡海前往大金，欲与大金国发生第一次接触。

需要说明的是，从严格意义上来讲，这批人并不算真正意义上的外交使者。为了掩人耳目，他们是以到大金国买马的名义出发的，既没有正式的外交文书，也没有明确的外交诉求。此行的目的，仅仅是试探有没有和大金联合灭辽的可能。

因为北宋此前从未与大金有过任何接触，对于路线完全陌生，所以刚从辽东半岛航海而来的高药师，当仁不让地成了这次行动的向导兼翻译。

可怜高药师刚从辽东逃出来，就不得不硬着头皮回去。没办法，吃人家的嘴软，拿人家的手短，谁让自己在人家的地盘上讨饭吃呢。

那就出发吧。

一路海浪，一路颠簸，吹过海风，闻过海腥，部分人还荣幸地体验了一把晕船的感觉，最终，海岸线出现在了视野之中。

望着海岸上来回巡逻的大金国士兵，高药师害怕了，他亲眼见过这群人攻陷他们的城池，毁坏他们的家园，屠杀他们的同胞。在高药师的眼里，他们哪里是人，分明是杀人机器。

太恐怖了！我不要回去，我不要和他们接触，我不要被他们杀掉！

高药师绘声绘色地向同行的宋方人员讲述了自己同胞的悲惨遭遇和大金士兵的惨无人道，并充分发挥想象，以老奶奶讲恐怖故事的口吻，向宋方人员描绘了被金兵抓住后可能遭受的种种非人待遇和可怕折磨。

宋方人员本就对陌生的大金心存畏惧，听高药师这么一说，个个吓得面无人色，这哪里是出使，分明是送死呀。那还等啥，趁可怕的金兵还没发现，赶紧溜吧。就这样，北宋对大金的第一次试探，以一种戏剧性的方式结束。

为了推卸责任，高药师等人回去后撒了个谎，说他们本来准备登岸，但女真人死活不让，不仅不让，还要杀他们，他们只好返回。

宋徽宗大怒：这点事都办不好，要你们何用？立即将高药师等人发配到了边远之地。

但气归气，联络大金一事不能停呀，不然怎么灭辽，怎么转移国内矛盾？宋徽宗立即给童贯下令，要他赶紧挑选一批勇敢的人，再次渡海与大金联络。

这一次，童贯选中的是武义大夫马政，还有他的儿子马扩。事实证明，童贯这回没有选错人，马政父子即将出色地完成这次使命。尤其是马扩，因为在这次出使中的出色表现，成为此后宋金外交活动中的主角，参与了一系列重要谈判。他还将自己的外交经历写成《茆斋自叙》一书，流传至今，成为我们了解宋金外交活动的重要参考。

重和元年（公元1118年）八月，马政一行乘船出海，于当年九月初九到达辽东半岛。他们没想到的是，甫一登岸，就受到了大金士兵的“隆重”招待——“为逻者所执”，被抓起来了。

大金士兵压根就没听说过大宋，一致断定他们根本不是什么使者，而是前来搞破坏的敌人，将他们随身携带的物品全部抢走，并准备将他们杀掉。

这么看来，高药师吓唬人的话，还是有几分真实性的。

马政等人费了好大的劲儿，才让金兵相信了他们的使者身份。饶是如此，金兵依然没有对他们客气，将他们五花大绑，押着走了十几个州，他们才终于在三千里之外的涞流水河畔见到了完颜阿骨打。

完颜阿骨打也蒙了，望着眼前这些语言和服饰与辽金两国完全不同的人，发出了哲学三问：你们是谁？从哪里来？有什么事？

马政等人此时倒轻松了许多，终于见到了对方的皇帝，任务就算成功一半了。

马政是个很有策略的人。表明身份之后，他首先回忆了女真祖上到宋朝卖马的旧事，意思是咱两家可是旧相识，虽然近些年不走动了，但终归是朋友，以此拉近女真和大宋的感情。谈完感情，接着是拍马屁。马政表示，我们皇帝听说在您的英明领导之下，英勇无畏的大金士兵接连攻陷了辽国五十多个州，大为赞赏，特派我来向您表示祝贺。

感情也叙了，马屁也拍了，见完颜阿骨打的态度逐渐缓和下来，马政立即转入正题。他以一种义正词严又义愤填膺的口吻说道：“契丹人统治下的大辽国昏庸无道、横征暴敛，早就惹得人神共愤、天怒人怨，可谓天下苦辽久矣。我大宋朝早就想替天行道，救一方黎民于水火之中，没想到你们也心怀同样的理想，而且还率先采取了行动。那正好，不如我们两家联合，一起讨伐暴辽，解救大辽人民。灭辽之后，我们只要燕云地区，剩下的全归大金，不知您意下如何？”

听完马政这番慷慨激昂的话语，完颜阿骨打高兴坏了。他实在想不通，上天为何对自己如此青睐。自己正和仇敌打得难解难分，虽然胜利不断，但毕竟只攻占了大辽五京中的一京，要将大辽彻底灭亡，尚有很长的路要走。这时，突然跳出来个大宋，说愿意和他一起攻击大辽，而且听使者的意思，似乎这大宋还很有两下子，他怎能不高兴？

他立即表示这事有得商量，然后兴奋地看向马政。他在等一样东西。

完颜阿骨打虽然出身游牧民族，没多少文化，但他毕竟是一国之主，也知道两国结盟这种事，不是嘴上说说就可以的，而是需要正式公文的。

他在等马政向他递交宋朝国书。

马政明白了他的意思，却并没有将国书交给完颜阿骨打。

原因很简单，他没有国书。宋徽宗只是让他来探路，并没有给他国书。

马政立即向完颜阿骨打解释，说两国已经上百年没有联系了，大宋更是没有人到过大金，连路都不认识，因此不敢携带国书这么重要的公文。此次前来，是为了架起两国沟通的桥梁，为后续外交开展奠定基础。既然您已经表达了同意联合灭辽的意向，我回去之后立即禀奏皇帝，相信不久之后就会有正式使者携带国书前来磋商具体事宜。

完颜阿骨打虽然有些失望，但仔细想想，也在情理之中，就没再计较。为了尽快促成此事，也为了表示诚意，他和属下经过商议，于当年十二月派出以李善庆、散睹为首的使团，带着北珠、生金等礼物，随马政等人回访北宋。值得一提的是，虽然宋朝使者没有向他递交国书，他却让大金使团带来了大金国书，可见他对宋金结盟一事的重视。

在国书中，完颜阿骨打表明了他对宋金夹攻大辽一事的基本态度：合作可以，但土地要凭各自的本事拿，谁得到，就是谁的。

完颜阿骨打的观点应该说是很公平的。只可惜，宋朝君臣并没有对此给予足够的重视，这就为后来的一系列外交矛盾埋下了隐患。

重和二年（公元1119年）正月十日，李善庆等人抵达北宋都城汴梁。这是金人第一次以客人的身份登上北宋国土，也是北宋第一次以主人身份招待远道而来的金国客人。

宾主双方谁都不会想到，仅仅八年之后，他们的身份将会发生翻天覆地的转换：客人成了主人，而主人成了阶下囚。

此时的宋徽宗是无论如何也不会预料到八年之后那场巨变的。此时的他，正沉浸在联金灭辽、收复燕云的美丽幻想中。对于大金使者，他给予了超规格待遇，不仅好吃好喝好招待，还给他们封了官，发俸禄，可谓外交史上的奇闻。

李善庆等人也高兴得很，这趟差出得值呀，不仅能领本国的补助，还能领对方国家的俸禄，这样的待遇，谁有过？足够吹一辈子了。

他们忘记了有一个词叫“乐极生悲”。不久之后，他们就会为享受这样的待遇而后悔不迭。

既然完颜阿骨打同意了联合夹攻辽国一事，宋徽宗决定趁热打铁，于宣和元年（公元1119年）三月，再次派出以朝议大夫直秘阁赵有开、忠翊郎王环为首的使节团，随李善庆等人返回金国报聘，商讨夹攻的具体事宜。

在用什么礼仪对待完颜阿骨打，也就是用什么公文文种的问题上，宋徽宗和大臣们犯了难。

赵良嗣认为，完颜阿骨打好歹是一国之君，应该按照平等国家间的礼仪，使用国书。赵有开则认为，大金国不过弹丸之地，完颜阿骨打充其量也就相当于宋朝的一个节度使，属于宋徽宗的下级，使用诏书就足够了，过分尊敬，反而会使他翘尾巴。

这下宋徽宗没主意了，只好转头去问李善庆：来，你说说，该用什么礼节对待你们的皇帝？

李善庆不知是真不懂礼仪，还是拿了宋徽宗的俸禄觉得不好意思，竟然说怎么都可以，您看着办就行。

一国使者，在这种原则性问题上的态度竟如此模棱两可，也算是让人开了眼。

宋徽宗倒也不客气，既然人家的使者都说随便了，那咱也别这么谨慎了，就用诏书吧，毕竟是天朝上国，气场这一块儿决不能输。

就这样，赵有开等人带着宋徽宗的诏书出发了。

可以预见，以赵有开对完颜阿骨打的轻蔑态度，俩人见了面，势必会闹得不欢而散，弄不好完颜阿骨打还会舍不得让他走（扣留），留他在大金免费吃几年特色美食。

但这种情况并没有发生，因为赵有开死了。别多想，没有阴谋，没有算计，而是真真正正的正常死亡。当使团行至登州，正准备坐船渡海时，赵有开忽然一病不起，撒手人寰，连大宋的国门都没出。

当然，这种重大外交活动并不会因一个人死亡就取消，大宋有的是人，再派一个大使就完了。但这趟出使终究没能成行，因为宋徽宗突然得到了一个消息：大辽和大金议和了！

四、惊天意外

辽金议和的消息传来，宋徽宗蒙了：前脚才和我说要组团胖揍他，后脚你俩成朋友了。亏我还好吃好喝好招待，又送官职又送钱，不带这么玩的！

宋徽宗赶紧给使团下令：别去了，回来歇着吧。只派了一个叫呼庆（一说呼延庆）的下级军官，护送李善庆等人返回了大金。

那么，宋徽宗得到的辽金议和的消息，到底是不是真的呢？

是真的。

事实上，大金与大辽的议和远比宋金接触要早得多。更不可思议的是，辽金议和竟然是完颜阿骨打首先发起的。

金太祖天辅元年（公元1117年），完颜阿骨打在攻克了辽国的东京，继而又取得了一连串胜利后，已经占据了东北大部江山。

此时，一位叫作杨朴的大臣向他提出了一个影响历史进程的建议。杨朴说："先别打了，我们现在还有另一件重要的事情需要做。"

这就奇怪了，还有什么事比灭辽更加重要呢？

史书记下了杨朴的话："自古英雄开国或受禅，必先求大国封册。"

杨朴说："咱现在虽然建国了，您也当皇帝了，但说到底，不过是自封而已。要想真正占据一席之地，就必须获得很有话语权的国家（大国）的认可，这样才能提高自己的影响力和地位。"

完颜阿骨打觉得这话很有道理，毫不犹豫地接受了他的建议。一番讨论之后，完颜阿骨打立即派出使者赴辽，要求耶律延禧册封他为皇帝。

有人要问了：完颜阿骨打为什么不请求宋朝册封，非得要求大辽册封呢？难道宋朝的影响力还不如大辽吗？

答案很简单，因为那时候，完颜阿骨打压根就不知道大宋的存在。在他当时的认知范围里，能算得上大国的也就是大辽了，不让大辽册封，又能找谁呢？横竖就是他了！

看着完颜阿骨打派来的使者，耶律延禧心里可谓五味杂陈。说实话，他真不想答应，你一个小小的部落酋长竟然想和我平起平坐，成何体统？！但考虑到辽军节节败退的事实，加之国内起义不断，又赶上了饥荒，暂时无力与大金对抗，只好同意了完颜阿骨打的要求，派耶律奴哥充当册封使，赴大金商量册封细节。

金天辅三年（公元1119年）二月，也就是金使李善庆等人抵达北宋都城汴梁后的一个月，大辽使者耶律奴哥抵达大金国，同完颜阿骨打商讨册封事宜。

在人们的印象中，册封应该是大国对小国的恩典和认可，被册封对象应该客客气气、感恩戴德才对。然而到了完颜阿骨打这里，一切全反过来了。

客客气气变成了高高在上，感恩戴德变成了理所当然，他以一种胜利者的姿态，向辽使提出了要求：让耶律延禧叫我哥哥（“以兄事朕”），每年按时给我送岁币（“岁贡方物”），割地（“上京、中京、兴中府三路州县”），送人质（“以亲王、公主、驸马、大臣子孙为质”）。

除此之外，完颜阿骨打还要求耶律延禧封金国为大金国，册封他为大圣大明皇帝，给他准备玉辂、衮冕等皇帝专用的御用物品，大辽与其他国家交往的外交文书（往复书诏、表牒）也要送给他过目。

要名要钱也就算了，竟然还要割地！

如果辽国真把上京、中京和兴中府（今辽宁朝阳）割让，就意味着东北全境、北方草原地带完全丧失，辽国只剩下燕云十六州和西北沙漠地带，变成一个夹在宋金之间的小国，随时可能被灭亡。

更过分的是，完颜阿骨打不仅想割地，竟然还要掌控辽国的外交！

这哪里是请求册封，分明是要大辽做大金的属国，要耶律延禧彻底向完颜阿骨打投降。

简直欺人太甚！耶律延禧当然不会答应。

于是，两国使者走马灯似的轮番上场，讨价还价，打起了外交拉锯战。

完颜阿骨打深知，自己人口少、底子薄，这样耗下去，肯定耗不过耶律延禧，只好先做出了让步，人质不要了，上京和兴中府也不要了，岁币也大幅削减，但是仍要耶律延禧以兄事之，并且用汉人的礼仪册封他。

这是完颜阿骨打的底线。他用极其严厉的口吻对辽使说：“如果连这点要求也不答应，就不用再派使者来浪费口舌了。”

耶律延禧也知道，完颜阿骨打已亮出了底牌，再不答应，战火将重燃。没办法，他只好勉强答应。但在册文的内容上，耶律延禧动起了歪主意。

为了方便与完颜阿骨打的要求做对比，特将册文内容摘录如下：

朕对天地之闳休，荷祖宗之丕业……遣萧习泥烈等持节备礼，册为东怀国至圣至明皇帝。呜呼！义敦友睦，地列丰腴，惟信可以待人，惟宽可以驯物。戒哉！钦哉！式孚于休。

可以看出，在册文的斟词酌句上，耶律延禧和他的下属们确实下了不少功夫，用词精练，对偶工整，语气温和，堪称公文典范。

但仔细一看就会发现，这篇公文大有问题。

完颜阿骨打要求他以兄事之，耶律延禧却对此只字未提。

完颜阿骨打要求他称金国为大金，耶律延禧不仅不承认他大，相反，还略带讥诮地称为“东怀国”，也就是地处东方、怀其恩德的小国。

完颜阿骨打要求他称自己为大圣大明皇帝（他似乎对“大”字情有独钟），耶律延禧却称他“至圣至明皇帝”。

闹了半天，您在这儿和我玩太极呢？我提的要求，您是一个也没满足呀！完颜阿骨打大怒，当即就要把辽使腰斩泄愤。好在有几个明事理的大臣出面劝阻，这才阻止了一场悲剧的发生。完颜阿骨打仍不解气，命人将辽使杖打了一百多下，这才将他放回，让他给耶律延禧带话，必须按照自己的意思重新拟定册文内容，否则就别谈了！

他还给耶律延禧下了最后通牒：如果同意，就在今年秋天前派使者带册文前来，否则的话，就等着我攻破上京吧。

没想到，他倔，耶律延禧比他犟，说大圣大明的称号和他老祖宗（辽国开国皇帝耶律阿保机）的称号相同，坚决不同意。

针尖对麦芒，倔的碰上了犟的，完颜阿骨打与耶律延禧彻底谈崩，和议断绝，两国重新进入战争状态。

不过，金辽议和虽然闹掰了，北宋和大金的外交仍在有序进行中。

陆

海上之盟

一、被扣留的使者

前面说过，宣和元年（公元1119年）三月，就在第二波宋使即将从登州渡海出使金时，传来了辽金议和的消息，宋徽宗立即命令使团撤回，只派了一个叫呼庆的下级军官护送金使李善庆等人返回了大金。

可怜的呼庆本以为只是例行公事，旅个游，吃顿饭，带点纪念品就可以回家了，没承想，这一去，差点变成了侨胞。

宣和元年（公元1119年）六月，呼庆抵达大金军前。与想象中热情的接待和丰盛的国宴不同，迎接他的是一场严厉的质问。

此时的完颜阿骨打正因为与辽国议和失败而沮丧，好在和宋朝的接触还在进行中。他把所有的外交希望都寄托在了北宋身上，热切地盼望着宋朝使者能够带来好消息，扭转当前的外交困境。可等呀等，盼呀盼，不仅没等来重大好消息，连个像样的使者都没等到，只来了个不入流的下级军官。

理想与现实的巨大落差让完颜阿骨打恼羞成怒，将一腔怒气全撒在了呼庆的头上，声色俱厉地责问他："宋朝为何没有派使者来？是不是不想谈了？"

呼庆觉得很委屈，这事又不是我定的，你冲我发什么脾气？

但委屈归委屈，自己毕竟是大宋人，虽系武官，从小也没少耳濡目染了孔老夫子的教诲，该为祖国争理的时候，那绝不能含糊，还是要据理力争的。

呼庆从两方面对完颜阿骨打的质问进行了回击。

首先，宋朝对宋金两国的外交工作十分重视，不仅高规格接待了贵国使者，还破例给他们封官发俸，这是前无古人的。对于出使贵国的使者，那也是经过层层选拔、精挑细选，才最终敲定的。本打算带着宋徽宗的诏书，随贵国使者一起返回报聘，没承想，上天似乎有意考验宋金两国的友谊，使臣竟然积劳成疾，病死在了途中。痛失良臣，我们皇上虽然悲伤万分，但也不敢因此影响两国邦交，立即重新选派了使者，渡海来金。诚意若此，日月可鉴！

然后，呼庆话锋陡然一转，反过来质问完颜阿骨打："我大宋对你们如此肝胆相照，你们却背地里和大辽和谈。试问，这种脚踩两只船的行为，您该如何解释？"

对于呼庆的辩解和质问，完颜阿骨打的态度是，我不听我不听，管你三七二十一，既然使者不来，那你就别回去了，留在这里陪我一起吃沙子吧。遂将呼庆扣留。

可怜呼庆国宴没吃成，反而吃上了牢饭，真是倒霉到家了。

倒霉的不止呼庆，还有刚从宋朝出使回来的李善庆、散睹等人。完颜阿骨打听说他们竟然接受了宋朝的官位和俸禄，暴跳如雷。好家伙，一仆二主呀，到底谁才是你们的老大？当即对李善庆、散睹等人施以杖刑，并勒令他们放弃宋朝的封赏。

几天前还向同僚们吹嘘自己享受特殊待遇的二人，此刻变成了连走路都成问题的废人，抚今追昔，不知该做何感想。

再说呼庆，自从被扣留之后，时刻不忘返回祖国（也实在吃不惯女真族的美食），三天两头跑到完颜阿骨打那里闹，要求他将自己送回宋朝。就这么过了几个月，完颜阿骨打的气终于消了，也实在是被他闹烦了，这才决定放他回国。

他首先对呼庆进行了安抚，说我知道这事不赖你，都是你们皇帝的错，之所以留你这么长时间，是觉得和你投脾气，想让你对我们大金国多一些了解。现在你要走了，我还真有点舍不得。

然后，完颜阿骨打对与辽国和谈一事做出了说明：

这事吧，确实有，但那是发生在咱两家开始接触之前，所以不能算违约。与贵朝确立合作意向之后，我不仅坚决拒绝了大辽皇帝耶律延禧的册封，还把他们的使者一顿好打。你看，我和贵朝交朋友的决心多么坚定！可你们竟然连个使者都不派来，让我实在很失望。

回去告诉你们的皇帝，跨海通好这事，是你们先提出来的，不是我。我大金国兵锋正锐、势不可当，已攻下大辽州县无数，其他州县也是俯拾可得，完全可以单干，根本不需要结盟。之所以同意你们的请求，不过想多交个朋友而已。

如果你们还想结盟共同夹攻辽国，就赶紧派正儿八经的使者前来磋商。另外，宋徽宗是皇帝，我也是皇帝，我们在地位上是平等的，下次再来，一定记得带国书，如果还是用诏书，那就别怪我不伺候了。

最后，完颜阿骨打还给宋徽宗修书一封，让呼庆带回："契丹讲好不成，请复别遣人通好。"言简意赅。

宣和元年（公元1119年）十二月二十六日，呼庆终于结束了被异国扣留的生活，踏上了回国归程。

此时的呼庆，心情一定是急切的，因为史书上留下了这样的记载："呼庆离阿骨打军前，朝夕奔驰。"朝夕奔驰，也就是没日没夜地飞奔，恨不得插上翅膀，转眼就到家。

我想，在马背上颠簸奔驰的呼庆，脑子里肯定只有一个想法——这破地方，我可再也不来了。

宣和二年（公元1120年）正月，阔别半年之后，呼庆终于回到了日思夜想的祖国首都汴梁城。

他向宋徽宗汇报了自己的传奇经历，并呈上了完颜阿骨打的书信。

这下宋徽宗高兴了，嗨，闹了半天，原来都是误会。那还等什么，赶紧再派人去吧。

为了保证这次出使能够取得实实在在的效果，宋徽宗想到了一个人。在他看来，无论对大辽还是对大金，这个人都比其他人了解更多。所谓"知彼知己，百战不殆"，他相信，由这个人率团出使，一定能够达成既定目标，顺利完成任务。

这个人就是联金灭辽的始作俑者——赵良嗣。

自从跟童贯回到宋朝，赵良嗣已在汴梁度过了十年时光。

十年里，他天天都盼望着自己提出的这个宏伟计划能够实现，完成自己的夙愿，证明自己的价值。然而由于种种原因，他一直未能真正参与宋金两国的外交斡旋。

现在，宋徽宗终于将这个重任交给了自己。赵良嗣激动了，他隐隐感觉到，转机即将出现，历史即将改写，由自己规划的宏伟蓝图，终将在自己手里变为现实。

后来的事实证明，赵良嗣的感觉没有错。正是他的出使，成了宋金两国外交关系的转折点，为宋辽金三国的政治博弈打开了新的局面。

出发吧，用自己的亲身行动去改写历史！

二、再使金营

宣和二年（公元1120年）三月，赵良嗣一行从登州出海，仍然以买马为名，再次驶往大金，于四月十四日抵达。

然而，他并没有见到完颜阿骨打。一打听才知道，完颜阿骨打去攻打辽国上京了。

完颜阿骨打是个说话算话的人。前面说过，他在给耶律延禧的最后通牒中明确表态，如果不答应他的要求，“我提兵取上京矣”。耶律延禧没答应，完颜阿骨打言行一致，提兵取上京去了。

战端重启，按理说最着急的应该是大辽皇帝耶律延禧，然而事实却并非如此。尽管屡战屡败，五京已经丧失了一京，上京也即将面临大金虎狼之师的猛烈攻击，但耶律延禧似乎完全不以为意，依然优哉游哉地打猎，仅派了三千士兵前去增援，然后就继续兴高采烈地飞鹰走狗去了。

真正着急的人是赵良嗣。

这并不是因为他曾经在大辽生活过，对大辽怀有多深的感情。如果是这样，他就不会背辽投宋，还要联金灭辽了。赵良嗣之所以着急，是因为他深知，以大金的蒸蒸日上和大辽的江河日下，只要大金发起攻击，就会接连不断地攻占大辽的城池。而攻占的城池越多，大金的底气就越壮，宋朝在和大金的谈判中就越被动，能争取到的利益就越少。

所以，当他听说完颜阿骨打亲自率军前去攻打上京以后，立即马不停蹄地追赶而去。他的内心只有一个信念：一定要尽快见到完颜阿骨打，在他攻占更多城池前缔结盟约，为大宋争取更多的利益。

风餐露宿，紧赶慢赶，赵良嗣终于在青牛山追上了完颜阿骨打。但此时的完颜阿骨打忙得很，完全没工夫搭理他，而是让他跟在自己的队伍之中，一起行军。赵良嗣没有想到，自己堂堂一介大使，竟还有机会体验一把基层官兵的日常生活，也算是不虚此行。

对上京的合围很快完成。完颜阿骨打首先派人向城内喊话，进行政策宣传，大体意思不外乎金军是替天行道，只诛元凶，胁从不问，若能举城投降，金军保证优待俘虏，如若负隅顽抗，必将玉石俱焚，你们仔细想想，千万不要被耶律延禧所欺骗。

上京人民经过认真思考，毅然决定：才不上你侵略者的当，固守！

在他们看来，金军远道而来，后勤补给能力有限，而上京城物资储备充足，且提前做好了战斗准备，正所谓以逸待劳，只要能够坚守，必能将金军拖垮。

那就不用废话了，开打吧。

完颜阿骨打转头看着跟在身后的宋朝使者赵良嗣，说了一句霸气十足的话："你可以先见识一下我们的战斗力，然后我们再谈。"

接下来发生的一切，彻底震撼了赵良嗣。

在完颜阿骨打的亲自指挥下，金军于黎明时分发起了攻击，巳时便攻克了上京外城。外城一破，内城守将立即丧失了战斗意志，举城而降。

偌大的上京城、辽国的发祥地，物资储备充足，就这么轻而易举地被金军攻克。整个过程用时不过三四个小时，史书称"不旋踵而破"，动作之迅速，让人不寒而栗。

至此，辽国五京已经被金军攻陷了两京！自完颜阿骨打起兵伐辽，不过六年，庞然大物一般的大辽之半壁江山已落入金军手中。

赵良嗣彻底震惊了！他早就知道金军战斗力强悍，但他没想到竟然强悍到了如此地步。望着大胜后肆意狂欢的金兵，一丝不安和担忧涌上了他的心头。如果有一天，宋军和金军打起来……

赵良嗣不敢想，也没有时间去想，眼下他要做的，就是赶紧和完颜阿骨打缔结盟约，尽最大努力为宋朝争取更多的利益。

得胜后的完颜阿骨打，终于有时间和心情同赵良嗣谈一谈了。

这是宋金两国第一次真正意义上的外交谈判，也是联金灭辽进入实质性阶段的标志。

赵良嗣首先表明了想同大金南北配合、夹攻辽国的意愿，并对灭辽后辽国土地的分配提出了建议：燕京（辽南京）一带本是汉地，由宋朝负责攻取，取下后归属于宋朝；中京大定府则由大金负责攻取。

此时的完颜阿骨打，完全没有意识到燕京在军事地理上的战略地位，部落首领出身的他，目前想要得到的，不过是大辽的北方领土而已，至于更加遥远的南方——那些对游牧民族来说十分陌生的土地，暂时还没有纳入他的考虑范围。既如此，给了大宋也无妨，但他仍然决定卖个人情。

他对赵良嗣说："辽国已经被我打得毫无还手之力，按理说，大辽全境都是我大金的囊中之物，但念在宋朝皇帝诚心与大金结交的分上，也不好驳他的面子。得，就把燕京给你们吧！"

赵良嗣没想到完颜阿骨打竟然答应得如此爽快，内心一阵狂喜。但好在他是个比较冷静的人，并没有被喜悦冲昏头脑。

鉴于前段时间辽金议和导致宋金交往中断，赵良嗣一再嘱咐完颜阿骨打，既然咱两家已经订立了盟约，您可千万别再像以前那样，和辽国暗通款曲、藕断丝连，我这里前脚一走，您又扭头和辽国谈买卖去了。

要说完颜阿骨打也是豁达，被人当众揭短，不仅没有生气，反而拍着胸脯说："放心吧，除非辽国主动将燕京送给宋朝，否则辽金绝无议和可能。"

赵良嗣还不放心，为了加强合同的约束力，他决定请有威慑力的人物出来镇镇场子。

问题是，谁能比皇帝还有威慑力，能吓得住皇帝呢？别说，还真有——鬼神！

受过科学教育的我们都知道，所谓鬼神，不过是想象出来的，是假的，根本就不存在。但在迷信盛行的古代，这玩意儿那真是比什么都好使，一旦将他们请出来，那真是庄重到了极点，也虔诚到了极点。两国盟誓，总要在最后加上诸如"如渝此誓，天神殛之"的毒誓，好像有了这句话，心里才有底。

赵良嗣也不例外，他神情严肃地对完颜阿骨打说："咱虽然没有像古人那样歃血为盟，但举头三尺有神明，所谓'暗室亏心，神目如电'，如若违背誓言，必遭天谴。"

赵良嗣怎么也不会想到，日后违约的，竟然会是自己所代表的宋朝，而违约的代价，要比天谴还要严重得多。

搞完封建迷信，大家的心里都踏实了许多，不仅一起愉快地共进了午餐，还兴致勃勃地游览了刚刚被攻下的上京城。赵良嗣文人臭毛病发作，竟然诗兴大发，即兴赋诗一首："建国旧碑朝日暗，兴王故地野风干。回头笑谓王公子，骑马随军上五銮。"

饭也吃了，诗也作了，谈判进行下一项——议岁币。

天下没有免费的午餐，任何合同都是有附加条件的，我大金同意拉你一起干这笔买卖，还把燕京给了你大宋，你总得表示表示吧。而最直接也是大金最喜欢的表示方式，就是给钱。

给多少呢？

赵良嗣伸出了三根手指，三十万吧，真的不能再多了。

完颜阿骨打笑了。赵大使，咱别闹，以前大辽占领着燕京，你们还每年给他五十万岁币，现在我把燕京送给宋朝，你们却只给我三十万，你自己觉得这样做合适吗？

赵良嗣没办法，只好将岁币增加到五十万，与原来交给辽国的岁币数量相当。

至此，一切都进行得还算顺利，谈判已接近尾声。就在双方准备握手庆祝时，赵良嗣却突然想起一件极为重要的事。

三、赵良嗣的努力

前面说过，宋徽宗和大臣们心心念念想要收复的，是被后晋石敬瑭割让给大辽的整个燕云十六州。

而燕云地区入于辽国版图后，被分为两部分，分属南京析津府和西京大同府。

在赵良嗣与完颜阿骨打的约定中，燕京（辽南京）地区归宋朝。出于汉人的思维习惯，他口中的燕京地区，实际上是包括西京大同府在内的。

但问题是，完颜阿骨打却不一定这么想。因为当年燕云十六州被割让给大辽的时候，完颜阿骨打还没出生呢。在他的思维中，只知道南京和西京，从未将燕云十六州作为一个整体来看待过。

所以，赵良嗣觉得，有必要向他明确一下这个问题。他小心翼翼地试探道，那个，我说的燕京地区，实际上是包括西京在内的，这个您没有什么误解吧？

此时的完颜阿骨打，对于西京的重要性毫无所知，立即许诺，西京我本来就没打算要，不过，捉拿阿适（耶律延禧的小名）必须经过西京，等我逮住了阿适，西京也给你们。

这下赵良嗣放心了，整个燕云十六州已尽数收回，他的外交使命已出色完成——起码他自己是这样认为的。

工作顺利完成，换作别人，早就准备收拾行李，回去领赏了，可赵良嗣实在是个有追求的人，不仅不急着回去，反而决定再接再厉，超额完成任务，继续争取另外一块丢失更久的土地——平营滦三州。

要说赵良嗣在大辽这些年还真没白待，大辽从立国到现在，究竟侵占了汉人多少土地，他门儿清。

平营滦三州是五代时期辽太祖耶律阿保机从军阀刘守光手中夺取的，可以说和宋朝八竿子打不着一点。赵良嗣竟然连这三州也想争取回来，他对宋朝的感情，还真不是一般的深。

平州（今河北卢龙）、营州（今河北昌黎）、滦州（今河北滦州市）均在今河北省山海关以内，地理位置十分重要。辽国将之占领后，改平州为辽兴府，下辖营滦二州，称为平州路。

赵良嗣深知，如果不能将平营滦三州一起收回，即便燕云地区如期交割，也等于在北方防线上撕开了一个口子，北方游牧民族随时可以从山海关以南的河北地区对中原发起攻击。要想保护中原腹地安全，必须将平营滦三州一起收复，在北方形成一整条横贯东西的严密封锁线，不给外族进入关内的机会。

问题是，该以什么样的理由往回要呢？

赵良嗣决定糊弄一下完颜阿骨打。他对完颜阿骨打说，平营滦三州很早以前也属于燕京地区（这纯粹是胡扯），所以，理应和燕京一起交给宋朝。

在他看来，完颜阿骨打对于汉地以前的行政划分完全陌生，他说什么，完颜阿骨打就会信什么，正好可以利用这一点，从地理不及格的完颜阿骨打那里获得更多的土地。

但这一次，他的愿望落空了。因为虽然完颜阿骨打对汉地地理是个门外汉，他的手下却有业内人士。

这位业内人士名叫高庆裔。他虽然现在在完颜阿骨打手下“打工”，但他以前的“工作单位”却是大辽。换句话说，他是一名辽国降臣。对于大辽的行政区划，他再清楚不过。

所以，当赵良嗣提出平营滦原属燕京地区，他立即指出这是一派胡言，并友好地建议赵大使回去好好复习一下地理知识。

赵良嗣万万没有想到，完颜阿骨打手下竟然还有专业选手，只好尴尬作罢，先把燕云十六州保住再说吧。

虽然平营滦三州未能谈下来，但收回燕云十六州的协议毕竟达成了，赵良嗣也算是不辱使命。

胜利果实的分配方案敲定了，还有一些细节需要明确，比如何时开始夹攻，进攻方向如何确定，等等。

经过商议，完颜阿骨打与赵良嗣约定，大金士兵将于当年八月初九对西京发起进攻，宋朝军队也应同时对燕京采取行动，二者互相配合，协同作战。进攻路线也进一步明确了，金军沿平州（今河北卢龙）松林至燕京（今北京）东北的古北口一线进军，宋军则由雄州（今河北雄县）取道白沟（今拒马河下游）行进。双方还再次明确，只有宋军按时对燕京发起进攻，真正形成夹攻之势，协议才奏效，否则合约自动作废。

在赵良嗣看来，完颜阿骨打实在是多虑了，英武果敢的童贯大人早就做好了随时出兵的准备，只要宋徽宗一声令下，宋军将以饿虎扑食般的速度和勇气杀向燕京，绝无不能如期发起进攻的可能。

然而历史一再告诉我们，意外总是在最意想不到的时候发生。这次也不例外，不久后的一场突发事件将彻底打乱宋朝君臣的既定计划，迫使宋军不得不暂时放弃进攻燕京的计划，给日后燕京地区的交割带来极大的困难。

那是后话。目前，一切都定下来了，赵良嗣终于可以回国复命了。完颜阿骨打高兴地为他举办了欢送宴会，并派二百士兵护送他离开。

可他刚走没几天，大金的国境还没出，又一匹马追了上来："赵大使且留步，对不住了，还得麻烦您再回去一趟。"

赵良嗣吓得脸都白了，怎么，莫非完颜阿骨打改变主意了？

战战兢兢回到金军营地，再次见到完颜阿骨打，赵良嗣的心才算放下来。原来，完颜阿骨打并没有改变主意，而是大金国遭遇了天灾——牛瘟，严重影响了女真人的生产生活，八月初九进军的计划已不可能实现，所以特地把赵良嗣叫回来告诉他一声。

要说这天灾也是，早不瘟晚不瘟，偏偏这时候瘟。赵良嗣的"述职报告"都写好了，这下可好，白费劲了。

但着急归着急，和老天爷是没法讲理的，无可奈何的赵良嗣只能请完颜阿骨打再定个日子，回去好有个交代。

完颜阿骨打也不是神呀，谁知道这牛瘟瘟到什么时候。这样吧，你先回去，我估计怎么也得明年了，你们也别上火，定好日子以后，我马上派人通知你们。

赵良嗣头都大了，这叫什么事呀，日子定不下来，还谈什么夹攻，还谈什么收复燕云，还谈什么理想抱负，一切都成了未知数。

已经出现了曙光，却又突然蒙上了黑幕。世事变化之快，让赵良嗣抓狂。

好在完颜阿骨打已经答应了夹攻之事，合约内容也初步达成了一致，多少还有点盼头。没办法，回去慢慢等吧。

临走之前，双方再次对有关事项进行了补充说明，主要包括以下几点：

因为西京和燕京离得比较近，夹攻开始后，金兵不得越过松亭关、古北口、榆关（也就是山海关）以南，以免发生误伤友军的意外情况。

上述界限可视战场形势临时改变，但须双方同意。

不准与辽国和谈。

宋朝收复燕京时，大金不得索要赎地费。

灭辽之后，在榆关以东设置榷场，供双方开展贸易。

可以看出，此时的大金和大宋对于联合灭辽是充满信心和诚意的，两国甚至畅想起灭辽之后的和平交往和自由贸易。

但真的会像想象中一样顺利吗？

四、消失的西京

宣和二年（公元1120年）七月初六，赵良嗣踏上了回国之路。按照惯例，完颜阿骨打派出了使者，随其一同前往宋朝，对有关事项进行再次磋商。

金使带来的，除了礼物，还有完颜阿骨打的国书。正所谓“口说无凭，立字为据”，国书中对完颜阿骨打和赵良嗣的谈判内容以白纸黑字的形式进行了确认。

宋徽宗热情地接待了金使，又是赐宴，又是奖赏，还安排了各种各样的娱乐项目，那可真叫一个周到。

但高兴归高兴，宋徽宗和大臣们并没有因事情进展顺利而掉以轻心，他们认认真真地看了完颜阿骨打的国书，发现了问题。

为了说明问题，现将完颜阿骨打的国书摘录如下：

大金皇帝谨致书于大宋皇帝阙下：盖缘素昧，未致礼容，酌以权宜，交驰信使。今赵良嗣来言，燕京本是汉地，若许复旧，愿将自来与契丹银绢转交本国。虽无国信，谅不妄言。若将来贵朝不为夹攻，即不能依已许为定，具形敝幅，冀谅鄙悰。

问题出在第二句。按照赵良嗣的汇报，他和完颜阿骨打达成的协议是，灭辽之后，燕京和西京均归属于宋朝。但完颜阿骨打在国书中却只提到了燕京，对西京只字未提。

这还了得？如此重大的问题，不说清楚哪行？难不成这完颜阿骨打想要耍赖？

不行，必须和他掰扯明白！宋徽宗决定，再派使者！

这一次奉命出使的，是我们的老朋友——马政和他的儿子马扩。大家应该还记得，第一次成功跨越渤海湾和大金接触的，就是这爷俩。

不同的是，第一次出海使金，两人的身份并不是使者，目的只是探路，和大金建立沟通渠道。这一次不同，俩人成了名正言顺的大宋使者，还随身携带宋徽宗写给完颜阿骨打的国书。

这是宋徽宗写给完颜阿骨打的第一封国书，不是诏书，也不是御笔，是真真正正的国书。

史料保存下了这份国书的内容，为了让大家对国书的体例有清晰的认识，特将该份国书抄录如下：

大宋皇帝谨致书于大金皇帝阙下：远承信介，特示函书，具聆启处之详，殊副瞻怀之素。契丹逆天贼义，干纪乱常，肆害忠良，恣为暴虐。知夙严于军旅，用绥集于人民。致罚有辞，逖闻为慰。今者确示同心之好，共图问罪之师。念彼群黎，旧为赤子，既久沦于涂炭，思永靖于方陲。诚意不渝，义当如约。已差太傅、知枢密院事童贯领兵相应。使回，请示举军的日，以凭进兵夹攻。所有五代以后所陷幽、蓟等州旧汉地及汉民，并居庸、古北、松亭、榆关，已议收复。所有兵马，彼此不得侵越过关外，据诸邑及贵朝举兵之后溃散到彼余处人户，不在收复之数。绢银依与契丹数目岁交，仍置榷场。计议之后，契丹请和听命，各无允从。苏寿吉家属并余二员，请依旧津遣候当秋杪，益介熙纯。今差武显大夫、文州团练使马政同差来使副还朝，外有少礼物，具诸别幅，专奉书陈谢不宣。谨白。

可以看出，随着大金在军事上的不断胜利，宋朝君臣已逐渐改变了对这个曾经的小部落的看法，不再以一种高高在上的姿态俯视它，开始将之视为一个平等的国家来对待，外交文书也逐渐规范起来。

实力决定地位，此言不虚。

有意思的是，国书虽然听上去很严肃、很庄重、很正式，但除了各种假大空的废话之外，真正涉及问题实质的干货实在少得可怜。所以，在国书之外，宋徽宗还让马政带去了另一样更能体现他政治思想精髓的东西——事目。

所谓事目，可以看作国书的补充条款，是对国书中相关内容的明细化和具体化。宋徽宗唯恐国书中有些事情说不清楚，于是专门弄了这个事目，对自己关心的事情来了个条分缕析，不给完颜阿骨打任何搞小动作、要小伎俩的机会。

在事目里，宋徽宗主要强调了三件事：

一是再次明确，灭辽之后，由宋朝收复的土地，不仅包括燕京，还包括西京所辖州县，否则宋朝不可能给大金五十万岁币。

二是攻击范围，按照赵良嗣与完颜阿骨打达成的协议，大金负责攻取西京，大宋负责攻取燕京。但宋徽宗和大臣商议后，认为西京所辖州县中，应州、朔州和蔚州离大宋很近，希望这三个州也由宋朝来攻取。

由此看来，天真的宋徽宗对大宋士兵的战斗力是很自信的。如果他知道不久之后的战斗结果，相信会为今天的自信而羞愧得无地自容。

三是重申必须双方同时对辽国发起攻击。如果大宋发起攻击后，大金没有到位，或者只出工、不出力，那大宋将没有遵守协议的义务。

从后来发生的事实看，这一条简直成了笑话，因为没有到位的不是大金，反而是大宋。

就这样，马政父子带着宋徽宗的希望出发了。宋徽宗要求，除了对事目中列举的问题进行确认外，务必带回夹攻的具体日期，不能任由完颜阿骨打无限期地拖下去。他还专门嘱咐马政，事成之后赶紧回来汇报工作，不要做任何停留。

望着马政远去的身影，宋徽宗的心里充满了期待。他自信已经将所有可能产生分歧的模糊点都在事目中进行了明确，只要完颜阿骨打没有异议，那么双方就可以放心大胆地夹攻辽国了。

他相信，此去定能带回满意的结果，灭辽之日，已近在眼前！

但历史的奇妙之处就在于，它总是不按照你设想的方式演进，甚至和你期待的完全背道而驰。也正因如此，历史才更加精彩，更引人入胜。

宋徽宗绝对不会想到，就在他满怀希望地等待使团带回好消息的时候，一场巨变正在悄无声息地酝酿。

而当这场巨变爆发后，什么完颜阿骨打，什么夹攻灭辽，什么燕云十六州，都将变得不再重要……

柒

翻云覆雨

一、谁是说谎的人？

宣和二年（公元1120年）十一月二十九日，马政一行抵达大金。

再次踏上大金的国土，马政感慨良多。

两年前，他第一次出使大金，迎接他的是一条绳子。女真人把他当作奸细，用绳子捆着走了上千里，陌生、恐惧、提心吊胆，彼情彼景，那可真是终生难忘。好在他最终不辱使命，顺利完成了和大金建立沟通桥梁的任务。

这一次故地重游，没人再把他当作奸细，相反，完颜阿骨打热情地接待了他。虽然饭菜仍是女真族那让中原人难以下咽的特色美食，但完颜阿骨打对这位老朋友的友好态度，让马政坚信，这次的任务，一定能够更加顺利地完成。

然而，现实却给了他一记响亮的耳光，一开始就将他拍得晕头转向。

马政将国书及事目呈献给完颜阿骨打，静静等待着他的答复。

可完颜阿骨打才看完第一条，就表现出一副惊讶的样子：我和赵良嗣说好的是燕京交给大宋，什么时候答应把西京也给你们了？没这回事！

马政一下子就蒙了！你和赵良嗣谈的事，我哪里知道？鬼知道你们俩谁说的真，谁说的假。

完颜阿骨打的表现也给后人留下了一个千古之谜，那就是，他到底有没有答应过将西京所辖州县交还宋朝？

事实上，完颜阿骨打答应归还西京一事，除了赵良嗣在自己的回忆录《燕云奉使录》中提到过之外，其他史料，比如大金给大宋的国书，均未提及。也就是说，这属于孤证，一般是不予认可的。

所以，自古及今，很多人怀疑，所谓归还西京一事，压根就不存在，是赵良嗣编造的，目的不过是夸大自己的外交成就，以便捞取政治上的资本。

我认为，这种怀疑本身就很值得怀疑。

首先，参与谈判的不止赵良嗣一个人。赵良嗣的身份是大宋使团的正使，除了他之外，还有副使及其他工作人员。但凡国与国之间的正式外交谈判，都是中间一张谈判桌，双方数人分坐两旁，你来我往，唇枪舌剑，鲜有一对一辩论的场景。虽然古时候的外交谈判和现在不一样，但“摒去左右，促膝长谈”的情景也不太可能发生。赵良嗣要想虚报功劳糊弄皇帝，就需要将所有知情人士一一搞定，难度之大，基本不可能实现。

其次，从赵良嗣后来的表现看，他并不是一个热衷于功名利禄的庸俗之人，在政治上并没有太大的野心。他之所以热衷于联金灭辽，只是为了实现自己的理想抱负，体现自己的人生价值。也就是说，他没有编造谎言的动机。

那么，就只剩下了一种可能：完颜阿骨打确实说过归还西京的话，但是他反悔了。

回顾完颜阿骨打和赵良嗣的谈判过程，可以发现一个致命的问题，那就是两人几乎所有的承诺都是口头做出的。除了被写入国书的燕京外，其余土地的归属均没有任何文字记载支撑。

前面说过，完颜阿骨打开始和赵良嗣谈判的时候，才刚刚走出东北，对于西京的重要性完全没有概念。现在几个月过去了，他很可能已经从手下将领和辽朝降将那里明白了西京在军事地理上的战略地位，所以他反悔了，他要将西京据为己有。

不仅如此，完颜阿骨打甚至开始怀疑宋朝的军事实力，认为宋朝根本无力发起军事行动，只不过是想通过支付岁币的形式获取土地，所以，他甚至连燕京也不想交给宋朝了。

在他看来，只要大金消灭了大辽，占据了西京和燕京，大宋将无险可守，到时候，金兵大军压境，无论提什么条件，宋朝都不敢不答应。

可以看出，随着接触的不断深入，完颜阿骨打对大宋的了解越来越深，甚至直接猜透了宋朝君臣的心理。如果他的想法得以实行，北宋灭亡很可能要提前好几年。

好在手下粘没喝（即完颜宗翰，本名粘没喝）劝阻了他。

粘没喝认为，宋朝之所以能够统治如此广大的疆域，肯定有足够的军事实力做支撑，不然不可能立国如此之久，还是不要惹他，和他搞好关系为好。

游牧部落出身的粘没喝，习惯了靠实力说话的思维模式，无形中将疆域与实力画上了等号，可谓大错特错。

他无论如何也不会想到，汉人农耕区与草原游牧区执行的是两套完全不同的逻辑。

对游牧草原民族来说，逐水草而居，完全靠天吃饭，只要来一场瘟疫，牛羊大量死亡，生活就将完全陷入困顿，可谓朝不保夕。为了生存，他们不得不抢占更加丰茂的草场，夺取更多的物资。谁的实力强，谁就可以获得继续活下去的资格。他们崇拜实力，也迷信实力，在他们看来，实力决定一切，一切都是实力的反映。

而农耕区则完全不同。得益于农业文明的发展，中原农耕区的居民有着更加稳定的生活物资来源——土地。不用抢，不用占，你只要愿意劳动，就会有收获。虽然也会受天气影响，也要忍受官府和地主剥削，但最起码的生存还是有保障的。只要统治者不是太严苛，能够给他们活下去的希望，并不需要太强的实力，他们就会心甘情愿地接受统治。

这并不代表谁都可以来统治他们。从小就接受四书五经和忠孝节义教育，汉人有着极强的民族观念。统治者是谁不是很重要，但统治者是哪个民族却很重要。

正所谓“非我族类，其心必异”，受惯了儒家思想教育的汉民族，是不会轻易接受其他民族统治的。一旦外族入侵，打败了中原政权，哪怕这个中原政权再不得人心，也会激起汉民族对入侵者的激烈反抗。因为一旦接受了异族统治，支撑他们生活的精神世界将轰然倒塌，国将不国，族将不族。吾将披发而左衽矣，文明不复存在，与野兽何异？

女真人没有意识到这一点，所以几年后，当他们以必胜之势入侵大宋的时候，才会遭遇那么激烈的反抗。

不管如何，粘没喝的劝阻起了作用，宋金两国的谈判得以继续进行。

尽管如此，因为谈判一开始就出现了严重分歧，很难再有效沟通下去。完颜阿骨打决定把谈判的事先放放，“走，我带你们打猎去。”

打猎，本是一件放松身心的事，让宋使没有想到的是，一场事关国家面子的考验正等待着他们。

二、特殊的考验

鉴于老爹马政年事已高，陪完颜阿骨打出猎的光荣任务便落在了儿子马扩的肩上。

一切准备妥当，出发！

望着和自己并辔而行的马扩，粘没喝决定让他难堪一下。他别有用心地看了一眼马扩，略带讥讽地问了他一个问题："我听说南朝（宋朝）人只会咬文嚼字，不会武艺，是真的吗？"

马扩当然知道粘没喝目的何在，立即表示这是谣传，大宋不仅有文才，有武才，而且文武全才（"武有兼深文墨，文有精晓兵务者"）那也是一抓一大把。那意思是，我大宋人才济济，岂是你们这些头脑简单、四肢发达的野蛮人所能比拟！

这一局，粘没喝完败。真可谓"羞人不成反羞己"，弄了半天，小丑原来是自己。

但他仍不死心，又问马扩："我听说你是武举人出身，该不会只会背诵兵书，连弓箭都不会射吧？"咱别玩虚的，是骡子是马，拉出来遛遛，有本事露两手。

马扩也不客气，立即表示，兵书阵法这种高级理论我都能烂熟于胸，弯弓射箭一类的入门课程自然更不在话下。

粘没喝立即把自己随身佩戴的弓交给马扩，说我也不需要你射中什么目标，你只要能边骑马边拉开这张硬弓，我就服你。

马扩立即拍马而行，一边策马奔腾，一边轻松将弓拉满，做出射箭之状。其动作之流利、姿势之标准，让粘没喝大吃一惊。他立即对这个南朝使臣刮目相看，产生了由衷的好感，态度也变得和善起来。

消息传到完颜阿骨打那里，他也兴奋了。什么？南朝使臣里竟还有如此人才？不行，我要亲自见识一下。他立即将马扩叫来，问他明天敢不敢来个真目标射射。

马扩的回答很有意思，他告诉完颜阿骨打："弓箭实际上并不是我的强项，但既然你提出来了，我就姑且一试吧，应该也能射中。”

谦虚而自信。

完颜阿骨打一下子来了兴趣。

第二天天刚亮，完颜阿骨打就迫不及待地来到了帐外。他指着远处的一堆积雪，问马扩能不能射中。

马扩二话不说，拉弓搭箭。只听“嗖”的一声，箭镞带着响声，直奔雪堆而去，正中其尖端。

箭镞落处，女真士兵齐声叫好。

完颜阿骨打很满意，问马扩：“南朝人都像你一样善射吗？”

马扩当即说：“我这点雕虫小技算什么，大宋朝的民兵都比我射得好，更不用说边防将士了。和他们相比，我的技艺算是最次的。”

完颜阿骨打听罢，哈哈大笑。但他仍然没尽兴，又命人拿给马扩一支箭，这一次，他要射移动靶——打野兽，并专门叮嘱手下：“如有野兽跃起，谁都不准射，我要看马大使的表演。”

话音未落，一只黄獐突然出现。马扩毫不迟疑，立即策马疾行，弯弓射箭，一箭将之毙命。

女真人彻底服气了。游牧出身的他们，相信力量，敬佩勇士，只要有足够的实力，哪怕是敌人，也会得到他们的尊敬；相反，如果是个绣花枕头，地位再高，他们也会从心里鄙视。

马扩以出色表现和过硬本领，赢得了女真人的尊重，也为大宋挽回了一丝颜面。

完颜阿骨打用实际行动表达了对这位勇士的欣赏。他命人送来了貂裘、锦袍、犀带等贵重物品相赠，并接受粘没喝等人的建议，授予马扩“也力麻立”的荣誉称号。

也力麻立，就是善射之人的意思。这还是宋朝使者第一次在外国获得荣誉称号，大概相当于后世的“勇敢骑士”勋章。马扩怎么也没想到，自己此行，竟然还能无意中创造历史。所以，他认真而恭敬地将此事记录在了回忆录《茆斋自叙》里，以便后世子孙在谈到自己时，能够骄傲地说一句：“想当年，我爷爷的爷爷的爷爷，那可是一箭吓破金人胆的也力麻立……”

当然，除了吹牛，马扩也没有忘记自己作为大使的本职工作，他认真观察了女真人的生活习俗和起居习惯，将它们在回忆录里详细记录下来，作为大宋了解女真的第一手资料。他的记述来源于亲身经历，可靠性很高，是后世了解女真民族不可多得的宝贵资料。

按照马扩的记述，完颜阿骨打虽然称帝建国，但生活起居仍然保持着原始部落的形式。和汉族皇帝居住在美轮美奂的豪华宫殿里不同，完颜阿骨打似乎完全没有意识到自己的高贵身份，仍然居住在帐篷里。每天早晨，大家一起坐在炕上进食。每人一碗粗饭，上面撒一些用盐腌制的野蒜、野韭菜等调味品，这算是主食。当然，作为游牧民族，肉是少不了的，猪羊鸡鸭鹿兔狼、獐麂狐狸牛驴犬，甚至于蛤蟆、爬虫，只要是能吃的，来者不拒。女真人没有使用筷子的习惯，用随身携带的刀子割肉而食。即使所谓的御宴，也是如此。

与汉人边吃饭边喝酒不同，女真人是吃完饭才开始饮酒。而且女真人没有温酒的习惯，天再冷，也是饮冷酒。所以，“温酒斩华雄”之类的故事，在女真是不太可能发生的。想象一下，关二爷在东北的大雪中斟下冷酒一杯，大吼一声冲入敌阵，不一会儿，提着热乎乎的人头而归，酒尚冷。这种表述没有了英雄之气，反倒多了几分搞笑。

吃罢早饭，女真最喜欢的活动——狩猎开始了。马扩认真记录下了女真人狩猎的过程，很有特点，我们不妨一起来看看。

首先，完颜阿骨打找一处背风之地，铺上枯草，草上铺虎皮一张，完颜阿骨打端坐其上，面前不远处燃起篝火，诸位将领陆续而来。

集合完毕，开始比赛。比什么呢？投远。各位将领各取一支箭，用力掷出，然后根据箭落地的位置（*前后左右*），来确定自己在围猎队伍中的位置。位置确定以后，各将依次上马，率领自己的下属各就各位。每两匹马之间相去六七步，一匹接着一匹，一字排列开来，整个队伍可长达一二十里，规模之大，令人咂舌。以上过程称为“放围”。

放围完毕，完颜阿骨打才从虎皮上起来，翻身上马。

狩猎活动正式开始。原来一字排开的长蛇阵逐渐围拢，直至首尾相接，形成一个巨大的包围圈。此时，部分人员从队伍中出列，继续向包围圈内前进，形成第二道较小的包围圈。如此往复，大大小小的包围圈可多达一二十层。

随着包围圈的不断缩小，野兽受惊而起，于是万箭齐发，野兽顷刻间毙命。但您千万不要以为看见野兽就可以射，那可是有讲究的。按照女真人的规矩，野兽若从包围圈内向外逃窜，那没问题，大家谁都可以射；但如果是从包围圈之外闯入圈内，那就只有完颜阿骨打和将领们可以射了。

狩猎完毕，大家重新聚在一起，开吃！

就这样，你好我好大家好地过了好几天，该见识的见识了，该体验的也体验了，干点正事吧，于是坐下来继续谈判。

愿望是好的，结果却让人失望。由于完颜阿骨打坚称自己从没有许诺过西京一事，谈判陷入僵局，夹攻的日期更是无从谈起。

没办法，还是回去请示皇帝吧。

就这样，此次出使成了马扩的个人表演秀，除了他获得了“也力麻立”的荣誉称号，没取得任何实质性成果。

三、金使的愤怒

由于太多事情存在严重分歧，完颜阿骨打再次派出以曷鲁、大迪乌为首的使团，随马政父子一起返回宋朝，准备进行再一轮磋商。

宣和三年（公元1121年）二月，金使渡过渤海湾到达登州。

按照惯例，稍事休整之后，他们将在接伴使的陪同下，前往大宋都城东京汴梁。可曷鲁等人左等右等，接伴使们除了陪吃陪喝，就是不提前往东京的事。

曷鲁很着急，你不带我去东京，我怎么完成皇帝交办的任务？可宋朝接伴使总是说别急，等几天再去也不迟。就这样一拖再拖，两个月过去了，季节都变换了，接伴使仍然没有动身的意思。

曷鲁彻底愤怒了！要谈就谈，不谈拉倒，您倒是给个痛快话呀，这样拖着算什么事？！

愤怒的曷鲁并不知道，宋朝不是不想谈，而是没空谈。就在两国使者往返的这段时间里，宋朝内部发生了一件惊天动地的大事变——方腊起义了！

读过《水浒传》的朋友，相信对方腊起义都不陌生。拜施耐庵老先生所赐，小说中的方腊被妥妥地刻画成了一个跳梁小丑，不断做出各种愚蠢的动作和可笑的行为，最终自食其果，被替天行道的宋公明哥哥所消灭。实际上，历史上真实的方腊起义规模很大，攻陷六州五十二县，造成平民死伤二百万以上。但说到底，方腊起义不过是官逼民反的又一次重复上演而已。从起义到失败的全过程，与其之前、之后的农民起义并无二致，不是我们关注的重点，在这里就不做叙述了。

顺便说一句，历史上并未发生过宋江征讨方腊一事，宋江也没有占据水泊梁山作为根据地，也没有一百〇八将。真实的宋江，是淮南一带农民起义的首领，其起义规模与同时期的方腊起义相比要小得多，没两年就被当地官员击败了。

击败他的官员，名叫张叔夜。请大家记住这个名字，几年后，当金人的铁蹄肆意践踏中原时，这位老兄会再次出场，上演一幕可歌可泣的悲壮故事。

继续说宋金两国外交。

虽然方腊在东南方闹了个底朝天，但宋朝政府本着家丑不可外扬的原则，对外严密封锁了消息，在登州滞留的金使曷鲁等人并不知情。他现在关心的，是尽快完成完颜阿骨打交给自己的使命，早点回国。

心急的曷鲁终于等不下去了，他做出了一个惊人的决定：徒步去东京！

可以看出，曷鲁是真急眼了，你不带我去，我自己走着去！

这可吓坏了登州当地官员。之所以把您留在登州，就是怕您知道宋朝发生了内乱，您要真坐“十一路公交车”去了东京，岂不露了馅？大金岂不是更加轻视大宋？

可拦又拦不住，没办法，登州官员只好上奏朝廷，请宋徽宗抓紧拿个主意。

此时的宋徽宗正因东南起义一事烦得很，童贯等人征讨方腊未回，恰巧又有情报传来，说大辽已经知道了女真人跨海和大宋结交一事，宋徽宗突然就害怕了，别和大金结盟不成，反而得罪了大辽，那可真是得不偿失。

六神无主的宋徽宗本想草草打发曷鲁等人回去，好在国子司业权邦彦等人建议他不要轻易失掉大金的欢心，宋徽宗这才下诏让曷鲁等人进京，一切等童贯回来再做决定。

宣和三年（公元1121年）八月，平定了方腊之乱的童贯终于载誉而归。

只可惜，这位对付自己同胞很有一手的童大人，在对待金使的问题上，却显得毫无办法，并未提出任何建设性意见。面对完颜阿骨打矢口否认归还西京一事，宋朝君臣茫然失措，完全不知道该如何应对。

商量来，商量去，大家终于想出了一个办法——不回应。宋徽宗写了一封语焉不详的国书，作为对完颜阿骨打的交代。

国书内容如下：

大宋皇帝致书于大金皇帝阙下：远勤专使，荐示华缄。具承契好之修，深悉疆封之谕。维夙敦于大信，已备载于前书。所有汉地等事，并如初议。俟闻举军到西京的期，以凭夹攻。顺履清秋，倍膺纯福。

一句“并如初议”，乍一看，好像什么都说了，再一看，又好像什么都没说。

宋徽宗君臣意图通过这种模棱两可的语言，对两国的分歧不做任何提及，将皮球重新踢给完颜阿骨打。他们完全没有意识到，国书写成的那一刻，自己便丧失了谈判的主动权。

因为在完颜阿骨打看来，“并如初议”的意思是宋徽宗同意了他的观点，即只归还燕京及所辖州县，西京不在协议之内。如此一来，在以后的谈判中，宋朝再想争取更多的利益，将变得异常艰难。

更恶劣的操作是，这一次，宋徽宗竟然连个报聘的使者也没派，只是简单地将国书交给金使，然后安排呼庆（又是这个倒霉蛋）将金使送回。

呼庆虽然打心里不愿意去，无奈皇命不可违，只好硬着头皮再次出发。

完颜阿骨打大失所望，又是呼庆，又是没有使节，此情此景，何其相似。折腾来，折腾去，事情好像又回到了原点，这不由得让完颜阿骨打产生了错觉：宋徽宗这家伙没有足够的诚意，所谓的夹攻，很可能靠不住。

既然如此，那就这样吧，没有你大宋，我大金照样攻灭大辽！

进军！下一个目标：中京！

捌

乘胜追击

一、被诬陷的叛乱者

实际上，就在北宋朝廷忙于镇压方腊起义的同时，辽金两国的战争形势已悄然发生变化。随着一个人的到来，战争的天平再次向完颜阿骨打倾斜了。

这还要从大辽的一场内乱说起。

内乱的起因，在皇族也算是司空见惯——儿子太多。大辽天祚帝耶律延禧有四个儿子：长子赵王习泥烈，赵昭容所生；次子晋王敖卢斡，文妃所生；三子秦王定、四子许王宁，皆为元妃所生。

四子之中，次子晋王敖卢斡最为贤能，深受国人推崇，如果不出意外，他将被立为太子，未来成为大辽下一任皇帝。

有一个人不愿看到这件事发生，他要阻止晋王接班。这个人就是我们的老朋友萧奉先。没错，就是那个总在关键时刻给耶律延禧出馊主意的家伙。

除了是耶律延禧的臣子外，萧奉先还有一个身份——元妃的哥哥、秦王和许王的舅舅。换句话说，他是耶律延禧的大舅哥。

作为舅舅，萧奉先自然希望自己的外甥能够成为国家未来的统治者，以便继续保持自己的权势。于是，深得人心的晋王敖卢斡便成了他的眼中钉、肉中刺，必欲除之而后快。

很快，机会来了。

晋王的母亲文妃有姐妹三人，大姐嫁给了耶律挞曷里，三妹则嫁给了战将耶律余睹。当时，辽金战事频发，无论将领还是战士都很辛苦。作为将领的家属，三妹很心疼自己的丈夫，便拉上两个姐姐一起去军营看望丈夫。

萧奉先获知了这个消息，阴险的笑容浮现在他的脸上。他立即指使手下上奏耶律延禧，污蔑文妃与耶律余睹、耶律挞曷里等人相互勾结，企图发动兵变，拥立晋王敖卢斡登基称帝，而尊耶律延禧为太上皇。

耶律延禧当即震怒，这还了得，朕还活得好好的呢，你就想帮儿子抢位夺权呀？

该死，真该死！

于是，处死文妃，诛耶律挞曷里。

耶律余睹听闻消息，自知很难辩白，立即率领部下仓皇而逃。

耶律延禧自然不会这么放过他，立即派人追赶。紧追慢赶，终于在一个叫闾山县的地方（今辽宁锦州境内）追上了他。

耶律余睹如果就这么被捉回去，等待他的将是被杀的命运，也就不会有后来的故事发生了。

就在耶律余睹自认为我命休矣，准备束手就擒的时候，却听见一个声音说："你走吧。"是的，追赶他的人决定放了他。

大家说，耶律余睹本是忠心耿耿的大将，只因为得罪了萧奉先，就被诬谋反，如果我们今天捉了他，那今后我们都会成为耶律余睹，不如放了他，就说没有追上。

说罢，众人掉转马头，绝尘而去。就这样，耶律余睹白捡了一条性命。

命虽然保住了，但他却不得不面对一个十分现实的问题——能去哪里呢？大辽虽广，何处是我耶律余睹的容身之所呢？何处没有耶律延禧的势力呢？

想来想去，只有一个地方能去了。正所谓"敌人的敌人就是朋友"，耶律余睹毅然决定投奔大金！

耶律余睹的到来，直接改变了辽金战争的天平。

从天而降大礼，让完颜阿骨打大为高兴，他对耶律余睹大加重用。通过耶律余睹，金军获得了大量军事情报，了解了辽军的虚实。完颜阿骨打立即决定再次伐辽。

战前准备已经做好，但完颜阿骨打并没有马上进军，他还要等几个人。

当时正是宣和三年（公元1121年）五月，出使大宋的曷鲁等人尚未归来，宋朝的态度尚未明确，夹攻能否顺利进行尚不得而知。

完颜阿骨打决定再等等。如果曷鲁与宋朝达成了协议，宋金同时对辽国进行夹击最好，即便没有达成协议，也不过是多等几天而已，就当战前休息了。

可他没想到，这一等就是几个月。

宣和三年（公元1121年）十一月，曷鲁等人终于回来了，带着宋徽宗那封没有任何实际意义的国书，且没有宋使陪同。

完颜阿骨打明白，得，夹攻没戏了。无所谓，地球离了谁不一样转？你大宋不来，那我就自己单干。他立即下令：进军！

在耶律余睹的带领下，金军杀气腾腾，以一日一夜行军三百里的速度，直奔中京而去。

宣和四年（公元1122年）正月，金军到达中京城下。这时，他们获知了一个重要的消息：天祚帝耶律延禧就在城中。

那还等什么？攻破中京城，活捉耶律延禧，灭亡大辽！

在活捉耶律延禧这个大目标的感召下，大金将士人人奋勇、个个争先，铆足劲对中京发起了猛烈攻击。

两年前上京陷落的情景重现。金军从清晨发起攻击，未至中午，中京城即被攻破，历时不足半天。速度之快，与当年攻打上京城不相上下。

至此，辽国五京，已破三京。

城虽然破了，但金军士兵还有更重要的事情要做，那就是搜捕耶律延禧，将这位大辽的统治者活捉。

但现实让他们失望了。据溃败的辽兵供述，耶律延禧早在金兵发动攻击的前一夜就带头逃跑了。算算时间，现在估计快到燕京了。

什么？到手的鸭子竟然飞了！那还等什么？赶紧追！

于是，大金士兵在耶律余睹的指引下，又杀奔燕京而去！可才走到半路，又有消息传来——耶律延禧又跑了！

原来，耶律延禧听闻金兵继续南下的消息后，毅然决定将燕京事务全权委托给叔叔燕王耶律淳（希望大家还记得他），自己则再次发挥逃跑特长，一口气逃出了居庸关，到达鸳鸯泺（今河北张家口西北安固里淖）。

金军只好又在耶律余睹的带路下，改变方向，向鸳鸯泺追奔而去。

可怜耶律延禧刚跑到鸳鸯泺，连口大气还没喘，就听说金兵又追来了。但这一次，他没有再跑，因为有个人告诉他不用跑了。

不用我说，大家也能猜到，这个人正是萧奉先。

按照"关键时刻出蠢招"的处事原则，这位老兄又准备出招了。他对耶律延禧说，耶律余睹之所以愿意带金兵而来，并不是想灭掉辽国，而是想立晋王敖卢斡为帝。只要陛下大义灭亲，将晋王杀掉，断绝了耶律余睹的念想，他必然引兵而去。

这种逻辑、这种蠢招，也只有萧奉先能想出来了。

耶律延禧继续用人不疑，再次相信了萧奉先的话。他还对萧奉先的话做了进一步补充，说只要晋王不死，那些心怀鬼胎的人就会以他的名义作乱，国家将不得安宁。

有人劝晋王敖卢斡逃走。晋王却说："君要臣死，臣不得不死；父要子亡，子不得不亡。我怎么能为了活命，而不顾君臣之义呢？”

说罢，自缢而死。

史载，晋王敖卢斡被逼而死的消息传出后，大辽军民无不痛哭流涕，从此人心涣散，士气萎靡。

出乎耶律延禧和萧奉先的预料，晋王敖卢斡的死不仅没有阻止耶律余睹的追击，相反，当金军听说敖卢斡之死导致辽军士气萎靡后，反而加快了追击步伐。

二、西京沦陷

宣和四年（公元1122年）三月，金军终于在鸳鸯泺追上了耶律延禧。

这是金军离耶律延禧最近的一次。

看着突然出现在眼前的金军，耶律延禧顿时大惊失色，他没有想到，金兵竟如此神速。但他终究是见过大场面的人，充分利用了对地形比较熟悉的优势，三转两转，终于甩掉了金军，向更加遥远的云中（西京）逃窜而去。

此时的耶律延禧是十分狼狈的。刚开始，还有五千士兵跟随，可他一边跑，士兵们一边逃，到了最后竟只剩下了三百人，还都是本家（“仅诸王并长公主、驸马、诸子弟三百余骑”）。更尴尬的是，由于逃得实在太快，竟然在桑干河把传国玉玺弄丢了。

“忙忙如丧家之狗，急急似漏网之鱼”，用这句话来形容此时的耶律延禧，再合适不过了。

金军当然不会轻易放过他，明明就要捉到了，却又让他跑了，愤恨之情促使金军开始了更加疯狂的追击。一路上，金军接连打败了好几股辽军，紧随耶律延禧之后，誓要将敌酋活捉方才罢休。

逃到西京的耶律延禧也不好过。这可是辽国西北最后一座大城市了，如果金军再追来，该向哪里逃呢？

这时，军师萧奉先又上场了。他拍着胸脯安慰耶律延禧说，您就放一百个心吧，这里地处偏远，金军绝不会远离大本营追到这里来。

可话还没说完，就传来了金军即将到达的消息。

耶律延禧无奈地看了一眼尴尬的萧奉先，再次跨上战马。临走之前，他一再叮嘱西京留守萧扎拉、转运刘企常等人："金兵就要到了，你们好好守城。"然后挑了好马三千匹，逃奔而去。

这一次，他决定去一个金军怎么也不会到达的地方——夹山。

夹山，据说就是今天内蒙古萨拉齐西北的大青山。相传，宋辽时期，这里是一片沼泽，除了契丹人，谁也不能到达。

逃入夹山的耶律延禧，仍然没搞清一切何以至此。他将所有责任都推到了萧奉先身上，愤怒地说："汝父子误我至此！"即便如此，他仍然没有将自己的这位大舅哥处死，仅仅让他们滚蛋了事。

萧奉先父子只好灰溜溜地逃走。手下人早就看他们不顺眼了，现在见萧奉先失了势，那还等什么？大家一拥而上，将萧奉先父子五花大绑，送给了金军。金军显然没有耶律延禧那么仁慈，立即将萧奉先的儿子杀掉，然后把萧奉先当作战利品，准备送回去献给完颜阿骨打。

不承想半路里突然杀出一股辽军，又将萧奉先抢了回去。

萧奉先感动了，天不绝我呀。他决定跟随这股辽军重新回到耶律延禧身边，继续寻找自己的幸福。

看到这个讨厌的家伙再次出现在自己的面前，耶律延禧再也无法忍受了，他扔给萧奉先一段白绫。

萧奉先终于明白，再也无法挽回了。他捡起白绫，结束了自己的性命。

不知是不是真的像传说的那样"他人所不能至"，金军没有追入夹山去捉拿耶律延禧，而是集中兵力去攻击另一个目标——西京。

具体攻击过程就不说了，因为根本就没有过程。西京留守萧扎拉、转运刘企常等人听说金兵来了，自知无法抵抗，很自觉地打开城门，投降了。

完颜阿骨打哭笑不得。好赖也是大辽五京之一，多少也得抵抗两下装装样子吧，就这么投降了，让其他几京情何以堪？

金军笑嘻嘻地笑纳了西京城中二百多年积蓄的奇珍异宝和物资粮草，然后继续追击耶律延禧。

就在这时，出事了。

西京城中的辽军见金兵远去，立即发动兵变，推举马权、韩执谦为都统，将主动迎降的萧扎拉等人赶了出去，闭城据守，并派人飞报留守燕京的耶律淳，请他派兵援救。

可耶律淳也是有心无力，自己这点兵马，能守住燕京就不错了，哪有闲人给你？但人家求咱一回，一点表示没有也实在说不过去，只好下令附近的蔚州派兵支援。

再说金军，前脚刚走，就听说西京发动了兵变，顿时怒不可遏，也不追耶律延禧了，先回头收拾了不听话的西京再说。

事实证明，西京军民不是吃素的。大家深知，自己这种降而复叛的做法已经彻底激怒了金军，一旦金军破城，等待自己的将是严厉的惩罚，甚至是屠戮。与其坐以待毙，不如为国捐躯。守城军民人人心怀必死信念，誓与城池共存亡。

来吧！大不了鱼死网破，同归于尽！

金军终于来到了城下，没有废话，攻城！

在他们看来，西京城必和上京、中京一样不堪一击，用不了半天就能攻破。可事实却大大出乎了他们的预料。

一天过去了，两天过去了，三天过去了……

金军震惊了。他们怎么也想不明白，耶律延禧逃走了，五京已经丢失了三京，大辽眼看就要亡了，人心惶惶之际，西京军民哪来的勇气和力量抵抗金军，而且还能坚持这么长时间。

不过，想不想得明白不重要，愤怒的金军唯一知道的是，加大攻城力度，一定要把这座不听话的城市拿下！

历史再次证明，在绝对的力量面前，再伟大的信念也无济于事。经过十多天的攻坚，西京城终于沦陷，时为宣和四年（公元1122年）四月。

金军将组织抵抗的马权、韩执谦等人悉数杀害，以儆效尤，震慑那些敢于与大金为敌的顽固分子。

取胜后的金军乘胜追击，又一口气攻下了西京附近的朔州、应州等地。

至此，宋徽宗和赵良嗣等人心心念念的西京地区，大部分已落入完颜阿骨打之手。

完颜阿骨打得到的不只是土地，还有一个对他来说十分重要的人——宿敌阿疏。

这个让完颜阿骨打魂牵梦绕、数次向大辽索取而不得的仇人，终于站在了他的面前。

完颜阿骨打死死地盯着阿疏，往事一幕幕浮现在眼前。阿疏，尽管你逃到天涯海角，终究还是被我抓到了，那么，准备接受惩罚吧！

不出意外的话，等待阿疏的只有一种命运——死亡。但完颜阿骨打的做法，颠覆了人们的想象。对于这个苦大仇深的宿敌，他做出了判决——杖而释之。完颜阿骨打将他打了一顿，然后放了！

大家愕然了。有没有搞错，苦苦追寻十数年，仅仅是为了抓回来打顿板子？

完颜阿骨打知道，只有真正的强者，才懂得宽容，才能放下仇恨。阿疏，现在的你不过是个可怜的小丑而已，我要杀你，易如反掌，但杀你何益？你继续苟活下去吧。而我，将会继续伟大的事业。你就当个见证者吧。

随着西京的陷落，大辽五京，金国已占其四，只剩下一个燕京。

此时的燕京，又是什么情形呢？

三、另一个皇帝

宣和四年（公元1122年）三月，宋辽边界的雄州突然迎来了一群不速之客。他们自称是大辽皇帝的使者，有重要的事情要面见大宋皇帝。

按说这也正常。虽然大宋正和大金商量怎么把大辽干掉，然后瓜分他的家产，但这些都是在背地里偷偷进行的，大辽并不知情，傻傻地派使者来联络一下感情，也算合情合理。

不合理的是使者们提出的要求：免除宋朝的岁币！也就是说，从今以后，大宋不用每年再向大辽缴纳五十万岁币了，留着自己花吧。

等一下，您刚才说什么？交了一百多年的岁币，说免就免了？

雄州官员们简直不敢相信自己的耳朵，耶律延禧不会疯了吧？他们立即关心地向大辽使者询问耶律延禧的身体和精神状况，得到的回答却让他们更加吃惊。

使者们回答，什么耶律延禧，那都是老皇历了，现在我们的皇帝叫耶律淳。

耶律淳，是耶律延禧的叔叔。我们前面说过，耶律延禧从燕京逃走的时候，将燕京事全权委托给了自己的这位王叔。对这位王叔，耶律延禧是充分信任的。

大家应该还记得，就在几年前，耶律章奴谋反，曾经要拥立耶律淳为帝，重打锣鼓另开张。没承想耶律淳的觉悟不是一般的高，他经受住了巨大诱惑，坚决维护耶律延禧的皇帝地位，不仅没同意，还主动将阴谋颠覆朝廷的不安定分子抓起来送给了耶律延禧。

正因如此，耶律延禧在逃跑之际，才敢大胆地将燕京交给耶律淳。在他看来，自己的这位王叔将会以绝对的忠心为自己守护燕京，即便城破，也绝不会做背叛自己的事。

耶律延禧的猜测是对的，耶律淳最开始确实打算这么做。但其他人却不打算这么干。要知道，耶律淳虽然是皇叔，但在燕京直接管事的却不是他，而是宰相张琳、参知政事李处温、都统萧干等人。

耶律延禧刚逃走的那几天，还断断续续有消息传来，大家还能时不时地聆听到最高指示。可再后来，耶律延禧逃入夹山以后，便再也没有消息了。

这么下去也不是个办法呀，大家都是干活的，没有老板给派活了，这活还怎么干?

于是，他们决定找个新老板。不仅能因所谓的拥立之功在政治上更进一步，出了事还有新老板背黑锅，可谓一举两得。

经过商议，众人一致推选燕王耶律淳为新的皇帝。

只有宰相张琳反对。他说："当摄政可以，当皇帝恐怕不太合适。"

李处温见他不配合，立即声色俱厉地说："今日之事，不可易也。"

张琳胳膊拧不过大腿，只好少数服从多数，勉强同意。

事实上，在当时的燕京城中，也确实没人比耶律淳更适合这个位置了。按照史书的说法："淳守燕二十年，得人心。"既熟悉民情，又有群众基础，你不干谁干?

于是，在李处温等人的策划下，文臣武将、番汉百官齐集于耶律淳的府邸前，要求他为了江山社稷和黎民百姓登上皇位。

耶律淳的第一反应是，别给我戴高帽，我不干!

不仅不干，他还想跑。

可大家才不管你想不想干，眼看耶律淳要跑，李处温的儿子李奭立即将一件赭袍披在了他的身上，然后众人齐声大呼，还跳起了舞。

耶律淳接下来的反应是，"惊骇，再三辞不获，从之"。

还是熟悉的套路，还是熟悉的配方，还是熟悉的味道。唯一不同的是，别人被推举为皇帝时再三推辞，耶律淳不仅推辞，还大惊失色，演技明显更胜一筹。

就这样，识大体的耶律淳成了新任皇帝，史称天锡皇帝，他所统治的地区史称

"北辽"。

定策有功的各位投机分子也如愿获得了回报：以李处温守太尉，李奭为少府少监，萧干为北枢密使。

而张琳，因为提过反对意见，也享受到了自己的专属待遇——"太师，十日一朝"。表面上看好像很尊重他，实际上剥夺了他参政的权力。张琳没多久便郁郁而终。

耶律淳将自己的侄子、曾经的领导、上一任皇帝耶律延禧降为湘阴王，以保证大辽只有自己一个皇帝。

至此，辽国实际上分裂为两部分：一是由天锡皇帝耶律淳控制的燕京地区，一是由天祚帝耶律延禧名义上控制的沙漠以北及西部地区。

与耶律延禧相比，耶律淳明显更加务实，对自己的实力也有着更加清晰的认识。甫一登基，他就派出两路使者，开展了紧锣密鼓的外交工作。

一路奔赴大金，表示愿意投降，作为大金的附庸之国。对此，大金的回应是没有回应（"金人不报"）；另一路奔赴大宋，表示愿意免除宋朝的岁币，推动两国关系向更好的方向发展，于是有了开头的雄州一幕。

大辽换了新皇帝，还提出了新要求，此等大事，雄州地方官员不敢怠慢，立即上奏朝廷。

按理说，大辽主动免除岁币，本是一件天大的好事，宋徽宗君臣应该赶紧答应才对。管他是耶律延禧免的还是耶律淳免的，只要有人说过这话，就可以把这笔烂账赖掉，剩下的事，你们大辽自己扯皮去吧。

然而宋徽宗拒绝了。

他派人到雄州，义正词严地将耶律淳的使者训斥了一顿，说耶律延禧只是逃走了，又不是死了，你耶律淳怎么敢擅自称帝？我宁愿每年缴纳岁币，也不会承认你这个乱臣贼子，赶紧滚！

耶律淳的使者只好灰溜溜地溜走。

这就奇怪了，放着天大的便宜不捡，难不成宋徽宗的脑子被驴踢了？

当然不是。实际上，宋徽宗之所以拒绝耶律淳开出的条件，是因为他正在谋划一件大事——攻取燕京。

虽然方腊起义使得宋朝元气大伤，也让宋金两国的外交谈判陷入中断，夹攻计划不得不暂时搁浅，但宋徽宗君臣一直没有忘记收复燕云一事。

宣和四年（公元1122年）正月，就在宋徽宗亲自执笔，为刚刚落成的大型土木工程艮岳（即万岁山）写完《艮岳记》后不久，传来了金军攻陷大辽中京，正向西京方向追击耶律延禧的消息。

宋徽宗慌了，不行，再不出兵就来不及了。因为按照之前关于夹攻的约定，当金军对西京发起攻击之时，宋军必须同时对燕京发起进攻，协议才会生效，否则协议自动作废。

虽然有些条件还没谈妥（比如西京的归属问题），但如果金军发起攻击之时宋军没有到位，完颜阿骨打完全可以以此为借口，将之前所有的谈判约定推翻，到时候别说西京，连燕京都不一定要得回来。

不能等了，童贯，准备出兵！

四、以德服人

就在宋徽宗命令童贯秣马厉兵、准备北上攻击燕京时，宋辽边界的代州突然收到了一封来自金军的公文。

宣和四年（公元1122年）三月十七日，金国从西北方向给大宋代州守军发来了一篇军牒，内容如下：

近白水泊击散契丹放鹅行帐，天祚皇帝脱身北走。本国军马已到山后，平定州县，占守讫。请代州戍守边人员不得辄引逃去人民，为国生事，自取亡灭。

语气之严厉，让人不寒而栗。

作为少数民族建立的政权，金国对人口问题一向十分重视。有了人口，就有了兵源，就有了发展生产的劳动力，所以每次战胜之后，金国都是先收人口，再收土地。

表面上看，这篇军牒的目的在于告诫宋朝守军，不能私自接纳辽朝的溃兵和流民，似乎也没什么问题。但如果仔细看，就会发现问题大了。

“本国军马已到山后，平定州县，占守讫。”山后，也就是西京地区。换言之，大金的兵马已经在西京地区纵横驰骋，攻城略地了。

说得再明白一点，大金已经对西京发起了攻击，而宋军却没有如约对燕京展开攻势，协议，已自动作废了！

消息传来，宋徽宗心急如焚。

但他很快就冷静了下来。既然夹攻已经不可能，那眼下唯一能做且必须要做的，就是趁金军正在西京鏖战，暂时无暇东顾之际，凭宋朝自己的力量将燕京拿下。否则，金军一旦拿下西京，必定调转兵锋东取燕京。如果燕京被金军占领，宋朝再想要回来，那就难了。

问题是，宋军能打得过辽军，顺利拿下燕京吗？

对此，宋徽宗心里是没底的。

就在这时，发生了耶律淳派使者前来免除岁币一事。宋徽宗这才知道，原来辽国内部已经四分五裂，成了一盘散沙，而占领燕京的耶律淳明显是个怕事的，不然也不会主动免除宋朝的岁币。

宋徽宗终于放心了，既如此，那还怕啥？出兵！

“不行，陛下，千万不能这么干呀。”关键时刻，反战派再次站出来大唱反调，纷纷上言大辽不可伐，伐则必自悔。其中尤以知真定府路安抚使赵璹和中书舍人宇文虚中的奏本最为经典。正所谓奇文共赏，我们不妨将两人奏本中的精彩内容摘录如下，看一看反战派大臣们反对伐辽究竟有无道理。

先来看知真定府路安抚使赵璹的奏疏：

近者天祚猎于白水川，女真掩其无备，全军陷没，天祚不知存亡，震扰未见所立。若复调兵上边，敌将谓中国起乘其衅，疑隙既开，何可复释？唯当示之安静，致其怀服。臣愚谓耶律氏据有沙漠，历年甚多，敌人习熟，贵其种类，设有奸雄，谁肯推服？仰惟朝廷与辽兄弟之国，共守盟好百有余载。今天祚叔兄子弟尚众，若天祚真遂不还，愿陛下用家人礼，特遣重臣，将命彼国，推急难之义，念外侮之虞，慰谕其宗族臣下，厚加拊劳，勉以忠孝，雪耻戡难。就其天祚叔兄子弟，取天祚之所爱、国人之所慕，择贤立孤，以主辽众，隆其恩礼，赐之封册，申结信誓，以继好息民，俾之知戴中国。彼既以中国为重，得存其宗社，则中国有大造于辽也。陛下虽不责报，彼归故地、减岁币，必有一以报陛下矣。如是，则中国不待汗马之劳、遗镞之费，万无一失而安享大利。机会之来，间不容发，伏望圣慈特加采择，速奋睿断施行，实天下之幸。

可以看出，赵大人虽然不一定是个合格的地方官，但一定是个心理学大师，他深晓攻心为上的策略，充分运用了换位思考的方法，从处于水深火热中的大辽百姓的角度出发看问题，最后得出结论，不仅不能乘人之危北伐大辽，还要充分发挥人道主义精神，关键时刻拉兄弟一把，帮他们另立新君，让大辽对大宋感激涕零，从而自觉自动地“归故地、减岁币”。

一句话：只要咱以德服人，就能达到不费一兵一卒收复燕云的目的，何必动刀动枪？

不仅如此，为了突出人道主义援助的必要性和紧迫性，赵大人还特意为奏疏添加了一份备注（贴黄），对自己的论点进一步说明：

辽失其主，未知所立，方疑中国乘间而攻之。然陛下兼爱南北生灵，务隆义好。若即恤其祸难，援立新主，当此孤遗乏助之时，得倚朝廷以存其国。又名正言顺，势无不从，则恩归于我，必服彼心。中国申固盟誓，为利无穷。若使彼新主自立，则恩非我出。立而众附，则势将复强，增戍缘边，过为提备，徒足生衅，以启戎心。愿陛下无遽增戍，开先时之隙，无缓立孤，贻不及时之悔。

那意思是，你再不抓紧行动，人家就自己选出新皇帝来了，到时候不仅不会感激你，说不定还会跑来打你，你后悔都来不及！

综上可以得出结论：赵大人是个天真的理想主义者。且不说以德服人究竟能否具有如此神奇的效果，单就援立新主一事，很可能就要让赵大人失望了。因为从后来的事实看，大辽人民有很强的主权意识和独立自主精神，由谁来做皇帝，那完全是大辽的内政，大宋说了还真不算。

与之相比，中书舍人宇文虚中的奏疏要务实得多，不空谈什么仁义道德，直接拿实力说话：

臣闻用兵之策，必先计强弱虚实，知彼知己，以图万全。今论财用之多寡，指宣抚司所置便为财用有余，若沿边诸郡，帑藏空虚，廪食不继，则略而不问。论士卒之强弱，视宣抚司所驻便言甲兵精锐，若沿边诸郡，士不练习，武备刓缺，则置而不讲。夫边围无应敌之具，府库无数日之粮，虽孙吴复生，亦未可举师。是在我者，未得万全之策也。……今欲亟进兵于燕城之下，使契丹自西山以轻兵绝吾粮道，又自营、平以重兵压我营垒。我之粮道不继，耶律淳者激励众心，坚城自守，则我亦危殆矣。是在彼者，未有必胜之兆也。夫在我无万全之策，在彼亦未可必胜，兹事一举，乃安危存亡之所系，岂可轻议乎！

且中国与契丹讲和，今逾百年，间有贪惏，不过欲得关南十县而止耳，间有傲慢，不过对中国使人稍亏礼节而止耳。自女真侵削以来，向慕本朝，一切恭顺。今舍恭顺之契丹，不封殖拯救为我藩篱，而远逾海外，引强悍之女真以为邻国。彼既借百胜之势，虚喝骄矜，不可以礼义服也，不可以言说喻也。……以百年怠惰之兵，而当新锐难敌之虏，以寡谋持重久安闲逸之将，而角逐于血肉之林，巧拙异谋，勇怯异势，臣恐中国之边患，未有宁息之期也。

从这份奏疏可以看出，宇文虚中虽然不是专门搞军事出身，也无带兵打仗的经验，但他对宋朝军队的认识却比当时的大多数将领都要清醒得多：

府库空虚，军费不足，将懒兵惰，战斗力全无，你拿什么打仗？

没有妥善的作战计划，就急功冒进，还是长途作战。累个半死好不容易到达战场，人家却不和你打，城门一关，把你晾在城外边。等你的粮食吃得差不多了，再派人断绝你的粮道，打不死你，也饿死你。

退一万步讲，就算侥幸将燕京攻下了，那大宋将直接与大金接壤。以大金的脾气，必定不会和大宋和平相处，用不了多久，就会对大宋发动攻击。而大宋军队是绝对无法抵御大金虎狼之师的，大宋从此将永无宁日。

可谓句句到位，针针见血。

从后来的事实看，事情基本就是沿着宇文虚中预想的方向发展。然而此时的宋徽宗和童贯等人，无论如何也听不进这些话。在他们看来，燕京就像一块唾手可得的肥肉，只要伸手，就可以毫不费力地得到。弱肉强食，你不抢，大金就会去抢，为什么要便宜别人？至于抢完以后和大金发生冲突的事，只不过是一种担心，未必就会成为现实。车到山前必有路，即便宋金之间真的发生了不愉快，到时也自有处理办法，想那么多干吗？

在眼前的利益和未来的隐患之间，宋徽宗毫不犹豫地选择了前者。

收复燕京，刻不容缓，无须再议！

大错，就此铸成！

玖

矛盾的北伐

一、上中下三策

宣和四年（公元1122年）四月，宋徽宗正式下令北取燕京，大军定于四月十四日开拔。

为了保证北伐之事顺利推进，宋徽宗专门成立了一个叫作经抚房的机构。该机构独立于最高军事机构枢密院之外，全权负责北伐事务。

至于宇文虚中提到的军费不足一事，自然难不倒宋徽宗君臣。大家充分开动脑筋，终于想出了一个好办法，一场轰轰烈烈的人口普查运动在全国范围内迅速开展起来。全国到底有多少人口，宋徽宗是不感兴趣的，他唯一关心的，是这些人能带来多少钱。

人口普查结束，宋徽宗亮出了后招——按人口交钱，美其名曰支持北伐事业。别说，这一招还真好用，仅此一项，宋徽宗就得钱六千二百万缗。

钱有了，还得找人。

为了保证战争胜利，宋徽宗特意将久经战阵、威震西北的名将种师道等人调归童贯指挥，希望毕其功于一役，一举收复燕京。

好了，钱和人都有了，那就出发吧。

等等，好像还缺点什么。

看过《三国演义》的朋友都知道，每逢蜀军出战之前，军师诸葛亮都会密授妙计若干条，诸将只需依计而行，定能大胜而归。

现在，宋徽宗决定客串诸葛亮的角色，过一把军师的瘾。他对童贯等人说："吾有上中下三策在此，汝等谨记，到时可相机而行。"

三策如下：

大军所到之处，燕京人民夹道欢迎，纷纷投诚，大宋军队不费吹灰之力就收复燕京。此为上策。

若没有出现箪食壶浆以迎王师的盛大场面，但是耶律淳很识相，主动纳土称臣，则可以保留他的藩王地位，燕京仍由他实际统治，宋朝恢复名义上的管辖权。此为中策。

若以上两种情况均未出现，燕京人民既不欢迎，耶律淳也负隅顽抗，没办法，那就只好动真格的了，在边境进行军事演习，对其进行武力震慑。此为下策。

妙，实在是妙，妙得一塌糊涂，诸葛亮要是知道了，都能被他气活。

燕京人民夹道欢迎？想什么呢！人家祖祖辈辈在大辽活得好好的，凭什么欢迎你？好像大宋是理想国，燕京人民做梦都想被纳入一样，也太把自己当回事了吧。再说了，燕京人民如果有这个想法，早就趁局势动荡将北辽政权掀翻在地了，还用你去凑热闹？

让耶律淳纳土称臣？做梦去吧！事实证明，大辽历任皇帝没有一个是孬种。耶律延禧都被完颜阿骨打打成什么样了，宁愿跑进深山里啃树皮，也没说过一句软话。在大辽皇帝的头脑里，压根就不存在“投降”两个字！

再说最后这个“按兵巡边”，是干什么呢？能打就打，不能打就趁早歇着，弄几十万人在边境上晃荡，目的何在？喊几句口号，要几套军体拳，就能把大辽吓住？只能说太天真了。不过是花自己的钱粮，让别人看笑话而已。

不管怎样，童贯带着宋徽宗的信任和妙计出发了，头衔是陕西河东河北路宣抚使，大权在握，好不威风。

他不知道的是，就在他出发后不久，宋徽宗召见了一个人——蔡京的儿子蔡攸。

蔡攸本来的职务是镇海军节度使，官封少保，开府仪同三司。现在，宋徽宗决定给他安排一份新工作——河北河东宣抚副使，做童贯的副手。

任命一下，立即将这位名门子弟吓晕。河北河东是什么地方？那可是收复燕京的前线，眼看就要打起来了！就宋朝军队那两下子，你骗得了别人，可骗不了我。把我安排到那个地方，不是让我去送死吗？即使没死，打了败仗，这黑锅也背不动呀。

蔡攸立即以自己不懂军务，去了只会添乱为由，坚决推辞。

宋徽宗笑了。他当然知道这位纨绔子弟到底有几斤几两，之所以给他安排这份工作，并不是指望他能在军事上有什么作为，而是另有深意。

他对蔡攸说，童贯统领大军出征，属下大都是他的门人故旧，一旦出了事，肯定会互相维护，隐匿实情，欺上瞒下。之所以让你去，名义上是配合童贯的工作，实际上是监视他们的所作所为。战争胜负，与你无关。

末了，宋徽宗还不忘说些“你办事，我放心”之类的话，鼓励他放下包袱，大胆工作，有什么要求尽管提。

蔡攸放下心来，胆子也大了起来，竟然真提起了要求，而且是一个不可思议的要求。他见宋徽宗身边站着美女两名，竟然提出，如果得胜归来，希望能把这两名美女赏赐给他。

要放在平时，蔡大人怕是身首异处了。可今天，宋徽宗的心情似乎格外地好，不仅没有生气，反而一笑了之。

对于这一切，童贯是不可能知道的。此时的他，正心怀灭辽壮志前进。

四月二十三日，童贯率军到达高阳关（今河北高阳东）。眼前的情景，让他大失所望。他写给宋徽宗的奏章说：

将兵骄惰，不练阵敌，军须之用，百无一有。如军粮，虽曰见在，粗不堪食，须旋舂簸，仅得其半，又多在远处，将输费力。军器甚阙，虽于大原大名开德支到，封椿各件不足，或不适用。至于得地版筑之具，并城戍守御之物，悉皆无备。

兵不能战，城不能守，粮不够吃，这仗怎么打？

没办法，收复燕京的重任在肩，伟大理想正在前方召唤，总不能因为这点困难就打退堂鼓吧。童贯只好一边抓紧整理军备，一边按照宋徽宗的计策而行。

首先是上策。

甫一到达燕京前线，童贯就立即派人四处张贴黄榜，大力宣传。榜文内容如下：

幽燕一方本为吾境，一旦陷没几二百年。比者汉蕃离心，内外变乱，旧主尚在，新君篡攘。哀此良民，重罹涂炭。当司遵奉睿旨，统率重兵，已次近边，奉辞问罪，务在救民，不专杀戮。尔等各宜奋身，早图归计。有官者复还旧次，有田者复业如初。若能身率豪杰别立功效，即当优与官职，厚赐金帛。如能以一州一县来归者，即以其州县任之。如有豪杰以燕京来献，不拘军兵百姓，虽未命官，便与节度使，给钱十万贯，大宅一区。惟在勉力，同心背虏归汉，永保安荣之乐。契丹诸蕃归顺，亦与汉人一等，已戒将士不得杀戮一夫。傥或昏迷不恭，当议别有措置。应契丹自来一切横敛悉皆除去，虽大兵入界，凡所须粮草及车牛脚价并不令燕人出备，仍免二年税赋。

翻译成现代语言，大致意思如下：燕京的父老乡亲们，你们受苦了，现在我们来解救你们了。大家有冤报冤，有仇报仇，快来一起参加战斗吧。我们给的待遇很好，给田给钱给房子，立了功还给官做，只要你敢拼命，当节度使也不在话下。契丹的兄弟们，也欢迎你们弃暗投明，待遇与汉民一样。但如若你们执迷不悟、负隅顽抗，后果自负。

榜文贴出去以后，接下来是等。

按照童贯等人的设想，政策如此宽大，待遇如此良好，燕京人民知道以后，肯定会奔走相告，甚至喜极而泣，扶老携幼，拖家带口，速来投奔。

可事实却让他失望了。等呀等，盼呀盼，一天天过去了，响应者寥寥。

童贯想不明白怎么会这样。宋徽宗也想不明白怎么会这样。

他们当然不会明白。作为高高在上的特权阶层，他们根本不了解，也不愿去了解底层百姓的生活诉求。

从石敬瑭割让燕云十六州算起，燕京地区的老百姓已在大辽的统治下生活了一百八十四年。按照二十年左右一代人估算，已经有九代人在这里扎根、生长，然后死去。漫长的岁月里，他们早已适应了如今的生活模式。

难得的是，作为少数民族建立的政权，大辽从一开始就建立起了南北面官制，实行“以国制治契丹，以汉制治汉人”的双轨运行机制。

在这种双轨运行模式下，除了统治者不同以外，燕云地区汉民的生活并没有受到多大影响。他们依然过着“日出而作，日入而息”的农耕生活，平平淡淡，安静祥和，改朝换代似乎和他们无关。

现在宋朝军队却突然跑来，说他们被奴役、被压榨，还说要解救他们。他们更希望这些外来军队赶紧走，千万不要将战火引到这里，打破他们平静的生活。

就这样，宋徽宗的上策宣告失效。童贯只好退而求其次，开始执行第二方案——招降耶律淳。

二、失败的劝降

很快，童贯就选出了两名使者，代表自己前去燕京做耶律淳的思想工作，希望他认清形势，弃暗投明。

要说这两名使者，身份还挺特殊，他们是归朝官，也就是从大辽投诚到大宋的官员。从大辽的角度看，妥妥的俩叛徒。

童贯之所以派他们去，估计是想让他们现身说法，凸显大宋优待投诚人员的真实效果。如果这二位仁兄知道等待他们的是什么结局，估计打死也不会去。

当然，招降耶律淳这种重量级人物，光靠嘴说是不行的，他们带去了正式的招降文书。此文书由赵良嗣亲自捉笔，条理清晰，情真意切，文采斐然，写得那叫一个精彩。

文书开头，先以童贯的口吻对耶律淳大讲了一番顺天者昌逆天者亡、得道多助失道寡助的枯燥理论。讲完道理，开始批判：你耶律淳和耶律延禧，亲则叔侄，义则君臣，可当他被金人大败狼狈逃窜的时候，你不仅不救驾勤王，反而自立为帝，这是逆天呀！西京是大辽的国土，西京人民是大辽的子民，可当西京人民在大金马蹄的践踏下哭天抢地时，你不仅不派兵营救，反而只求自保，这是失掉人心呀！违背天意，失去民心，你觉得自己还能长久吗？

批判完，接着吓唬：虽然你名义上是燕京地区的皇帝，可实际上大家都把你当作反贼，压根没人支持你，说不定正有人密谋干掉你，然后拿着你的人头领赏呢，到时候你死都不知道是怎么死的。

批也批了，吓也吓了，接下来该拉拢了：现在我给你指一条明路，你不如像我朝太祖时期的后蜀皇帝孟昶和吴越国王钱俶一样，开门迎降，纳土称臣，我保证你世世代代不失王爵之封，燕京人民还可以免受战火蹂躏，功德无量呀。

当然，按照惯例，还要强调一下拒不配合的严重后果：现在皇帝命我率百万大军（实际上只有十几万）前来，齐集燕京，磅礴之势如水之就下，谁能抵御？大辽五京已失四京，只剩区区一个燕京，如何抵挡？到时候，你“欲北走则无所归，欲南归则安可得”，后悔都找不到地方哭。

文书末尾，童贯还不忘卖个人情，说我和你曾有过一面之缘，这才给你说这些掏心窝子的话，换作别人，我才懒得理他，你可千万别辜负了我的好意呀。

又批又吓，又拉又打，精彩，实在是精彩！

望着这篇精彩至极的劝降书，童贯自己都恨不得要投降了。他相信，只要耶律淳精神还正常，肯定会做出正确的选择。

就这样，二位使者带着劝降书向燕京出发了。

与此同时，童贯还做了另一手准备。

通过侦察，他得知与大宋接壤的大辽易州城内，有一个豪族领袖叫史成，在百姓当中很有威信，影响力颇大。如果能把他争取过来，进而将易州拿下，无异于在大辽的势力范围内嵌入了一颗钉子，宋军随时可以以此为跳板，向辽国发起攻击。

于是，童贯又派出了另一路使者去策反史成，希望他能作为内应，发动百姓起义，献出易州。

望着使者们离去的背影，童贯相信，用不了多久，就会有好消息传来。

没过多久，就接连传来了消息——去燕京劝降的使者被杀了，去易州策反的使者也被杀了。

童贯大怒，好你个耶律淳，不投降也就算了，竟然还杀我的人！两国交兵还不斩来使呢，现在咱还没打起来，你就敢杀使者，让我的面子往哪里放？好，既然你无情，就休怪我无义！

经过慎重考虑，童贯毅然决定：再派个人去。

是的，他还没有放弃这条路，因为他害怕打仗。

虽然他一个劲地鼓动宋徽宗北伐，但真要打起来了，他的心里其实是胆怯的。一旦开战，就有战败的可能，而这次的动静闹得实在太大，可谓全国瞩目，如若战败，宋徽宗必定要对天下有所交代，到时候难保不让自己来背这个黑锅，来个流放三千里，那自己的政治前途可就全毁了。

本着能动口尽量不动手的原则，童贯决定再派个人去。当然，这次的名义不再是劝降，而是谈判。

问题是，派谁去呢？

前两位使者被杀，让劝降成了一项高危职业，大家都不愿意去。

既然都不主动，那只好点名了。

当时童贯身边的人里，出使经验最丰富的，当属赵良嗣和马扩。

赵良嗣肯定是不能去的。作为大辽头号卖国贼和宋朝联金灭辽的始作俑者，辽人对他有食肉寝皮之恨，让他去，无异于判了他的死刑。

那就没得选了，童贯看了一眼身旁的马扩：老弟，那只好麻烦你走一趟了。我相信，事关国家安危存亡，你定然不会推辞。

要说马扩，不愧武举出身，明知童贯是在道德绑架，仍欣然愿往，当真是一条响当当的汉子。

出发前，他向童贯提出了三个要求。

第一，严肃军纪，戒将士勿使求取珍宝。

第二，勿妄杀降人，以安燕人之心。

第三条是关于他自己的：一旦发生意外，希望童贯能审时度势，抓住有利时机采取行动，千万不要顾虑他的安危而犹豫不决。

在历史上，马扩只是一个不被人注意的小人物，《宋史》中也找不到他的传记，但关键时刻，他总是挺身而出，为了国家，勇去不测之地，甘冒不测之险，即便可能丢掉性命，也毫不推辞、在所不惜。

大公无私，舍生取义，大概如此。

几千年的历史长河中，像马扩这样做出过贡献却为人所忽略甚至无视的小人物还有很多。史官虽然抛弃了他们，但在我看来，他们和那些在二十四史中熠熠生辉的王侯将相一样闪耀着不朽的光芒，值得我们以深深的敬意和诚挚的赞赏铭记与传颂。

正如一句歌词所言："谁说站在光里的，才算英雄？"那些隐于历史幕后的小人物，同样是我们心里的大英雄。

马扩就这样带着大家的尊敬（"时皆伟之"）和惋惜（很可能回不来了）上路了，一场精彩的外交大戏即将上演。

三、孤勇者马扩

宣和四年（公元1122年）五月，马扩越过宋辽边界线白沟，到达辽国境内的新城县（今河北高碑店）。

一场意外随之而来。

当地百姓听说来了宋人，纷纷跑来看热闹。马扩一看，这正是争取民心的大好时机呀，立即将宋朝政府的招抚榜文拿出来，大搞了一番政策宣传。

没承想，当地百姓对此并不感兴趣，还用惊讶的眼神看着他，那意思似乎在说，这个外国人该不会有病吧，在胡言乱语些什么？

马扩失望至极。他本以为燕京百姓见自己到来，即便不会像见到娘家人一样兴奋，起码也会像老朋友久别重逢那么热情。然而，现实却给了他当头一棒，燕京百姓不过把他当作热闹来看，除此之外无有其他。他隐隐地感觉到，此次燕京之行，恐怕难以取得满意的效果。

就在这时，一个人悄悄来到他的身边，对他说了一句话，让他惊出了一身冷汗。

此人名叫刘宗吉，是辽军的一个小头目。马扩的政策宣传虽然对吃瓜群众没起到任何作用，却无意中触动了他。他立即找机会来到马扩身边，低声说道："他日南师入境，愿先开门以献。"

马扩吃惊地望着眼前这个陌生人，不知是不是该相信他。

刘宗吉却坦然得很，进一步表示，希望马扩能给他一个榜文副本，他带回去招呼弟兄们一起来。他还和马扩约定，当天晚上他会再次出现在马扩下榻的驿馆中。

面对这个特务一般神秘的人，马扩选择了相信。

当晚，夜深人静，就在马扩焦急等待之时，刘宗吉变魔术一般"自壁衣下出"，站在了他的面前。

这一次，他决定提供点有价值的情报，作为自己投诚的见面礼。

他告诉马扩，燕京现在的兵力十分空虚，驻扎在白沟北岸的军士更是少得可怜，只有区区两千人马。其中，除了四军大王萧干属下的二百骑兵有作战经验，其余都是纨绔子弟，毫无战斗力可言。如果宋军趁夜发动突袭，定能吓得辽军不战而走。

从后来的事实看，这完完全全是个假消息，辽军的数量既没有这么少，战斗力也没有这么弱。

但马扩依然相信了他，宋军的悲剧由此注定。他亲手为刘宗吉写了一封介绍信，还将临来时童贯送给自己的一只新鞋交给刘宗吉作为信物，要他赶紧去找童贯报告这一重大军情。

刘宗吉走了，马扩的心里也有了底气，他相信，此次燕京之行，定能有所收获。

第二天，马扩到达燕京。

出乎他的意料，这一次耶律淳的态度竟然不错，不仅按照正常外交程序安排了接伴使、馆伴使，还安排了好几名级别较高的官员来伴食。

就在马扩逐渐放松下来之际，伴食的官员突然提出，要先看一看他随身携带的书信。

不好办了。给他看吧，不符合程序；不给他看吧，毕竟人家好吃好喝地陪着，搞得太尴尬总不是那么回事。

好在马扩外交经验丰富，到底想出了办法。他立即表现出一副很为难的样子，说："按理说给你们看看也无妨，但临来时童大人专门交代了，书信只能由九大王（即耶律淳）亲阅，上级的话我不敢不听呀，还请您多见谅。"

辽国人不是这么好糊弄的，既然能被选出来接待外宾，那肯定也是有两下子的。只听陪餐的官员呵呵一笑，说："没事没事，既然不方便，那就算了。只是我们不知道文书的内容是否妥当，是不敢让你交给皇帝阅览的。"那意思是，既然不给我们看，那你就自己留着吧，也别想见到皇帝耶律淳了。

马扩无奈，只好妥协，将书信交了出去。

傍晚时分，辽方人员将书信送回，一场辩论随即展开。

辽方首先发言："乖乖，幸好先看了看，您这都写的什么呀，除了批评就是指责，语气狂妄不堪。这样的书信，怎么能交给皇帝看？！"

马扩道："这都什么时候了，您还在这里咬文嚼字！有这功夫，咱干点正事不行吗？"

好，等的就是你这句话，那咱就聊聊正事。

辽方率先发难："大宋号称礼仪之邦，现在却违背两国百年盟约，集结重兵于边境，意图发动战争。所谓师出有名，不知你们的理由是什么？”

马扩道：“出兵作战，那是朝廷和将军的事，我只是一个使者，对此无可奉告。”好一句典型的外交辞令。

紧接着，马扩话锋一转，又说：“我们皇帝听说天祚皇帝蒙难，九大王不仅不发兵救援，反而在燕京自立为帝，这是谋权篡位呀。宋辽既已约为兄弟之国，兄弟出了事，大宋能不管吗？这次派我来，就是要问问兄弟（天祚皇帝）现在何处。”

马扩越说越气愤，继续说道：“好家伙，我还没来到，半路上又听说天祚帝被降为湘阴王，这是赤裸裸的颠覆朝政呀。仅此一项，宋朝就可以为兄弟出头。兴师问罪，何谓无名？”

辽方人员也不甘示弱：“国不可一日无主。天祚皇帝逃窜，音信全无，不选立一位新皇帝，谁来安定民心，重振朝纲？再说了，让谁当皇帝完全是我们大辽的内政，关你们什么事？！轮得着你们兴师问罪吗！”

宣誓完主权，接着援引古例。辽方继续道：“当初安史之乱，唐明皇惊慌逃走，唐肃宗不是一样被推举为皇帝，主持朝政吗？这不是一个道理吗？怎么，你们汉人可以，我们契丹人就不可以？”

马扩笑了，中原皇帝的事，你还能比我清楚？他慢悠悠地说道：“唐肃宗是唐明皇的儿子，由他继位天经地义。而且肃宗继位以后，立即尊唐明皇为太上皇，战乱平息以后，又亲自将唐明皇接回，多么父慈子孝呀。反观你们呢，九大王不是天祚帝的儿子，他有什么资格称帝？称帝之后，不仅没有对天祚帝礼遇有加，反而将他贬为湘阴王。这怎么能和唐肃宗称帝的古例相提并论！”

辽方人员一时无语，只好换了个话题：“您刚才也说了，既然宋辽已约为兄弟，现在大辽为女真所侵，大宋应该帮忙一起对付女真才对，却为何要趁火打劫，意图夺取大辽的土地呢？这实在不是大国所该有的作为呀。”

马扩早有准备，从容回道：“你们也没来求救呀。包胥泣秦、孔明使吴，这才是真心实意求救的表现。你们连个使者都不派，我们就是想帮忙也没理由呀。如果主动来了，你们又该说干涉你们的内政了。”

辽方彻底无语。

马扩用自己的亲身经历证明：知识就是力量。在要嘴皮子论战这块儿，骑马射箭的少数民族到底不是整日啃书本的中原人的对手，哪怕他只是个武举。

马扩也不想再和对方多费口舌了，直接亮出了底牌：“今大兵压境，止在旦夕，祸福存亡，贵朝君臣自裁可也。”

一句话，想死想活，你们自己看着办吧。

四、白沟之战：一场惨败

马扩凭辩论赛的胜利，终于换来了与耶律淳见面的资格。

日期定好了，辽方人员善意地提醒马扩，明天面见天锡帝耶律淳时，说话一定要委婉一点，千万不要太过直接，以免触怒他。

然而还没等到明天，当天傍晚，马扩就知道坏了，不触怒天锡帝是不可能了。

因为他得到了一个消息：宋军向辽军发起了进攻！

实际上，就在马扩出使燕京的同时，宋军的军事调动已经开始。

宣和四年（公元1122年）五月十三日，童贯将宋辽前线的军队分为东西两路。东路军的中心在雄州，由名将种师道指挥，驻扎在白沟南岸；西路军的中心在广信军（今河北保定徐水区西），由辛兴宗指挥，驻扎在范村。

接下来商议具体的进兵事宜时，种师道首先提出了反对意见。

这位纵横沙场数十年，叱咤西北、威震西夏的老将，是一位铁骨铮铮的真汉子。在他看来，大辽可以打，但咱得光明正大地打，就像武林高手比武一样，下个战书，约个日期，然后公平比武，一决雌雄。如果趁对手病重或三天没吃饭饿得头晕眼花之际出手，即使胜利了，也会为人所不齿。大宋既已和大辽订立和平盟约，约为兄弟，现在兄弟有难，不帮忙也就算了，竟然还在背后捅一刀，实在有趁火打劫、落井下石的嫌疑。

为了突出这种行为的不光彩，这位老将还用起了比喻句：“譬如盗入邻舍不能救，又乘之而分其室焉。”往小了说，这叫不要脸；往大了说，这叫卑劣无耻、背信弃义。

老将军说得义愤填膺，童贯却毫不在乎。他笑着对种师道说：“今日之事，皇上已有成算。之所以让你来，不过是想借用你的威名稳定军心罢了，你只管执行命令就好，其他事别瞎操心。”

老将军气得哑口无言。

西路军前锋杨可世也主动发言，充分表达了自己的担忧。他说：“伐辽一事，我们起初均未参与谋划，却被匆匆调来参加战斗，可以说毫无准备。一旦失利，我们的命固不足惜，但有辱国家颜面是大事呀，还望三思而后行。”

这一次，还没等童贯说话，雄州知州和诜便先开了口。他用一副嘲弄的口吻说道：“我常听人说你有万人之敌，冲锋陷阵如摧枯拉朽，今日一见，才知道是个懦夫。你自己胆小怕事也就算了，还故意散布不利言论打击士气，是想败坏国家的大事吗？”

杨可世虽然是个武将，但也知道这样一顶黑帽戴不得，只好闭口不言。

就这样，进兵攻辽已成板上钉钉之事。

就在这时，刘宗吉带着马扩的介绍信和一只鞋来了，说出了那个假消息。

童贯大喜：真是天助我也，那还等什么？出击！

按理说，既然决定出击了，那就好好准备，该磨刀就把刀磨利，该喂马就把马喂饱，然后有序前进，遇见敌军就猛扑上去，该砍的砍，该杀的杀。

但宋军战士却不能这么做，因为童贯又按照宋徽宗的交代下了一道特殊的命令：“奉圣旨，王者之师有征无战，吊民伐罪，出于不得已而为之，如敢杀一人一骑，并从军法。”他还专门命人做了一面大黄旗，将宋徽宗这一最高指示写在旗上，立于军中，以保证大家随时都能看见。

好一个有征无战！打仗却不能杀人，这样的行为无异于自杀。宋军的失败，已成必然。

种师道虽然打心眼里不情愿，但军令如山，他不得不率部移动到白沟南岸扎营，准备第二天从兰沟甸（今河北涿州新城境内）渡过白沟，进入辽境。

当天夜里，意外发生了。驻守兰沟甸的前军都统制杨可世所部突然发现对岸的辽军有异常活动，立即将这一情况报告给了种师道。种师道立即召集诸将，重申了纪律：做好防御准备，但不得杀人。

等到第二天天亮，宋军惊讶地发现，与他们隔河对峙的，是一支已进入战斗状态的辽军。为首的辽将威风凛凛，怒目圆睁，让人不寒而栗。他的名字，叫耶律大石。

当然，现在的宋军是不可能知道这位对手日后所取得的辉煌的（耶律大石自己也不知道），管你是大石还是小石，完成任务要紧。

杨可世立即派人将“敢杀一人一骑，并从军法”的大旗展示给对岸的辽军兄弟，并大力陈述招降纳叛的朝廷优待政策，鼓励他们投靠过来。

要说耶律大石也真是个急性子，还没等人家讲完，就破口大骂起来，并嚣张地表示："无多言，有死而已。"

话音甫落，万箭齐发，结结实实朝宋军身上招呼而来。

宋军本想还手，但受制于"不杀一人"的军令，又不敢还击。

总不能就这样白白挨打吧？将士们越想越憋屈，纷纷抱怨道：兵刃既接，难道我们就这样束手就死吗？如果刀锋不能见血，那要我们来干什么？

杨可世也受不了了，管他呢，先打了再说！他一面派人将战情飞报种师道，一面指挥部下进行抵抗。

要说杨可世"万人敌"的称号可不是白来的，指挥战斗的同时，仍不忘时刻观察敌军动静。

突然，他发现一部分辽军开始沿白沟河向下游移动。他敏锐地意识到，下游必定有可以渡河的地方，辽军是想悄悄渡河，绕到宋军背后发起突然袭击。如果阴谋得逞，宋军必将陷入混乱，进而崩溃。

不行，必须将辽军堵住！

就在这时，种师道派来支援的老将赵德正好赶到，杨可世立即派他前去堵截辽军渡河。

可还没等赵德赶到，辽军就已抢渡完成。

再看赵德，真不愧老将，深知战场形势利弊，比兵油子还油，眼看情况不妙，立即飞奔而逃。

杨可世气得大骂："老匹夫安敢如此！何以报国恩？"

赵德才不管这些，你骂你的，我跑我的，保命要紧。

杨可世无奈，亲自率兵前去战斗。

战况相当激烈。杨可世甫一赶到，就被辽军包围。关键时刻，杨可世充分展露出他万人敌的本事。

战斗中，他被辽军的铁蒺藜箭射中，鲜血流满战靴，紧接着，胸腹也中流矢数支。极度的疼痛中，他怒发裂眦，亲手杀敌数十人，可谓真正的钢铁硬汉。

但个人的英勇无畏并不能改变战斗结果，在辽军的猛烈冲击下，宋军大败而归。与此同时，驻扎在范村的西路军也被辽四军大王萧干击败。

两路宋军，尽皆失利。

消息传来，童贯大惊，立即下令军队回撤。

种师道再次提出反对。他以多年的征战经验告诉童贯，此时宜进不宜退，一旦退兵，必将被辽军趁势掩杀，宋军将会吃大亏。

童贯不听，执意退兵。

一切正如种师道所料，宋军刚开始撤退，辽军就派出骑兵尾随追击，宋军再次大溃。就这样，宋军在前面跑，辽军在后面追，一直追到了雄州城下，宋军不跑了。因为童贯害怕辽军会尾随溃军冲入城内，下令军队不得入城。

城也入不了，跑也跑不掉，大家没办法，只好转过头来，在城下和辽军展开了激战。偏偏这个时候，又突然刮起了大风，下起了大雨，宋军更加慌乱，自相践踏而死者不计其数。种师道虽然英勇，但也知道打不过就要跑的道理，眼看情况不妙，也只好撒丫子逃走。此一战，“自雄州之南、莫州之北、塘泊之间及雄州之西保州、真定一带，死尸相枕藉，不可胜计”。

惨败，彻头彻尾的惨败！

宋徽宗君臣怎么也没有想到，已被金国打得奄奄一息、只剩燕京弹丸之地的辽军，竟然还有如此强大的战斗力。按照他们的设想，大宋王师一到，即便没有箪食壶浆热烈欢迎，也定会将耶律淳的虾兵蟹将吓得乖乖举旗投降。即便发生战斗，那也应该是宋军不费吹灰之力，就将辽兵打得落花流水。收复燕京，如探囊取物尔。

然而事实恰恰相反，燕京没有收复也就算了，大宋的威武之师竟然还被大辽的残兵败将打得丢盔弃甲，让人追着屁股跑，真是丢人丢到家了。更重要的是，此次攻燕不仅没得到任何实惠，还让大宋背上了毁盟弃约、背信弃义的恶名，这让宋徽宗的脸面往哪里放？

然而事实就是事实，说什么都已经晚了。结局已不可改变，接下来是由谁背黑锅的问题。

宋徽宗自然是不会背的，童贯当然也没有这种觉悟，研究来研究去，种师道成了最终的倒霉蛋。

童贯上奏宋徽宗，将责任全都推到了种师道等人的头上，说他们违背皇帝的和平旨意，纵容属下擅自发起战争，最终导致了这次惨败，应予严惩。急于对天下有个交代的宋徽宗，立刻认同了童贯的诬告，将种师道押赴枢密院，责授右卫将军致仕。

可怜种师道一代名将，不仅英名受损，还被迫退了休，结结实实当了一回冤大头。

战役的失败彻底将宋军的无能展现在了辽军面前，使得马扩的招降成了一个天大的笑话。此时正身处敌营的马扩，又将面临怎样的命运呢？

拾

艰难谈判

一、舌战辽营

宋军在白沟的失利，使得马扩的处境变得凶险异常。

可怜的马扩，刚刚获得了与耶律淳见面的机会，就得知了宋军惨败的消息。和耶律淳见面的前一天晚上，辽方接待人员再次来到马扩的住处。他们绘声绘色地描绘了刚刚发生的战斗，然后开启了嘲讽模式：

“你们大宋不是总说兵多将广，觉得自己很了不起吗？为何昨天这么不堪一击？我们只不过随便露了两手，你们就吓得落荒而逃。要不是两国曾有和平盟约，我们早就直接攻进雄州城内了。你们一面遣使请和，一面又偷偷进兵，完了又轻易逃走，我都替你们觉得丢人呀！”

说完，辽方人员笑嘻嘻地看着马扩，等他出糗。马扩尴尬得要死，但事关国家形象，怎么也得想办法挽回一点颜面。

要说马扩，真不愧是一个合格的大使，即便在这种极度紧张的环境里，仍然反应迅速，想出了得体的答案。他长叹一口气，用一种极为幽怨的语气说道：“唉，只怪我们皇帝宅心仁厚、以天下苍生为念呀。你们不知道吧，大军出发之前，我们皇帝就下达了不许杀戮一人的命令。昨日之败，肯定是我军立旗招安时被你们偷袭，而我军又严格遵行旨意，这才让你们侥幸获得了小小的胜利。这样取胜，你们觉得很荣耀吗？反正我没觉得。”

辽方人员没想到笑人不成反笑己，羞愧之余，决定来点真格的。他们伸手入怀，取出了一个包裹，拿给马扩。

马扩打开包裹，立即大惊失色——那是他交给刘宗吉的书信和鞋子。

此时的辽方人员换成了一副愤怒的表情，要马扩对此做出解释。

经历了短暂的惊慌后，马扩迅速恢复了镇定。他故作轻松地说道：“我此次前来，本就不是寻常的礼节性出使，而是招纳之使。刘宗吉主动投诚，我当然有义务确保他安全抵达宋朝，这是我的职责所在呀。”

说完，他不等辽方人员反驳，又立即调转话锋，说道："倒是你们，认不清形势，仍在执迷不悟。一旦宣抚司将此次战斗的情况上奏皇帝，讨一道荡平燕京的圣旨，恐怕你们就要大祸临头了。"

辽方人员这才明白，弄了半天，您老兄原来是宋朝派来的间谍呀，而且还是"死间[①]"，他们也太不把你的生命当回事了吧。

马扩正色道："你错了，虽然我本也没打算活着回去，但我不是间谍。何为间谍？只有在敌强我弱或者双方势均力敌之时，方才会用间谍来分化瓦解敌人、获取情报。你们自己想想，大辽的兵力有宋朝的十分之一、百分之一、千万分之一吗？要不是看在咱两家关系还不错的分上，早就分兵数道直取燕京了，还用得着死间？"

好一个马扩，反的竟也能说成正的，照这么发挥下去，估计死的说成活的也不是没可能。辽方人员自知不敌，赶紧撂下一句"您早点歇着吧"，就灰溜溜地走人了。

第二天，马扩终于见到了天锡帝耶律淳。

耶律淳也不客气，上来就对大宋朝廷背盟败约的行为进行了强烈谴责，并郑重声明，宋方的做法逆天违礼，是不会有好结果的。

马扩只好又将和辽方接待人员辩论的话重复了一遍，并呈上了宋徽宗的书信。耶律淳没有再难为他，让他到外面等着。

马扩本以为可以放松一下喘口气了，却没有想到一场盛大的仪式正等待着他去完成。辽方人员已经在庭中摆好了香案，见马扩出来，立即将他领到香案之前，要他行参拜之礼。

马扩丈二和尚摸不着头脑，刚才在里面不是参拜过皇帝了吗，怎么还要拜？这是什么规矩？辽方人员没有说话，只是静静地打开了两幅画。

当马扩看清画上的人物时，不再有任何疑问，立即虔诚地拜了下去。因为这二位的身份实在特殊，别说马扩，就是宋徽宗见了也不敢不拜——两幅画上各写了一行字，分别为"膺符稽古神功让德文明武定章圣元孝皇帝"和"体天法道极功全德神文圣武睿哲明孝皇帝"，我们通常称他们为宋真宗和宋仁宗。

辽方之所以将这二位老人家的圣容请出来，那可是大有深意：这两位皇帝活着的时候干过一件同样的事——和大辽签订和平条约。

---

① 《孙子兵法·用间篇》对间谍进行了分类，一共为五种，"死间"是其中一种。孙子说："死间者，为诳事于外，令吾间知之，而传于敌间也。"意思是，"死间"指故意散布虚假情况，让我方间谍知道，然后传给敌方间谍。

澶渊之盟时，宋真宗和大辽签订了《澶渊誓书》。后来大宋和西夏打得难解难分之时，大辽趁火打劫，意图索要关南之地，宋仁宗又和大辽签订了《庆历誓书》。正是这两个誓书的签订，奠定了宋辽一百二十多年的和平。

辽方的用意，不言自明。他们庄重地重温了誓书的内容，回忆了一百多年的和平岁月，希望宋朝君臣能够回心转意。

此后三天，辽方人员再也没露过面。

就在马扩忐忑不安之际，辽方人员再次出现。这一次，他们不是来斗嘴的，而是来送行的。辽方人员带来了天锡帝耶律淳给马扩等人的赏赐，告诉他们明天可以离开了，天锡帝已写好了回书，选好了使者，同他们一起前往宋朝报聘。

至此，马扩那颗悬着的心才算彻底放下来，他怀着必死之心而来，没承想竟还能活着回去。耶律淳虽说没有投降，但起码派了使者、写了回书，自己此行也算是不辱使命。

马扩没有料到的是，回程的途中竟然也会有生命危险，而最为致命的危险，来自自己的祖国。

二、归途惊险

宣和四年（公元1122年）五月二十七日，马扩同辽使王介儒等人从涿州起程返宋。

一路上，到处是兵荒马乱之象，村庄残破不堪，兵士来来往往。王介儒不由悲从中来，他对马扩说："宋辽两国承平日久，连白头发的老人都没有见过战争，现在战端重开，岂不令人悲怆？"他还批评马扩说："你们总是认为燕人思汉，怎么就不想想，燕京划归大辽已近二百年，难道燕人对大辽就没有感情吗？"

不得不说，王介儒的话是有道理的。马扩也知道这一点，但作为宋朝使者，他却无论如何不能承认。不仅不能认，还得反驳。

马扩回应道："大宋之所以兴兵，是因为女真正在逼近燕京，皇帝不忍心坐视不管，这才派军救援。要论父子之情，大辽不过是燕京人民的养父而已，大宋才是生父，哪有只知养父而不知有生父的道理？”

王介儒不愿和他斗嘴，一笑了之。

当天晚上，一行人到达新城县。正准备吃晚饭，王介儒突然跑来告诉马扩，驻扎在此地的四军大王萧干要见他。

马扩一惊，暗叫不好。此时，萧干已经知道了马扩让刘宗吉引领宋军来攻打自己的事，愤恨之情可想而知。现在马扩到了自己的防区，不好好修理他一顿怎么能行？

王介儒告诉马扩，这个四军大王脾气出了名地不好，见到他以后说话一定要小心点，千万不要惹怒了他，不然的话，能不能全身而退都是个问题。

没想到马扩的牛脾气也上来了，愤怒地说道：“萧干不能阻止女真入侵，却对一个手无寸铁的使者发威！我马扩也不是吓大的，如果话不投机，宁死不屈！”

但说归说，马扩还是派人打听了一下白沟之战的具体细节，以有所准备。当他得知是辽军首先发起攻击以后，心里的石头才算落了地。他相信，只要抓住这一点，萧干就不会太嚣张。

幸运的是，萧干因为有紧急军务需要处理，抽不出时间，委托耶律大石代他会见马扩。

耶律大石也不是善茬儿，上来就质问马扩：“南北通好百年，为何举兵侵夺地土？”马扩早有准备，不急不慢地说：“您别生气，我们可是一片好意呀。你知道吗，女真人整天派使者到我们大宋，要和我们联合灭掉你们，我们都没有答应。最近他们又派人传话，说已经占据了山后诸州，如果大宋不要燕京，他们就自己攻取。我们怎么忍心让燕京遭受女真的蹂躏呢，这才来解救燕京百姓。没想到双方发生了误会，导致短兵相接，实属意外。”

耶律大石不是三岁小孩，当然不信他这一套，立即反唇相讥道：“西夏多次向我们皇帝上表，要和我们一起夹攻大宋，我们都主动将相关书信封存送与你们。现在你们才听女真说了两句好话，就轻易举兵，见利忘义如此，让人心寒！”

好一个耶律大石，不愧进士出身，不仅深谙外交场合的政治用语，对修辞技巧的运用也是信手拈来，一个对比手法的巧妙运用，使得宋辽两国的行为高下立见。

这里顺便说一下，世人皆知耶律大石是赫赫有名的战将、后来的西辽的开国皇帝，实际上，除了武功了得，大石还是一名货真价实的翰林。因大辽称翰林为“林牙”，所以耶律大石在史书中常被称为“大石林牙”。

事实证明，大石林牙固然优秀，但武举出身的马扩也不遑多让，他敏锐地抓住了耶律大石的漏洞，说："西夏虽有不逊之言，但不过是虚张声势，数十年间未尝侵占过宋朝一寸土地。但女真却是说到做到，大辽五京已被攻占了四京。事实就在眼前，我们不得不当真呀。"

耶律大石不愿继续打这种无意义的嘴皮子仗，他深知两国交战、不斩来使的政治规矩，放走了马扩，并让他给童贯带句话："欲和则和，欲战则战！"

在大金步步紧逼的重压之下，仍说出这样硬气的话，耶律大石和契丹人的血性可见一斑。

就这样，马扩终于离开了大辽，回到了大宋的雄州。

然而，迎接他的不是同胞的温情，而是仇人般的寒意。大家一看马扩回来，纷纷顿足抵掌，切齿而怒，更有人大喊"马某可斩"。要不是童贯拦着，估计就要一拥而上，来个乱拳打死了。

这也难怪，当时正值杨可世被辽军大败，大家正郁闷呢，马扩偏偏这个时候回来，立马成了大家出气的对象：你不是说辽军人少且战斗力不强吗？你不是说只要出兵就能吓得辽人落荒而逃吗？现在怎么样？人家不仅没逃，还把我们打了个丢盔弃甲！要不是你提供的情报有误，我们能损失如此惨重吗？

马扩也很委屈：当初找人出使燕京，你们都怕死不愿意去，我冒着生命危险去了，去了之后听说有机会可以兵不血刃收复燕京，立即将情报传递给大家，我这不都是为了国家吗？

对，情报可能存在一些偏差，准确性不够高，但这些都是刘宗吉告诉我的呀，我也是被他蒙骗了呀。再说了，宋军之所以惨败，主要是因为被宋徽宗"敢杀一人一骑，并从军法"的命令所束缚，为什么都算到我的头上？

出人意料的是，就在大家纷纷指责嘲笑马扩的时候，童贯却保护了他。他对马扩说："事情还有转机，你别和他们一般见识。"

童贯之所以说事情还有转机，并不是因为他对大宋的军队多有信心，相反，刚刚发生的惨败让他对宋军的作战能力产生了怀疑，他决定试一下另一种方法。

最坚固的堡垒，往往是从内部被攻破。没错，童贯想到的办法，仍然是他的老把戏——派间谍、搞策反。

他问马扩："现在燕京真正当家的人是谁？"

当马扩告诉他是一个叫李处温的人时，一旁的赵良嗣突然兴奋了，他告诉童贯："李处温是我在大辽时的铁哥们儿，天祚帝当政时，我们常常在一起讨论政治得失，并在北极庙拈香为盟，相约有机会一起投奔大宋。只要我修书一封，他定然不会忘记北极庙之约，高高兴兴做我们的内应。”

童贯一听高兴了，有这层关系你不早说？那还等什么，赶紧给他写信！

赵良嗣立即铺开纸笔，一篇情真意切的文章一气呵成。

首先是忆往昔，赵良嗣动情地回忆了与李处温同在大辽的愤青生活：“我们一起痛骂大辽无道，一起为大辽百姓的遭遇扼腕叹息，一起诅咒它快点灭亡，一起相约弃辽归宋，这些，您都还记得吧？”

其次是摆事实：“现在大辽行将就木，女真人以摧枯拉朽之势取上京、破中京、占云中，五京已失四京，只剩区区一个燕京，又能坚持多久呢？只有归顺大宋，才有活路呀。”

然后是谋未来：“我已经想好了上下两策，供您参考。说服耶律淳以全燕之地来献，保全一方百姓，此为上策；如果耶律淳执迷不悟，那么你就密结豪杰发动政变，将耶律淳软禁，然后开门迎降，此为下策。”

最后是给待遇：“如果你能按照我说的做，帮助大宋收复燕京，我保你世世代代镇守燕京，永享富贵。机不可失，你一定要把握住机会呀。”

赵良嗣相信，只要书信顺利到达老朋友李处温手中，用不了多久，燕京的城门就会徐徐打开。

然而，李处温的消息没等到，却传来了一个让人吃惊的大新闻——耶律淳死了！

三、燕京再政变

实际上，自从登上帝位的第一天开始，耶律淳就没过过一天好日子，总是处在担惊受怕与惊恐不安中。

一方面，女真人正在北方攻城略地，一路势如破竹，随时可能调转兵锋直扑燕京。耶律淳知道以燕京的实力，显然无法与女真抗衡。那就投降吧，但人家还不接受。没办法，只好指望老大哥宋朝能在关键时刻帮兄弟一把了。没承想，老大哥不仅不愿帮忙，还想趁火打劫，和女真人一起瓜分自己的家产。耶律淳求天天不应，叫地地不灵，那真叫无可奈何。

另一方面，自己虽然名义上做了大辽的皇帝，但真正掌握的也就是燕京这么一小块地方，天祚帝耶律延禧仍然影响着西方大片土地。更重要的是，各个部落仍然买耶律延禧的账，就连大宋也以耶律延禧为正统，视自己为叛逆。万一哪天耶律延禧打回来，自己能不能抵挡得住，也是一个问题。

真正的内外交困。所以，耶律淳刚当皇帝没几天，就愁得生了重病。

关键时刻，一个他最不想听到的消息传来——耶律延禧要打回来了！

躲到夹山里啃草根的天祚帝听说耶律淳篡位以后大发雷霆：好你个耶律淳，我信任你才把燕京交给你，你竟然给我玩这一手！愤怒的耶律延禧决定走出夹山重出江湖，反攻燕京清理门户。

他派人给耶律淳传话说："我已会合各部落人马五万余人，打算八月份去燕京看望你，你做好准备。"

真是怕什么来什么，耶律淳吓得要死，赶紧召集大臣们商议对策。在李处温和四军大王萧干等人的主持下，意见很快达成一致。用史书上的话说，为今之计，莫若"迎秦而拒湘"。

秦，指的是天祚帝耶律延禧的儿子秦王定；湘，则指耶律延禧本人，因为耶律淳登基后，将他贬为了湘阴王。所谓"迎秦而拒湘"，就是迎立秦王定为皇帝，以此来抗拒耶律延禧。老爹总不会和儿子抢皇位吧。

只有大臣耶律宁提出了反对意见，他认为，天祚帝如果真能反攻燕京，说明他天数未尽，再说了，老爹还活着，安有迎子而拒父的道理？

李处温等人大怒，当即就要把这个敢于唱反调的人杀掉。也许是出于对耶律延禧的愧疚，耶律淳阻止了他，说这是个忠臣呀，焉可杀？天祚帝如果真的打来了，我也没有脸面见他了，唯有以死谢罪。

幸运的是，天祚帝终究没有打过来。关键时刻，大金帮了耶律淳的忙，天祚帝刚一出夹山，就被金军打了回去，再次被迫退出了江湖。

然而这并没有给耶律淳带来好运，他没几天就病入膏肓。

临死之际，他紧急召见了李处温，封他为番汉马步军都元帅，并将身后事托付给他，其对李处温的信任，可见一斑。他无论如何也不会想到，正是这位让他信任有加的重臣，最终辜负了他的信任。

耶律淳弥留之际，为了防止意外发生，萧干等人假借耶律淳的名义，要求所有高级官员都前来侍疾。这下李处温不干了：明明我才是被托以后事的大臣，哪里轮得着你萧干来主持这些事？就因为你姓萧（皇后族姓）？谁爱去谁去，老子不去！不仅不去，他还以马步军都元帅的名义，暗地里集结了两千士兵以备不测。

事实证明，这是一个错误的决定。

六月二十四夜，耶律淳去世。萧干等人立即采取秘不发丧这一在历史上屡试不爽的老把戏，严密封锁了消息，然后召集百官前来议事。

百官着急忙慌地赶来，才发现等待他们的不是皇帝耶律淳，而是萧干和他的三千铁骑。议事主题只有一个，立耶律淳的妻子萧氏为太后，遥尊耶律延禧次子秦王定为皇帝。因秦王定尚在耶律延禧身边，燕京一切事务由萧太后主持。然后开始投票，同意的签字画押，不同意的出列。

百官望了望萧干的三千铁骑，全票通过。

就这样，燕京大权落到了萧太后和萧干手中。他们干的第一件事，就是罢免了李处温的马步军都元帅一职，收回了他的兵权。

李处温就这样被晾在了一边，其愤恨之情可想而知。好，既然你们对不起我在先，就休怪我对不起你们在后了。

就在这时，李处温接到了赵良嗣的信。他立马找到了努力的方向，即刻派人与童贯取得联系，表示宋军出兵燕京之时，愿意挟持萧太后纳土归宋。同时，他深知鸡蛋不能全放在一个篮子里的风险投资理论，又派人与大金国建立了联系，表示愿意作为内应，一旦大金打来，就开门迎降。

李处温自作聪明地认为，如此安排，无论大金和大宋谁攻占了燕京，自己都是有功之臣，可以继续享受荣华富贵。

然而历史无数次证明，卖主求荣的卑劣小人是不会有好下场的。李处温没有等来设想中的荣华富贵，却等来了告发信，有人将他与童贯暗通款曲的事情捅到了萧太后那里。

其实，萧太后和萧干早就想收拾李处温了，只是刚刚掌握权力就拿先帝重臣开刀，政治影响实在太坏，只好暂时隐忍。现在有人告发他通敌卖国，正好给了萧太后一个名正言顺的理由，她立即派人将李处温逮捕。

可笑的是，死到临头了，李处温竟然还以功臣自居，说你丈夫耶律淳能当上皇帝，全靠我们父子，你应该感激我们才对，怎敢杀我？

萧太后冷冷一笑，说："误王者皆汝父子！九大王本可以像周公一样留清名于后世，可你们却贪图富贵怂恿他称帝，毁了他一世贤名，让他背上了谋权篡位的恶名，你何功之有？”

不世之功转眼就变成了万世之罪。李处温明白“欲加之罪，何患无辞”，他停止了狡辩，选择了沉默。

萧太后还算厚道，好歹给他留了个全尸（赐死）。但李处温的儿子李奭就没这么幸运了，也许是因为当初他亲手给耶律淳披上黄袍的缘故，萧太后特意给了他最高规格的待遇——凌迟处死。死后抄没李处温家，得现钱七万余贯、金银珠玉无数，均是他在耶律淳当政这几个月贪污受贿所得，其贪腐程度着实让人惊叹。

一代权相，就此落下帷幕。

卖主求荣的李处温在宋朝却获得了极大的尊重。因为他曾与童贯通信，意图出卖自己的祖国，宋朝觉得这是大功一件，虽然效果全无，但精神着实可嘉，应予以表彰，后来收复燕京后，追封他为广阳郡王，还为他立了庙。

四、自相矛盾

耶律淳去世的消息传到大宋后，宋徽宗大为兴奋，在他看来，此时的燕京肯定已经乱成了一锅粥，正是收复的大好时机。

当时，宋军正因为攻燕失败而准备班师回朝，宋徽宗立即下令：别回来了，赶紧再回去，随时待命，时刻准备收复燕京。他还派人给刚降职退休的种师道带话：别歇着了，赶紧回来上班，来大活了。

可他没想到，种师道竟然完全不给他面子，不仅不听招呼，还给他讲起了教育故事。他告诉宋徽宗：“当年太祖赵匡胤在位的时候，曾经也想收复燕京，地图都画好了，出征的大将也选好了（指曹翰），但宰相赵普却用一句‘翰能取之，陛下使谁守之’打消了他的念头。现在，我的才能比不上曹翰，不敢耽误了国家大事。即便有人比得上曹翰、打下了燕京，又如何保证守得住呢？”

宋徽宗大怒，这是明显的给脸不要脸呀！怎么，真以为离了你我朝就不转了？好，不是不想干吗？那就彻底别干了！将种师道现有的职务也给撸了个干净。

但总得有人干活呀，经过大家讨论，河阳（今河南孟州）三城节度使刘延庆成了这次攻燕的总指挥。值得一提的是，他的次子刘光世也在此次攻燕中随父出征。

说起刘光世，那可是大大的有名，此人号称南宋“中兴四将”之一，与岳飞、韩世忠、张俊齐名。后来南宋皇帝追封有突出贡献的九位将领为王，刘光世排在首位。

这么看上去，他似乎应该很有两把刷子才对，不能说万军中取上将首级如探囊取物吧，最起码也应该是个常胜将军。然而事实却并非如此，此人乃历史上有名的逃跑将军，在此次攻燕中的表现也让人大跌眼镜。稍后，我们就会欣赏到他的精彩表演。

此次攻燕，宋徽宗下了足够的本钱，征集各路大军三十万，计划于九月份发起攻势。

一切都在紧张而有序地进行着。就在这时，一件意料之外的事情发生了——完颜阿骨打派使者来了！

实际上，自从占领了西京以后，在如何处理燕京的问题上，完颜阿骨打就陷入了两难境地：

留给宋朝吧，一旦宋军拿下了燕京，很可能会以燕京是他们自己打下来的、金军没有提供帮助为借口，不向大金支付岁币。

自己打吧，打下来肯定是没问题的。但打下来之后呢？自己留着，还是交给宋朝？自己留着吧，得不到岁币；送给宋朝吧，自己又出工又出力，而宋朝什么都没干，只花了点钱就得到了大片土地，总觉得是笔亏本买卖。

就在完颜阿骨打犹豫未决之际，突然传来了宋朝准备出兵燕京的消息。

不行，不能再等了！完颜阿骨打决定，再派使者去问个明白。

使团于宣和四年（公元1122年）五月十八日出发，成员包括徒孤旦、乌歇、高庆裔等人。

使团出发的时候，白沟之战尚未发生，耶律淳还没有死，所以完颜阿骨打在国书中专门强调了大金的兵强马壮和辉煌战绩，还说耶律淳已经派人去请降，但大金严格遵守和大宋达成的约定，毅然拒绝。国书的最后，他希望宋徽宗在燕京问题上给个明确的态度，以便大金可以合理制订自己的计划。

按照惯例，使团要先到宋辽边界雄州去见童贯，然后再由接伴使送往汴京。可当使团到达雄州时，恰逢白沟之战发生前后，童贯根本没有时间理他们。就这样一拖再拖，等使团到达汴京时，已经是九月初三。

使团的到来，让宋徽宗大为惊喜。他没有想到，事到如今，大金竟然还想着履行盟约，白沟惨败也让他意识到单凭宋军自己的力量很可能收复不了燕京，如果大金愿意帮忙，那再好不过了。所以，宋朝君臣对乌歇、高庆裔等人大献殷勤，生怕哪里做得不够周到。

而金使也摸准了宋徽宗君臣的命门，借机提出了一系列不合理的要求。比如高庆裔提出要在都亭驿（专门接待辽使）住宿，还要求上殿奏事，并要求宋徽宗将这些写在国书里，作为以后接待金使的标准。这些都是很过分的要求，但宋徽宗不得已都一一答应了他们。

当然，待遇归待遇，正事还是要谈的。

为了争取政治上的主动，高庆裔等人首先发难："咱两家说好的，确定了夹攻日期之后，互相通报一声，然后一起行动。现在你们派童贯统领大军直逼燕京，却没有告诉我们，我们皇上很不解，特意让我们来问问这是什么意思，是不是不想合作了？"

面对金史的责难，赵良嗣从容不迫地说道："巧了，我们也正想问你呢。听说今年正月你们就攻陷了中京，然后连个招呼也没和我们打，就又对西京发起了攻击。按照约定，当你们对西京用兵的时候，我们应该同时对燕京展开行动，这才派童贯进兵燕地。虽然你们没有通报夹攻日期，但我们依然主动赴约，这正是我们严格遵守协定的表现呀。"

你觉得我不守信，我还认为你不履约呢。

照这么互相责难下去，根本没法谈了。为了避免谈判陷入僵局，赵良嗣打了个圆场："算了，这事就算过去了，谁也不能再计较。"

就这样，双方达成了互不追究以前失约的共识，决定将合约继续维持下去，并做进一步的推进。

为了表示对本次外交谈判的重视，宋徽宗充分发挥了自己在书法方面的特长，亲笔写了给完颜阿骨打的回书。

为了防止完颜阿骨打君臣轻视大宋，进而提出更多要求，宋徽宗不仅特意隐瞒了白沟之战的惨败，还编造政治谣言，说大宋"屡败契丹，俘馘甚众，军声早震"，之所以没有乘势拿下燕京，是因为和大金有夹攻之约，不好单独行动。意图通过这种虚假手段来彰显大宋的实力，增加谈判筹码。

然而宋徽宗忘记了一句至理名言：一句谎话，要用另一句谎话去圆。

同前几次一样，除了国书之外，宋徽宗还特别制作了一份事目，对需要重点关注的问题进行了再次强调。

除去老生常谈的遵守元约之外，这次的事目有了几个新变化。

一是夹攻的方式。大家应该还记得，以前的谈判中，所谓夹攻，指的是大金攻打西京，大宋攻打燕京，你打你的，我打我的，各有分工，互相协同。但这一次，鉴于西京已经被大金占领，宋徽宗对夹攻进行了重新定义，具体来说，就是先让大金在一边待着看戏，如果宋朝能单独将燕京拿下，那您就哪里凉快哪里待着去，万一宋朝自己搞不定，没办法，那就得辛苦您搭把手了。到时候，宋朝自涿州和易州进兵至燕京，大金自古北口进兵至燕京，咱齐心协力，将燕京拿下。

二是土地划归。前几次谈判中，夹攻之后划归宋朝的土地，真正落实到纸面上的，只有燕京地区。这一次，宋徽宗不仅加上了西京，而且要求滦平营三州也要一起打包，且打包费不变（仍然只支付五十万岁币）。

三是关于西夏。这可是个全新的命题，以前的数次谈判仅针对大辽，从未涉及西夏，但这一次，宋徽宗把西夏也扯了进来，说西夏可真不是个玩意儿，耶律延禧逃走以后，西夏不仅给他提供帮助，还多次帮辽国直接抗击大金（这倒是事实），如若不除，必为后患。意图借助大金的力量打击宿敌西夏，同时分散大金军力，以便大宋能顺利攻取燕京，可谓一箭双雕。

看上去每一条都对大宋有利无害，似乎没什么问题。

可当赵良嗣将国书副本及事目拿给马扩看的时候，马扩却大惊失色。因为他发现，宋徽宗就像成语故事中那个愚蠢的商人一样，正在做一件自相矛盾的事：

既然已经在国书里大为吹牛，说宋军威武，打得辽军丢盔弃甲、溃不成军，为何又在事目里说可能拿不下燕京，需要大金的帮助？这不是自己拆自己的台，变相承认自己弱小吗？如此，我们在和大金谈判时将毫无底气，大事去矣！

当马扩将自己的担心告诉赵良嗣后，赵良嗣却无可奈何地说："宋军到底有几斤几两，你还不知道吗？童宣抚（指童贯）几十万大军尚且战败，除了借助大金之外，还有什么办法收复燕京呢？再说了，此事已经过皇上拍板，不可能改变了。"

那意思是，不要质疑皇上的政治水平，我们只负责去谈，其他事最好不要掺和。

实际上，持有这种想法的人不仅有赵良嗣，就连此次攻燕总指挥刘延庆也抱有同样的心理。白沟之战的惨败让这位大将对辽军产生了深深的恐惧，他对自己的幕僚说，最稳妥的办法，莫过于按兵不动，让大金攻占燕京，然后再用钱从大金手中赎回燕京。由此，他故意放慢行军速度，每天只前进三十里地便安营扎寨准备过夜，能晚一天到前线就晚一天。

正所谓“兵熊熊一个，将熊熊一窝”，连主帅都畏敌如此，此次攻燕，结果可想而知。

就是在这样的背景下，宣和四年（公元1122年）九月十八日，赵良嗣和马扩带着那份自相矛盾的国书从汴京出发，随高庆裔等人一起回大金报聘。

可他们没有想到的是，仅仅几天之后，宋徽宗又改变了主意。

因为，涿易二州投诚了！

拾壹

再生枝节

一、送上门的大礼

宣和四年（公元1122年）九月十五日，一个和尚来到了宋军在燕京前线的指挥部——宣抚司。

和尚说自己名叫明赞，此次前来，既不是化缘，也不求布施，还点名要见童贯。

童贯听说有个和尚要见自己，心里很是纳闷：莫非这和尚听说自己带大军前来，担心生灵涂炭，来劝自己不要杀生？他决定会会这个和尚。

出乎童贯的意料，和尚不仅没劝他放下屠刀立地成佛，还说要送他一份大礼。

童贯笑了，你一个出家的穷和尚，不找我要香火钱就不错了，竟然还要给我送大礼？开什么玩笑！

和尚却很严肃，只说了两个字："易州。"

易州是辽国的边境州，为燕京所辖州县之一。大宋想要收复燕京，易州自然也在收复之列。所以，当这两个字传入耳中之时，童贯不笑了，他意识到，这个和尚不简单。他立即重视起来，要和尚展开说说。

原来，这位和尚并没有经天纬地之才，也没有运筹帷幄之谋，只是一个再普通不过的和尚，此次前来，不过是受易州守将高凤委托，洽谈投降的相关事宜。

问题是，好好的为什么要投降呢？

这还要感谢萧太后。

前面说过，耶律淳死后，萧太后掌握了燕京政权。也许是出于对政治局势的过度担心，掌权后的萧太后对非契丹人将领越来越不放心，尤其是对汉人将领，总担心他们会和南方的宋朝勾连，就想找机会除掉他们。一时间，汉人将领人人自危，易州守将高凤便是其中之一。恰在此时，宋徽宗又以刘延庆为总指挥，再次出兵燕京，准备二度攻燕。消息传来，高凤当机立断，与其被萧太后处理掉，不如投降大宋，还能继续混个一官半职，这就派明赞和尚前来联络。

童贯当即大喜。

回想上一次攻燕，白沟惨败的情景还历历在目，让人心有余悸。本以为这一次攻燕也会历尽坎坷，甚至有可能重蹈覆辙，没承想天上竟然掉了馅饼，还是个大馅饼，易州竟不战而降，真是天佑我大宋，天佑我童贯呀！

童贯当即与明赞和尚约定，九月二十日，宋军到达易州城下，请高凤提前做好准备，按时交接。

二十日，刘光世奉童贯之命，如约前去办理交接易州的手续。大军刚一渡过白沟河，就见一群辽兵热情地向自己走来。刘光世大喜，高凤这家伙，果然不骗人。他赶紧迎上前去，准备与对方亲切会面，却发现似乎哪里不太对劲：对方的脸上不仅没有洋溢着见到友军的喜悦，反而充满了见到敌人的愤怒，再加上手中那明晃晃的大刀，怎么看也不像是来会师的，更像是来打仗的。

还没等刘光世想明白，对方就一声呐喊，率先发起了攻击。刘光世脑中立即浮现出了三个字：中计了！

他马上组织宋军反击，但为时已晚。由于对方的攻击实在太过突然，宋军毫无准备，被冲成了数段，立即陷入慌乱。结果可想而知，宋军战败。

刘光世气得大骂。愤怒的刘光世并不知道，他着实错怪了高凤，攻击他们的并不是高凤军，而是另一伙被称为牛栏军的辽军。这伙辽军并不知道高凤已将易州出卖给宋朝的事，仍然兢兢业业地守卫着边疆，眼见宋军越界而来，毫不犹豫地给了宋军当头一棒。

再说高凤，听说宋军已经过河，心想大事必成，立即命人将易州城中的契丹人杀了个一干二净，然后高高兴兴地等宋军前来接收。可左等右等，半天过去了，就是不见宋军的影子，派人一打听，才知道宋军被打败了。

高凤一下就蒙了：这下坏了，契丹人也杀了，宋军又不来，这可如何是好？关键时刻，还是明赞和尚冷静，他对高凤说："事已至此，唯有紧闭城门，等待宋军救援。"高凤无法，只好龟缩在易州城内固守待援。

此时，牛栏军已知道了高凤投敌的阴谋。按照正常的思路，牛栏军应该一面飞报燕京，一面对易州城展开进攻，抓住高凤这个卖国贼。然而，历史的发展再次出乎了人们的意料：得胜的牛栏军不仅没有夺回易州城的打算，反而逃走了。在他们看来，既然宋军已经与高凤串通好了，怎么可能如此轻易地就被击败？答案只有一个：这是宋军的诡计，是诈败，再不跑就来不及了！

当牛栏军逃走的消息传来后，刘光世惊呆了，他实在想不通这是什么神仙逻辑。

但接下来该做什么，他是明白的。他立即派人进城找到高凤，双方解释了误会，沟通了感情，宋军顺利接管了易州。

就这样，大辽边境重镇易州毫不费力地被大宋收入囊中。

消息传到朝廷，宋徽宗简直高兴疯了：看到没有，我说什么来着，谁说燕人不思汉？我大军一到，这不马上就打开城门以迎王师了吗？民心思归，收复燕京指日可待呀！

更好的消息还在后面。宋徽宗这里还没高兴完呢，再有捷报传来——涿州也投降了！

这事，还得从怨军说起。大家应该还记得，政和六年（公元1116年），辽国发生了高永昌之乱，完颜阿骨打趁机占领了辽国东京。耶律延禧为了报仇，特意组建了一支由东京地区难民组成的部队，称之为“怨军”，希望利用他们对大金的怨恨，有效打击女真侵略者。

然而后来的事实证明，怨军在对外抗击女真入侵方面完全没起到任何作用，相反，在对内搞破坏上却是一把好手。他们不仅经常干偷鸡摸狗洗劫群众的勾当，还不听领导指挥，甚至搞起了叛乱。

宣和二年（公元1120年），怨军中的一支在长官罗青汉等人的带领下发动叛乱，对给他们发放军饷的辽国展开了攻击。叛乱持续一月有余，当地政府竟然拿他们毫无办法，直到耶律余睹和萧干带领军队到来，才彻底扭转了局面。

在政府军的强大压力下，怨军内部发生了分裂。以郭药师为首的几个小头目杀掉了罗青汉等大头目，然后率众投降。

叛乱平息后，在如何处理怨军的问题，耶律余睹和萧干发生了分歧。

依耶律余睹的想法，对这帮不思杀敌只知内乱、敢于和朝廷搞对抗的不稳定分子，就一个字：杀。管你投降不投降，统统杀掉，以绝后患。

萧干却认为，怨军虽乱，但亦有忠义，岂能尽杀？建议继续保留怨军，但是将他们分散为四营，分别由四人统领，以免尾大不掉。

方案报上去，朝廷最终采纳了萧干的建议。就这样，怨军被分为了四营，每营五百人，分别由郭药师、张令徽、刘舜仁、甄五臣统领，其余人马则被分流到各地，以分化怨军势力。

后来耶律淳在燕京称帝后，大概觉得“怨军”这个名字不太吉利，将其改为“常胜军”，并调至与宋军对垒的涿州，希望能在与宋朝的战斗中常胜不败。

前面说过，耶律淳病死后，萧太后掌权，对非契丹族将领十分猜忌，必欲除之而后快。常胜军首领郭药师（渤海人）等人也不是契丹人，惴惴不安，生怕哪一天萧太后向他们下手。

但怕什么来什么，九月的一天，萧太后突然派四军大王萧干来到了涿州。这立即引起了郭药师的警觉。结合燕京最近的局势，郭药师迅速做出了判断：萧干是奉萧太后之命来处理自己的。

遇到事情，不能坐以待毙。不想被消灭肉体的郭药师，立即找到常胜军的另三位统领商量对策。几个人心一横，与其等死，不如反了！反正造反也不是第一次了，不差这一回。

更牛的是，他们不仅自己反，还打算把萧干也拉下水。萧干进城后，郭药师等人安排了丰盛的宴席，一边喝酒一边分析天下大势。分析来分析去，最后得出一个结论：大辽必亡，燕京必丢。所以，您还是和我们一起跳槽，到大宋找份新工作吧。

实际上，郭药师完全误会了萧干此行的目的。他之所以到涿州来，不过是因为得到消息——宋朝再次集结大军（即刘延庆统领的大军）于边境，他只是来实地查看一下情况而已。

所以当郭药师劝他叛辽投宋时，萧干当即大怒，说当初耶律余睹要杀你们，我费了好大劲才把你们保住，是为了让你们报效国家，你们可好，不仅不思报国，竟然还要当卖国贼，对得起国家和人民吗?

按照通常的剧情发展，既然阴谋已经泄露，对方又不愿意上贼船，没办法，只好杀人灭口了。

但郭药师等人到底还算有点良心，毕竟他们能活到现在，全靠人家当初刀下留人，就这么把人给杀了，实在有点恩将仇报，太过无耻。所以他们并没有为难萧干，而是打算慢慢劝说他。

可萧干任你怎么劝，我就是不同意。当然，国家利益要维护，个人利益最好也别受损。萧干深知，自己这次带来的人马不多，和郭药师等人硬拼是不可能的，必须赶快离开这个是非之地，不然早晚小命不保。于是，他趁郭药师等人不注意，偷了一匹快马飞奔而逃。

萧干逃跑的消息传来后，郭药师立即意识到，坏了，要出事，不能再等了，再不造反就来不及了。他立即囚禁了涿州刺史萧庆馀，然后派团练使赵鹤寿奉表请降。

就这样，大宋未动一兵一卒，又白捡了个涿州。

此时的宋徽宗兴奋到了极点。兵马未动便已得二州，事情进展之顺利大大出乎意料。于是，他对形势做出了误判。他认为，涿易二州归附，充分说明在大宋有效的政策宣传和强大的军事压力下，燕京政权已经分崩离析、摇摇欲坠。他确信，燕京必得。他决定趁热打铁，命令刘延庆火速进兵，争取在金兵介入之前，一鼓作气拿下燕京。

郭药师的常胜军也被编入了刘延庆的军队，调头攻击自己的老东家。谁也不会想到，正是这支起义投降的队伍，竟然成了此次攻燕的真正主角，用自己过分亮眼的表现，让数十万宋军黯然失色。

军事部署完毕，宋徽宗又以极大的热情投入另一项事务——改地名。

在他看来，收复燕京已毫无悬念，大军出动，不过是走个过场而已，用不了多久，燕京就会回到祖国的怀抱，夷狄起的名字自然不能再用。所以他亲自操刀，从府到州，从州到县，一一改名换姓，然后颁布天下。

我想，做这一切的时候，宋徽宗一定是激动而开心的，他的心里肯定在重复这样一句话：燕京，快回来吧，我已等了你太久太久！

但事情真的会像想象中那么顺利吗？

二、剑拔弩张

涿易二州投降的同时，赵良嗣和马扩等人正在去往大金的路上。

宣和四年（公元1122年）九月十八日，赵良嗣一行从东京汴梁启程。按照计划，他们将一路向北，从登州乘船渡过渤海湾，然后前往东北面见完颜阿骨打。可计划赶不上变化快，当他们走到青州（今山东青州）时，突然传来消息：完颜阿骨打为了追击辽帝耶律延禧，已经移驾奉圣州（今河北涿鹿）了，赶紧改道吧。

赵良嗣等人只好折回，取道济南渡过黄河后，向西经过河北的邢州、洺州，然后通过太行山上的井陉关进入山西，再向北去往河北，那过程真叫一个曲折。就这样兜兜转转，直到十月底才在奉圣州见到了完颜阿骨打。

行过礼吃过饭，谈判开始。

负责与赵良嗣谈判的是二太子斡离不（即完颜宗望）与皇叔蒲结奴。

蒲结奴首先对宋朝数次失约的行为进行了强烈谴责，然后话锋陡然一转，表示以前的事就算了，咱重打锣鼓另开张，聊聊以后的事。随即他传达了完颜阿骨打的最新命令：把西京交给宋朝，然后大金亲自去攻打燕京，至于打下来之后给不给宋朝，到时候再商量。

这是一个颠覆性的条件。

大家应该记得，在以往走马灯似的使节往返中，宋金两国虽然对于西京的归属时有分歧，但在燕京应交还宋朝这一点上，双方都认可，并且明确写进了国书中。现在完颜阿骨打突然变卦，相当于推翻了以前达成的约定，让几年的外交努力全部付诸东流。

更重要的是，与偏处西北的西京相比，位于宋朝正北方的燕京战略地位明显更高，如果宋朝不能占据燕京，将领土连成一片，那西京就成了孤悬于现有领土之外的飞地，根本不可能对之实施有效的统治。

这还不算，更为严重的是，一旦燕京落入大金之手，那大宋在北方将无险可守，一旦和大金闹翻，大金随时可以从燕京南下，长驱直入中原，对东京汴梁造成致命威胁，甚至灭掉大宋（几年后的靖康之变，充分证明了这一点）。

所以听蒲结奴说出这个条件，赵良嗣大惊失色。他愤怒地表示："完颜阿骨打曾亲自拉着我的手说，燕京就是宋朝的，即便由大金攻下，也会交给宋朝。堂堂皇帝，岂能出尔反尔，就不怕违背天意吗？"

如果就此打住，赵良嗣占据了道德高地，他的话没有任何问题。然而他实在太愤怒了，愤怒得过了头。经验告诉我们，人在极端愤怒的情况下，往往会无意识地做一些让自己后悔的事，说一些让自己后悔的话。此时的赵良嗣已经被愤怒冲昏了头脑，他忘记了自己大使的身份，就像一个因得不到想要的东西而赌气的孩子，说出了那句让他后悔莫及的话："如果得不到燕京，那西京我们也不要！"

不要？不要拉倒！

斡离不的反应相当快，他迅速抓住了赵良嗣话语的漏洞，做出好心被当成驴肝肺的委屈模样，用十分无奈的语气说道："既然你们不要西京，那我们也不好勉强。"

赵良嗣意识到自己的失言，瞬间蒙了，呆呆地不知所措。

关键时刻，还好马扩处变不惊，赶紧站出来打圆场，说："交还燕京一事已经在国书中写明，料想你们皇帝也不会食言，不需再论。既然贵国愿意先交还西京，足见你们的诚意，我们又怎会拒绝呢？”

还好，总算是圆回来了。

赵良嗣转过头来看着马扩，向他投来一束目光——不是感激的，而是质疑的。接着，他说出了第二句愚蠢至极的话：“我们的军马都在燕京，安能来交割西京？”那意思，西京不是不要，而是没法要。换句话说，必须等燕京的事处理完了，才能谈接收西京的事。

很明显，这又是一句授人以柄的蠢话。奇怪的是，斡离不这一次并没有借题发难。这实在要感谢负责翻译的人员，也许是光顾着看热闹了，这位老兄竟然没听明白赵良嗣的话，只好请他再说一遍。马扩见状，赶紧扯了两句别的，糊弄了过去。

当天的谈判，就这样不欢而散。

第二天，谈判继续。

这一次，大金的条件又变了：你们昨天不是说想要燕京、不要西京吗？好，满足你们，燕京给你们，但西京不给了。

不仅如此，蒲结奴等人还提出：不管谁打下了燕京，宋朝都要按时向大金交纳五十万岁币，除此之外，燕京地区的物资以及除汉人以外的其他人员，统统归大金所有，并且，在大金兵马从西京撤退时，宋朝必须允许金军借道燕京返回东北大本营。

不用说，赵良嗣又急了：大哥，咱别闹了行不行？钱和人都好说，但西京这个事，昨天还说要交给我们呢，怎么睡了一觉就变卦了？至于借道一事，更不用想，谁知道你们会不会来个假途灭虢？再说了，此事关乎国家主权，我们岂敢做主？总之一句话，您说的这几样，我一样都不同意！

谈判，再次陷入僵局。

现在，让我们回过头来，试着探究一下，是什么导致大金提出的条件一而再再而三地变化呢？

前面说过，耶律淳死后，趁燕京局势尚未稳定之机，刘延庆率领数十万大军再度集结于宋辽边境，准备二次攻燕。如此重大的军情，肯定早已传入了完颜阿骨打的耳中。当然，有鉴于宋军在白沟之战中的糟糕表现，完颜阿骨打很可能并没有把宋军的这次集结太当回事，只是持一种观望态度，准备根据战争形势的发展做进一步的判断。

随后，便发生了易州和涿州起义投诚的事件，这两起突发事件极可能改变了完颜阿骨打对燕京形势的看法。随着宋辽军事力量此消彼长，大宋攻下燕京的可能性变得大了起来，这是完颜阿骨打不愿意看到的。

彼时，双方谈判尚未完结，一系列问题尚未敲定，如果宋军真的攻下了燕京，宋朝很可能会终止谈判，大金将得不到岁币和人口。所以，完颜阿骨打必须想办法阻止或拖延宋军攻燕，将大宋的视线从燕京转移，然后自己去攻打燕京。

于是，他提出了只归还西京不归还燕京的方案。如此一来，当赵良嗣等人将消息带回后，宋朝很可能会因为燕京归属不明而暂缓对燕京的攻击，正好给完颜阿骨打攻打燕京腾出了时间。

可他怎么也没有想到，就在蒲结奴等人和赵良嗣扯皮的时候，宋军竟然出人意料地打进了燕京城！这下，他想不给燕京也没有办法了，所以才又提出了只给燕京、不给西京的方案。

那么，一向怯懦的宋军是怎样打进燕京城的呢？

三、无人接受的投降

实际上，就在赵良嗣等人出使大金的同时，宋军对燕京的军事行动正逐步展开。

大军兵分两路，一路由刘延庆和郭药师率领，从新城出发前往涿州，一路由刘光世和杨可世率领，从安肃军出发前往易州，两军约定在涿州会师。

让人没有想到的是，就在大军刚出发不久，在雄州大后方坐镇的童贯就迎来了两位特殊的客人——燕京萧太后的使者萧容、韩昉。他们此行的目的很明确：纳款称臣。

涿易二州和常胜军的叛变，让燕京本就捉襟见肘的军事力量显得更加单薄。面对政治形势的急转直下，身为女人的萧太后大为恐惧。她不得不将文武百官召集起来，对燕京未来的命运进行讨论。

群臣的意见出奇的一致：投降！

是呀，北有大金虎视眈眈，南有大宋摩拳擦掌，现在的燕京如同一只待宰的肥羊，除了投降，还有什么办法呢？

但在向谁投降的问题上，大家分成了两派。一派认为大金兵强马壮，势头如日中天，应该向大金投降；另一派则认为，大辽和大宋曾约为兄弟之国，两国有上百年的感情基础，应该向大宋投降。

讨论来讨论去，萧太后决定来个最稳妥的办法，同时向两家递交降表，谁给出的待遇更好，就向谁投降。

实事求是地说，这是一个相当稳妥的办法，也是在当时的情形下，萧太后所能想出的最好的办法。所谓“东方不亮西方亮”，大金和大宋，总有一个能让萧太后满意。

然而萧太后的如意算盘落空了。按照她的设想，大宋连做梦都想得到燕京，现在自己主动归附，宋朝君臣肯定兴奋不已，热情接待。事实却恰恰相反，当韩昉将萧太后的降表交给童贯，并大讲了一番“唇亡齿寒”的道理后，得到的却是“叱出之”——大军已经出动，燕京唾手可得，谁还接受你的投降！哪里来的，滚回哪里去吧！

韩昉大为气愤，高声质问道：“辽宋结好百年，誓书俱在，汝能欺国，独能欺天邪！”

然而愤怒没有任何作用，欺国也好，欺天也罢，童贯就是不理他。韩昉气得干瞪眼，只能恨恨而归。

与此同时，派去大金请降的使者也被拒绝。

投降都找不到地方，萧太后真的是欲哭无泪。没办法，那就打吧，大不了来个鱼死网破。她立即派萧干和耶律大石迎敌，在燕京城南十里之外扎营，与宋军隔泸沟河对峙。

前面说过，刘延庆虽然统领数十万大军前来，但他其实并不想打仗，一心指望金兵攻陷燕京，然后花钱赎买。所以到达前线后，他并没有主动发起进攻，而是逗留不进，每天只命令士兵干些开壕挖堑之类的建筑工程，消极避战。

反倒是泸沟河对岸的萧干比较积极，每天都会派遣游骑渡河对宋军进行骚扰，且坚持不辍，简直比上班还准时。刘延庆很烦，却又不敢迎战，实在是郁闷至极。

时间就这样一天天过去，别说捷报，连抓到个把俘虏的消息都没有，童贯不愿意了：要你们来是打仗的，而不是浪费粮食混日子的，你们不进攻，那我如何立功？何况我军人数数十倍于辽军，有什么好怕的？他立即以宣抚司的名义下令，要求刘延庆立即向燕京进兵。

刘延庆无奈，只能极不情愿地硬着头皮开拔。

许多人都听过一句歌词：“快乐会传染。”实际上，会传染的不仅是快乐，还有各种各样的负面情绪。刘延庆的消极情绪迅速传染给了各级官兵，大家一个个像晒蔫了的茄子一样，队形不整，慵懒拖沓，无精打采，哪里像是去打仗？

投降的常胜军将领郭药师看出了问题，立即向刘延庆指出：大军行进而队形不整、人数众多而不设防备，万一敌人半路伏击，必将首尾不能相应，望尘而溃，自相践踏，必败无疑。

这精准地指出了宋军存在的问题，但历史上常常出现这样一种现象：越是合理化的建议，往往越不被上级采纳。究其原因，还是一个面子问题，说白了，上级不想承认下属比自己聪明。你以为你聪明？我偏不采纳！

当然，这么做的结果，往往是上级失败，下属被证明是正确的。这时候下属就要倒霉了，碍于情面，上级通常是不会认错的，反而会给下属扣一个妖言惑众、扰乱军心的帽子，将失败的责任推到下属身上，借以掩饰自己的愚蠢和无知。袁绍对沮授、曹操对杨修，皆是如此。

刘延庆同样不能免俗，针对郭药师提出的建议，他的回应是一个白眼——就你事多，该干吗干吗去。

结果不用我说，大家也能猜到：两军甫一交战，宋军便毫无意外地败下阵来，逃回大营，吓得不敢再出来。

但刘延庆有一点做得比袁绍好，他没有因此而记恨郭药师，相反，他还接受了郭药师提出的另一个建议。

事实证明，与得到涿州这块地皮相比，得到郭药师这个人，才是大宋更值得庆幸的事。郭药师及他的常胜军虽然在大辽表现平平，但到了宋朝后，当真是鹤立鸡群，战斗力直接甩宋军好几条街，在各种战斗中屡立战功，逐渐成长为宋军的中坚力量，就连能征善战的西北军也得让他三分，到后期，更是成了宋朝防守北方边境的依靠。宋徽宗及童贯也对其宠爱有加，他要武器有武器，要待遇有待遇，简直成了王牌中的王牌、特权中的特权。

当然这都是后话，此时的郭药师尚是一个刚刚投诚的降将。为了在宋朝立足，他急需一场胜利来展现自己的能力。于是，他向刘延庆提出了一个大胆的计划。

正是这个计划的实施，几乎实现了收复燕京的目标，也差点创造了历史。

四、奇袭燕京城

作为一名曾经在燕京效力过的将领，郭药师对燕京的兵力部署大体还是有数的。他对刘延庆说，燕京兵力不过万余，现在基本上都随萧干和耶律大石倾巢而出，聚集在泸沟河前，燕京守卫必定空虚，正好可以发起偷袭。

他请刘延庆给他精兵五千，打算趁着夜色对燕京发起突袭，并请刘延庆的儿子刘光世率军接应。

出人意料的是，一向惧战的刘延庆竟然同意了这个冒险的计划，命郭药师率常胜军千人为向导，赵鹤寿、高世宣、杨可世等人统兵六千，与郭药师一同对燕京发起突袭。

宣和四年（公元1122年）十月二十四日夜，泸沟河依旧静静流淌，秋末冬初的寒风依旧侵人肌肤，一切似乎与往常并没有什么不同。辽军怎么也不会想到，在这个看似平静的夜晚，即将发生一场惊天动地的巨变。

此时，宋军的奇袭部队已在郭药师的率领下悄悄渡过泸沟河，顺利抵进到燕京城下。但如何进城，却成了摆在宋军面前的一个十分现实的问题。

要知道，所谓奇袭，打的就是出其不意，最讲究速战速决。而燕京作为萧太后最后的基地，不仅城墙高大坚固，而且守卫森严，如果强攻的话，一时半会儿怕是攻不下来，奇袭战变成了攻坚战，那就失去了意义。当然，你指望辽军忘记关城门就去睡觉，给你的突袭创造机会，那也不太现实。

怎么办呢？关键时刻，还是郭药师曾经的工作经验帮了宋军的忙。他告诉大家，每天黎明时分，都会有大量运送粮草的车队入城，为燕京提供补给，到时城门一开，正好可以趁机而入。

果不其然，黎明时分，运粮队如约而至。郭药师赶紧命五十名常胜军扮成老百姓的模样，混在运粮队中，顺利进入城中。他们杀掉了守卫城门的辽军，打开城门，郭药师等人立即率军冲入，然后调兵遣将，占领了燕京城的七个城门。

由于动作太过迅速，城内甚至不知道宋军已至。至此，燕京城似乎已成为宋军的囊中之物。

接下来，大开杀戒。郭药师下令：汉人令其投降，契丹、奚人尽皆杀尽！为防止冤假错案和漏网之鱼，宋军还专门组织了部分汉人，让他们指认契丹和奚人的家。

于是乎，在愤怒和仇恨的驱使下，宋军士兵开始了有针对性的大屠杀。一时间，血流遍地，哀号之声不绝于耳。昔日繁华的燕京城，瞬间变成了人间炼狱。

我相信，此时此刻，在燕京百姓包括燕京汉民的眼中，没有什么王者之师，没有什么躬行天讨，他们看到的，是一群野兽，一群对手无寸铁的平民百姓举起屠刀的嗜血野兽。

再美丽的花言巧语、再高尚的道德说教，都在带血的刀尖下破灭。

让郭药师没有想到的是，燕京城内契丹人和奚人的数量远远超过了他的想象。在经历了短暂的惊慌失措后，在求生本能的驱使下，这些原本手无寸铁的人突然迸发出了巨大的能量，开始了顽强的反击，利用一切能够找到的东西当作武器，与宋军展开了激烈的巷战。

与此同时，萧太后也已得到了消息。危难时刻，她迅速冷静了下来，一面派快马通知前线的萧干迅速回援，一面紧闭内城城门，同时派出人马与宋军抢夺外城城门的控制权。为了鼓舞士气，她还亲自登上内城城墙督战。

郭药师远远望见，立即督促自己的这位老上级投降。对这个叛将，萧太后没有一丝客气，直接回应了他一箭。一时间，辽军士气高涨，纷纷死战。

与此同时，宋军军纪败坏的老毛病再度发作，开始趁乱抢劫老百姓的财物，更有甚者，竟开始猥亵良家妇女。于是乎，战场形势悄然发生了变化。

关键时刻，燕京城外忽然马蹄阵阵，尘土飞扬，喊声如雷。郭药师大喜，这必定是刘光世率军来接应他了。

然而随着这队人马越来越近，郭药师脸上的表情也逐渐由喜悦变成了困惑，进而变成了惊愕。因为他终于看清，队伍的旗帜上赫然写着一个大大的“萧”字——萧干来了。

其实早在萧太后派人求援之前，萧干就已经得知了燕京被偷袭的消息（萧干驻地距燕京城仅二十多里）。萧干深知，燕京可是大辽最后一块基地，一旦有失，自己将再无立足之地，无论如何也要保住。他立即率军以玩命的速度往回赶，终于在燕京形势进一步恶化之前赶了回来。

萧干的到来立即改变了战场形势。他从燕京城的暗门入城后，立即夺回了燕京外城城门的控制权，与内城形成关门打狗之势，对宋军发起了猛烈的反击。

与此同时，宋军的援兵却迟迟没有到位。郭药师边打边盼，边盼边打，眼见身边的将士越来越少，援军却连个影子也看不到。

郭药师明白，自己这是被队友给坑了呀。马上到手的胜利眼看转瞬间就要灰飞烟灭，郭药师很不甘心。但不甘心也好，不情愿也罢，与生命相比，这些都不值一提。眼见大势已去，郭药师毫不犹豫地“好汉不吃眼前亏”，两个脚底板抹了抹油，就准备开溜。然而，燕京城内的汉人愤怒地拦住了他：

“怎么，想跑？刚才你让我们指认契丹人和奚人供你们屠杀，现在人家打回来了，你跑了倒是清静，我们怎么办？！实话告诉你，我们已经砍断了城门外的吊桥，你想跑也跑不掉了，还是乖乖回去拼命吧。”

郭药师无奈，只好翻身再战。

就这样打了三天三夜，宋军连顿饱饭都没吃上，体力渐渐不支，而辽军却越打越有精神。

郭药师终于受不了了，再这么下去，非得交待在这里不可。他趁人不注意偷偷冲上城去，让人用绳子将自己吊下城，逃走了，留下了还在苦苦拼命的士兵。

有人劝“万人敌”杨可世也逃走，他却极为不屑地说：“我身为大将，当为国捐躯，岂能像个娘们一样逃走？！”说罢，他指挥士兵继续战斗，身中毒箭也毫不在意，当真是个猛人。

他的弟弟杨可弼看不下去了，劝他说：“今日之败，责任不在我们，皆是因为刘光世未能如约而来。你死了倒是痛快，那是非黑白就说不清了。不如先出城去，将事情的前因后果说个明白，然后等候朝廷的处分，总比这样稀里糊涂地死掉好得多。”

杨可世一想也对，死都不怕，还怕活吗？总比做个冤死鬼强。于是也学着高药师的样子，缒城而出。

就这样，好好的突袭战，硬是给打成了歼灭战——不是歼灭敌人，而是被敌人歼灭。

此一战，宋军死伤惨重，高士宣等多名将领战死，六千人马入城，仅数百人生还，“尸之填濠者可藉而过”。彼情彼景，让人不寒而栗！名副其实的惨败，比白沟之战更惨的惨败！

趁燕京兵力空虚之际发动奇袭，本是宋军拿下燕京城成本最低的方法，也可能是唯一的方法。然而就是这唯一的方法，最终却功败垂成，让人扼腕叹息。

当然，光叹息是没有用的。陶渊明告诉我们："悟已往之不谏，知来者之可追。"从以往的失败中吸取教训，用以更好地指导未来，才是对待问题的正确做法。

下面，我们就来分析一下，如何才能高效地打赢一场突袭战，顺便透视一下宋军是如何将一手好牌打得稀烂的。

五、如何打赢突袭战

所谓突袭战，顾名思义，就是趁敌人没做防备，出其不意地发动攻击，然后在敌人援军尚未到来之前，以迅雷不及掩耳之势结束战斗，达成目标。

听起来似乎简单易行好操作，但真正执行起来，那可是相当有讲究的。

一定要保证攻击的突然性和意外性。所以，时机通常选择月黑风高的深夜或敌军没有心思上班的节假日。这时候，敌人要么在流着哈喇子呼呼大睡，要么在大口吃蘸醋饺子、大碗喝饺子汤，是防备最为松懈的时候。于此时发起突然攻击，成功的概率将大大提高。

第二，突袭军队务必有极高的战斗力。老弱病残和新兵蛋子统统靠边站，坚持优中选优的原则，组建一支善战队伍，物质奖励（碎银几两，有时空头支票亦可）与精神激励（晓以国家大义）双管齐下，再大吃大喝一顿以壮其行，一通操作下来，保管大家情绪激动，酒碗一摔，操起家伙就去拼命。

第三，突击队的机动性一定要强。轻装简行，除了战斗必需的武器之外，能不带的就不带，以保证行军速度，迅速到达战位。

第四，一定预先安排好接应。万一攻击不力，接应军队要迅速冲上去，即使不能帮着战胜敌人，起码可以救回几条人命，以免突击队全军覆没。这里友情提示一下，在安排接应时，一定要重点审查其与突击队是否存在过节或不愉快，不然你就看吧，他非得等突击队让敌人虐个七荤八素方才出手，以解心头之气。

第五，军令如山，高度重视纪律。说十点发起攻击，就不能拖到十点零一分，否则就会贻误战机，还会打乱整体部署。说十一点接应军队到位，就不能等到十二点才到，不然，救援队就会变成收尸队。

第六，一定要有整体观念，用现在的话讲就是要有大局观。突袭之前，一定要摸清敌人的兵力部署情况。毕竟，敌人不可能把所有的兵力都收缩到一个地方，等着你去袭击，在突袭目标周围，肯定还会有其他敌军存在，当突袭发起后，他们随时都有可能变为敌人的援军。所以，务必要将敌人的整体情况摸透，再合理分配兵力，多少人搞突袭，多少人阻击援军，多少人作为预备队，多少人留守大营，面面俱到，方能万无一失。

大体就是这些了。现实战斗中，面临的情况还要复杂得多，需要考虑的也远比上述六点周详。总之一句话，突袭战虽然讲究短平快，但绝不是一时冲动抄起两把大刀就可以扑上去砍的，也是要讲究整体谋划的。所谓谋定而后动，实在是颠扑不破的真理。

对照上述注意事项来反观宋军的突袭行动，其失败就显得毫不意外了。

突袭的意外性是有了，选在了夜晚。突击队（主力为郭药师的常胜军）的战斗力也不能说不强，虽然与辽军相比似乎稍逊一筹，但在宋军中已算顶尖水平。而且行动相当迅速，队伍已经进城了，燕京城内的辽军竟还毫无察觉。

六步，宋军已完成了三步。

俗话说："好的开头是成功的一半。"如此看来，宋军似乎很有成功的希望。只可惜，俗语还说："行百里者半九十。"开局良好的宋军，最终还是败在了另一半上。

实际上，与郭药师一起参加突袭的，还有另一位降将赵鹤寿（易州降将）。按理说，大家都是起义投诚、有历史污点的人，为了同一个目标（保命）走到一起来，应该互相提携、互相帮衬才对，然而关键时刻，人性的本质暴露了出来。

郭药师怕赵鹤寿抢了自己的功劳，故意不让他入城，而是安排他留在城外作为援兵。按照他的预想，拿下燕京城不过是分分钟的事，当自己得意扬扬地站在燕京城头耀武扬威时，赵鹤寿只能在城外气得干瞪眼。

别人都是没有条件就创造条件，郭药师则是没有矛盾就主动制造矛盾，而且还是与援军制造矛盾，明摆着是嫌命长呀。矛盾就此产生，离失败也近了一步。

进入燕京城后，郭药师犯了第二个错误。

要想成功快速地解决问题，就要抓住主要矛盾的主要方面。具体到战斗，就是只诛元凶，胁从不问，同时广泛发动百姓，争取一切可以争取的人民，团结一切可以团结的力量。郭药师却恰恰相反，刚一进城，就下达了杀尽契丹人和奚人的命令，得罪了一切可以得罪的人。不仅如此，宋军战士在入城后，很快便忘记了纪律，改行当起了抢劫犯，开始抢劫百姓的私有财产，说好的仁义之师呢?

紧接着，宋军的第三个错误也暴露了出来，而这个错误，是致命的。

急于求成、立功心切的宋军，就像饥饿的螳螂一样，完全被眼前的猎物吸引了注意力，根本无暇顾及身后是否还有一只黄雀。在宋军的思考范畴里，燕京城成了一座孤城，他们完全忽视了其援军的存在，自然也不会派人进行阻击。所以当萧干的援军突然出现时，宋军立即蒙了，随即崩溃。

关键时刻，被留在城外的赵鹤寿幸灾乐祸，看起了热闹：不是不让我进城吗?怎么样，被围了吧，活该！战前被安排为接应部队的刘光世也不负“逃跑将军”的称号，压根就没出现。

敌人主场，我方客场；敌有援军，我无后继；敌军团结，我军内斗。如此，焉能不败？！

六、萧干的攻心计

突袭失败的宋军，噩梦远远没有结束。

收拾完燕京残局的萧干，决定携新胜之势向宋军发起反击，将他们彻底赶回白沟河以南，赶出大辽的土地！十月二十五日，萧干率军渡过泸沟河，在南岸与宋军对峙。

虽然刚刚取得了燕京保卫战的胜利，但萧干深知自己的兵力远远不及宋军，如果选择和宋军硬扛，自己很难占到便宜。所以他并没有急于发起攻击，他决定要点小手段。

他将俘虏的郭药师战时“秘书”（随行主管文字官）赵端甫以及郭药师、杨可世所乘坐的战马带至阵前，派人喊话：“对方的宋军兄弟们听着，你们的主帅郭药师已经死了，其他将领也已经归附，你们也别执迷不悟了，该投降的投降，该回家的回家吧，莫让家中佳人空守春闺梦，而你们变成泸沟河边骨！”

陈寿的《三国志》里说："用兵之道，攻心为上，攻城为下；心战为上，兵战为下。"我想，萧干大概是看过《三国志》的，深谙攻心为上的斗争策略，上来就对宋军展开了攻心战。

事实证明，这一招确实很有效。宋军虽然已经隐约知道了偷袭小队失败的消息，但究竟伤亡到何种程度，因尚未有官方发布的通报，一直糊里糊涂。现在听辽军这么一说，好家伙，已经全军覆没了呀，顿时大惊失色，人心惶惶，大有不战自溃之势。

还好郭药师适时赶到（他先逃回了涿州，又赶到了前线），现身说法打破了谣言，宋军才没有作鸟兽散。

萧干很沉得住气，他仍然没有发动攻击，而是派人截断了宋军的粮道。

俗话说得好："手中有粮，心中不慌。"说到底，大家提着脑袋出来打仗，不过是为了混碗饭吃，真正把国家大义当回事的，毕竟是少数。现在粮道被截，吃饭都成问题了，还打个什么仗？于是，人心思动。

关键时刻，萧干决定故伎重施，再来一次攻心战。熟悉的场景出现了：他派人抓住了宋军的两个士兵，将他们的眼睛蒙住，关在一个帐篷里。半夜时分，被俘虏的士兵被负责看守的辽兵的谈话声吵醒，听到了谈话内容——

辽兵甲："兄弟，听说宋军这次来了十万人马呀。"

辽兵乙："十万算什么？咱们的援军已到，有三十万之多，还怕他们？"

辽兵甲："那宋军岂不是要完蛋了？"

辽兵乙："那可不？我听说萧大王已部署完毕，打算兵分三路，用精兵冲其中军，然后左右翼进行包抄，举火为号，全歼宋军。"

辽兵甲："嗨，这下有好戏看了。来，喝酒！"

辽兵乙："干了！"

没多久，帐外看守的辽兵便在酒精的麻醉下沉沉睡去，帐外一片寂静。

夜深人静，无人看守，正是逃跑的好时候。被俘宋军顺利逃出辽营，将这个惊天消息带回了宋军大营。

是不是感觉这个情节很熟悉？没错，由《三国志》改编而来的《三国演义》中，也有这一经典桥段。由此看来，萧干看过《三国志》这事，应该是确信无疑了。

虽然在今天看来，这个计谋很好识破，俘虏也显得很蠢，但在古代，它却是军事家们的宠儿，常用常新，且屡试不爽。后来朱棣对付建文帝、皇太极对付明军，都用过这一招，且效果显著。

此计谋看似简单，要想真正奏效，那可是很有说法的。简单来讲，需要做到以下几点：

首先，抓到俘虏之后一定要将其眼睛蒙住，让他看不到我军营地的真实情况，最好再安排一些士兵在其必经之地摇旗呐喊、舞枪弄棒，营造出一种千军万马蓄势待发之氛围。

其次，谈话时间一定要在深夜。毕竟涉及军事机密，总不能在大白天就大声嚷嚷，必须在夜深人静之时，以窃窃私语之声说出，方才显得神秘，显得可信。当然，窃窃私语之前，一定要先大喊几嗓子或咳嗽几声，把俘虏吵醒，不然的话，人家在里面呼呼大睡，说给谁听？

再次，看守之人一定要喝点酒，这点尤为关键。所谓酒后吐真言，酒后不小心泄漏的军事机密可信度才高。更重要的是，只有喝醉了才能为俘虏逃跑创造条件，俘虏也不会怀疑是故意放他走。这里一定要注意循序渐进，喝得微醺时再说出秘密，说出秘密之后才能大醉。说早了，对方觉得是故意放水，不信；说晚了，人家以为说的是醉话，更不信。所以，一定要把握好泄密的时机，既不能早，也不能晚。

最后，还需要相当的运气，碰到的是一个没读过《三国志》之类兵书的俘虏，且对方的将领也全然不知此计。不然人家一下就识破了计谋，趁机脱身而去却不上当，甚至将计就计，打个埋伏，那可就坏了。

总之一句话，任何一个计谋的成功实现，都需要各个环节的缜密设计，外加一点点运气，方才能行。

事实证明，萧干的运气很好。逃亡回来的俘虏，在庆幸自己幸运之余，立即将偷听来的机密报告给了刘延庆。刘延庆本就不想打仗，现在一听辽军竟然有三倍于自己的兵力正在集结，更加害怕，哪里还顾得上研判情报真假，立即召集诸将部署撤退事宜。大家一听形势如此严峻，纷纷表示赞同，毕竟谁也不想主动送死。

十月二十九日晚，就在宋军将士们忙着打包衣物之际，辽军军营内突然火光乍起。大家一看，坏了，这是辽军即将发起进攻的信号呀，那还等啥，赶紧跑吧，再不跑就来不及了。于是，衣物也不带了，兵器也不拿了，一把火烧了营帐，四散而逃，“五军杂遝，扰攘散走，自相践蹂，奔堕崖涧者莫知其数，捐弃一切军须之计，相继百余里”。

宋军的逃跑速度实在太快，这大大超出了萧干的预料，弄得他一时间竟不知所措，还以为是宋军的诱敌之计，没敢去追。观察了好一段时间，“视其辙乱，望其旗靡”，在确定宋军是真的溃逃以后，这才开始放心大胆地展开追击。

前面说过，刘延庆从涿州向泸沟河进军时，每走三十里地就要扎一个营，第二天再走三十里，再扎一个营，但前一天的营寨并没有毁掉。就这样，从涿州到泸沟河的路上布满了大大小小的宋军营寨。现在，这些营寨终于再次派上了用场。要知道，逃跑是很累的，尤其是像宋军这样没命地逃，更累。于是，大家决定进入这些旧营寨中歇一歇。

可萧干追得实在够快，大家刚刚喘口气，营寨外便传来了辽兵的马蹄声。没办法，继续跑吧。但大家突然发现，坏了，跑不了了。

这还要归功于刘延庆的天才设计：大概是为了防止敌人趁夜劫营，刘延庆命令士兵在扎营时，只在正前方留一个营门，其余几面均扎得密不通风。如此一来，只要派士兵把守好前门，就不怕敌人夜袭。

但刘延庆忘了，敌人除了会夜袭，还会强攻。现在，麻烦来了，萧干的追兵已经堵住了大寨唯一的营门，宋军眼看就要成为笼中之鸟、瓮中之鳖。

情急之下，刘延庆只好命令士兵自毁营寨。可士兵们当初把个营寨扎得如同铜墙铁壁，费了好大的劲才勉强掏出了几个缺口。大家一拥而上，你不让我，我不让你，纷纷挤出缺口逃命。由于缺口太过狭小，被挤死的、摔倒被踩死的，不计其数。

萧干趁势掩杀，率领军队尾随追击，一直将宋军追至涿水之南方才罢休。

望着宋军狼狈而逃的背影，燕京军民充分发挥了艺术创造力，以极大的热情迅速创编出了歌曲对宋军大加嘲弄。打仗打到这个份上，实在让人无话可说。

至此，宋军二次攻燕再度以完败告终。

失败固然是可怕的，因为它标志着宋军收复燕京计划的破产。但比失败本身更加可怕的，是战争能力的丧失。

此次攻燕，宋徽宗本以为势在必得，为了确保胜利，拨付了巨额的战争经费，几乎掏空了大宋的家底，史称“竭国力为之”。现在，“皆为虏人所得”。

不仅如此，自宋神宗支持王安石变法以来，北宋在北方边境储存了大量的军事物资，以备战争之需。经此惨败，老祖宗留下的这批遗产也丧失殆尽。

国库空虚，物资全无，宋军从根本上丧失了再次进攻燕京的能力。

收复燕京，已成空谈！

七、一让再让

燕京突袭战以失败告终的同时，宋金之间的谈判仍在艰难地进行。

虽然完颜阿骨打所在的奉圣州已经离燕京不远，但在那个通信极不发达的年代，宋军再次惨败的消息，并没有马上传到金军营地。

前面说过，郭药师攻进燕京城的消息完颜阿骨打是知道的，他想当然地认为，此时此刻宋军肯定已经完成了占领，并在此基础上写就了国书，派李靖充正使、王永昌充副使、撒卢拇充计议使，与赵良嗣和马扩返回宋朝报聘。

条件前面已经说过了，只交还燕京所属州县，西京之地和平营滦三州想都别想，即便这样，大宋仍要每年向大金缴纳五十万岁币，且燕京地区的物资和非汉族人口都归大金所有。

这是一个极其不公平的条件！刚才提到，完颜阿骨打是在认为宋军已经占领燕京的前提下提出这些条件的。既然燕京已经由宋军占领，那还用得着你大金交还吗？所以，完颜阿骨打的条件，实际上就变成了：我什么也不给你，但是你要给我很多很多。

这哪里是谈判，分明就是勒索，是抢劫！

当然，我们的看法如何，终究影响不了千年前古人的想法和行动，他们仍然按照自己的理解推动着历史的前进。

勒索也好，抢劫也罢，赵良嗣和马扩该说的已经说了，该争的也已经争了，他们确实已经尽力了。至于究竟该如何定夺，只能回去听从宋徽宗的指示了。

就在他们准备告辞回国时，意外发生了。

完颜阿骨打突然说："回去可以，但你们俩必须留下一个当人质，以免宋军占领燕京后把守住各个关口，不让大金撤回东北大本营。"

在完颜阿骨打看来，只要宋使在手，大宋就会投鼠忌器，不敢采取任何对自己不利的行为。

游牧民族出身的他，显然不了解儒家文化的精髓。在儒家的道德理念里，在忠君思想和家国大义的面前，从来就没有个体的位置。为了江山永固，为了社稷苍生，一向提倡为了大我牺牲小我的传统美德，并美其名曰舍生取义、杀身成仁。为了皇帝和国家利益，牺牲再多的生命都在所不惜，又岂会在乎区区一个使者的性命？

完颜阿骨打不明白这一点，但赵良嗣却门儿清。所以当完颜阿骨打提出这一要求后，他立即吓得发抖，生怕自己成了那个被牺牲的倒霉蛋。

但这话又不能明说，不然传出去实在有损自己的形象。万般无奈之下，他只好以“自来无例摘留使人”为由，希望完颜阿骨打收回这一要求。

完颜阿骨打虽然读书少，但也知道这是假话。自古以来，使者被扣留的现象比比皆是，被杀掉的也不在少数。远的不说，光完颜阿骨打扣留的辽国使者就好几批，宋朝此前派出的呼庆也被完颜阿骨打扣留了好几个月，这不就是先例吗？所以他毅然驳回了赵良嗣的申诉，坚持要求留下一个人当人质。

危急时刻，马扩再次站了出来，主动要求留下。为了让赵良嗣面子上过得去，他还主动给赵良嗣找了一个台阶，说你本是辽人，女真不害怕你，还是让我留下吧。

就这样，马扩由一介大使变成了金人的人质，跟随大金军队一同行动。

大家应该还记得，上一次，赵良嗣误打误撞，出使大金的时候正好赶上金军攻击大辽上京城，他被迫随军，目睹了上京城陷落。这一次，换成了马扩随军。他怎么也不会想不到，自己即将见证一座比上京城更加重要的城市沦陷。

一个历史性时刻就要到来了。

十一月初三，赵良嗣与大金使者从奉圣州的金军营地出发，经过将近二十天的奔波，于十一月二十一日到达东京汴梁。

十一月二十五日，宋徽宗在崇政殿接见了金使。

此时，他已经从赵良嗣口中得知了完颜阿骨打开出的条件，震惊之余又无可奈何，只好再次使出糊弄大法，试图将矛盾淡化，以便谈判能够继续进行下去。

他派人传达了他的旨意，说咱两家已经谈了五六年了，大事已经敲定（真想问问他到底敲定了什么），现在不过是有些细节需要处理，说开了就好，具体事宜，由宰相王黼和你们商谈，我还有要事处理，就不陪你们了。

就这样，王黼代表宋徽宗提出了大宋的条件：不仅燕京要交还大宋，西京和平营滦三州也要给！

这个条件让金使们大吃一惊：完颜阿骨打只愿意给燕京，宋徽宗却连西京和平营滦三州也想要，分歧如此之大，那还谈个什么劲？！他们当即表示，如果宋方坚持这样，那两国使节只会白白往返，根本不可能取得任何成果。

王黼也是个犟脾气的人，说我方从一开始提出的要求就是所有汉地都交还大宋，不然凭什么给你们那么多钱？拿我们当冤大头呀！

就这样你来我往，谁也不肯让步，谈判桌上一度充满了火药味。

最后，还是宋徽宗出面和稀泥，表示大家各让一步，西京问题我们暂时搁置，你们也拿出点诚意来，把平营滦三州一起交还大宋得了。

我想，宋徽宗之所以提出这个折中的方案，应该是经过深思熟虑的。

从地理位置上讲，西京及其所属州县虽然土地较多，但偏处西北，即使最后不能得到西京，至少还有雁门关等关口可以把守，只要关口不失，敌人就不能轻易打进来。而平营滦三州则不同，前面说过，这三个州位于燕山以南，深入华北腹地，如果不能得到，即便收复了燕京，宋朝的北方防线也会在东部出现一个缺口，大金随时可以从平营滦三州出发，向大宋发起攻击。

从战略价值上来讲，平营滦三州显然比西京之地更加重要。

所以宋徽宗才会宁愿不要西京，也想要得到平营滦三州。

但聪明人可不只有宋徽宗，金使显然也意识到了这一点，任凭你怎么说，我就是不同意，金使甚至直截了当地告诉宋徽宗：“平滦等州本国要做关口。”可见大金对三州的重视。

就这样折腾了七八天，金使始终没做任何让步。宋徽宗知道，再这么下去只能白白浪费时间，还要好吃好喝好招待，浪费国家的粮食和经费，不如早点打发他们回去，让完颜阿骨打拿主意。

于是，他写好了国书，让金使带回去给完颜阿骨打定夺。

在国书中，宋徽宗做出了如下让步：

一是把西京问题暂时搁置，等收复了燕京以后再作讨论。

二是不减岁币。宋徽宗还不忘卖个人情，说按照约定，西京和燕京都交给宋朝，才会支付五十万岁币，既然现在西京之地搁置了，岁币本应减少，但念在两国交好的分上，仍然足额支付。不仅如此，燕京的物资和人民也任由大金带走，以显示大宋的诚意。

三是同意金军借道燕京撤回东北，并对赵良嗣在这一点上的错误立场进行了严肃批评。

当然，光让步是不行的。正所谓“将欲取之，必先予之”，让步之后，宋徽宗提出了要求：仍然希望平营滦三州可以由宋朝收复。

为了增加自己要求的合理性，宋徽宗又耍起了小心思。他再次为完颜阿骨打创编了一个感人肺腑的诚信故事，故事里，强大的宋军不费吹灰之力就打进了燕京城，并以压倒性的优势击败了大辽的残余势力，只是因为和大金有夹攻的约定，不好单方面完成占领，才暂时退了出来。不仅如此，就连西京所属州县，也在宋军强大的军事威慑下纷纷派人前来请降，但大宋严格遵守“不得私自纳降”的约定，予以严词拒绝。

我大宋如此够意思，你大金若还抓着平营滦三州不放，那就太不够意思了。

好了，该说的说了，该编的编了，端茶送客吧。

十二月初三，宋徽宗命赵良嗣、周武仲为使节，随金使一同返回大金报聘。

临行前，宋徽宗特意写了御笔两道交给赵良嗣，对西京及三州问题再次进行了强调。他想得周到至极，连应该从哪些方面说服完颜阿骨打都做了安排。

关于西京，他告诉赵良嗣，应该这样对完颜阿骨打说：“西京地处偏远，大金势必不能久留，一旦金军撤回东北，而宋朝又不占据的话，西京之地将重新被耶律延禧的残余势力所占领。那样的话，你们之前的努力付诸东流不说，还会给宋金两国的边境安全造成巨大的威胁。我们之所以想要收回西京，绝不是为自己打算，而是为你们考虑呀。”

当然，关于平营滦三州，这个说法就不灵了，宋徽宗决定给完颜阿骨打算笔经济账。

他让赵良嗣告诉完颜阿骨打：三州物产并不丰富，不过出产一些桑麻而已，加上收成丰凶不定，并没有多少价值。每年还要花费大量的财政经费进行治理，实在是得不偿失。作为盟友，还是让我们来承担这些损失吧。

按照宋徽宗的说法，收回西京和三州，宋朝不仅没赚到便宜，还吃了大亏，而且这些亏还是替大金吃的。

当然，宋徽宗还是做了最坏的打算的。他特意交代赵良嗣，如果这些鬼话没能糊弄住完颜阿骨打的话，就只好使出撒手锏了——在五十万岁币的基础上，再加五万匹绢、五万两银，作为对三州的补偿。

既然感动不了你，就用钱砸晕你！

在宋徽宗看来，三州物产并不丰富，十万的补偿已经足够。更重要的是，以他对大金的了解，他们对物资和财富的重视远远大于对土地的渴望。他坚信，只要钱到位，没有办不成的事！

真的是这样吗？

宋徽宗并不知道，就在和金使磨嘴皮子的这几天里，燕京的局势已经发生了翻天覆地的变化。

三天之后，一个消息如同晴天霹雳般传来——燕京陷落了！

八、轻取居庸关

攻陷燕京的，不是宋军，而是金军。

不可思议的是，金军之所以南下攻燕，并不是主动为之，而是受人邀请。邀请他们的人，正是童贯。

二次攻燕失败的消息传到北宋朝廷后，宋徽宗简直不敢相信自己的耳朵。在此之前，郭药师等人攻进燕京城的消息早已传回，宋朝君臣无不欢欣鼓舞，甚至已经准备庆祝了。现在却突然告诉他们：别傻乐了，高兴得太早了，燕京不仅没拿下，宋军还损失惨重，连老祖宗留下的老本都赔进去了。悲喜转换如此之快，让宋徽宗如何受得了？

他愤怒了，不行，这事必须有个说法！

他立即将刘延庆投入大狱，准备杀掉这个让他颜面尽失的饭桶。然后，他亲自写了一份手札，对负有领导责任的童贯大加斥责，并恶狠狠地放出狠话："今而后不复信汝矣。"

眼看就要失宠，童贯吓得魂不附体。怎么办？如果就此失去宠信，那之前所有的努力都将付诸东流，已经得到的所有荣誉和地位都可能烟消云散，自己的政治前途将会彻底终结。

不行，不能让这一切发生，一定要重获皇帝的信任！关键时刻，他"善策人主微指"的技能再次派上了用场。他强迫自己冷静下来，对事情的前因后果进行了细致的分析。想来想去，他明白了：正所谓成也燕京，败也燕京。

实事求是地说，宋徽宗起初对收复燕京并没有太大期望。作为一名多才多艺的文艺皇帝，需要他花费精力的事情实在太多太多，练习书法和绘画、鉴赏古董和珍玩、把玩奇石和佳木，哪一样都需要他投入大量时间，哪有空想什么收复故土的事？

但在童贯和赵良嗣等人的鼓动下，皇帝的雄心壮志逐渐被点燃。他开始相信，除了艺术，自己在政治上也是可以有一番作为的。尤其是在确定了联金灭辽的军事策略后，他更加深信，燕云是可以被收复的，哪怕只能收回其中的一部分，自己也将超越列祖列宗，成为大宋朝最伟大的君主！

为了这个伟大的目标，他对北伐寄予了太大的期望。然而两次攻燕失败，让他的期望变成了失望。

我牺牲了这么多宝贵的艺术修养时间来盯这件事，就得到这样的结果？

他接受不了这样的现实，所以才暴跳如雷。

童贯明白，要想重获宋徽宗的信任，花言巧语已经派不上用场，认罪悔过也无济于事。唯一的办法，就是拿下燕京，用实实在在的工作业绩，向领导交一份满意的答卷。

问题是，怎么才能拿下燕京呢？

两次攻燕惨败，已经将大宋的家底败了个底朝天，无力再组织起有效的军事行动。

那么，只剩下唯一的选择了。

于是，童贯偷偷向大金派出了使者。

当然，直接求爷爷告奶奶似的祈求人家出兵是不行的，那样太掉价，童贯实在丢不起这个人。他找到了一个无懈可击的理由：咱不是说好要夹攻燕京的吗？现在我方军队已兵临燕京城下，做好了战斗准备，请你方速来履约。

完颜阿骨打，你不是来帮我的，而是来履行合同的，否则你就是违约，我就要看不起你。这就是童贯的精神胜利法，也是他的道德绑架术。

他相信，此番操作之下，完颜阿骨打必定会来。

果不其然，完颜阿骨打真的来了。

此时，完颜阿骨打已经得知了刘延庆惨败的消息，当然也知道童贯是想将他当枪使，但他仍然决定出兵南下。

一来，夹攻之约确有其事，自己不去，很难在道义上站住脚。

二来，通过一轮轮谈判，他已经明白，燕京是宋朝无论如何都想要得到的土地，为此他们愿意付出任何代价。那么，自己只要将燕京拿在手里，就可以待价而沽，无论自己开出多高的价码，宋徽宗都会乖乖就范。

所以，无论如何都要将燕京拿下。那就没什么好犹豫的了，出发！南下！攻燕！

被扣为人质的马扩，跟随大金军队一起行军，目睹了金军攻燕的全过程。

金军从奉圣州出发，兵分三路，一路出得胜口，一路出古北口，完颜阿骨打居中，气势汹汹向燕京杀奔而来。

萧太后听闻金军进兵的消息，大惧。她深知，辽军虽能打得过宋军，但面对如狼似虎的金军，再多辽兵也是白费。她不得不再次放下身价，派人向完颜阿骨打求和。

结果再次让她失望了。完颜阿骨打以和宋朝有约定，不得私自接受辽国投降为由，再次拒绝了她。

萧太后仍不死心，一连上了五次降表，想用诚心打动这个男人。

完颜阿骨打也是个狠人，接连五次拒绝了这个女人。

这下萧太后死心了，好你个狠心的男人，既然如此，那就来个鱼死网破吧！她命令全体辽兵积极备战，誓死保卫燕京，大有城在人在、城亡人亡的决心和劲头。

十二月五日，金军到达居庸关。

居庸关被称为燕京门户，为“天下九塞”之一，两旁山势雄奇，中间是长达十八公里的关沟，易守难攻，自古便是兵家必争之地。金军要想攻击燕京，必须先拿下居庸关；同样，辽军要想保住燕京，必须先保住居庸关。一场恶战，似乎已不可避免。

就在金军摩拳擦掌，准备大战一场的时候，奇怪的事情发生了：居庸关两侧山体突然发生了滑坡，守卫关口的辽兵还没开打，就被压死了一大批。

这下坏了。辽军本就对金军存在畏惧心理，现在一看连老天爷都站在了金军一边，真应了那句话——天要亡我呀！既然老天爷都发话了，那还打个什么劲儿？纷纷弃关而逃。

就这样，金军毫不费力就拿下了这座以奇险著称的重要关口。

门户已然洞开，燕京的命运就此注定。

拾贰

燕京陷落

一、胜利如此容易

宣和四年（公元1122年）十二月初六，金军进入居庸关，向燕京挺进。

金军的进攻如此顺利，让完颜阿骨打大为惊喜，也颇为自豪。刚刚打得数十万宋军狼狈逃窜的辽军，在我大金军队面前竟然如此不堪一击！放眼天下，谁还是我大金的对手？

他看了跟在身边的马扩一眼，用嘲弄的语气说道："大辽的国土我已经攻陷了十分之九，只留下弹丸之地的燕京让你们去攻取，本以为你们可以手到擒来，但结果真让我失望。最开始听说你们已经渡过卢沟河攻进了燕京城，我是真心替你们高兴，满以为燕京妥妥地是你们的了。没承想，竟然失败了！我实在想不通，刘延庆大军有数十万之众，不知是辽军的多少倍，为何就攻不下一个小小的燕京城呢？"

几句话说得马扩满脸通红，恨不得找个地缝钻进去，有这样的同僚，实在是丢人呀。

但事关国家颜面，作为大使，他不得不回应几句。马扩说："最近我一直留在大金，您刚才说的这些我一概不知。而且进退乃兵家常事，后退并不一定意味着失败。再说了，即使刘延庆真的失败了，也不是什么大事，还会有后续军队继续完成任务。"总之一句话，我对自己的祖国充满信心！

完颜阿骨打笑了笑，又问道："不知道按你们大宋的规定，该对刘延庆如何处置？"

马扩拍着胸脯说："我大宋军纪严明，将折兵死，兵折将亡。刘延庆如果真败了，那不管他官有多大，照样军法从事！"

他不知道，祖国再次让他失望了。宋徽宗虽然在盛怒之下将刘延庆投入了大狱，准备杀掉他泄愤，但气消了以后，立马改变了主意，仅仅将其贬官了事，不久之后又升其为镇海军节度使，照样吃香喝辣。军国大事，如同儿戏，让人瞠目。

此时，完颜阿骨打的人马已经到达了燕京城外。

完颜阿骨打决定再考验马扩一下。他对马扩说："燕京我已经许给宋朝皇帝了，按照约定，汉人归你们，其他人归我们。待会儿我就派人进城招降契丹人，你敢一块去招降汉人吗？"

马扩当然不是孬种，立即回答："我留在这里本就是为了国家大事，有何不敢？！"

完颜阿骨打满意地点了点头，不愧是自己欣赏的也力麻立。是的，完颜阿骨打敬重强者，因为他自己就是强者。

实际上，完颜阿骨打此来，除了进攻燕京之外，还有一个目的：对他来说，最高兴的并不是轻轻松松将敌人击败，而是遇到一位真正的对手，可以酣畅淋漓地大战一场，哪怕最后输了，也输得痛痛快快。

现在，他认为自己找到了这样一位对手。这个人就是萧干。

从白沟之战痛击宋军，到燕京城内反败为胜，再到卢沟河畔以少胜多，萧干的表现着实抢眼。这一连串胜利传入完颜阿骨打的耳中，他激动了。所谓"棋逢对手，将遇良才"，找到一个可以与自己匹敌的人，实在是太难了。

从起兵反辽以来，取东京，攻上京，下中京，陷西京，一路走来，完颜阿骨打百战百胜，鲜逢敌手。他已经厌倦了这种杀敌如砍瓜切菜的枯燥战斗，最初的征服感，已随着胜利的不断积累而消失殆尽。内心深处，他时刻盼望着有一个像样的对手出现在自己的面前，自己需要用尽全身力气，使出浑身解数，才能将其击败。只有这样，他才能重新找回消失的成就感，才能再次感受到自己的强大。

萧干，来吧，让我们大战三百回合，以燕京为赌注，决一胜负！

可让人大跌眼镜的是，就在完颜阿骨打准备与萧干酣战一场的时候，消息传来：萧干跑了！

什么？跑了？完颜阿骨打的第一反应是：不可能！

在他看来，大辽五京已失四京，燕京是其最后的根据地和希望所在，一旦燕京有失，萧太后和萧干等人就只能像天祚帝一样，躲到深山里吃草根去了。所以，他们绝不会轻易放弃，势必死守燕京。尤其是萧干这样的猛将，不经过一番激战，怎肯俯首认输？更别说逃跑了。

然而事实就是事实，萧干确实跑了。

得知居庸关失守的消息，萧太后立即意识到坏事了，凭燕京城里的这点人马，要想击败金军，无异于痴人说梦。关键时刻，她毅然抛弃了鱼死网破的决心，决定逃走。

为了防止燕京百姓阻挠自己逃走，萧太后决定演一场戏。

她宣称自己要亲自出城去迎击金军，并煞有介事地对国相左企弓等人说：“国难至此，我要亲率诸军为社稷一战，胜则再见，不胜则死。你们要努力守城，保护人民的生命，不要让他们遭到杀戮。”说完，萧太后还流下了悲伤的泪水，然后一步一回头地出城而去。

城中之人，莫不为萧太后甘冒矢石的英勇和大公无私的品格而感动，纷纷祈祷她能早点得胜归来。

他们并不知道，出了城的萧太后连金军的面都没碰上就逃窜而去。他们仍然按照萧太后临走前的交代，傻傻地加固着城墙。可砖头还没垒几块，就见尘土飞扬——金军已来到燕京城下。

左企弓等人立即放下手里的家伙什，准备迎敌。然而部署尚未完毕，就有人来报，都统萧伊逊已经打开城门迎降，金军已进入燕京城了！左企弓等高官快速认清了政治形势，做出了正确的政治选择——投降。

受降仪式在万胜殿前的一个球场内举行。

按照电视剧里的套路，受降仪式是这样的：胜利者高高端坐在大殿之上，两旁是威武伟岸的武士，象征着强大与威严。而投降者则畏畏缩缩，连头都不敢抬，匍匐在胜利者的脚下，等待着他的责罚或宽恕。

左企弓等人也是这么想的，而且准备这么做。可当他们来到万胜殿前，眼前的情景让他们不敢相信——“阿骨打与其臣，皆握拳坐于殿之户限上。”完颜阿骨打并没有如想象中那样正襟危坐于大殿之上，而是像一位劳累的老农一样，和其他几个臣子一起坐在大殿的门槛上！

大家可以想象一下那个画面：一位百战百胜的武将、一位仅凭威名就能不战而下重城的强者、一个强盛之国的皇帝，竟然完全没有架子，毫不在意所谓的威严与身份，在如此重要的场合，随意地坐在门槛上！

巨大的反差，让本为汉人、注重礼仪的左企弓大为震惊，这成何体统？！

但成体统也好，不成体统也罢，毕竟人家才是胜利者，爱怎样就怎样吧。就这样，完颜阿骨打坐在门槛上接受了左企弓等人的投降。

为了维持燕京稳定，避免发生意外，完颜阿骨打下令一切如旧，所有官员官位不变，并让他们传檄燕京所属州县，速速投降。

宋朝君臣做梦都想得到的燕京，就此落入了完颜阿骨打的手中。

奇货已入手，可待价而沽矣。

二、再起波澜

随着燕京投降，大辽五京已尽数为大金所有。

对完颜阿骨打来说，这是一个极为重要的时刻。

自公元1114年起兵反辽，他从小小的涞流水河畔起步，一路攻城略地，从宁江州到出河店，从黄龙府到辽阳府，从上京到中京，从西京到燕京，一路走来，有过坎坷，有过艰辛，有过畏惧，有过失落，甚至有过绝望，有过放弃，但他终究挺了过来。

在他的带领下，女真将士经历一次次恶战，取得一个个大捷，女真也从一个小小的部落，演化为一个强大的国家。

完颜阿骨打被迫打出反辽的旗号时，他可能并没有想到，有一天自己真的能够将这个可怕的庞然大物打倒在地。但随着女真将士的不断成长，随着大辽的不断崩塌，他开始变得自信起来。他坚信，只要自己还活着，就一定能够完成灭辽这一原本看似不可能完成的目标。

如今，那个曾经不可一世，可以为所欲为，强大到让人不敢仰视的大辽，已经行将就木，只剩下西北方向的荒漠深山及为数不多的偏远部落，还在耶律延禧流亡政权的控制和影响之下。只要他愿意，马上可以兵向西北，用不了多久，就可以彻底击败大辽的残余势力，甚至活捉耶律延禧，完成灭辽大业。

然而关键时刻，完颜阿骨打停住了脚步。他决定，先和宋朝做笔买卖。

完颜阿骨打怎么也不会想到，正是这一决定，竟让他错失了灭辽的机会，造成他终身的遗憾。

这里，我们先交代一下逃跑的萧太后及萧干等人的结局。

从燕京出逃以后，萧太后在萧干和耶律大石等人的护送下一路狂奔，一直到了松亭关才敢停下来喘口气。

关于下一步该往哪里去，众人发生了分歧。

身为契丹人的萧太后和耶律大石，主张去投奔天祚帝，毕竟大家是同族，何况拥立耶律淳称帝只是形势所迫，不得已而为之，料想天祚帝不会为难自己。相比之下，身为奚人的萧干则要明智得多，认为耶律延禧绝不会放过敢于拥立他人称帝的乱臣贼子，主张到奚国去另起炉灶。

大家谁也说服不了谁，只好你走你的阳关道，我走我的独木桥，就此分道扬镳。

众人的命运就此注定。

萧太后和耶律大石最终在夹山找到了耶律延禧。对于这两位末路来投的叛逆，耶律延禧并没有选择宽恕，他立即杀掉了罪魁祸首萧太后，然后责问耶律大石："我还没死呢，你怎么敢擅立耶律淳？！"

耶律大石不愧为翰林出身，口才相当好，立即反唇相讥："你坐拥全国之力，却不能抗拒一小小女真，只知弃国远遁，使黎民陷于涂炭。纵使我们拥立十个耶律淳，好赖也是太祖子孙，岂不好过向他人摇尾乞怜？"

耶律延禧自知耶律大石说的皆为事实，无法辩驳，只好放过了他。

他绝对不会想到，正是他的这一决定，无意中保存了大辽最后的血脉，为大辽延续了将近一百年国祚。

再说萧干。与耶律大石等人决裂之后，他在奚国自立为帝，在大金和大宋的夹缝中艰难度日。为了生存，他不得不频频南下侵宋（不敢惹大金）。虽然胜多败少，但毕竟势单力薄，加之物资缺乏，终于支撑不下去了，在一次惨败之后，为其部下所杀。一代枭雄，没有死在报国杀敌的战场上，却于内斗中悲惨殒命，令人唏嘘。

好了，该交代的交代完了，我们回到正题。

攻下燕京之后，完颜阿骨打心情大好，立即安排马扩赶回宋朝献捷，为接下来燕京的交割问题做准备。

就在马扩返回宋朝的同时，赵良嗣和十一月出使宋朝的金国使者，正在返回大金的途中。

前面说过，他们是十二月初三由东京汴梁出发的，按照计划，本应到奉圣州去见完颜阿骨打。可还在路上，就听说了燕京陷落，完颜阿骨打人在燕京的消息。于是路程大大缩短，十二月十五日便到达了金军营帐。

怀揣御笔并得到宋徽宗亲自指导的赵良嗣，怎么也不会想到，随着政治形势的急剧变化，宋金在谈判桌上的地位已变得悬殊。他的这次出使，不但无法为宋朝争取任何利益，反而将付出更大的代价。

当他将宋徽宗仍然希望得到平营滦三州的要求说出后，完颜阿骨打立即翻了脸，声色俱厉地说道："如果宋朝坚持索要三州，那么连燕京也不给了！"说罢，连说话的机会也不给赵良嗣，便拂袖而去。

此后三天，除了有人按时送饭外，再也无人理会赵良嗣。

第四天，完颜阿骨打终于派人来了。不过不是来谈判，而是来送客。

赵良嗣大为不解，白吃白喝三四天，啥正事还没谈呢，就让我这么回去？来人却告诉他不用谈了，完颜阿骨打的意思已经全写在国书里了，只需要将国书带回交给宋徽宗即可。说完，还将国书的副本展示给赵良嗣看。

赵良嗣逐字逐句将国书从头看到尾，立即大惊失色。他做梦也没有想到，完颜阿骨打竟会开出如此苛刻的条件。

三、坐地起价

是的，完颜阿骨打的要求又变了，他在国书里提出了新的条件。

按照原来的约定，大金将燕京交还给宋朝后，宋朝需要付出的代价是五十万岁币，以及燕京城内的物资和人口（汉族除外）。但现在，完颜阿骨打突然觉得这些已经远远不够了。于是，在大臣们的建议下，他决定追加一个新的条件——燕京及其州县的租税，也要交给大金！

据说，完颜阿骨打的态度之所以会发生如此大的转变，是受了投降的燕京宰相左企弓等人的影响。我们前面说过，左企弓等人虽然在燕京为官，却不是契丹人，而是地地道道的汉人。按照宋金约定，燕京交付宋朝的同时，汉人也要交还宋朝。

对于归宋，左企弓等人是有顾虑的。鉴于宋辽之间曾经的敌对关系，以及汉民族的伦理观念，如果归宋，他们这些曾经依附辽人的汉人高官，很可能被扣上卖国贼的帽子，政治前途尽毁不说，甚至有性命之忧。所以他们极力反对大金将燕京交还给宋朝。

为了说服完颜阿骨打放弃这个想法，左企弓还专门写了两句诗："君王莫听捐燕议，一寸山河一寸金。”

金朝的很多大臣因此而心动，纷纷劝完颜阿骨打将燕京收归己有，不要交给大宋。好在完颜阿骨打整体上还算个守信用的人，说：“已许南朝，不可改也。”

大臣们知道完颜阿骨打的态度不可改变，只好退而求其次，说给也可以，但必须让他们多出点钱，不然兄弟们就白忙活了。

虽然完颜阿骨打名义上是皇帝，但当时的大金还没有汉化，仍然保留着传统部落的集体议事机制，很多事他说了不算，为了照顾大家的情绪和面子，这才提出了租税归金的条件。

站在大金的立场上看，宋金之间关于燕京归宋的协议，建立在宋金共同夹攻大辽的基础上，而现在燕京是大金凭借一己之力拿下，宋朝并未有一丝一毫的贡献。大金攻占燕京虽然没费多大力气，但多少还是有所付出的，让你大宋多给点补偿，似乎也在情理之中。

但在赵良嗣看来，这个条件是不可接受的。

因为租税不同于其他补偿，不是一次性支付了就完事，而是年年都会产生，年年都要上交给金国，直至宋朝灭亡！而且租税向来是国家主权象征的一部分，我好不容易把税收上来，结果全被你大金拿了去，那我大宋算什么？你的管家吗？

所以，赵良嗣立即向金方有关人员（粘没喝和兀室）提出了严正抗议：“税赋自古随地，岂有得地而不得税者！”

没承想，对方的态度相当嚣张，直接放出狠话：“许多田地州城人民都与了南朝，这些赋税计较甚？肯时便肯，不肯即休！”那意思，话语权完全掌握在大金手中，你根本没有选择的权利！如果不同意大金的要求，以后就别和我提什么燕京的事了。

不仅如此，因为燕京是大金攻下的，那么从法理上讲，燕京所属州县当然也属于大金，包括已经投降宋朝的涿州和易州。大金的地盘上绝不容他国驻军，赶紧让你们驻扎在涿易二州的人马滚出去！

话说到这个份上，没有再谈下去的可能了。

宣和四年（公元1122年）十二月底，完颜阿骨打派使者李靖、王度剌、撒卢母等人与赵良嗣一起返回宋朝，就燕京税赋问题与宋徽宗君臣进行谈判。

出乎赵良嗣和金朝使节的预料，对于燕京税赋归金这一很严肃的问题，宋徽宗竟然很容易就答应了。考虑到税赋之中包含小麦、大豆等各种各样的物品，交割起来太过麻烦，宋徽宗还十分周到地提出，愿意将赋税折合成方便搬运的银绢等，再交给大金。

金使没想到宋徽宗竟然如此好说话，大喜过望，立即询问他打算折合成多少银绢。这一次宋徽宗卖了个关子，说这事还需要再商量。

没想到金使也是人精，见宋徽宗态度良好，便得寸进尺，要求他先将去年的岁币付掉。

这下宰相王黼等人不愿意了。岁币是交还土地以后才给的，燕京至今尚未交割，你要的哪门子岁币？再说了，去年燕京还在大辽手里呢，你有什么资格要去年的岁币？

但金使可不管这些，不同意我就继续要，大有不给岁币就不谈了之势。不出所料，宋徽宗再次同意了。

这下金使满意了，不仅完成了完颜阿骨打交代的任务，还额外获得了五十万岁币，超额完成了目标。

自己的工作如此出色，自然要早点让皇帝知道。于是，金使们御宴也不吃了，欢送大席也不摆了，着急忙慌地就要回国汇报好消息。

对此，宋徽宗表示充分理解，立即安排赵良嗣、马扩等人送金使回国，并就燕京税赋数额等问题，与完颜阿骨打进行深层次商议。

望着金使兴高采烈而去的背影，宋徽宗如释重负，露出了意味深长的微笑。

拾叁

最后的谈判

一、势在必得

这里，我们有必要讨论一个问题：大金开出的条件如此苛刻，甚至可以说过分，宋徽宗为什么答应呢？燕京对他来讲就这么重要吗？

是的，对宋徽宗来说，燕京极其重要。

前面我们说过，自从赵良嗣提出联金灭辽、收复燕云的宏伟计划后，恢复汉唐旧地，超越列祖列宗，成为宋朝开国以来，甚至是唐朝以来最伟大君主的梦想，便在宋徽宗的心里悄悄生了根、发了芽。

随着辽国节节败退，收复燕云的可能性变得越来越大，梦想之树越长越高，宋徽宗心中的冲动也变得越来越强烈。

大家应该都有过这样的体会：

当你计划做一件从未做过的大事时，最开始其实不抱多大希望，这时候要你付出，你是有疑虑的，会想方设法和对方讨价还价，并在心里设定底线，只要突破了底线，你宁愿放弃。

但随着事情不断推进，做成的可能性越来越大，与可能取得的收益相比，你会觉得对方开出的价码并不是难以接受的，于是情不自禁地打破了自己设定的底线。

而当事情离成功只差一步时，你会发现，曾经设定的底线已荡然无存，只要迈出这一步能够走向成功，哪怕付出双倍乃至数倍的代价，你也心甘情愿，甚至迫不及待。

每个人都渴望成功，每个人都需要实现自我价值。宋徽宗也是人，自然也难逃这一心理定式。身为帝王，没有什么比收复旧土、成就万世伟业、成为千古一帝的诱惑更大了。

现在机会就在眼前，大金已经将燕京这件商品摆出，只要自己肯花钱，就可以一手交钱一手交货，将燕京收入囊中，成为唐朝以来最伟大的帝王！这笔买卖，划算！

钱没了可以再搜刮，但成就千秋伟业的历史机遇却可遇不可求。于是，他迫不及待地答应了大金的要求。

当然，本着能省一点是一点的原则（毕竟还有那么多字画等着用钱呢），宋徽宗还是对代税银绢的数额做了大体的限制。

他在给赵良嗣的御笔中，提出了一个循序渐进的方案：一开始，只开出银五万两、绢五万匹的底价。如大金嫌少，那就再加十万，但是要将拿回西京包括在内。如果谈不拢，那就先不提西京一事。若仍不同意，就用绫二万匹替代银两万两或绢两万匹（绫更值钱），总数仍是二十万。如果还不行，那就把绫二万匹添在二十万之外，总数变成二十二万匹两。

可以看出，宋徽宗开出的最高限额是二十二万，加上每年的岁币五十万，大宋每年需向大金支付款项最高已达七十二万。

在宋徽宗看来，这笔巨款足够满足大金的胃口。然而，后来发生的事实证明，他实在小看了完颜阿骨打君臣，他们想要的，远比这多得多。赵良嗣此行，注定又要无功而返。

宣和五年（公元1123年）正月初五，赵良嗣一行从东京汴梁出发，于正月二十五日抵达燕京。

这一次，赵良嗣等人的外交待遇明显下降了许多，连个像样的住所都没有，被安排在了一个废弃的寺庙里。从这一点可以看出，随着宋朝步步退让，大金逐渐认识到了其软弱，对其越来越轻视，态度也愈发强硬，也使得宋朝使节在谈判中的处境愈加艰难。

住得差点、吃得孬点都不是问题，谁让咱求着人家呢，只要能把事情办好就成。然而谈判甫一开始，赵良嗣就预感到这次谈判必定不会顺利。

负责与他谈判的，仍然是兀室。

当赵良嗣将宋徽宗欲以银绢代税的建议说完以后，兀室立即表示同意，并对具体数额提出了自己的看法："据燕地所出税赋并课程计数兑换，自然不错。"

这里需要说明一下，宋朝的税收主要由两大块构成：一是夏季和秋季各交一次的农业税，即兀室所谓之"税赋"；二是除农业税之外的各种名目众多的苛捐杂税（盐税、商税等），即兀室所谓之"课程"。

兀室的意思是，宋朝不仅要将燕京的农业税交给大金，就连各种苛捐杂税也要一并奉上。

赵良嗣立即表示抗议，并再三强调，大金给宋徽宗的国书中，只提到了税赋，未曾涉及课程，现在临时增加，我方坚决反对。

可兀室不仅无视他的抗议，还拿出了两本账本。账本上，分别记载了燕京地区的税赋和课程数额：税赋约为四百万两，课程约为六百万两，两者相加，燕京一年的税赋大约为一千万两。

可以看出，盐商税等杂税的数目明显超过了传统的农业税，从侧面反映了宋朝商品经济的发展。

当然，兀室不会关心到底是农业经济还是商品经济，他只知道，这些都是钱，是可以换取物资的真金白银。他现在最在意的，是宋徽宗打算出多少银绢来代替这些税赋。

兀室的这笔账，着实把赵良嗣吓了一跳。一千万两，这实在是一个天文数字。与之相比，宋徽宗给出的二十二万两的限额，简直成了一个笑话。

但谈判总要进行下去，处境越是艰难，取得的成果愈显得珍贵。

赵良嗣开始讨价还价。他使出了一招釜底抽薪，直接从根本上否定了兀室提供的数据的准确性。

赵良嗣说："你这账算得不对。燕京地区的粮价，平时不过一斗百钱，现在处于战争时期，兵荒马乱，粮价自然飞速上涨，依我看，涨了十倍也不止。所以，你以现在的粮价估算税赋，毫无意义，完全没有参考价值。"

按照赵良嗣的逻辑，既然粮价涨了十倍不止，那你给出的一千万的税赋，折合到平时，也就几十万的水平。在这个基础上进行砍价，自然要容易得多。

兀室万万没想到赵良嗣会来这么一手，一时之间竟不知如何应对，只好让赵良嗣出个价。

二、据理力争

在兀室期待的注视下，赵良嗣缓缓抬起右手，伸出了一个手指，说道："十万两！"

什么？十万两？！兀室顿觉受到了侮辱。一千万到十万，这哪里是砍价，分明是羞辱，是嘲弄。

愤怒的兀室拍案而起，直接亮出了自己的底牌——一百万两，少一分都不行！

赵良嗣一看架势不对，估计十万确实是少了点，赶紧执行第二方案，将价码涨到了二十万，同时对西京地区提出了主张。

兀室冷笑一声，说二十万尚不足百万之半，连一个小县的税收都不到，竟还妄想索要西京，怎么想的？！

赵良嗣却似乎成竹在胸，不紧不慢地说："海上所议，燕京一带全部归还，才会给你们五十万岁币。现在你们不仅把平滦营三州排除在外，还把燕京的物资和人口也全部带走。不仅如此，我听说本该属于宋朝的部分汉人（职官、富户、工匠），也被你们掠走。我们不仅不计较，还愿意额外再增加二十万两，而且是每年都给，无穷无尽，这已经很不少了！"

没想到兀室也早做好了准备，行，既然话赶到这儿了，那咱就好好掰扯掰扯。

首先，平滦营三州本就不属于燕京管辖，不在交还之列，这是明白无误的事实，无须再谈。

其次，赋税随土地而生。燕京本就不是你们的，燕京的赋税你们本来一分也得不到。现在我们只不过要其中的一百万，却把剩余的大头全都给你们，这笔账你算不明白吗？

最后，按照约定，汉人归宋朝，北人归大金。严格说起来，现在被你们当作宝贝的郭药师及其常胜军皆是北人，理应归我大金。但我们知道大宋需要他们，所以没有索要，只带走了一些工匠作为补偿。如果你们不愿意，那我们把工匠还给你们，把郭药师的常胜军带走，如何？

赵良嗣没想到兀室的准备竟如此充分，一时语塞，好长时间说不出话来。

兀室见状，态度更加强硬。

赵良嗣无奈，只好将宋徽宗的御笔拿给他看，交了实底。那意思，你看吧，皇帝就给了这么多限额，我一个跑腿的，实在是没办法呀。

兀室一看自己的要求确实超出了赵良嗣的许可范围，知道他做不了主，只好将御笔带走，让完颜阿骨打看着办。

第二天，兀室复来。

这一次，他带来了一份文书。出人意料的是，这份文书并不是完颜阿骨打写给宋徽宗的，而是宋徽宗写给赵良嗣的。

原来，就在赵良嗣和金使离开东京汴梁后，宋徽宗认定燕京回归已是板上钉钉之事，于是提前选派好了治理燕京的官员。王安中被任命为燕山知府，詹度、郭药师与其搭班子，共同管理燕京（同知府事）。赵良嗣的功劳自然也被皇帝看在眼里，被安排了燕山转运使的职务。

一切安排完毕，宋徽宗立即修书一封，派人用流星马送给赵良嗣，结果却被金兵截获。

我始终没搞明白，这些不过是正常的人事任命而已，又不用赵良嗣马上去报到，宋徽宗为什么要如此着急地通知赵良嗣呢？史料没有记载，我们也不好妄加猜测。但这件事的后果是明确的——兀室大怒。

他将信摔在赵良嗣的面前，愤怒地质问道："燕京还没交割呢，你们就改名为燕山府，还安排好了管理官员，这是什么意思？如果我们没有谈成，你们是不是还打算派兵强抢？"

赵良嗣的脑子转得相当快，答道："这正说明我们的皇帝相信你们，觉得你们一定会遵守约定交还燕京，才把工作做到了前面呀。"

兀室不愿意再废话了，不耐烦地下了最后通牒："我们的皇帝已经和各大臣议定，每年在岁币之外增加一百万代税银绢，没得商量。如果有任何不同意，就不要再派人来了。行就痛快点，不行就赶紧把郭药师和常胜军还给我们，并让你们的兵马从大金的涿易二州撤走。我们的皇帝打算近日率军去涿易巡边，如果碰到你们的军马非法停留，发生了摩擦，那可就不好了。"

赵良嗣据理力争道："涿易二州是我们自己拿下的，怎么成了你们的？还讲不讲理！"

兀室反驳道："如果你们同意出一百万代税银绢，不就什么事都没了吗？"然而这还没完，兀室又提出了新的要求——从关外到关内的两个关口古北口和松亭关，必须保留在大金手中。

赵良嗣再三争辩，说此二关早已许给宋朝，现在又突然变卦，意欲何为？但兀室却不再理他，转身而去。

赵良嗣知道，谈判已无转圜余地，遂准备于第二天拜别完颜阿骨打，回国复命。

临行之际，完颜阿骨打突然做出了一点让步，将古北口交给宋朝，大金只保留松亭关一个关口。他还告诉赵良嗣，自己打算二月初十去巡边，在这之前一定要回来给自己一个交代，不然的话，后果自负。

此时已是正月底，而从燕京到汴梁，再折返回来，至少需要半个月，时间明显不够用。赵良嗣和马扩商议以后决定，派快马将完颜阿骨打的国书送回东京汴梁，他们则留在雄州等待消息。

二月初六，宋徽宗的回信及国书到了——同意大金的要求，但最好再争取一下西京。当然，如果大金不同意，那就算了。

二月十一日，赵良嗣及马扩返回金营。

虽然已经过了二月初十，但完颜阿骨打并没有真的提兵巡边，可见不过是在吓唬宋使而已。

这一次，负责接待的仍是兀室等人。得知宋徽宗同意了大金的要求，兀室大为惊喜。马扩见状，悄悄提醒赵良嗣，是时候提一提西京的事了。赵良嗣却怪他多事，认为不应该提。马扩说这是皇帝御笔交代的事，何敢不办？

赵良嗣无奈，只好战战兢兢地说："你们的要求我们全答应了，你们是不是也该大度一点，把西京一块交还了，方显你们的诚意。"

兀室立即做出一副惊讶的表情，说："当初在奉圣州谈判时，本欲将西京交还，是你说不要的呀，难道你忘了？"

兀室说得没错，当初奉圣州谈判，赵良嗣情急之下，确实说过"若燕京不得，即西京亦不要"这句话。虽然马扩出来打了个圆场，但兀室仍将之作为一个把柄，拒绝赵良嗣的要求。

马扩见状，只好再次出来缓解气氛，说："西京重地，使臣焉敢说不要？而且我们每次说燕京，实际上是把西京也包括在内的。况且西京之地远离大金，你们也不好管理，何不同燕京一起交还宋朝，以显两国情谊深厚，岂不胜过送与他人？"

当时传言，大金欲把西京之地交给西夏，马扩故有此语。

然而这一次，马扩的稀泥似乎和得并不怎么样。因为自此以后，兀室接连三天都没再露面。

问题严重了。

三、西京迷云

兀室的消失，让赵良嗣极为紧张。他埋怨起马扩来："我就说不能提西京吧，你不听，非得让我提。这下好了，人家连面都不见了。别说西京，我看连燕京也要泡汤。"

马扩也很委屈，山前山后互为表里，缺一则不可守。况且皇帝御笔令力争，安得不言？回去之后如何交代？

如何交代？其实赵良嗣早就想好了对策——造假。

他对马扩说："你怎么这么死心眼呢？回去的时候，只需要在语录里写上几段话，显示我们争取过了，不就完了？"

马扩吃惊地看着赵良嗣，发出了灵魂拷问："臣事君以忠，何可伪也？"皇上信任你才把如此重要的任务交给你，你不好好工作也就罢了，竟然还想骗他？这样做，对得起皇上，对得起国家吗？

见马扩如此不上道，赵良嗣决定单独行动，用自己的方法来挽回局面。他立即派人，打算将兀室等人请回来，将西京之事作罢。

没想到马扩的牛脾气也上来了，说："你去吧，只要你敢去，回国之后，咱就御史台见！"

赵良嗣又急又气，说："我不过是想稳妥地将燕京收复，我辈也好成一大功，你又何必苦苦相逼呢？"

没想到马扩不仅不领情，反而给赵良嗣上起了政治课："什么是成功？如果能为朝廷得全燕之地，尽复五关，只出契丹岁赐（即五十万两银绢），使国家幅员万里，因机借势，控制强虏（指女真），才可以勉强说成功。现在既没有得到平滦营三州，又失松亭关，每年还要另外增加一百万代税银绢，耗竭民财。而今又打算连山后之地亦不要，日后之患无穷矣，怎么还好意思说成功？"

按理说，马扩这一通思想教育下来，赵良嗣应该面红耳赤，自惭形秽，当即作揖认错才对。可他不仅不认错，还很不服气地说："就算金人愿意将西京归还，以他们的德行，必定会要我们出更多的钱，可朝廷哪还有钱给他们呢？"

马扩看了赵良嗣一眼，说："这就要靠你了。你是皇帝的近臣，当为朝廷言明利害，罢浮费不急之用，以为守边之资，则不仅足用，还会有余。而且据我估计，西京远离金人故地数千里，彼必不能守，将必归我，即便索要钱物，也不会太多，你就等着瞧吧。"

事实恰如马扩所料，没过多久，兀室再次出现。

这一次，他带来了好消息：完颜阿骨打同意将西京交还宋朝，但考虑到将士们攻打西京时死伤无数，受尽了千辛万苦，总不能白忙活一场，需要宋朝表示一点心意，来犒劳一下大金将士，犒赏是一次性的，不是每年都要。

对宋朝来说，这无疑是一个天大的好消息。赵良嗣和马扩闻言，顿时喜出望外，兴奋不已。

这是宋朝收复疆土最接近成功的时刻，如果一切顺利的话，整个燕云十六州都将回到大宋的怀抱。尽管尚有平营滦三州未收复，但燕云十六州的回归已经是一项巨大的历史功绩，将极大地扩展宋朝的版图，了却数百年来中原王朝最大的心愿，足可以彪炳史册，流芳千秋。

扯皮好几年的西京问题终于有了定论，这本是一件值得庆贺的事，然而关键时刻，历史的迷雾却再次笼罩，让西京问题变得扑朔迷离。

由于完颜阿骨打的态度转变太快，加之后来西京未能顺利交割，所以很多人怀疑，所谓大金同意交还西京，不过是赵良嗣的谎言而已，压根就没这回事儿。比如《续资治通鉴长编拾补》中就说"赵良嗣虚辞，谓虏许我云中"，认为他说了假话。

那事实真相到底如何呢？我们不妨做一回侦探，来细细推敲一下。

如果赵良嗣说了假话，那他的目的何在呢？答案似乎是唯一的——冒功，以便获得更多的奖赏和更高的官位。然而后来发生的事实却恰恰相反。燕京收复以后，宋徽宗确实准备好好地奖赏赵良嗣，然而他却拒绝了，甚至想退隐回家，做一个自由自在的老农。要不是宋徽宗一再挽留，他很可能真就过上了"昼出耘田夜绩麻"的田园生活，怎么看他也不像一个贪图富贵的贪婪之人。

有人可能要说了，所谓拒绝封赏也是假的，他最后不还是接受了吗？伪君子！好，这个我不和你犟。

咱再从技术层面分析，赵良嗣要想造假，到底有多难。

首先，他要足够大胆，在明知欺君会被杀头的情况下，仍然利令智昏，敢于以身试法，铤而走险。不过，从赵良嗣在和金人谈判中的种种表现来看，他似乎没这么大的胆量。

有人又要说了，宋朝有不杀文臣的传统，赵良嗣是文臣，即使最后被揭穿也不会被杀，所以他不怕。抱有这种思想的人，我劝您还是先去仔细翻翻宋史，好好做一下统计，看看宋朝是不是真的不杀文臣。

其次，就算赵良嗣胆子大不怕死，他还要有极强的公关能力，能够搞定一同出使的同事。别人不说，单一个马扩就够让他头疼的，随时随地和他唱反调，好像上辈子的仇人一样，要想搞定他，那真是比登天还难。

最后，即便赵良嗣手段高明，连刺头马扩也搞定了，可他还面临一个最大的难题，那就是如何善后。要知道，外交许诺可不是说说就完的，是要真正执行的。如果赵良嗣真撒了弥天大谎，那接下来的交割怎么办？他总不能拿了宋徽宗的奖金就跑路吧。再说，他又能跑到哪里去呢？

综合以上分析，我认为赵良嗣造假的可能性几乎为零。

当然，以上都是推理。那有没有直接证据，证明赵良嗣没有造假，完颜阿骨打许诺西京确有其事呢？

还真有。

四、最强力证

我们之前说过，外交使节在出使时，会将自己的出使过程按日整理成日记，也就是所谓的日录或语录，回国之后交有关部门，作为外交资料存档。这些日记出自当事人的亲身经历，属于第一手资料，史料价值极高，可信度也很强。

那么，我们就来看看作为当事人的使者们，如何记录完颜阿骨打许诺西京一事。

首先看赵良嗣的《燕云奉使录》。在这本日录中，赵良嗣这样写道：“兀室去，再来云：‘得圣旨，将西京地土与贵朝，所有人户本国收系。’”也就是说，完颜阿骨打确实同意了交还西京一事，但要将西京所有人口带走。为此赵良嗣还和兀室发生了争论，争论的结果就是人口不要了，但是大宋需要出一笔犒军钱。

当然，作为造假嫌疑人，赵良嗣的日录是否可信，暂且存疑。

我们再来看与赵良嗣一同出使的马扩的文字记录。在其日录集《茆斋自叙》中，马扩的记载是这样的：

方忧扰间，兀室、杨璞至，云："西京地土，据诸郎君与臣下议言：'当初得西京时，攻围四十日，军人死伤无数，不易得来。不若与河西家，却煞得进奉。'唯是皇帝言：'赵皇大度，我要岁添一百万贯物色，一字不违，千年万岁，却是多少。今却觅西京，如何违得？兼我在奉圣州时，心上许了。不若与去，共他大朝交欢也，胜似与河西家（谓夏国也）。然其间人户，却待起遣将去。'"

从马扩的记载可以看出，关于西京的归属问题，最开始完颜阿骨打和大臣们是存在分歧的。大臣们认为，不如将西京送给西夏，让西夏年年进贡，通过这种方式来获得财物。但完颜阿骨打不同意，认为既然宋徽宗爽快答应了自己的要求，那自己也应该投桃报李，将西京送给大宋，推动两国的友谊发展。

对比《燕云奉使录》和《茆斋自叙》之文字，赵良嗣和马扩的记录虽有详略不同，但在完颜阿骨打同意归还西京一事上，记载是一致的，能够互相印证，当为确事。

除了以上的私人记录，更有说服力的证据来自两国的往来公文，也就是国书。

谈判结束后，大金使节与赵良嗣一起返回宋朝，带来了完颜阿骨打的国书。除去各种客套话之外，国书内容大致如下：

来书云所言代税物货，并事目所载色数价值，交割月日处所，与画定界至、遣使贺正旦生辰及置榷场事，并如来示所谕。……所有燕城，候各立盟誓，然后交割。

您可能要问了，国书中只提到了燕京及岁币等事，对西京问题仍然是只字未提呀。

别急。我们前面说过，国书往往会有补充条款，也就是所谓的"事目"。宋徽宗就经常在国书之外，再弄几个事目，对重要事情进行补充说明。这一次，完颜阿骨打也依葫芦画瓢，搞了个事目出来。在事目中，有这样的记载：

昨者赵良嗣到上京军前，计议五代以后陷入契丹旧汉地州县，特许燕京。再差马政，更议西京，回书‘只请就便计度收复’，寻为不能收复，致本朝收了。又差良嗣等来议，称燕、西两京已曾计议，为西京不在许限，不经许与，只与燕京所辖六州。来书云‘其西京别作一段’。今来又令良嗣等许议西京，欲一就收复。虽贵朝未经夹攻，而念两朝通和，实同一家，必务交欢，笃于往日。特许与西京、武、应、朔、蔚、奉圣、归化、儒、妫等州，并地土民户。

可以看出，完颜阿骨打先对西京问题进行了历史回顾，然后做出承诺：西京连土地带人民，都给大宋了！

作为国书的补充条款，事目的法律效力与国书是同等的，都是严肃的政治文件。连如此严肃的政治文件里都有记载，可见归还西京一事属实无疑。

当然，如果你非得较真，说以上都是宋方的记载，大金未必有如此记录，那我只好请出另一本史料《大金吊伐录》了。

《大金吊伐录》是一本金人编著的书，收录了大量宋金之间的往来文书。其中有一份完颜阿骨打附在国书之后写给宋徽宗的“白劄子”（相当于宋徽宗的事目），其所述西京一事，与上面提到的事目内容完全一致，甚至连文字都一字不差，这里就不再赘述了。

之所以把《大金吊伐录》拎出来，是因为该书作者为金人，虽然具体姓名已不可考，但其肯定是站在大金的立场上来编辑这本书的，想来没必要替赵良嗣造假，也绝不会自打嘴巴（毕竟西京最后没有交给宋朝）。

通过以上的分析，可以得出结论：完颜阿骨打同意归还西京确有其事。至于后来并没有真正交付，实在是另有原因，我们后面再说。

好了，西京这段公案算是断完了，接下来继续看宋金两国的谈判进展。

二月二十八日，金国使节跟随赵良嗣等人从大金出发，前往东京汴梁，明确西京犒军钱一事。

因为大辽天祚帝尚未抓获，西京暂时还无法交割，但燕京的交割已没有任何问题，所以使者们还带上了完颜阿骨打草拟的誓书（称誓草）。

所谓誓书，可以看作最终的合同文本。使者们之前无数次往返奔波，历尽艰辛所做的一切努力，就是为了这一纸誓书。

在誓书中，除了对已经达成的协议进行再次明确外，一般还会对彼此之间今后的政治地位和政治关系进行约定，为以后的进一步友好交往指明方向。

当然，既然叫誓书，少不了最重要的环节——发毒誓。

作为严肃的政治文书，发毒誓也是很有讲究的。一般来说，完整的政治毒誓，包括以下几部分：对自己的诅咒，对子孙的诅咒，对江山社稷的诅咒。且毒誓越恶毒越好，下场越惨越显诚意。稍后，我会把一篇誓书完整抄录下来。

为了体现对燕京交割的重视，完颜阿骨打还派出了自己的亲信大臣宁术割。宁术割当时正受重用，参决军国大事，又是西路都统使，可以说是宋金开展外交活动以来，金方派出的最高级别的大使。

如此重臣出使，可见宋金谈判已到最后阶段，一切似乎已接近尾声。

拾肆

燕京回归

一、障碍重重

宣和五年（公元1123年）三月，宁术割等人到达汴梁。

对这位高级别金使，宋徽宗给予了最高规格的接待，不仅赏赐了大量财物，还破格让他参加了宋廷最高级别的宴会之一——春宴，对其重视程度，可见一斑。

至于对西京的补偿，也很快达成了一致：绿矾二千栲栳，加赏银二十万两。

宁术割本想再多争取一点，但宋徽宗拒绝了，宁术割就没再坚持。

可以说，谈判是在相对友好的气氛中进行的，这似乎预示着，接下来的交割也会一帆风顺，燕京很快就会划入宋朝版图。

三月初六，宋徽宗派吏部侍郎卢益（借兵部尚书官衔）与赵良嗣、马扩等人，随宁术割前往大金，对燕京的交割日期及程序做最后的确认。卢益等人还带去了宋徽宗亲笔书写的誓书，等待完颜阿骨打的审阅。

誓书这种政治文书我们平时接触不多，为了让大家对誓书到底是什么样子有具象的了解，特将宋徽宗的誓书完整抄录如下：

维宣和五年，岁次癸卯，三月甲寅朔，四日丁巳，大宋皇帝致誓书于大金大圣皇帝阙下：天之所助者顺，人之所助者信。履信思乎顺，则自天祐之，吉无不利。昨以大金大圣皇帝创兴，并有辽国，遣使计议五代以后陷入契丹燕地，幸感好意，特与燕京、涿、易、檀、顺、景、蓟并属县及所管民户。缘辽国尚为大金所有，以自来与契丹银二十万两、绢三十万匹，并燕京每年所出税利，五六分中只算一分，计钱一百万贯文，合值物色，常年搬送南京（即燕京）界首交割，色数已载前后往复议定国书，每年并交绿矾二千栲栳。两界侧近入户不得交侵，盗贼逃入，彼此无令停止，亦不得密切间谍，诱扰边人。若盗贼并赃捉败，各依本朝法令科罪讫赃罚，虽盗贼不获，踪迹到处，便勒留偿。

若有暴盗，或因别故，合举兵众，须得官报沿边官司。两国疆界各令防守，两朝界内地各如旧，不得遮堵道路。至如将来殊方异域，使人往还，无得禁阻。所贵久通欢好，庶保万世。苟违此约，天地鉴察，神明速殃，子孙不绍，社稷倾危。专具披述不宣。谨白。

可以看出，该份誓书是对前期外交工作的精练总结，也是对后期双方必须遵守的规则的明确界定。

至此，以前所有的纷争似乎都已平息，双方的责任义务已十分清晰，主要包括以下三点：

一是关于岁币。大宋每年应向大金支付的钱物终于敲定，计一百五十万两（匹），加绿矾二千栲栳。

二是关于逃犯。双方既不得主动派间谍诱降对方人员，也不得接纳逃至本国的对方逃犯（包括叛将）。

三是关于军事行动。不管出于什么目的，只要是较大规模的军事行动，都必须提前知会对方，以免引起误会。

另外，关于两国在外交关系中的政治定位，也就是该以什么样的关系相处，宁术割曾询问过宋徽宗，宋徽宗给出的建议是，既非叔伯，亦非知交，用敌国礼即可。

有必要说明的是，这里的“敌国”并非敌对之国的意思，“敌”即匹敌之意，“敌国”也就是地位平等的国家。

可以看出，宋徽宗已经将大金看作了当初的大辽，承认了它的平等地位。我们甚至可以猜想，在宋徽宗的构想里，宋金完全可以像当初的宋辽一样，和平而友好地世代交往下去。

然而世事总是违人愿，宋徽宗怎么也不会想到，仅仅两年之后，这个看似友好的敌国，竟会变成敌对之国，最终将自己的江山吞噬。

三月十八日，赵良嗣等人到达涿州。但在这里，金使高庆裔等人阻止了他们继续前进，要他们等宋徽宗许诺的二十万犒军钱到位以后，再一同前往燕京。赵良嗣等人就这样被滞留在了涿州。

因为有好几天的时间需要等，闲着也是闲着，高庆裔等人决定找点事干。

大家应该还记得，当初金辽和谈时，因为册书问题，完颜阿骨打曾经让辽使多次往返。现在高庆裔决定故技重施，他提出，为了慎重起见，他要先看看宋徽宗的誓书。

这并非不合理的要求，所以赵良嗣想都没想就把誓书给他了。于是，麻烦来了。

高庆裔装模作样地看了一会儿，开启了挑刺模式：你看看，你看看，这里用词不当，那里句子不通，如此重要的公文，你们就这个态度？

赵良嗣吃惊地看着他："我们的誓书可全是照抄你们的誓草，一个字都没改动呀！要说用词不当、句子不通，那也是你们的问题呀。"

高庆裔没搭理他，又继续说："你再看看这字，写得乱七八糟，什么玩意！"

这下赵良嗣更加惊讶了："你有点鉴赏能力没有？这可是我们皇帝亲自动笔写成的。天下谁不知道他是顶尖的书法家，尤其一手瘦金体，那可真称得上独步天下，无人能及。你竟然说写得乱七八糟！"

可高庆裔才不管什么瘦金体胖金体，我说不行就是不行，拿回去重写！

赵良嗣没办法，只好派人回去换。就这么折腾了四五次，宋徽宗答应的犒军钱也到位了，高庆裔这才罢休，与赵良嗣等人一起赶往燕京。

三月二十六日，宋朝使者终于到达了燕京。

誓书也改了，犒军钱也给了，这回总该谈正事了吧。可负责接待的李靖和兀室等人却说别急，还有一件事没办。接着，他们拿出了一份名单，上面写着赵温信、李处能、王硕儒等一大串人名。这些人原本都是大辽的高级官员，但现在他们有了一个共同的新身份：逃人。金军攻陷燕京时，他们不愿意拜倒在曾经是大辽边民的女真人脚下，于是纷纷逃奔了大宋。

李靖说，按照誓书规定："盗贼逃人，彼此无令停止。"这些都是从燕京逃入大宋的叛贼，宋朝必须先将这些人送回，否则，燕京之事免谈。

这个要求，实在出乎赵良嗣等人的意料。他们怎么也没想到，誓书都写好了，燕京交割在即，大金竟还会提出如此咄咄逼人的条件。宋使顿时陷入了一阵慌乱。

二、尘埃落定

面对金人归还逃人的要求，宋使内部首先产生了分歧。

赵良嗣认为，应该按照大金的要求，赶快将这几个人送回，以免影响燕京交割。

卢益和马扩却认为，既然他们投奔了大宋，大宋也接纳了他们，那大宋在道义上就有继续保护他们的责任，一旦将他们送回，无异于出卖，不仅会寒了燕京人民的心，这些被送回的人还有可能被激怒，将大宋的相关情报出卖给金人。而且眼下马上就要进入四月，金人不习惯燕京炎热的天气，必定不能久留，着急返回东北地区，燕京又岂会不交割？不如采取拖延战术，过两天再说。

双方的意见都有道理，也都是为了大宋考虑。但时间紧迫，金人绝不会允许他们搞个长达数天的大型辩论会。

在谁也说服不了谁的情况下，宋使决定做两手准备：一面将大金索要逃人的要求通知童贯，让他心里先有个底；一面继续和金使周旋，希望局面能有所改观。

但兀室等人紧紧咬住誓书中不纳叛亡的规定，坚持要求宋朝先将人送还，否则燕京之事没得谈。

卢益终于愤怒了，作为宋朝使团的正使，他再也忍不下去了。这就好比花轿到了门口，亲朋好友街里街坊都看着呢，新娘却突然加码，要求增加彩礼，否则就不下轿。此种行为，着实让人恶心。所以，卢益发作了。

他情绪激动地质问兀室："且不说这几个人是否真的到过大宋，即便到过，那也是在我们订立誓书之前。你拿后生效的文件去要求以前的事，在法理上说得通吗？退一万步讲，就算我们有心将他们交给大金，这些逃人要么易姓换名，要么藏匿深山，仓促之间，上哪里去给你找？不如先将燕京交割了，我们再慢慢给你们搜捕。"

可兀室似乎是王八吃秤砣——铁了心了，说："既然易姓换名的不好找，那就拿有名有姓的来换吧。我看郭药师就很适合，而且一抓一个准，要不就他吧。"

马扩连忙阻拦，说："郭药师是大金攻陷燕京以前投诚到大宋的，与大金毫无关系，我们还是谈谈燕京交割的日期吧。"

兀室当然知道马扩这是在打马虎眼，想将交还逃人这事划过去。想得美！于是，兀室不再啰唆，直接站立起身，拿出完颜阿骨打的圣旨念了起来："朕以天地眷佑，并有辽国，所有涿易尽属燕地。若户口不尽数发来，便请勾回涿易人马，朕欲将军马前去巡边。"

得，又是勾回涿易人马，又是老套的军事威胁，你真以为宋朝是吓大的吗？

是的，猜对了。事实证明，军事威胁对宋使确实管用。

为了不至于前功尽弃，让到嘴的燕京飞了，经过商议，卢益和马扩继续留在金营周旋，赵良嗣则与完颜阿骨打派遣的撒卢母、杨天寿等人前往宣抚司要人。

与兀室等人相比，撒卢母是个相对温和的人。在去往雄州宣抚司的路上，他语重心长地告诉赵良嗣：燕京交割一事十分已成了九分，千万不要因逃犯坏了大事。完颜阿骨打是个要面子的人，你只需要抓住一两个首要分子，给他个交代，让他面子上过得去就好，并不需要全都抓住。

事实证明，大宋不仅知道这些逃人的下落，还给他们封了官。比如赵温信，就被封为谏议大夫。

最先被抓住的，就是这个赵温信。

要说赵温信也真是好样的，见到赵良嗣后，直接长跪不起，“求免”。赵良嗣立即将“人固有一死，或重于泰山，或轻于鸿毛”的名言警句一背，又把大丈夫生亦为民、死亦为民的大道理一讲，鼓励他充分发扬牺牲小我、保全大我的优良品格，不畏杀头，勇毅前行。总之一句话：你不入地狱，谁入地狱。

可怜的赵温信就这样被带到了金军大营。

让他没想到的是，金军并没有对他进行任何虐待和伤害，反而礼遇有加，粘没喝更是急走上前“亲释其缚”，并温言抚慰。赵温信大吃一惊：嗨，早知道待遇这么好，我早喊着那几个兄弟一起来了，还费这个劲干吗？

赵良嗣等人也大呼上当，这明摆着是让宋朝做恶人，大金做好人呀，用大宋出卖朋友的卑劣行径，来反衬大金的宽容大度。这事要是传出去，世人将怎么看待大宋朝廷？

但事已至此，无法改变，赵良嗣等人唯一期盼的，就是完颜阿骨打能够遵守诺言，快点将燕京交割。

事实证明，撒卢母并没有骗人。赵温信被送至金营以后，完颜阿骨打立即接见了赵良嗣等人，并交换了国书和誓书。交割燕京的日期也终于确定了下来，双方约定，宋朝于四月十一日先派交割的官员渡过卢沟河商量具体事宜，但是军队必须先驻扎在卢沟河以南，经完颜阿骨打同意，才能过河。

除此之外，完颜阿骨打又以需要继续追击天祚帝耶律延禧和四军大王萧干，尽快肃清残敌，方便交割西京为由，向宋朝“借”粮十万石。

赵良嗣想想十万石粮食也不算多，毕竟那么多钱都花了，也不差这一点，就答应了下来。

完颜阿骨打很高兴，送别宋使的时候，特意嘱咐赵良嗣等人，回去之后一定要替自己给宋徽宗带好，让他“善保圣体”，同时希望双方“各守信约，永保万世，长如今日则甚好”。

至此，看上去一切似乎都已敲定，接下来只剩走个过场而已。

四月十三日，赵良嗣等人回到雄州，将燕京交割日期告诉童贯，要他按时派人前去收复。

童贯的第一反应，是不敢相信。

是呀，为了收回燕京，使者们不知往返了多少趟，受了多少折磨。虽然不用他亲自跑，但雄州作为使节往返的必经之地，他在此坐镇期间，见证了宋金交涉的大部分过程。眼看着赵良嗣等人腿越跑越细，脸越跑越沧桑，还在不断地挣扎努力，鬼知道完颜阿骨打和他的臣子们还会弄出什么幺蛾子。可就在这时，这场持续了五年之久的外交交锋竟戛然而止，事情就这样被最终敲定了。意外来得太突然，他一时间不能适应。

金人，真的不再折腾了吗?

三、燕京回归

以防万一，童贯安排赵良嗣陪金国使者前往汴梁，却将胆识过人且颇有军事头脑的马扩留下，随大军一起前去交割燕京。

四月十四日，童贯派姚平仲、康随等人随马扩渡过卢沟河，前去办理交割事宜。与此同时，童贯命李嗣本统河东兵五万为前军，以种师中、杨可世的陕西兵为中部，郭药师的常胜军自新城县向燕京挺进，童贯和蔡攸则率领大军鸣鼓吹笙跟在后面。

按照约定，宋军暂不能过河，驻扎在了卢沟河以南。

就在大军布防的同时，姚平仲等人已经进入燕京城，开始和金人接触。

事实证明，金人总在关键时刻出幺蛾子的德行并没有改变。燕京交割的最后时刻，金人再次发起了刁难。

按照协议，除了燕京城内的非汉族人口，战乱时从北方逃到燕京的难民也要交由大金带走。但到底有多少难民，都有谁，大金是不愿意去费这个心的，他们要求大宋必须快速编制出准确的户口册。

对大宋来说，这实在是个不好完成的任务。因为燕京本是辽国的属地，不归大宋管辖，到底哪些人逃难至此，我哪里知道？上哪里去给你弄准确的户口册？所以迟迟没有编成。

大金才不管这些，既然编不出户口册，那就拿其他人来代替吧。

拿谁代替呢？不用我说，你也能猜到——郭药师的常胜军。

宋朝自然不会答应。常胜军是为数不多还能打几个胜仗的队伍之一，与土生土长的汉人军队相比，这支由渤海人和契丹人等少数民族组成的军队，作战勇猛，战果辉煌，可谓“万花丛中一点绿，戈壁滩上一胡杨”。虽然在奇袭燕京时吃了败仗，但那实在是因为友军配合不力，被自己人给坑了。在随后的几次战斗里，常胜军的表现都相当可圈可点，还数次大败自己的宿敌萧干，逼得他只能躲在山岭上啃草根，最终为自己的部下所杀。

正因如此，宋徽宗和童贯等人对常胜军宝贝得不得了，军饷、武器、粮草，要啥给啥，别的军队连工资都发不出来，常胜军却富得流油，成了人人艳羡的对象。大金想把常胜军要走，无异于要宋徽宗的命，他自然不会答应。

这下难办了，难民户口册造不出来，常胜军又不想给，该如何是好？

就在大家进退两难之际，一位名叫李宗振（一说宇文虚中）的官员提出了一个高明的主意：用燕京的汉人代替常胜军。

如此一来，不仅可以对大金有所交代，人口被大金掳走后，还可以用空出来的土地田产来养活军队，减轻国家的财政负担，可谓一箭双雕。

妙绝，实在是妙绝。如果没猜错的话，这位官员的数学成绩一定很好，经济账算得那叫一个明白。可他忘了，在政治领域，最重要的从来都不是经济账，而是民心账。民心就是最大的政治，谁忽视了民心，谁不把人民当回事，任你经济再繁荣，实力再强大，也必将被历史和人民所抛弃。

可让人意外的是，当这个缺心眼的建议上报到朝廷以后，宋徽宗竟然同意了。也许在他看来，燕人本就不是大宋子民，只要能够顺利收复燕京，让他们做出点牺牲，也未尝不可。

本来只想要几个难民，没想到却收获了数量巨大的良民，大金大喜过望。他们立即行动，将燕京及所管州县中财产在一百五十贯以上的富户统统搜检出来，共计三万余户，由投降的燕京官员左企弓等人负责押送，东取榆关、平州等地北归。

金人还告诉这些北迁的燕人，他们之所以落得如此命运，是因为北宋朝廷抛弃了他们，以换取郭药师的军队。民心，就这样一点点失掉了。

不仅如此，因为当时的金军尚未实行军饷制，士兵的收入直接和战斗后的抢劫挂钩。只要你有能耐，抢再多也没人管；相反，如果抢不到，也别指望有人可怜你，只能怪自己抢劫技术不佳。所以每次战斗后，士兵们都大抢特抢，当真是你不让我，我不让你。燕京同样未能幸免，被金军抢了个底朝天，几乎成为空城。

该抢的抢了，该迁的迁了，加之天气渐热，金军不适应炎热的气候，完颜阿骨打还因此生了重病，金军陆续北归。

随着金军撤离，宋军终于可以渡过卢沟河，开始接收燕京的工作。

最先开进燕京城的，是前军李嗣本的队伍。可大军刚入城不久，就见城外来了一群凶神恶煞的北人军队，大家的第一反应是：不好，大金军队又打回来了！

一时之间人心惶惶，纷纷欲逃。可跑出去还没几步，就被对方拦住了去路：别跑了，自己人！原来，这只北人军队正是郭药师的常胜军，因为都穿着民族服装，被误认成了金兵。

一阵纷扰之后，大家终于安定下来。随后，童贯率领大军入城，燕京收复活动达到了高潮。

据宋方记载，虽然此时的燕京城几乎已成一片废墟，城楼及重要设施均被金军毁坏殆尽，饿瘦的狐狸满大街乱窜，但残存的燕京百姓仍然从四面八方涌出，手捧香火欢迎王师到来，并发自内心地大喊："王师到来，吾辈重见天日矣。"

至此，燕京的收复工作胜利完成。

童贯立即起草了一封奏章，将大捷的消息上报宋徽宗。

为了写好这份奏章，童贯绞尽脑汁，使出浑身解数，极尽阿谀奉承、溜须拍马之能事，本该实事求是、严肃庄重的公文，硬是让他写成了歌功颂德、精彩纷呈的抒情散文，堪称马屁界的天花板。

在奏章里，童贯将所有功劳都归于宋徽宗一人，说正是因为他神机妙算、未卜先知，预先看出了大辽将要灭亡的迹象，果断制订了灭辽计划，才取得了今天的辉煌成果，不仅收复了前朝失地，更解救了一方黎民，功莫大焉。

更难能可贵的是，童贯还贴心地替领导遮羞，篡改历史，将败绩连连的收复燕京之役，美化成了一部未尝一败的战斗史：

（宣和四年）自五月二十二日、二十五日、二十九日，八月十四日、二十一日、二十九日，九月一日、九日，王师屡胜，残虏震慑……

至九月二十三日，郭药师领常胜军兵举涿来归；二十七日，遣发兵马进取易州，杀戮城内契丹殆尽，当日收复易州；十月四日，攻破牛栏寨，易州之路尽通，节次收复归义、安城、固安、威城、涞水、良乡、武清、安次、清化、漷阴、潞、三河、析津、宛平、卢龙、玉田等县，及景、蓟等州，同时纳土，幅员数千里……

十月十八日，大兵至良乡县界，杀退贼众。二十三日，遣奇兵径入燕城，杀戮城中契丹万众，燕民鼓舞，四军贼首，援兵旅拒。二十五日，再战于卢沟河，贼酋退保燕城。

瞧瞧，多么辉煌的战绩！多么威武的王师！多么圣明的君主！

消息传回汴京，举朝欢庆，至有喜极而泣者。大家纷纷拿出看家本领上表称贺，对宋徽宗的英明领导和辉煌成就大加颂扬。

当然，最兴奋的还是宋徽宗本人。

自后晋天福三年（公元938年）石敬瑭将燕云十六州出卖给大辽，至今已一百八十六年。在这将近二百年的时光里，中原王朝曾多次尝试，力图收回。周世宗试过，宋太祖试过，宋太宗试过，均未能如愿。现在，列祖列宗未竟的事业，已然在自己的手中完成！

虽然目前实际上只收回了燕京，但大金已答应在捉拿耶律延禧后，将西京也交还宋朝，到时整个燕云地区都将回到大宋的怀抱！

一百八十六年的遗憾，将在我的手中终结！这是何等的丰功伟绩！这是何等的荣耀辉煌！我将超越先辈，成为大宋开国以来乃至唐末以来最伟大的皇帝，甚至可以和秦皇汉武相比肩，成为明君圣主的代名词，为万世所传颂和敬仰！

兴奋之余，宋徽宗对文武群臣大加封赏：宰相王黼赐玉带，进太傅，总治三省事；蔡攸为少师；赵良嗣为延康殿学士。其余人等，各有等差。最光荣的当数童贯，按照宋神宗收复燕云者封王的遗愿，童贯被晋封为王，他也由此成为中国历史上唯一一个被封王的宦官，前无古人，后无来者。

一时间，君臣同乐，文恬武嬉，欢声笑语，载歌载舞。

代理燕山府事宜的詹度专门赋诗一首，诗中有这样两句："为报燕山诸将吏，太平取在笑谈中。"大有谈笑间樯橹灰飞烟灭，天下从此太平无事之感。

但，真的天下太平了吗？

四、幻象之下

就在宋徽宗君臣为燕京收复而弹冠相庆，为盛世到来而疯狂欢呼时，有几个人却面色凝重，忧心忡忡。

在众人的欢呼声中，在一片歌舞升平下，在虚幻的太平表象背后，他们隐隐感到，一场巨大的危机正悄然酝酿，而这危机一旦爆发，必将倾山倒海，天翻地覆。

现在，让我们对收复燕京做一个整体回顾。

政和元年（公元1111年），马植来归，联金灭辽的战略构想正式形成。

重和元年（公元1118年），北宋向大金派出了第一波使者，开始了与大金的正式接触。

此后的六年间，使者们走马灯似的来往于两国之间，谈判、争论、唇枪舌剑，被俘、被囚、被迫随军，有过绝望，有过荣光，也有过生命危险。

经过六年的外交争斗，大宋的使者们最终不辱使命，通过谈判达成了收复燕京的政治目标。

当然代价也是有的：每年五十万岁币、一百万燕京代租钱、二十万犒军费、十万石粮食、二千栲栳绿矾。大致如此。

使者们已经尽了最大努力，这是他们所能争取的最低价码。

这样的代价算不算大呢？

实事求是地说，不算太大。前面说过，给大辽的五十万岁币，大致相当于宋朝年财政收入的百分之一。现在大金涨到了一百五十万，大致相当于财政收入的百分之三。虽然金额上去了，但大宋毕竟收回了燕京，不久还可能收回西京，这两地不仅面积广大，战略价值更是非同小可，这么说来，代价实在不能算大。

如果宋金之间真能如曾经的宋辽一样，长时间地和平下去，那么毫无疑问，这算得上一场胜利，一场外交上的巨大胜利。

请注意，我说的是“外交上”的胜利。问题恰恰出在这里。

有一句十分著名的话："战场上得不到的东西，永远不要期望从谈判桌上得到！"这正是宋军的问题所在。

反观收复燕京的全过程，宋军在战场上可谓屡战屡败，不仅战果全无，更是将老祖宗积攒了数十年的军事物资丧失殆尽。在毫无军事支持的背景下，宋朝竟还能得到燕京，可以说，完全是靠使者们在谈判桌上的努力与争取。换句话说，宋朝在谈判桌上得到了在战场上没有得到的东西。

这很幸运，但也注定了胜利果实的脆弱。

对此，赵良嗣有着清晰的认识。

虽然他是联金灭辽的始作俑者，但在五六年的外交接触中，他对大金的强悍有了更加深刻的认识，对大宋的软弱有了更加清醒的判断，对双方军事实力及官兵素质也有了更加真实的感受。

燕京空城内，望着金兵满载而去的背影，赵良嗣知道，用不了太久，这些人还会回来，而那时，他们将成为大宋的敌人、比大辽可怕百倍的敌人。他曾私下里对人说，宋金之间的和平最多也就能维持三年。

他不愿亲眼看到这样的情景发生，他不想自己曾经的宏图大略变成引狼入室。所以，当宋徽宗对他进行封赏时，他拒绝了。

他想做一只将头埋进沙子的鸵鸟，回到乡村种几亩薄田度日，有人看到他时，指着他的背影说："看，这就是那个收复燕云的首谋之人。"他就知足了。至于其他，至于将来，他不愿去想，也不敢去想。

但上天似乎并不想让他安度晚年，想逃的终究逃不掉，宋徽宗拒绝了他致仕归隐的请求，坚持要他继续为朝廷服务。赵良嗣无奈地长叹一声，也许，他预感到了自己最终的命运。

与赵良嗣相比，马扩显然要务实得多。

早在与金人谈判的过程中，他就已经意识到，宋金之间必有一战，如果只想着收复燕云，而不加紧练兵备战，那么即使能收回燕云，也必定得而复失。

在金兵攻占燕京后，他奉命再次去与金人谈判。临行前，他明确向宰相王黼表示："当此形势，于复地未为急，而防后患乃急务也。"

他甚至已经提前谋划好了对策，根据不同的形势，制订了上中下三种不同的方案：

如果大金将燕京、西京及平营滦三州全部归还，则以故民守故地，以长城和天然形成的山川为依托，同时着重守好各个险要的关口，如此则成易守难攻之势，得以复境土而绝后患，是为上策。

如果大金只归还燕京，那么就要在涿易二州严防死守，多筑城垒，严屯军马。考虑到宋军的战斗力远不及金兵，保险起见，最好通过开掘人工河的方式，将涿水和易水连接起来，形成纵横交错的水网，来阻挡金兵南下。彼来则御之，退则备之，是为中策。

如果只顾眼前利益，将全部精力都用在求取土地上，而不思善后之计，是为下策。

让马扩没有想到的是，他的下策却是朝廷的上策。宋徽宗君臣一心只想快点收复燕京，完成前人没有完成的壮举，根本无暇他顾。宰相王黼就直接对马扩说："取燕山便是功也，余不须论。"

中国有两个成语——居安思危、未雨绸缪，还有句老话——人无远虑，必有近忧。然而宋徽宗君臣身处危局而不自知，面对险境而不自省，其结局也就可想而知了。

可悲，亦可叹。

更为可怕的是，就在宋徽宗君臣沉醉于太平盛世的幻想中时，大金却正发生着微妙的变化。

我们前面说过，游牧出身的完颜阿骨打是很朴素的。即便胜利一个接着一个，即便做了皇帝，他仍然保持着游牧民族首领艰苦朴素的作风，一张虎皮往雪地上一铺，便是龙椅，一顶比普通人稍好的帐篷，便是御帐。他与战士们一起冲锋陷阵，一起披星戴月，一起吃沙喝风。即便攻陷了大辽最后的都城燕京，面对辉煌的燕京宫殿，他也是和将领们一起坐在门槛上，好像身后那象征着权势和地位的大殿和他完全没有关系。

但历史一再告诉我们，伴随胜利而来的，不仅有荣光和伟大，还有阿谀和奉承。战场上的明枪暗箭打不败的，往往会在糖衣炮弹的围攻之下瓦解。

完颜阿骨打也不例外。在辽国降臣左企弓等人的影响下，曾经朴素的完颜阿骨打悄然变化。他开始意识到自己的权势和威严，开始享受声乐，注重排场，讲究礼仪。他已不是当初的女真部落首领完颜阿骨打，开始向大金皇帝完颜阿骨打转变。

幸运的是，完颜阿骨打老了。多年的征战、持续的疲劳、满身的伤痛，他已不是当年那个活力四射、充满激情的年轻人。作为从大山里走出来的第一代女真首领，他的骨子里有一股浓浓的乡愁。大辽覆灭在即，他的愿望已基本达成，他对远离家乡的燕云地区并没有太多留恋，他内心里渴望回到生他养他的白山黑水之间。也许正是在这种心理的支配下，燕京的交割才变成了现实。

但大金并不是完颜阿骨打一个人的大金。正值壮年的一代人——以粘没喝为代表的年轻将领，对于苦寒之地的东北并没有太多依恋。他们朝气蓬勃、斗志满满，他们渴望建功立业，通过攻城略地来实现自己的人生价值。

而在与宋朝的一次次接触中，他们逐渐意识到，这个曾经的庞然大物不过是纸糊的老虎，只需要轻轻一戳，就可以将它推倒在地。于是，平视变成了轻视，对等变成了倨傲，对和平的渴望变成了不可抑制的进攻冲动。

在燕京交割的最后关头，粘没喝断然向完颜阿骨打建议，只将早就投降的涿易二州划给宋朝，其余由大金自己占领。

完颜阿骨打拒绝了他，说："海上之盟，不可忘也。我死，汝则为之。"

这是拒绝，也是无奈地默许。

粘没喝没再说话。对于完颜阿骨打，他是忠诚的。这种忠诚是深厚的，他可以压抑自己心中炽热的冲动。但这种忠诚也是脆弱的，只要忠诚的对象不复存在，他内心的冲动就会彻底失去束缚，变成喷涌的火山，变成剧烈的地震，变成铺天盖地的海啸，不将这个世界搅个天翻地覆绝不停止。

很快，完颜阿骨打病了。连年征战，炎热气候，水土不服，令他生了重病。在生老病死的自然规律面前，再强大的权势、再无上的地位，依然脆弱不堪。钢铁一样的汉子，终于走到了生命的尽头。

宣和五年（公元1123年）八月，完颜阿骨打病逝。

一个时代终结了。

按照兄终弟及的传统，完颜阿骨打的弟弟完颜吴乞买继位，是为金太宗。

一个崭新的时代来临了。

大宋的命运，又将何去何从呢？

拾伍

招亡纳叛

一、又一个改变历史的人

谁也没有想到，对宋金和平的考验会来得如此迅速。

宣和五年（公元1123年）五月，北宋都城汴梁突然来了两个不速之客，带来了一份宋徽宗做梦都想得到的大礼。

随着大辽五京的陷落和燕京划归大宋，政治格局发生了急速变化：北方是兵势正炽的大金国，南方是逐渐显露出软弱之态的大宋，西北是天祚帝耶律延禧的残辽势力，东北则是占据奚人旧地自立为帝的萧干（此时还没有死）。

事实上，除此之外，还有一个面积不大但战略地位却十分重要的区域，正在以上几方势力的包围下战战兢兢。

没错，就是宋金谈判时，赵良嗣和宋徽宗一直心心念念的平营滦三州。

此时的三州，名义上仍然是大辽的属地，却被宋金两国挤压在了一个小小的角落里，而宋金两国也必然不会允许这样一个不稳定势力长久存在。何去何从，成为三州不得不考虑的问题。

此时，三州的实际统治者是一个叫张觉的人（某些史料也称其为张毂或张防）。

张觉是土生土长的平州人，年轻时曾中过进士，后担任平州节度副使，在当地颇有威望。天祚帝耶律延禧西逃之后，平州人心惶惶，发生了兵变，节度使被杀。关键时刻，张觉挺身而出，及时稳住了局面，平定了叛乱，便被大家推举主持平州军政事宜。

北辽皇帝耶律淳死后，张觉深感辽之将亡，便精选丁壮，命将练兵，延揽人才，组建起一支五万人的军队，以备非常。

北辽萧太后听说后，立即派一个名叫时立爱的官员前来接管平州。面对这个空降的领导，张觉十分客气，整天好吃好喝好招待，就是不让他处理政务，生怕把领导累着。时立爱也很知趣，知道自己这是被架空了，索性装病，什么也不管，落得一个清静，你爱干啥干啥吧。

张觉就这样做起了土皇帝。然而，他这个土皇帝做得并不安稳。

金军攻下燕京、灭亡北辽以后，立即调转枪口，想一鼓作气，把平州也拿下。为此，完颜阿骨打专门找来北辽降臣康公弼询问张觉的个人情况。

康公弼说："张觉不过一个狂妄无谋的莽夫而已，虽然手下有几万兵马，不过是一群乌合之众，连吃饭都成问题，成不了气候。不如示之以不疑，然后徐徐图之。"

完颜阿骨打此时已经生病，金军刚刚经历大战，也需要休息，他便听从了康公弼的建议，将攻打平州一事搁置，准备撤回东北老家。

按照宋金之间达成的协议，燕京的达官贵人和富户工匠也要由金军带回东北，中途需要经过张觉的平州。粘没喝怕出现意外，便找辽国降臣左企弓、康公弼等人商量，想以三千骑兵先将平州攻下，再带领燕京富户北归。

康公弼再次表示反对，说攻打平州只会促使张觉反叛，万一他和宋朝联合起来，必将给金军造成极大的麻烦。如果粘没喝实在不放心，他愿意效仿古人，单人单骑入城，劝说张觉归顺大金。

粘没喝同意了。

康公弼还真的说干就干，立即起身前去平州，准备以三寸不烂之舌拿下张觉。

张觉很给面子，热情地接待了康公弼，向他表明自己是个识时务的人，目前大辽行将覆灭，自己岂敢与大金为敌？自己麾下的五万军队并不是针对大金，而是用来防备萧干的，还请大金不要误会。

接着，他还不忘拍拍康公弼的马屁，说："我都听说了，平州之所以能免于战火，都是您在大金皇帝面前美言的结果，您就是平州百姓的再生父母呀！今后，还请康大人您多多维护，我代表平州百姓谢谢您啦！"

康公弼哪受得了这个，当即拍着胸脯说，老弟放心，一切包在我身上！

两人把酒言欢，完事后张觉又送了许多金银给康公弼，好好地腐化了他一把。

俗话说"吃人嘴软，拿人手短"，回到金军大营之后，康公弼对张觉大加赞扬，说这兄弟对大金极度友好，是个绝对靠得住的人，大家把心放在肚子里就行。

粘没喝大喜，立即上奏完颜阿骨打，将平州改称南京，并任命张觉以代理宰相的身份管理南京事务（试中书门下平章事判留守事）。

稳住张觉之后，金军开拔，一路向西继续追击天祚帝耶律延禧，一路押送燕京富户工匠和物资经由平州返回东北。

完颜阿骨打本想多派点士兵护送物资北返，但左企弓拒绝了。他说，士兵太多，容易让张觉产生误会，引起不必要的麻烦，既然他已经归顺了，我们就要相信他。

然后，出事了。

燕京人民大都是汉人，而汉人有一个十分重要的民族特征，就是安土重迁，不到万不得已，谁也舍不得离开自己的家乡。现在，金军要把他们从生活了数辈甚至十几辈人的土地上带走，带去那遥远而又陌生的东北荒凉之地，他们怎能不悲从中来？

他们一步一回头地上路了，离家乡越远，对家乡的留恋愈多，心中的悲凉之情愈重。走到平州时，这种感情再也无法抑制。因为过了平州，就算是出关了，就真正离开了中原，到了那可怕的异族之地，这不仅是地理意义上的背井离乡，也是精神和文化上的流离失所。

他们不愿意接受这样的命运，张觉成了他们最后的希望。他们派代表偷偷找到张觉，向他痛哭，从国破家亡哭到君主播迁，从祖宗陵墓哭到颠沛流离，从民族大义哭到个人气节，真可谓凄凄惨惨戚戚。气氛烘托得差不多了，他们向张觉提出了正义的质问："公今临巨镇，握强兵，尽忠于辽国。免我迁者，非公而谁？"

用今天的话说，这是赤裸裸的道德绑架。然而这招对张觉却很管用，毕竟都是大辽的子民、曾经的同胞，既然大家这么看得起我，岂有坐视不管之理？面子还要不要了？

但张觉也不是傻子，他知道与大金决裂的后果有多么严重，所以他并没有急于表态，而是立即召集了属下，想听听他们的意见。

大家的意见出奇的一致：同意，反金！

当然，以平州的实力，单干是不行的，必须找几个帮手。听说天祚帝耶律延禧最近军势复振，在西北地区闹得很欢，大有打回老家来的劲头，可以派人与他取得联系，既能增加自己的实力，也可以借助天祚帝的名义来凝聚辽人之心。同时，可以将燕京人民放回燕京。燕京现在是大宋的属地，放归燕人，既可以讨得大宋的欢心，万一金军来攻，还可以把大宋拉下水，一起对抗金军。

如意算盘打得噼啪乱响，但张觉仍然不放心，又找来素以谋略著称的翰林学士李石商量。李石也表示赞同，张觉这才下定决心。

他们抢劫了金军缴获的物资，逮捕了左企弓等带头投降大金的辽国官员，宣布了他们的十大罪状之后，斩首示众，以表明自己与大金势不两立的决心。值得一提的是，在被斩首的罪犯当中，有一个人是康公弼。没错，就是那个单人单骑劝降张觉的人。他被本以为靠得住的小老弟杀掉，临死前不知会做何感想。

杀掉康公弼等人之后，张觉宣布，所有燕人自由了，愿意回燕京老家的回老家，愿意留下从军的从军，愿意去别处投靠亲友的，也请自便。

一时间，燕京百姓如重获新生一般，纷纷扶老携幼返回燕京老家，更有甚者，担心金兵再度来攻，干脆直接跑到了北宋都城汴梁。

消息传到汴京，宋徽宗大喜，原本以为得到的是一座空城，没承想才过了没多久，百姓又回来了。他立即下令，回归燕京的旧民之中，原本有官职的官复原职，没官职但有真才实学的酌情安排工作，普通百姓则免除三年赋税。一时之间，燕人大悦。

此时，无论是张觉，还是宋徽宗，都没有意识到，在这振奋人心的喜悦背后，一场巨大的危机正悄然来临。

二、危机降临

杀掉康公弼等人、放归燕民之后，张觉害怕了。

因为他发现，天祚帝耶律延禧并没有想象中那么强大，这位老领导折腾了没两下，便又被金军打回深山老林啃树皮去了。老领导是指望不上了，张觉只好把希望放在了大宋身上。

他派翰林学士李石（为掩人耳目改名李安弼）等人找到负责燕京日常事务的王安中，表示自己愿意归顺宋朝、纳土称藩。王安中见兹事体大，立即上奏朝廷，等待宋徽宗的最高指示。

令人意外的是，这一次，面对平营滦三州如此巨大的诱惑，宋徽宗竟然一反急功近利的常态，保持了难得的克制。他派人告诉王安中等人，张觉这个人反金是真，但他至今仍用天祚帝的年号，不管大事小情，都要先拜完耶律延禧的御容才行动，又暗地里与宋朝宿敌萧干勾结，其对大宋是否真心归顺，尚未可知。为今之计，最好的办法是先把他糊弄住，说几句好话，给他点好处，让他不至于成为宋朝的边患，最好能让他先和大金国大战一番，我们坐收渔翁之利。

不得不说，虽然宋徽宗大部分时间都沉湎于艺术创作，但这并不妨碍他要弄政治手段，玩起阴招来，那是一点也不比别人差。

宋徽宗这种模棱两可的态度，让张觉很是着急。让他更着急的，是城下的金兵。

张觉反叛的消息传到大金后，完颜吴乞买和粘没喝等人简直要气炸了：亏我们这么信任你，你竟然敢半道截和！立即派大将阇母讨伐。

说起这位阇母，可真不是个简单人。他是金太祖完颜阿骨打同父异母的弟弟，素以骁勇善战著称，在灭辽战争中屡立奇功，尤其在攻克西京的战斗中，更是创造了以三千人打败三万辽军的辉煌战绩。完颜吴乞买派他去剿灭张觉，可见其对平州的重视。

阇母也不负众望，一连打了好几个小胜仗，先败张觉军于润州，复败之于营州东北，又败之于楼峰口。

张觉急了，只好亲自出战，两军在一个叫作兔耳山的地方展开激战。这一次，阇母竟然输了。加之当时正处于夏季，金军适应不了炎热的天气，待的时间越长，战斗力下降得越快，阇母眼见再打下去肯定要吃亏，只好战略性撤退。但就这样回去，实在是没面子，所以临走前，他在营州城城门上写下了这样一句话："夏热且去，秋凉复来。"既算是对张觉的恐吓，也给自己的撤退找了个台阶下。

阇母虽然撤退了，但实际上并没有损失多少人马，根本谈不上大败。然而，张觉却决定好好利用一下这次难得的机会。他将这次战斗渲染成了一次了不起的大捷，派人报告给王安中，王安中又派人上报宋徽宗。

事实证明，张觉这一招很管用。宋徽宗听后大喜，认为张觉连金兵都能打败，是个难得的人才，加之平营滦三州具有重要战略价值，当即决定接受他的归降，命人制发诏书，交由李安弼（即李石）带回，封张觉为节度使（世袭），就连他的属下也各有封赏。

为了体现对张觉的重视，宋徽宗还充分发挥自己的艺术专长，亲自用金花笺写就了一封御笔，让张觉的弟弟亲手交给他。

这一切都是秘密进行的，朝臣大都被蒙在鼓里，只有少数几个人知晓此事。赵良嗣便是这少数人中的一个，他立即上书，建议宋徽宗取消对张觉的招降和封赏。理由很简单，大宋和大金刚刚签订了协议，约定互相不能接收对方的叛徒，你现在招降张觉，不是毁约吗？而且大金的实力在那里摆着呢，惹恼了它，我们吃罪不起呀。

对于这种扫兴的话，宋徽宗向来是不听的，他狠狠地处罚了赵良嗣，封赏如期进行。他怎么也不会想到，封赏张觉的诏书和御笔即将成为自己的罪证，被别人牢牢地握在手里。

就在宋徽宗和张觉陶醉在胜利的喜悦中时，金国那边也没闲着。阇母撤回去之后，金太宗完颜吴乞买觉得很没面子，又派斡离不前来讨伐平州。

斡离不来得很巧，他到平州的时候，正赶上一件喜事：宋徽宗派来封赏张觉的人也到了。

张觉听闻派去商量投诚事宜的李安弼等人带着宋徽宗的诏书和犒赏回来了，高兴地跑出城外很远去迎接。

这一跑，出事了。斡离不探听到这个消息后，立即派一千余名骑兵截断了张觉的后路，将他与平州城分割开来，开始了攻击。

张觉没有防备，带的人少，平州城又回不去，自然敌不过斡离不的骑兵。宋徽宗派来封赏的人被来了个一锅端，张觉仓皇逃往燕京。宋徽宗的诏书被金军截获，成为日后金国指责宋朝背盟的证据之一。

赶走了张觉，斡离不对平州城发动进攻。

平州城群龙无首，都统张忠嗣（真对不起这个名字）和张敦固等人立即逃出城去，投降了金军。

斡离不可不是养闲人的主儿，他立即派了一名使者，和张敦固一起进城劝降。愤怒的平州军民杀掉了使者，向张敦固走来。接下来，令人意外的一幕发生了：平州军民并没有把张敦固这个叛徒杀掉，反而推举他为平州城的新统领，让他带领平州军民抵抗金军。

张敦固竟然答应了，还很尽职。在他的指挥下，平州军民上下一心，严防死守，加之平州城池坚固，金军费劲了九牛二虎之力却收效甚微。

斡离不恨得牙根痒痒却无计可施，只好走阇母的老路，先去攻打营州。这一次，营州没能像上次一样挺住，很快沦陷了，张觉的一家老小也被捉住。

消息传来，张觉的弟弟急了。他本来已经同张觉一起逃到了燕京，听说母亲在营州被金兵抓到，立即没命地赶往营州，结果也被抓住。

更糟糕的是，可能他走得太过着急，宋徽宗的金花笺御笔都没来得及交给张觉，还在怀里揣着呢，也落入金兵手中。于是，金军又多了一样宋朝背盟的证据。

营州既下，斡离不立即调转兵峰，再度对平州发起了攻击。

按理说，兄弟军队被围，宋朝应该赶紧派兵援助才对。可搞笑的是，宋朝虽然接受了张觉投诚，也下诏对张觉进行了封赏，但这些都是暗地里进行的，宋徽宗君臣也不知道诏书和御笔已被金兵截获一事，表面上仍要装作和张觉毫无关系的样子。所以，尽管平州被斡离不团团围困，宋朝却不敢派兵前去救援。

不仅不能救，宋朝还要帮着金军一起攻打平州。斡离不说了，既然大金和大宋是盟友，现在大金讨伐叛逆，大宋理应提供物资帮助。宋朝为了装出一副认真履行盟约的样子，不得不源源不断地给大金提供军粮，为他们攻打平州提供支持。就这样，靠着大宋的军粮，斡离不成功克服了后勤不足的困难，一连将平州围困了十个月之久。

这下，平州受不了了，城中的粮食已经吃尽，又没有外援补给，饿死的饿死，病死的病死，最后只剩下没有战斗力的几千人。就这样，平州城陷落了。

至此，平营滦三州全部落入金军之手。

宋徽宗忙活了半天，不仅什么也没得到，还搭上了许多军粮。

更严重的还在后边。

三、张觉之死

其实，早在平州攻坚战尚在进行的时候，斡离不已经开始了向宋朝施压。他派人找到王安中，要他老实配合，交出叛将张觉。

此时，张觉正藏匿在郭药师的常胜军中。为了掩人耳目，郭药师还专门让他改名为赵秀才，以免走漏风声。

面对斡离不的索取，王安中按照宋徽宗的指示，一开始咬死也不承认见过张觉这个人。但斡离不也不是好糊弄的，你不给我，我就一直催。

宋徽宗一看这么糊弄下去也不是个办法，就让王安中找了一个和张觉相貌相仿的人杀掉，想要蒙混过关。

经过仔细辨认，斡离不识破了诡计，愤怒了。他派人告诉王安中：少跟我玩这套，我现在很生气，如果再不乖乖交出张觉，我就带领军队自己去把他抓出来。

王安中一看斡离不要玩真的，吓坏了，立即将情况上报宋徽宗。关键时刻，宋徽宗马上给王安中下令，将张觉秘密处决。

可怜张觉放着大金的宰相职位（同中书门下平章事）不要，连老母亲都不顾了也要南来，还以为自己找到了靠山，没承想到底还是成了宋徽宗讨取金人欢心的棋子。他气得破口大骂，然而一切都无济于事，王安中到底还是罗织了几个罪名杀掉了他，把他的头用水银泡在盒子里送给了金人。

张觉死了，产生的影响是恶劣的。影响最大的，是郭药师及其统领的常胜军。

张觉和郭药师曾同在辽国为官，张觉叛逃金国后，又是郭药师收留了他。宋徽宗为了讨好金人，派人来逼张觉自杀的时候，郭药师百般求情，但张觉仍然在他的眼皮底下被杀。

兔死狐悲，张觉的死深深刺痛了郭药师。

曾经，他以为自己是宋朝不可或缺的重要支柱，是宋徽宗极为倚重的国之长城。遥想当年，他初次进京，宋徽宗给予他极高规格的礼遇，给他分配了府宅和姬妾，还亲自在内廷的延春殿接见他，同他亲切交谈。老郭感动地流下了眼泪，千言万语化成一句话："愿效死！"

宋徽宗也很实在，好，既如此，那你就去把耶律延禧给我捉来吧！

刚刚还愿效死的郭药师，马上就翻了脸，说："耶律延禧是我的故主，故主逃走，国破家亡，我不愿投降大金，这才投奔兄弟之国大宋。你让我干什么事都行，但要我去抓故主，恕难从命！"

宋徽宗相信了他，不仅没有怪罪他，反而称赞他是个大大的忠臣，还脱下自己的御袍送给他，随后又提拔他为地方大员，让他和王安中一起镇守燕京。

对郭药师统领的常胜军，宋徽宗也是有求必应，最好的武器、最好的马匹、最好的待遇，都给了常胜军。对郭药师的信任，可见一斑。

郭药师陶醉于这份信任与荣光之中，他一度认为，这样和谐的君臣关系会一直持续下去。然而，张觉之死让郭药师对这份信任产生了深深的怀疑。他彻底意识到，任何人都不过是宋徽宗手中的棋子而已，只要需要，宋徽宗随时可以牺牲任何人。他悲愤地质问："金人欲觉即与，若求药师，亦将与之乎？"

从此以后，郭药师和他的常胜军开始动摇了。不久之后，他们将在一个关键时刻做出一个关键决定，而这个决定，将影响大金和大宋的命运。

张觉死了，然而宋金两国的争议并没有因此画上句号。

前面说过，张觉叛金的时候，大量燕京旧民从平州逃回大宋境内。而根据宋金之间达成的协议，任何一方都不能接纳对方国家逃出的难民，并且要主动送回。斡离不抓住了这一点，要大宋在规定的期限内将难民全部遣返。

于是问题来了。大家都知道，与常住人口有户口和固定住址不同，难民属于流动人口，今天还在高家庄，明天可能就跑到赵家庄，后天可能就变成失踪人口了。一个两个还好说，别管是死是活，发动社会力量总还可能找得到。但如果是成千上万呢？要想一个不落地全部找出来，那真是比登天还难。

换句话说，这不是大宋想不想遣返的问题，而是能不能遣返的问题。

更难办的是，到底有多少人口需要遣返，无论大金还是大宋，都没有一个明确的统计数字。我遣返一百人，你说不够；我遣返一千人，你又说不够；我遣返一万人，你还说不够。那到底该遣返多少？你说你也不知道。

发现没？这实际上就是一笔糊涂账。而糊涂账的了结，完全在于双方互相谅解。关系好了，你不介意，我不纠缠，一笔勾销，这事就算过去了；关系不好，那这笔账算到子孙十八代也算不完。

宋金之间关系好吗？现在来说肯定不算好。

斡离不一次次派人来催，宋朝一次次完不成任务。当然，斡离不也知道宋朝根本无法完成这个不可能完成的任务，之所以坚持不懈派人来，一方面是为了进一步摸清大宋的虚实，另一方面，在往来燕京的过程中，斡离不还派间谍秘密策反了不少原大辽的高级官员和普通民众，将燕京情报源源不断地送到斡离不的军营。更重要的是，斡离不要通过这件事向大宋表明态度——错在你们。只要他想，随时可以以此为借口，向大宋提出新的要求。

张觉事件的另一个影响是，使得山后诸州的交割成了泡影。

实际上，完颜阿骨打活着的时候，山后诸州已经开始向宋朝移交。然而移交尚未完成，完颜阿骨打就死了，交割工作也陷入了停顿。

完颜吴乞买继位后，宋朝又派人对山后诸州提出了主张。完颜吴乞买本想完成完颜阿骨打的遗志，将山后诸州交给宋朝。关键时刻，一个人阻止了他。

拾陆

大辽灭亡

一、山后诸州

关于山后诸州的归属，我们有必要来捋一下。

山后诸州原本属于大辽，又称云州地区或云中地区，以西京为统治中心。

完颜阿骨打起兵反辽以后，辽军节节败退。随着西京陷落和天祚帝耶律延禧西逃，西京所属州县迫于金军压力，纷纷望风而降。

但这种投降是在军事压力下的审时度势，并非真心归附。后来，完颜阿骨打移军东进去攻打燕京，留在云州地区的兵力大为减少，这些州县便蠢蠢欲动，意图脱离大金的控制。尤其是距离宋朝最近的武州、蔚州、朔州和应州，更是直接与宋朝取得了联系，表示愿意归顺。

当时，宋朝方面负责山西地区事务的官员是一个叫谭稹的宦官（童贯被暂时撤职）。谭宦官没想到自己的运气这么好，刚上任就遇到如此好事，立即派大将李嗣本带领军队接收，四州就这样悄无声息地成了宋朝的囊中之物。

然而谭稹的好运并没有持续多久。谁也没想到燕京的战事会结束得如此迅速，让宋军吃尽了苦头的辽军在大金勇士面前竟然不堪一击，顷刻间便土崩瓦解。攻下燕京后，完颜阿骨打一面与宋军商讨交割燕京事宜，一面回军西归，这才发现四州已经偷偷归降了大宋，立即派兵攻打。李嗣本自然敌不过如狼似虎的金军，四州重又落入大金之手。

前面我们说过，在交割燕京的过程中，宋金两国对于西京的归属也前前后后进行了多轮交涉。完颜阿骨打最后同意，在将天祚帝抓住之后，把西京也交给宋朝，为此还向宋朝索要了一笔二十万的犒军费，又“借”了十万石粮食。

随着灭辽战事不断推进，部分州县已经开始交割，但就在这时，完颜阿骨打突然病死，交割也陷入了停滞。

完颜吴乞买继位后，按照外交惯例，宋金两国之间开始了新一轮的使者往来，告哀使、遗留使、告登位使，祭奠使、吊慰使、贺登位使，你来我往，好不热闹。

在使者往来的过程中，宋朝重新对山后诸州提出了政治主张。

完颜吴乞买本打算履行这一政治承诺，然而当他将这一想法告诉群臣后，立即遭到了反对。粘没喝更是专门从云中赶回去，提出了自己的意见。

他对完颜吴乞买说，当初太祖（完颜阿骨打）许诺归还西京，前提条件是宋朝能够遵守盟约。现在太祖尸骨未寒，宋朝就公然招亡纳叛，背信至此，还能指望他日后遵守盟约吗？而且现在天祚帝还没有抓住，如果将西京地区交给宋朝，大金兵马将失去屯据之所，如何开展军事行动？

完颜吴乞买听从了粘没喝的建议，只把武州、朔州交给了宋朝，而把西京所辖其余土地许诺给了刚刚归附的西夏。

然而就连武、朔二州，宋朝也没能安稳地占有多久，就又和大金起了冲突。

起因，是那笔十万石粮食。

宣和六年（公元1124年）三月，当时还在攻打平州的斡离不派人找到谭稹，说：“喂，欠我的那十万石粮食该给了。”

看着金使那副盛气凌人的模样，谭稹一下子就蒙了：什么粮食？我什么时候欠你粮食了？

谭稹很可能真的不知道这笔粮食，但金使却以为他在装傻，立即将话挑明，说这是去年四月谈判时，赵良嗣亲口许诺的。

谭稹一听这话瞬间来了底气，说空口无凭，我只认白纸黑字，宣抚司从未见过任何关于这笔粮食的文字，所以，对不起，别说十万石，一粒也没有。

话说起来很解气，但后果很严重。

气急败坏的金人立即联合西夏对武、朔二州发动了攻击。事实证明，谭宦官虽然说话够硬气，但打起仗来是真不行。几番交手下来，谭稹军大败，金人不费吹灰之力就把武、朔二州重新收入囊中，还进一步攻占了灵丘、飞狐两个县。

飞狐是连接河东（今山西）和河北（今河北）的重要通道之一，飞狐失陷，意味着宋朝又失去了一个战略要地，一旦宋金发生战事，宋军将不得不花费大量人力物力，防止金军从山西方向发起攻击。

宋徽宗大为恼火，立即将谭稹撤职。但一个萝卜一个坑，谭稹走了，总要有人在那里顶着呀，想来想去也没有别的人选，只好又让童贯走马上任。就这样，童大人再次肩负起了与金人打交道的重任。

童贯深知，谭稹之所以被撤职，是因为没有处理好山后诸州的相关事务，而自己要想不重蹈覆辙，当务之急就是和金人加强联系，就山后诸州的归属及交割事宜达成一致。

他甚至提前想到了山后诸州收复以后，由谁来担任边帅进行镇守的问题。他召集了宣抚司的中高层官员，要大家踊跃推荐自己心目中的理想人选。大家也不客气，纷纷推荐平时和自己混得不错的狐朋狗友，希望能借此机会帮兄弟一把，将来自己也能跟着沾光。

然而，对于属下推荐的人选，童贯听一个就摇一次头，再听一个又摇一次头，脖子都快摇断了，愣是没一个满意的。大家都是人精，一看这场面瞬间就明白了，敢情童大人这是有内定人选了呀，于是都不再说话。

童大人这才慢悠悠地说道："你们说的这些人，要放在和平年代确实可以独当一面，只可惜现在战乱迭起，要想守住山后地区，我看非马宣事不可。"

马宣事者，马扩也。

在宋金外交交往中，马扩是一个十分奇特的人物。他本是武举人出身，却临危受命，屡次代表宋朝政府，和赵良嗣等人出使大金，在艰难的环境中为大宋争取利益。更加难得的是，马扩还具有敏锐的军事意识。

在与大金的接触之中，他对宋金双方的军事优劣有着清醒的认识，对于大宋应该如何防备大金的侵略也有着独特的看法。他曾经多次向童贯提出合理化建议，劝他尽早整饬边备、加强训练。童贯虽然不听，但对于他的胆略和见识却十分欣赏，才会在心里将他看作山后诸州的镇守者。

当然，所谓镇守山后，现在还只是一种幻想，眼下需要做的，是派人和大金在云中地区的负责人粘没喝建立联系，就山后诸州的归属达成一致。

这个任务，当仁不让地落在了马扩的肩上。

但这一次，马扩没有取得任何成果。因为粘没喝恰好返回了东北，代理云中事务的兀室接待了马扩一行，谈来谈去只有一句话：大宋什么时候把难民全部遣返了，我们再谈山后的事。

话说到这个份上，显然没有再谈下去的必要了，马扩只好悻悻而归。

虽然外交上没有取得成果，但马扩仍然带回了有价值的情报。他告诉童贯，金军正在向飞狐、灵丘方向增兵，很可能不久就要对宋朝采取军事行动，应该立即将陕西方向的军队移防至燕山，帮助郭药师做好防御。

然而童贯却认为马扩是在小题大做，他自信满满地说："大金才刚刚占领大辽的土地不久，人心未稳，还有许多工作等待善后，岂敢在这个时候进攻大宋？”停顿了一下，童贯又补充道，“我这就到燕山去视察一下郭药师的部队，顺便给他提个醒，即便大金真打来了，也可保万无一失。”

但郭药师真的像他想的那样，堪当抵御金军的国之长城吗？

二、郭药师与常胜军

实际上，童贯并不信任郭药师与常胜军。

宋徽宗也是。

大家应该还记得，当初燕京回归时，宋徽宗改燕京地区为燕山府，派王安中为燕山知府，詹度、郭药师给他做副手。

问题是，詹度和郭药师谁也不服谁。詹度认为，皇帝的诏书上，我的名字在你的前面，我的地位就比你高，你就得敬我三分。郭药师却认为，同样是副职，你跟我装什么大尾巴狼？何况我手里还有军队，不服气就打你。

就这样，两人越闹越僵，眼看就要打起来了。宋徽宗为了团结起见，只好将詹度撤职，让蔡靖取代了他的职务。说来也怪，蔡靖不知道有什么魅力，郭药师竟然对他很尊敬，嚣张气焰也有所收敛。

不久之后，发生了张觉事件。张觉的悲惨下场让郭药师大受刺激，总担心哪一天自己也会被宋徽宗出卖，常有抱怨之语，并开始为自己准备起后路。

前面我们说过，常胜军的待遇几乎是所有军队里面最好的，最精良的武器、最精壮的马匹，都给了郭药师。但郭药师并没有将之用来武装军队，而是做起了军火生意，将这些武器卖给了其他军队和私人武装，用赚到的钱来贿赂朝廷中的高官，以此换取他们对自己的保护。

然而，纸终究包不住火，郭药师的不法行为最终还是被人举报到了朝廷，举报最积极的，便是詹度。按照他的说法，郭药师这家伙不仅贩卖军火，还与金人相勾结，是个彻头彻尾的叛贼。

当时主持燕山事务的谭稹也发现了常胜军的种种劣迹，便奏请宋徽宗，在山西地区组建了一支五万人的军队，取名为“义胜军”，专门用来防备常胜军。因为待遇比常胜军还要好，很多常胜军士兵也纷纷投奔而去。郭药师很生气，为了防止常胜军士兵逃跑，不得不在他们的脸上刺字作为标记。

谭稹因为处置山后事宜不当被撤职后，童贯重新走马上任，也曾想对常胜军加以防范。为此，他专门找到了马扩，询问他的意见。

马扩建议，常胜军他日必为后患，但现在还不能动他们，动则必致内乱，金军也会趁机入侵。为今之计，莫若从陕西、河东（今山西）、河北地区招募精兵十万，分为三支军队，分别驻扎于燕山、中山府（今河北定州）和雄州，对常胜军形成合围之势，则即便郭药师有异志，也无能为矣。

应该说，马扩的建议是符合当时实际的，如果童贯按照马扩的建议进行布置，那后来的那场悲剧就很有可能避免。然而历史没有如果，童贯并没有听取他的建议，因为他觉得招募十万人实在太过麻烦，远不如去震慑一下郭药师来得简单。

他决定亲自走一趟。

就在这时，宋徽宗也给童贯送来了最新指示。

原来，又有人对郭药师进行了检举揭发，举报他私自扩充军队，规模已达三十万人之多。宋徽宗本想来个“明升其职，实夺其权”，给郭药师封了个太尉的头衔，想把他召进宫里控制起来。无奈郭药师也是个人精，“辞不至”。

宋徽宗很生气，便给童贯下了命令，让他去对郭药师进行审查，如果确实有问题，就把他带走调查。这下，童贯想不去都不行了。

然而，让他没有想到的是，他甫一到达燕山，便感受到了郭药师满满的诚意与尊敬。郭药师热情地将他迎入大帐，倒头便拜。这一下就把童贯给整不会了，他连忙避开，说：“你是太尉，我是太师，咱俩级别一样，你怎么能行此大礼？”

郭药师却说：“太师，父也，药师唯拜我父，焉知其他！”

史书载，“贯释然”。这么好的同事，怎么会有问题？谁要说这样的同事不可靠，他才是真正的不可靠！是栽赃，是陷害，是打击报复！

童贯并不知道，在并不遥远的唐朝，也曾有一个归顺中原朝廷的北方胡人说过类似的话。唐玄宗质问他为何见了太子不跪，他却说：“臣只知陛下，不知太子。”后来，这个人反了。他的名字，叫安禄山。

感动之余的童贯，在郭药师的邀请下，对常胜军进行了检阅。郭药师带他来到了一处旷野，开始的时候空无一人，只见郭药师令旗一挥，顷刻之间，铁骑漫山遍野，士兵手中的武器反射着阳光，照得人睁不开眼睛。

童贯大喜过望，没想到郭药师不仅人老实可靠，业务能力还这么强。他立即上奏宋徽宗，褒扬郭药师，说将来抗击金人就靠他了。

平时没少拿郭药师好处的蔡攸也在一旁对其大加赞扬，于是乎宋徽宗大喜，“不复防制”。

他们不会想到，用不了多久，这个在他们眼里忠诚可靠的人，就会像曾经的安禄山一样，在关键时刻调转头，给予自己的老东家以致命一击。

当然，这都是后话。现在的宋徽宗君臣，正忙于另一件看似不可能的事——招降天祚帝耶律延禧。

你没看错，宋徽宗要招降曾经的死对头耶律延禧。

政治就是这么奇妙。几年前，宋徽宗在和大金订立盟约，誓要灭亡大辽、消灭耶律延禧时，是何其坚决。然而仅仅几年之后，他便改变了主意，要与这位曾经不共戴天的仇敌和平相处，还想请他在一个锅里吃饭。

之所以发生这样的变化，并不是因为宋徽宗精神错乱老糊涂了，而是因为他逐渐意识到，当初联金灭辽的决定，很可能错了。

随着灭辽基本完成和与大金的接触不断加深，宋徽宗慢慢发现，正像当初反对联金灭辽的大臣所说的那样，大金是比大辽更加可怕的邻居。现在大辽还没彻底灭亡，大金就已经蠢蠢欲动，与宋朝摩擦不断，一旦大辽不复存在，大金将更加肆无忌惮，甚至很可能对大宋发动攻击。

要想保证大宋的安全，最好的办法就是让大辽永远存在，利用大辽来牵制大金的军事力量，使大金不敢南下而牧马。

虽然此时的天祚帝耶律延禧已经失去了大部分国土，被金军挤压到了深山老林，但他在西北地区仍然有很大影响力，只要有他在，金军就不敢对大宋采取大规模军事行动。否则，一旦耶律延禧趁宋金鏖战之际，突然跑出来在背后捅一刀，大金就会陷入腹背受敌的不利局面。

所以，宋徽宗决定招降耶律延禧，继联金灭辽之后，再来个联辽防金。

问题是，耶律延禧会向宋徽宗投降吗？

三、弄巧成拙

此时的耶律延禧，正在深山老林里过着艰苦的日子。

自从西京之战被金军赶入夹山以后，耶律延禧便开始了吃草根啃树皮的半囚徒式生活。金军虽然进不来，但他也不敢出去。时间一长，耶律延禧受不了了，决定出来透透气。

宣和四年（公元1122年）八月，耶律延禧带着老婆孩子跑到了一个叫大渔泺的地方散心。金军探马得知消息后，立即上报给了完颜阿骨打。完颜阿骨打大喜，立即亲率万人前去围剿。斡离不和蒲家奴担任先锋，领四千人先行。

耶律延禧得到了消息，立即开溜。金军岂能错失如此机会，如果再让他跑回夹山，那下次可就真不知道猴年马月能出来了。所以，耶律延禧在前面没黑没白地跑，金军在后面不分昼夜地追。经过几天几夜地追逐，终于在石辇驿（今山西大同西北）追上了耶律延禧。

由于跑得太快，金军大部队没有跟上，“军士至者才千人”，而耶律延禧则有两万五千人。二十个打一个，胜负似乎毫无悬念。

耶律余睹建议斡离不不要硬拚，等大部队来了再说。斡离不却说，等大部队赶到，黄花菜都凉了，耶律延禧早又跑得没影了，啥也别说了，弟兄们，干他，千万别让耶律延禧跑了！

金兵蜂拥而上，被辽军团团围住。耶律延禧见金军就这么点人马，立即放下心来，带领嫔妃从安全地带跑到了战场边缘，准备看一场以多欺少的好戏。

再说金军，正被辽军围在中间打得找不着北，眼看就要败下阵来。关键时刻，从大辽投降过来的耶律余睹忽然望见了耶律延禧的麾盖，立即带领士兵向自己的前任老板冲了过来，意图来一个擒贼先擒王。

耶律延禧没想到金军会来这么一手，大惊，再次飞奔而逃，辽军大溃。斡离不见状，立即率人追赶。但事实证明，卖命的终究跑不过逃命的，耶律延禧到底还是逃了。

宣和五年（公元1123年）四月，也就是攻占燕京后不久，完颜阿骨打再次派斡离不等人去抓捕耶律延禧。

这里需要说明一件事。前面我们说过，耶律延禧一旦逃入夹山，金军是无法找到的，那完颜阿骨打为何还要派人去进行抓捕呢？不是白费力气吗？

关于这件事，不同史料的记载发生了冲突，冲突的焦点是耶律大石。

大家应该还记得，前面我们在叙述金军攻占燕京的过程时，提到耶律大石和萧太后一起逃走，投奔了天祚帝耶律延禧。这种说法主要依据的是《契丹国志》。

然而其他一些史料如《宋元通鉴》和《宋史纪事本末》，则有不同记载，认为耶律大石并没有成功从燕京逃走，而是被金军抓获。金军这次之所以敢于主动出击去寻找耶律延禧，就是因为有耶律大石做向导。

究竟哪种说法才是真相，因为辽朝史料的缺乏，已无法考证。历史上这样的悬案，实在是太多了。

不管耶律大石有没有给金军做向导，结果是，这一次金军真的找到了耶律延禧的大本营。

只可惜，耶律延禧当时去了应州，并不在大本营。但金军仍然收获满满，耶律延禧留在大本营的儿女、嫔妃、大臣和辎重全部被金军得到，只有次子梁王雅里及其长女乘乱逃走。

袭击了耶律延禧的大本营之后，金军似乎很得意，专门修书一封将这件事告诉了他，敦促他赶紧投降。

耶律延禧听说老巢被人给端了，金军正押着自己的老婆孩子东归，大怒，立即率兵五千前去截击。

双方大战于白水泺。结果，耶律延禧再次大败，人不仅没救出来，连太子和传国玉玺也给搭进去了。金军乘胜追击二十余里，得其“牧马万四千匹、车八千乘”。

丢失了大本营的耶律延禧本打算到西夏去避难，但刚刚渡过黄河，就听说大金已经给西夏发了通知，如果见到耶律延禧，一定要将他抓住送交大金，否则“恐有后悔”。耶律延禧只好又渡河而回，暂时居住在一个叫突吕不的部落里。

就在这时，宋徽宗派人找到了他。

为了找到耶律延禧，宋徽宗可谓煞费苦心。鉴于对西北地区不熟悉和耶律延禧神出鬼没，宋徽宗专门物色了一个西域和尚，希望能通过他打听到耶律延禧的下落。

别说，外来的和尚会念经，这个和尚真就找到了耶律延禧，向他传达了宋徽宗欢迎他去汴京做客的良好愿望。

一开始，耶律延禧是不信的。

虽然辽金战争初期，面对辽军节节败退，他曾经对手下人说过，即便失败了也无妨，大辽与西夏是舅甥之国，与大宋是兄弟之国，无论去哪里，自己都不失富贵。得知大宋竟然也参与了灭辽之战，甚至一度攻进了燕京城，他才知道，曾经的兄弟已经背叛了自己，而且憋着劲要把自己往死里整。

现在，自己已经穷途末路，宋徽宗会突然大发慈悲，好心拉自己一把？再说了，我堂堂大辽皇帝，岂能向你卑躬屈膝，与你低眉把盏？列祖列宗的脸面还要不要了？

可转念一想，现在的自己连个像样的立足地都没了，如果宋朝真能接纳自己，也未尝不是一件好事。于是他改变了态度，“许归”。

宋徽宗高兴坏了，立即制发了正式诏书，给耶律延禧开出了不可拒绝的条件：“待以皇兄之礼，位燕越二王上，筑第千间，女乐三百人。”

耶律延禧高兴坏了，立即和宋徽宗约定了日期，打算日子一到，就开赴汴京去当他的皇兄。

就在收拾行李的时候，耶律延禧又得到了一个消息：镇守云中的大金元帅粘没喝已经返回东北，云中兵力空虚！

耶律延禧更兴奋了。

四、大辽灭亡

耶律延禧决定，打回老家去！

当初他之所以躲在夹山不敢出来，就是因为粘没喝率领重兵驻守西京。现在粘没喝既已率兵离开，云中空虚，简直是天赐良机，此时不打回去，更待何时！

耶律延禧将想法告诉了大家，耶律大石提出了反对。他说：“当初女真刚刚造反，我军兵多将广，你不思备战，现在大片国土沦于金人之手，要兵没兵，要人没人，你又想去拼命了，这不是一个正常人该干的事。为今之计，当养兵待时而动，不可轻举。”

耶律延禧哪听得进去这些，将耶律大石狠狠地训斥了一顿，执意出兵。

俗话说：“长胳膊拉不住短命的。”眼看耶律延禧一步步走向绝境，耶律大石不想陪葬，于是请了病假。

耶律延禧就这样出发了，一路向南。

耶律大石也出发了，一路向西。他杀掉了留守的北院枢密使萧乙薛，自立为王，然后率众西走。所过之处，敌者胜之，降者安之，兵行万里，归者数国，获驼、马、牛、羊、财物，不可胜计，军势日盛，锐气日倍，最终于起儿漫称帝，号曰天佑皇帝，改元延庆，史称西辽。

再说耶律延禧，信心满满地率军一路南下，满以为可以趁着粘没喝不在捡个大便宜，没想到刚一进入云中地区，就听背后喊杀声四起。耶律延禧大惊，回头一看，粘没喝又回来了。耶律延禧终于明白，中计了。

没错，他中了粘没喝的圈套。

实际上，宋徽宗约降耶律延禧一事，一直在金军的掌控之中。

因为从宋朝边境到达耶律延禧所在的夹山，需要经过大金控制的山后地区，所以从一开始，金军就注意到了宋朝的举动，经过侦查，也得知了宋徽宗想要招降耶律延禧的意图。

他们决定利用宋徽宗。

前面刚刚说过，灭辽战争进行到此时，最让金军头疼的是自己进不去夹山，耶律延禧又不出来，金军再大的能耐也使不上。

现在宋徽宗竟然自作聪明招降耶律延禧，正好给金军提供了机会。只要耶律延禧走出夹山，那就什么都好办了。为了让耶律延禧更加放心地南来，粘没喝决定虚晃一枪，这才制造了自己离开云中的假象。

耶律延禧果然上当，傻呵呵地掉进了陷阱。粘没喝立即回军，切断了他的后路，防止他再次逃入夹山，然后发起了攻击。

结果可想而知，耶律延禧带来的人本就不多，加之中计后产生恐慌心理，一触即溃。耶律延禧仓皇而逃，最终被擒。

抓确定是抓住了，但耶律延禧被擒的过程却充满了神秘色彩，说法众多。

长年和金人打交道的马扩在其《茆斋自叙》中说，失败后的天祚帝耶律延禧本打算投奔大宋，但一个随行和尚劝阻了他。和尚说，一旦入宋，金军必定会向宋朝施压，要宋朝交出耶律延禧，而以宋徽宗的处事风格，一定会出卖他，张觉就是前车之鉴。与其多次受辱，不如直接向大金投降，也不失封王。耶律延禧听从了和尚的劝告，投降了大金。

《松漠纪闻》的记载就要有意思得多了。失败后的天祚帝本来打算投奔一个小部落，结果人家根本不敢收留他，他只好连夜逃走。好巧不巧，天又下起了雪，金人顺着雪地上的车辙追上了他，将他抓获。

叙述最翔实、情节最曲折的，当属《北征纪实》：失败后的耶律延禧，来到了一个叫小勃律的部落。小勃律并没有因天祚帝失势而慢待他，依然将他作为皇帝看待。粘没喝得知后，立即发兵攻打，势单力薄的小勃律无法抵挡，被灭族，耶律延禧再次逃跑。

为了将耶律延禧抓住，粘没喝实施了地毯式搜捕，每三十里安排一百名骑兵巡逻，顷刻之间形成了一道三百里的封锁线。功夫不负有心人，过了没多久，果见一人胯下骑一骏马，手中另牵两马，向北奔驰而去。金军立即追上去，将其围住。

此人正是耶律延禧。面对金兵，耶律延禧充分保持自己作为皇帝的尊严。他轻蔑地看着金兵，说："我就是大辽皇帝。"

金兵想上前将他绑住，耶律延禧大喝道："尔敢缚天子耶？"

金将娄室连忙走上前去，扑通一声跪在地上，说："奴婢不佞，乃以介胄犯皇帝天威，死有余罪。"又献上了美酒，耶律延禧这才跟他去见了粘没喝，然后被俘。

还有一种说法：小勃律是个见利忘义的部落。天祚帝到来后，小勃律假装很忠心，好吃好喝好招待，背地里却偷偷报告了大金。粘没喝立即派人来抓，蒙在鼓里的耶律延禧就这样稀里糊涂地被擒了。

不管哪种说法为真，最终的结果是，天祚帝耶律延禧被抓住了。时为宣和七年（公元1125年）二月。

当年八月，耶律延禧被金太宗完颜吴乞买废为海滨王。大辽灭亡！

自辽太祖耶律阿保机于公元916年建立大辽，至公元1125年大辽灭亡，共传九代帝王，历时二百一十年。

自公元1114年九月金太祖完颜阿骨打起兵反辽，至公元1125年八月灭亡大辽，共计十一年整。

短短十一年间，女真由一个小小的蛮荒部落一步步武装，一步步强大，一步步成长，他们攻城略地，他们建立政权，他们不断扩张，最终吞并了庞然大物的大辽，变成一头可怕的巨兽。

这是一头正值壮年的巨兽，不仅能量巨大，胃口也巨大。吞噬完一个猎物，消化之后，它必然要将目光转向下一个猎物。这是它的本能，也是它的欲望。

下一个目标——大宋！

拾柒

大宋危机

一、你来我往

宣和七年（公元1125年）十一月，山西太原。

望着即将再次出使的马扩和辛兴宗，童贯的心里充满了担忧和不安。

自从耶律延禧被抓住以后，大金便不断表现出种种反常的举动。短短数月时间内，接连派出了三波使者使宋："初曰报谢通好也，次曰告庆得天祚也，又次曰贺天宁节（宋朝皇帝的生日）也。"

使节频繁往返，看起来好像很亲密，实际上背后暗流涌动。

在本书最开头我们曾说过，使节的主要工作虽然是搞外交，但实际上他们往往还肩负着另一项任务，就是搞情报，山川地理、军事部署、社情民意、国家治乱，都在他们的搜集范围之内。

大金如此频繁地派出使节，如此密集地收集情报，只能说明一件事——他们要对大宋下手了。

事实上，早在张觉事件发生时，斡离不就曾经向金太宗完颜吴乞买建议先发制人，大举伐宋。从大辽投降而来的耶律余睹、刘彦宗等人，也赞成伐宋。

金太宗也知道，宋金之间早晚必有一战，但因为当时还没有抓获天祚帝耶律延禧，他担心腹背受敌，只好暂时搁置。现在耶律延禧既已投降，后顾之忧已除，伐宋一事便被提上了日程。

经过数月准备，宣和七年（公元1125年）冬十月，金太宗完颜吴乞买正式宣布：伐宋！

当时，宋金的边境线从东边的河北向西绵延至河东，大体上以燕山为界，大金在燕山以北，大宋在燕山以南。

从燕山以北到燕山以南，大体有东西两条路可以走。

西路经由云中南下，经雁门关穿句注山进入太原盆地，然后继续南下，翻越太岳山进入上党地区，再经今天山西晋城以南的天井关越过太行山余脉，到达黄河北岸的济源、怀州（今河南沁阳），由此渡过黄河，便可以直捣大宋都城汴京。

东路则由河北地区南下，经华北平原渡过黄河，对汴京进行打击。

看得出来，西路要翻越一系列大山和高地，行军比较困难，而东路主要在大平原上行军，难度要小得多。

金军的进攻路线也正是沿这两条路线铺展开来：东路军由二太子斡离不率领，自平州入燕山进而直趋河北，指挥部（枢密院）设在燕山；西路军由粘没喝率领，由云中地区直逼太原，指挥部设在云中。

为了确保伐宋顺利，完颜吴乞买给了斡离不和粘没喝极大的便宜从事权力，只要于大金有利，可以不经请示自行决定，时人称之为“东朝廷”和“西朝廷”。

两路大军齐头并进，企图以钳形攻势击溃宋军，最终会师汴京，消灭大宋！

此时的大宋，又在做什么呢？

忙着接待大金使者！

宋徽宗虽然被后世骂为亡国之君，但基本的政治敏锐性还是有的，对于局势的基本判断，他还是搞得清的。他也知道，宋金之间必有一战。但他总是自欺欺人地认为还有时间，一切都还来得及，事情或许还有回旋的余地。所以，他热情地接待大金派来的每一拨使者，希望借此缓和宋金之间的关系，不至于马上拔刀相向。

然而这不过是宋徽宗的一厢情愿而已。似乎连老天都看不下去了，不断给他提示。

先是天灾。当年七月，兰州、河东等地发生了大地震，地震引发地裂，裂缝甚至宽达十几丈，连仓库都被吞没了。

天灾过后，还有异象。有一天，忽然有一只狐狸跑到了宋徽宗的御榻之上。“狐”与“胡”同音，这似乎也预示了宋徽宗接下来的命运。

异象之外，还有谶语。宋徽宗有一名十分宠幸的道士张虚白，他有未卜先知之术，常常于酒后搞点小预言，皆能应验。有一次，张道士又喝多了，突然对宋徽宗说：“被俘的耶律延禧已经等你很久了。”宋徽宗吓了一跳，但随即笑着说：“你喝醉了。”

这一切似乎都在告诉宋徽宗：喂，别装睡了，赶紧清醒过来吧。

事实上，各地官员也在不断用行动告诉他事实的残酷。

尽管大金的军事行动是秘密进行的，但大宋边境各州县仍然刺探到了情报，不断将战情传递给汴京。

九月二十四日，河东奏报粘没喝正在调军南下。

九月二十七日，清化县奏报，金人拥大兵前来，劫掠居民，焚毁庐舍。

十月五日，河北中山府奏报，粘没喝在蔚州柳甸举行了阅兵仪式。

十月十八日，中山府再报，金军大队人马分别在最西端的云中和最东端的平州集结。

十月二十一日，中山府又报，数量更多的金军在向云中地区挺进，而且已经开始在蔚州和飞狐县征集军马粮食。

加上其他地区的奏章，关于金军入寇的奏报共计一百七十余通。

然而，这些奏报大都没有上达天听，被大臣们“匿不以闻”。理由竟然是，一年一度的郊礼马上就要举行了，按例，大臣们会在这一天得到封赏等大量福利。如果在这个重要时刻将这些坏消息上奏，万一皇帝不高兴，把这些福利取消了，那可就亏大了。于是，他们决定等过了郊礼拿到福利再说，至于什么紧急军情，先让边将们自己看着办吧。

就这样，金军继续行动，宋朝大臣们继续装傻充愣。

可天下没有不透风的墙，宋徽宗最终还是得到了金军已经大规模调动的消息。但他仍然心存侥幸，希望所谓的大金入寇不过是个误会而已。正是在这样的心理下，他决定派人到前线去，摸个实底出来。

童贯就是在这样的背景下再次走马上任的。

此时的粘没喝已经回到了云中，为了摸清他的下一步动向，童贯决定主动出击，派马扩和辛兴宗前往粘没喝的军营，名为商谈山后诸州的归属问题，实际上还是为了搞清他是否有南侵企图。

临行前，童贯特意嘱咐马扩，见了粘没喝，不要在礼节这样的小事上纠缠，完成任务要紧。

马扩和辛兴宗出发了。到了边境，金军一反之前联合灭辽时客气的常态，以没有得到粘没喝的指示为由，拒绝他们入境。

就这样被晾了几天之后，马扩等人终于被允许入境。见到粘没喝后，粘没喝臭着脸问他们此来所为何事。

马扩是个办事讲程序的人，先给粘没喝来了个忆往昔，将宋金的友好交往和达成的协议回忆了一遍，作为铺垫。

然后是亮态度，对谭稹主持山西政务期间造成的摩擦与误会进行了解释，说之前都是童贯与大金进行外交斡旋，谭稹是个新手，对之前的事了解不全面，才会引起误会。宋徽宗知道后，立即撤了他的职，重新派童贯前来主持大局，正是为了两国人民安居乐业呀。

最后谈重点：咱也别玩虚的了，您给句话，山后诸州到底什么时候可以交割？

粘没喝听后大笑，先是将大宋一顿嘲笑，说你们没人可用了吗，怎么前前后后派来主持大局的都是宦官？

至于山后诸州，粘没喝的态度很明确，说两国的合约是建立在彼此守信的基础上，现在太祖皇帝（完颜阿骨打）尸骨未寒，大宋就屡屡违约，私纳张觉，阴结天祚，也不遣返逃亡的流民，我们还没找你们算账呢，你们竟然还好意思索要山后诸州？

马扩见情况不妙，只好退而求其次，说这些事都是谭稹自作主张干的，现在他既已被撤职，您就别计较了。这样吧，为了表示诚意，山后诸州我们不全要了，您只把蔚州、应州以及飞狐、灵丘两县给我们就好。

粘没喝再次大笑，说："燕京流民你们尚没遣返，要是再给你们两州两县，怕是连西京的人民也要被你们抢去了。依我看，你们拿几座城池交给我们以赎罪还差不多。"

坏了，不仅两州两县没要来，反而还可能赔上几座城池，典型的赔了夫人又折兵呀。

马扩一看情形不对，决定换个方式。既然政治上说不通，那咱就聊点感情。他对粘没喝说："自从贵朝起兵反辽以来，我们两家费了多少周折才换来了今天的大好局面呀，您千万不能听信个别小人的谗言，破坏了这来之不易的和平呀。您认真想想，一旦打起仗来，我大宋兵民必定拼死抵抗，城池岂是那么容易攻克的？再说了，我们两家打起来，高兴的那是契丹人呀。无论是大宋杀了大金的人，还是大金杀了大宋的人，都相当于在替契丹报仇呀。何不维持现状，既能得到大宋的岁币，还能使两国人民尽享和平，岂不好过战争？"

这话说得实在是太有道理，如果我是粘没喝，肯定会忍不住点头。但粘没喝头脑出奇地冷静。他对马扩说："你说得倒是好听，可你们不讲信用呀，一而再再而三地食言，我可不信你们了。你也别废话了，收拾收拾回去吧，我自会派人去宣抚司和童贯谈。"

马扩知道，事已至此，已无谈下去的必要，只好匆匆赶回太原。

二、死亡与投降

回到太原的马扩，向童贯汇报了此次出行的过程，然后再次提出了自己的建议：丢掉幻想，准备战斗！

然而，童贯仍然不相信金军会这么快就对宋朝开战。在他看来，大金战士虽然勇猛，但毕竟刚刚和大辽经历过大战，需要长时间的休整，而且人数不多，怎么敢再次挑起战争？

但金使的到来，让他彻底惊呆了。

宣和七年（公元1125年）十二月，金使王介儒等人来到了宣抚司，带来了粘没喝写给童贯的书信。

这是一封直接撕破脸皮的书信。粘没喝首先列举了宋朝招降张觉、收留逃民等种种违背誓言的恶劣行为，然后表示不会再听信宋朝的花言巧语，大金的军队已经开始行动。粘没喝甚至直截了当地说，大金此次行动，就是为了得到大宋的领土，就像当初大宋招降张觉是为了得到大金的领土一样，这是以其人之道还治其人之身。

书信的最后，他还不忘威胁宋徽宗，如果想避免战争，办法只有一个，那就是以黄河为界，把黄河以北的土地和人口全部划归大金，否则的话，“即请克期甚地，以决胜负”。

看完粘没喝的书信，童贯的手都快抖掉了。他望着金使，问了一个毫无意义的问题：“打仗这么大的事，为什么不事先和我们商量一下？”

金使吃惊地看着他，说：“军已兴，何告为？”

童贯一下子瘫坐在椅子上。他终于意识到，这一次，大金来真的了。

是的，与以往的单纯恫吓不同，这一次，完颜吴乞买决定真刀真枪地干一场！

实际上，就在金使王介儒等人到达太原的时候，金军已经开始了实质性的军事进攻，并取得了初步战果。

最先取得突破的是二太子斡离不率领的东路军，先是攻破了檀州，接着又攻破了蓟州。

在蓟州，金军遇到了几个身份特殊的人——以大宋吏部员外郎傅察为首的北宋使者。让斡离不感到奇怪的是，这些使者并不是宋朝派来求和或者商讨军情的，他们有别的任务在身，准确地说，他们在等人。

大家应该还记得，前面说过，每年快到新年的时候，大宋与周边国家都会互派使者恭贺新年，称为“贺正旦使”。因为路途遥远，使者们往往会提前一月或数月出发，为的就是在新年之前到达。

傅察他们要等的，正是大金派来的贺正旦使。虽然现在才十二月，但按照惯例，大金使者这个时候应该到了。可左等右等，就是不见大金使者到来，反而等来了斡离不的金军。

实际上，傅察对这一切早有心理准备。

傅察尚未出发，汴京就已经在传金军即将入侵的消息。有人劝傅察不要去冒生命危险，他拒绝了，说：“受使以出，闻难而止，若君命何？”

明知山有虎，偏向虎山行。结果，真的就遇上了老虎。

斡离不将使者们抓住，胁迫他们投降，降则高官厚禄，不降则有死无生。

自副使蒋噩以下皆拜降，独傅察不拜。斡离不大怒，喝问他为何不拜。

傅察毫无惧色，说：“如果见到的是你们国主，我自然会拜。你虽然贵为二太子，亦不过是人臣，咱俩平级，我为何要拜？”

斡离不更加愤怒，决定杀人诛心，便给傅察布置了一篇命题作文，要他以宋朝背盟和大金守盟为题，现场口述一篇文章，不然就杀掉他。

没承想，傅察不仅交了白卷，还将斡离不一顿臭骂：“自古之战以曲直分胜负，南北敌体（国力相当），又安知非送死哉！我有死耳，膝不屈也。”

金军见状，恶狠狠地把刀架在傅察的脖子上，连蹬带踹要他下跪，傅察的身体却愈加挺直。

斡离不终于恼羞成怒，命人将傅察拉下去。傅察自知不免，便对随行之人说：“我死之后，请转告我的老父母，就说我是为国而死，他们也一定会为我感到骄傲的！”英勇就义。

后人总结，在北宋末年那场惊天动地的大变局中，偌大的宋朝，死节之士不过三人而已，傅察是第一个。

消息辗转传回国内，举朝震惊。傅察实在是一个普通得不能再普通的人，几乎找不出有什么优点，但就是这样一个不起眼之人，面对敌人竟能舍生取义，实在出乎大家的意料，于是“莫不壮之”。

宋钦宗将他树立为典型，下诏褒奖：“死有重于泰山，有轻于鸿毛，顾所处何如耳。苟激于忠义，虽死犹生也。某以一介之使，驰不测之虏，临以白刃，毅然不屈，以身殉国，于义得矣。”

与之相比，另一个人的表现也相当“可圈可点”。

与傅察使团几乎同时出发的，还有一个使团——回庆使。

为了麻痹大宋，以掩盖自己的出兵意图，大金曾接连派出三拨使者使宋。所谓“来而不往非礼也”，既然人家来看咱了，咱也得讲讲礼数，再派人去看看他，这就是所谓的“回庆使”。

这拨回庆使以贺允中为正使、武汉英为副使，几乎与傅察同时出发，也几乎同时被抓。相同的戏码再次上演。

事实证明，大宋在正使的选派上还是很有眼光的，贺允中坚决不降，被关押了起来。武汉英是个人精，见势不妙，不仅立马投降，还主动剃成金人的发型，换上了金人的服装。斡离不十分喜欢，常常把他带在左右，亲切地称他为“南朝第一降人”。

斡离不怎么也不会想到，不久之后，这个南朝第一降人将做出一件让人瞠目结舌的事，对他形成一个大大的讽刺。

傅察悲壮地死了，武汉英屈辱地降了。但无论是死是降，都无法阻挡金军南下的步伐。

下一个目标：燕京！

三、燕京保卫战

此时，负责守卫燕京的是郭药师和他的常胜军。

这曾是一支真正的劲旅，也是大宋仅有的几支能打仗的军队之一，因此宋徽宗对他极为重视，要钱给钱，要马给马，要武器给武器，待遇好到其他军队看了直骂娘。但骂归骂，谁让人家的战斗力比你强呢！

正因如此，郭药师一天天骄横起来，也越来越不服管，搞得大家都对他侧目而视。可他偏偏又很会来事，尤其舍得在大领导身上花钱，因此虽然很多人告他的黑状，他仍然稳如泰山。

话虽如此，深谙帝王之术的宋徽宗也不愿看到常胜军一家独大，于是又另外设立了一支义胜军，专门用来制衡常胜军，而且待遇比常胜军更好。

可让宋徽宗没有想到的是，正是这支义胜军最先做了叛徒，金军才刚刚冒头，他们便着急忙慌地跑去投降。丢人，实在是丢人呀！

没办法，只能盼着常胜军创造奇迹了。

事实上，金军开始进攻檀州和蓟州的时候，燕山府就得到了消息，郭药师的常胜军便已经进入了战备状态。随着金军继续南下，气氛变得更加紧张。时任燕山知府蔡靖专程赶到常胜军军营，勉励官兵们为国家而战。

十二月初二，金军前锋已到达燕山，郭药师立即想要前去迎敌。这时，不同的声音出现了。有人对蔡靖说，不能让郭药师去，因为如果胜了，那他会更加骄横，如果败了，则会军心动摇。

那怎么办呢？可以让和郭药师一起投降的张令徽、刘舜仁两人先去打一仗，实在不行再让郭药师去。

对此，蔡靖的态度是“未以为然”：还全指望郭药师打仗呢，他不去，难不成眼睁睁看着金军打过来吗？

最终商定的结果是，郭药师、张令徽、刘舜仁三人一起率军前去迎战。

十二月初六，三支军队进抵燕京东面的三河县一带，与金军隔白河相望，宋军在西，金军在东。

据说，郭药师的军队“戈甲鲜明，步伍整肃”，连能征善战的金军见了都有点害怕。而郭药师也颇有点军事头脑，并没有直接上去就和金军开干，而是等到了晚上，在夜色的掩护下才开始行动。

等第二天金军发现时，宋军已经渡过了白河。斡离不没想到宋军竟然敢主动渡河求战，大吃一惊，但他不愧为身经百战的优秀将领，立即镇定下来，部署金军迎战。

宋军方面，稍弱的张令徽、刘舜仁组成北翼，较强的郭药师为南翼，一起向东进攻。金军方面，则由斡离不对阵张令徽、刘舜仁，其他军队对阵郭药师。

从这一点看，斡离不应该是看过田忌赛马的故事的。只不过，他是反其道而行之——先用较弱的军队拖住对方较强的军队，然后用自己最强的军队快速击溃敌人最弱的军队，最后与己方弱军合兵，对敌方强军形成前后夹击之势，将对方一举击溃，取得最后的胜利。

当然，这需要一个前提，那就是己方的弱军不能太差，否则的话，自己的计划还没实现呢，己方的弱军反倒被对方吃掉了，那就得不偿失了。

事实证明，一切都按照斡离不的计划进行。

南翼的郭药师很是生猛，转战三十余里，战斗激起的烟尘连远在八十里外的燕山府都能看得见，终于打退了金军的进攻。但北翼宋军却出现了大问题。在斡离不的强势打击下，张令徽、刘舜仁的军队相继战败，狼狈逃回燕京。

此时的郭药师已经打进了金军营寨，本想一把火烧了他的老巢，却发现慌忙之中忘了带火种，加之北翼战败的消息传来，郭药师深知再不走就会被金军包了饺子，只好无奈撤回。

复盘这场战役，虽然宋军没有取得最后的胜利，郭药师最核心的“硬军”三百人也损失了一半以上，但金军的损失同样不小，连老巢都差点被端。可见，宋军的战斗力还是可与金军一拼的，如果组织得当、上下一心，挡住金军南下的步伐也不是没有可能。

只可惜，内斗是宋军的沉疴。逃回燕京的三人，谁都不愿意承担责任，他们互相诋毁，彼此埋怨。到了晚上，更严重的事情发生了。

张令徽、刘舜仁虽然与郭药师同为辽朝降将，且同为常胜军将领，但他们嫉妒郭药师抢了自己的风头，尤其是这一次，他俩都大败而归，郭药师却打进了金军的营寨，这让他们的老脸往哪里搁？他们决定除掉郭药师。

当天夜里，他们派人与斡离不取得联系，奉上降表，并问斡离不：“不知太子要生郭药师，要死郭药师？”

还没等斡离不给出答案，郭药师便知道了这个阴谋。经过深思熟虑，他决定投降——与其被人卖给金军，还不如自己主动投降。

他以召开军事会议为借口，邀请燕山知府蔡靖、转运使吕颐浩等人一同前来，然后将他们齐齐抓住。

蔡靖愤怒地质问他：“你想造反吗？”本想拔刀自杀，却被人夺走了刀。

郭药师叹了一口气，“遂掩泣”。

第二天，郭药师向斡离不投降，燕京再次沦为金军的囊中之物。此时，距离燕京回归大宋不到两年时间。而且，终宋之世，燕京再也没有回到汉人的怀抱。

对于蔡靖，斡离不给予了充分的尊重。他觉得蔡靖虽是一介文臣，却是一条响当当的汉子。郭药师等人战败后，曾有人劝蔡靖弃城南逃。蔡靖拒绝了，誓与燕京共存亡。

斡离不敬重他的为人，想请他帮大金治理燕京。蔡靖却说："我为大宋守燕山没有守住，如果再继续替大金守燕山，岂不是又要坏了大金的事？"

斡离不又说："你现在已经是大金的人了，要服从我的命令，明白吗？"

蔡靖回答："靖之此身实属大金，生之杀之，皆在太子；然靖之心，却不属金国，靖心在本朝，岂太子所能制耶？"又道，"太子果用靖，惟有死尔。"

斡离不知道其志不可屈，便不再强求，继续率军南下。

由于燕京失守，燕京所属州县也陷入了一片混乱，景州、顺州、涿州、易州等地的守将纷纷逃亡。加上之前已经攻克的檀州、蓟州，整个燕京地区已全部失陷。

讽刺的是，宋徽宗等人还以为郭药师很可靠。消息传回汴京时，朝廷正打算封郭药师为燕王，"割地与之，使世守"。

打脸太快，宋徽宗一时还没缓过劲儿来，更坏的消息传来了——童贯逃回来了！

四、逃跑的统帅

就在斡离不指挥东路金军攻下燕京的同时，西路军统帅粘没喝也没闲着。他一边小规模进攻，一边派人找到童贯，提出以黄河为界划分大宋和大金领土的要求。

此即"以战促和"之策。在以后的宋金战争中，大金屡屡使用这一策略，且总能取得奇效，不得不让人惊叹。

得知金军进攻的消息，童贯当即就被吓破了胆，决定立即逃跑。当然，逃跑这个词是不好听的，童贯给出的理由是"赴阙禀议"，也就是回去向皇帝汇报工作。

太原知府张孝纯看出了他的逃跑本意，劝阻他说："金人已经败盟入寇，大王您现在最应该做的是迅速调集各路军马迎战，而不是逃跑。您要是跑了，人心必定瓦解，无异于将河东送与金军。河东若失，河北必不可保。还请大王留在太原，和大家共竭死力，率众报国。"

为了给童贯壮胆，张孝纯还安慰他说："太原地险城坚，将士也谙熟战斗，不是轻易就能攻下的。"

后来的事实证明，张孝纯所言非虚，金军在太原城下吃尽了苦头。然而童贯才不信这些，他脑子里唯一的想法就是逃跑，赶紧离开这个危险之地。

面对张孝纯的阻拦，童贯恼羞成怒，大声呵斥道："我是宣抚使，不是将军，如果我留下打仗，那要你们将军做什么用？！"为了防止张孝纯狗急跳墙将自己软禁，童贯发完火后又开始装好人，说你们好好努力，先在这里顶着，我回京之后一定立即上奏皇帝，派军队来策应你们。

张孝纯当然知道他这是在耍花枪，愤然大呼："童太师平日里作威作福出尽了威风，没承想紧急关头却只知抱头鼠窜，有何面目复见天子耶？"他回头看了看自己的儿子，无奈却坚定地说，"罢了罢了，还是我们父子死守太原吧。"

听闻童贯要逃走的消息，马扩也赶来劝阻。

与张孝纯以民族大义劝说不同，他给童贯来了个理性分析，希望能够通过讲道理来说服童贯。他告诉童贯，金军"所忌者有四，所幸者有三"。

"所忌者有四"，也就是金军有四样害怕的东西：一忌郭药师下常胜军，勇于战阵；二忌河东河北两路城坚固守，不能轻易攻克；三忌宋军坚壁清野，敛兵不战；四忌选贤与能，互相策应，待其退回，前邀后击。

"所幸者有三"，也就是金军最希望三件事：一幸大王退避，诸将无统，军民丧气，不能更相应援；二幸宋军反应迟钝，不能及时调集重兵备战；三幸宋军不用归朝官（指像郭药师这种投降过来的人），上疑下惧，自生变乱。

结合后来发生的事实，不得不说，马扩对于金军心理的把握是十分到位的。

分析完心理，马扩接着分析地理。

他告诉童贯，河东山多路险，行军困难，只要严防死守，金军必定不能长驱直入，不用太过担心。反倒是河北地区，基本全是大平原，一旦常胜军有失，金军便可以一马平川直抵黄河岸边，与西路军形成策应的同时，直接威胁汴京。因此，马扩建议童贯将指挥部移到真定。

前面说过，金军进攻采用的是钳形攻势。钳形攻势最重要的一点，便是两军有互相策应的支点，不然就变成了两支孤军各自为战。而东路军进攻的河北和西路军进攻的河东之间，隔着巨大的太行山脉，要想彼此策应，唯一的选择便是通过太行山上几个贯穿东西的小山口，也就是所谓的太行八陉。

而真定，不仅距离太行八陉中的紫荆关和井陉关不远，而且城坚粮足，只要长期固守，既可以牵制东路金军南下，也可以切断东西两路金军的联系，可谓一举两得。

应该说，这是一个十分务实的建议，也充分体现了马扩的军事才能。然而，如此务实的建议，却受到了童贯的讥笑。他略带嘲讽地说："打仗这么重大的事，让你说得像玩一样。"

如果真这么容易，我还用跑吗？

马扩见他不上道，只好祭出了法宝——谈利益。

他对童贯说："当初结交女真收复燕京一事，都是你亲自经手的，现在有了祸端你想拍拍屁股走人，哪有那么便宜的事？自己捅的窟窿，还要自己去补。"且不说别人不熟悉女真，没法补这个窟窿，就是别人有办法，也不能让别人补。你想想，你惹的祸，却让别人去擦屁股，你的脸面还要不要？

童贯大怒，在生命面前，面子值几个钱？他指着马扩的鼻子说："我知道你打的什么算盘。你之所以劝我去真定，不过是因为你的家人都在那边，想利用我来保护他们而已，哪里是为国家考虑！"

马扩知道已无力回天，只好自己赶往真定参与防守。

当天，童贯从太原逃走。

就在童贯逃走的同时，粘没喝正指挥金军继续南下攻击。

从金军西路军大本营云中到太原，有四个州最为重要，分别是：朔州、武州、代州和忻州。

朔州与大同处于同一个盆地之中，是金军南下面临的第一个障碍。武州位于朔州西南山区，地势较高，对朔州起到很好的保护作用。武州、朔州再往南去，便是历史上赫赫有名的雁门关。过了雁门关继续南下，代州和忻州便出现在眼前。这两个州是太原北边门户，一旦两州被占领，便只剩下了最后的防守点石岭关。过了石岭关，就到了太原城。

朔州与大同距离最近，成了金军进攻的首要目标。当时，朔州守将是孙翊，史书称他"忠而勇"。面对金军的进攻，忠勇的孙翊立即组织抵抗，率军出战。然后，奇怪的事情发生了——这边孙翊正和金军战得难解难分，背后朔州城的城门却突然打开了。金军见状，立即蜂拥而入，朔州城就这样陷落了。

打开朔州城门的，是义胜军。

五、不义的义胜军

义胜军本是为了防备郭药师的常胜军而设立的，主要由原大辽境内的汉人组成，待遇比常胜军还要好。

问题恰恰出在这里。宋朝的本土军队怎么也想不明白：同是汉人，凭什么你们的待遇就比我们的高？凭什么你们吃的是新米，我们只能吃陈米？就因为你们当过辽人的奴隶？而义胜军也自觉高人一等，平时走路都昂着头，很有点“老子天下第一”的意思。久而久之，本土军队与义胜军的矛盾越来越深。

随着宋朝财政不断崩溃，军饷受到了影响，义胜军的待遇也有所下降。娇生惯养的义胜军立即觉得受了莫大的委屈，认为宋朝政府对不起自己，“其心益贰”。不满情绪日积月累，终于在金军南侵时爆发，他们打开城门，连城带人一起投降了大金。

朔州失陷后，武州的义胜军也比葫芦画瓢，打开城门投降了金军。就这样，粘没喝没费吹灰之力就得到了朔武二州，然后乘胜越过了雁门关，进抵代州城下。

代州守将是李嗣本。此君在前面的叙述中已经多次出场，算是我们的老朋友了。说实话，李嗣本虽然本事平平，但也是打算坚守的。就连粘没喝也认为这一次必有一场大战，不会像前两次那么顺利了。然而好运气再次站在了他这一边——就在李嗣本着手部署城防的时候，城内的义胜军再次出手，直接将李嗣本绑了送到了粘没喝的面前，代州也陷落了。

粘没喝让李嗣本随军继续南下。到达一个叫崞县的地方时，金军第一次遇到了抵抗。

崞县守将是都巡检李翼，这是一个真正的汉子。本着能动口尽量不动手的原则，粘没喝先是派李嗣本去劝降李翼。面对这个给老李家丢人的降将，李翼破口大骂，骂完还不解恨，又让人朝他射箭，李嗣本落荒而逃。

李翼知道接下来必是一场恶战，于是激励将士，加强城防，誓与崞县共存亡。然而他忘了，崞县城里也有义胜军。

当天夜里，义胜军故技重施，打开城门放入了金军。等李翼发觉，为时已晚。但他仍然表现出了一名合格将领应有的素质和忠诚，“挺身搏战达旦”，最终因力气用尽被俘。

对于硬汉，粘没喝是敬重的。他想让李翼为大金效力，李翼则以怒骂回应。

粘没喝仍不死心，再次派人前去劝导，说：“我欲取天下，彼一小县敢抗大军，我亦喜忠义，未欲杀汝等。但一言相顺，特与免死。”

李翼又大骂。粘没喝无奈，只好杀了他以成其名。

与李翼一起殉国的，还有将吏折可与、知县李耸、县丞王唐臣、县尉刘子英、监酒阎诚等人。

崞县既下，粘没喝乘胜杀向忻州。

这一次，没等城内的义胜军出手，守将贺权便主动开门迎降，而且“张乐以迓之”，给粘没喝搞了个喜庆而热烈的欢迎仪式。

粘没喝很满意，下令大军不得入城骚扰百姓，而是继续南下。对于城内的百姓而言，真不知是该痛恨贺权，还是该感谢他。

至此，朔武代忻四州均已失陷，太原城只剩下最后一道防线石岭关了。

负责太原防务的张孝纯深知石岭关的重要性，他一面命令正在石岭关驻守的王宗尹严防死守，一面派兵前去增援。

张孝纯选中了一个名叫冀景的人，让他前去负责石岭关防务。没想到冀景是个贪生怕死的人，以兵力不足为由，推辞不肯前去。张孝纯又命从辽国投降过来的降将耿守忠率军八千，与他一同前往。冀景还想推辞，张孝纯火了：去也得去，不去也得去，否则军法从事！

冀景只好硬着头皮出发了。可是他对耿守忠这个人不放心，就把他派到了石岭关以北的最前线，这样，即便耿守忠投降了金人，自己也不至于背后挨一刀。

耿守忠走到一半，突然又回来了，理由是他的军队全是步兵，肯定敌不过金军的骑兵，要想让他去前线，那就必须把王宗尹手下的军马借给他。

冀景只想让他快点到前线去顶雷，就同意了。

可王宗尹不同意呀，你把马带走了，我怎么打仗？

耿守忠才不管你三七二十一，直接派人去抢，硬生生抢走了一大半，把王宗尹气了个半死。

望着耿守忠嚣张而去的背影，冀景越来越觉得，这个叫耿守忠的家伙很可能不会守忠，甚至会叛变。他越想越害怕，决定弃关而逃。而耿守忠也真的如他所想，一到前线便举关而降。

石岭关失守，太原城已暴露在金军的兵锋之下。粘没喝立即命令金军快速挺进，将太原城团团包围。

望着城下的金军，张孝纯忧心忡忡。正在这时，金军的阵脚却突然乱了起来，一员猛将率军直冲敌阵，一直杀到了太原城下。

张孝纯这才看清，来者原来是朔州守将孙翊。朔州被义胜军出卖后，孙翊无处可去，只好率领残兵投奔太原，半途中听说太原已被包围，遂马不停蹄前来支援。

虽然孙翊就在城下，但张孝纯怕金军趁机而入，不敢给他开门，只能站在城楼上朝他喊话，希望他尽忠报国。孙翊只好“营于城下”，在极为艰苦的条件下，率领不足两千人的残军和金军激战数日，一度将金军击败。

粘没喝对他十分忌惮，只好使出了阴招。他派人将在朔州城中俘虏的老百姓带到阵前，他们大都是孙翊士兵的家属。眼看自己的家人被金军抓住，孙翊手下军心瓦解，发生了哗变，孙翊也被叛徒杀害，送给了金人。一代名将，没死在冲锋杀敌的战场上，竟死于无耻叛徒之手，让人惋惜。

壮哉，孙翊！惜哉，孙翊！

另一路由折可求率领的援军，也因为长途跋涉过于疲惫，被金军以逸待劳击败。

从我们的角度看，孙翊和折可求无异于视死如归的英雄，但在历史上，却出现过质疑他们的声音。

质疑的人认为，他们不应该前来救援太原，而应该趁粘没喝在外征战的当口，去攻击金军在云中的大本营。按照他们的想法，此时的云中必定空虚，剩下的全是老弱病残，只要孙翊和折可求带人打过去，粘没喝必定会回去救援，此所谓围魏救赵之策。

如此一来，不仅太原之围可解，还可以在半路设伏，对回援的金军进行伏击。太原城内的宋军也可以趁机追击，对金军形成前后夹击之势，甚至可能消灭金军。推而广之，西路军被消灭了，东路金军自然也不敢南下，就不会有后来的靖康之变了。就这样，分析来分析去，两个高大的英雄形象竟然被分析成了罪人！

这样的分析有无道理？如果孙翊和折可求真的去攻击云中，能否真的收到奇效，我们已无法验证。我只记得，就在不久前，耶律延禧也曾有过类似的想法，结果大家都知道了，身死国灭！而他，要比孙翊和折可求强大得多。

孙翊死了，折可求败了，外援已绝，张孝纯明白，太原城只能靠自己了。

幸运的是，凭借太原城坚固的城防和太原军民团结一致，张孝纯成功守住了太原。金军直至撤退，也未能攻克太原城，更不用说越过太原城，去和东路军会师汴京了。

太原城守住了，西路金军的进攻停滞了，河东地区的战事进入了相持阶段。

然而，河北地区的局势却坏到了不可收拾的地步。

拾捌

皇帝的选择

一、宋徽宗的心思

随着燕京陷落，金军东路军的南下之路变得一马平川。

战事推进得如此顺利，大大超乎斡离不的预料。尤其是郭药师这员猛将的投降，让金军彻底摸清了宋军的虚实，斡离不的胃口变得大了起来。

他决定不再将战事局限于黄河以北，而是将目光投向了更远的黄河以南——汴京。他命郭药师为前锋，金军紧随其后，向汴京挺进。

为了达到快速占领汴京的目的，斡离不改变了作战方式。之前，金军的行军是面式的，就像一条棍子，所过之处务求全部攻克。现在，斡离不将行军方式变为了线式，就像一条枪，不求全面，只求速度，暂时不能攻克的就绕过去，枪尖儿直刺汴京，企图进行斩首行动，将宋朝皇帝抓住，进而灭亡北宋。

斡离不之所以敢这么做，除了郭药师等人提供的情报，另一个重要的原因，就是西路军围城太原牵制住了大量宋军，使得大宋抽不出太多兵力支援河北地区，大大减轻了斡离不的压力。

为了减少行军过程中的阻力，斡离不严令，所过州县皆不得屠戮，防止激起百姓抵抗。

十二月十八日，金军抵达保州、安肃军，没有攻克。按照斡离不的指示，金军没有强攻，而是绕过两地，继续南下攻击中山府，依然没有攻克。

就在金军南下的同时，大宋朝堂之上也正经历着一场剧烈的变化。

此时，金军两路入寇的消息终于传遍了大宋朝堂，大家顿时慌作一团，纷纷大骂赵良嗣引狼入室、金人败盟毁约。然而，金军是骂不走的，战争也骂不赢，骂完之后，还是要面对残酷的现实。

怎么办？

所谓攘外必先安内，宋徽宗首先想到的是平息老百姓的怨气，避免外敌当前之际后院再起了火。他罢免了臭名昭著的花石纲和织造局，下令广开言路，不论文武臣僚还是普通百姓，只要有对国家有益的建议，都可以通过尚书省进行投递。

可是，这一套用来糊弄老百姓行，对付金军就不灵了，该打来的还是要打来。

宋徽宗思来想去，没有好办法，最终还是想到了那个曾经被很多皇帝想过的高招：逃跑！逃到东南去！

当然，直接跑是不行的，显得自己太不负责，必须找个人留下来背黑锅。

让谁来收拾这个烂摊子呢？最好的人选，当然是皇太子！

皇儿呀，休怪爹爹，谁让你倒霉赶上这么个时代呢。

十二月二十日，二十六岁的皇太子赵桓被封为开封牧。

开封牧，是一个十分神奇的职位。从名字上看，它似乎是首都开封行政长官的意思，但实际上并不是。开封府的行政长官叫知府，戏文里断案如神的包青天便曾担任过开封知府。但即便是知府，也不能叫开封知府，而要在前面加一个“权”字，称开封权知府，也就是暂时担任开封知府的意思。

那开封牧又是个什么职位呢？

在宋代，这可不是一个寻常职位。宋太宗、宋真宗都曾担任过开封牧，然后都做了皇帝。在这之后，便再没有人当过开封牧了。

现在，宋徽宗将皇太子封为开封牧，用意不言自明。他还专门说明：“这是我主动提出的，不是大臣们建议的。”皇儿呀，好好感谢我吧！

不仅如此，宋徽宗还下旨要皇太子摘下随身佩戴的佩鱼，换上只有皇帝才能佩戴的排方玉带，并赐给他两名宫女。因为当初宋徽宗即位的时候，老太后也曾赐给他两名贴身宫女。

这一切，无不在向大家表明一件事：国家大事，就交给太子了。

皇位继承人选出来了，接下来该为自己退休（逃跑）找个理由了。

皇帝这个职位太特殊，正常情况下，只有老皇帝挂了，新皇帝才能继位，如果老皇帝还活得好好的，新皇帝就登基即位，这在历史上有个专有名词，叫作“内禅”。

内禅，说起来好听，但毕竟不是正常现象，那就得有个合情合理的交代，否则很容易给人一种“李渊被李世民逼宫”的感觉。

宋徽宗给自己找的理由是：我有罪。他十分有诚意地下发了一份罪己诏，详细列举了自己的罪过，以表明自己确实不再适合担任皇帝一职。

据说，这份罪己诏的出炉相当曲折。

在这之前，宋徽宗召见了跟随童贯一起逃回来的宇文虚中。之所以召见他，是因为宇文虚中曾极力反对联金灭辽，认为灭辽之后金军必然南侵，可惜宋徽宗没有听从。现在金军果然入寇，宋徽宗才意识到宇文虚中当初的反对是正确的。他对宇文虚中说：“悔不听卿之忠言，以至于到了今天这个地步。现在金兵两路南下，你认为局势会如何发展？”

宇文虚中安慰他说：“金兵虽盛，但只要陛下内心坚定，速召勤王之师入援，加上祖宗保佑，可保无虞。当然，眼下最需要做的一件事，就是下诏罪己，使‘人心悦，天意回’，则人人感奋，将士用命，大敌可退。”

宋徽宗点点头，说：“很好，那这份罪己诏就由你来起草吧。”

没想到宇文虚中接着就从怀中掏出了一份草稿，说其实我昨天晚上就写好了，就等您这句话了。

宋徽宗大吃一惊，心想我不过装装样子，你却如此当真，还提前准备好了，真有你的。但君无戏言，既然话已经说了，那你就读来听听吧。

朕获承祖宗休德，讬于士民之上，二纪于兹，虽兢业存于中心，而过愆形于天下。盖以寡昧之资，藉盈成之业。言路壅蔽，导谀日闻；恩倖持权，贪饕得志。搢绅贤能，陷于党籍；政事兴废，拘于纪年。赋敛竭生民之财，戍役困军伍之力，多作无益，侈靡成风。利源商榷已尽，而谋利者尚肆诛求；诸军衣粮不时，而冗食者坐享富贵。灾异谪见而朕不悟，众庶怨怼而朕不知，追惟己愆，悔之何及！已下信诏，大革弊端，仍命辅臣蠲除害政，凡兹引咎，兴自朕躬，庶以少谢上天谴怒之心，保完祖宗艰难之业。……

可以说，骂的是相当难听，难听到宋徽宗都想食言，不愿意发罪己诏了。

宇文虚中一看这不行呀，又搭工又搭料，一天一宿没睡觉，你说不发就不发了，那我不白忙活了？没办法，只能使出绝招了。于是，宋徽宗又看到了另一样东西——大金的讨伐檄文：

……先皇帝（完颜阿骨打）有容为德……全燕既下，割之如约，其为恩信，不谓不多……不意宋人，贪婪无厌，稔其奸恶，忽忘前施之义，顿包幸乱之谋，遽渎誓约，结構罪人，使图不轨，据京为叛。杀贼大臣，邀回户口，啖以官秩，反令纳土。仍示手诏，窃行抚谕，遂使京畿之地，鞠为寇场。才天兵临境，魁首奔亡，而又接引，辄相保蔽，更易姓名，授之官爵，及至追索，传以伪首。既杀无辜，又贷有罪，不仁不况，于此可知……仍招纳逋逃，扰及居民，更使盗贼出没为患。所有岁贡，又多愆期，背恩莫斯之甚……今奉宣命，兴师问罪，东自南京以来，西接夏军一带，诸路并进，固不获已。况赵佶越自藩邸，包藏祸心，阴假黄门之力，贼其冢嗣，盗为元首，因而炽其恶心，日甚一日。昏迷不恭，侮慢自贤，谓己有天命，谓作虐无伤……昔彼纳平山，是图我疆，今伐汴宋，是图彼地。兹所谓出乎尔反乎尔者也。若赵佶深悔前非，听命不违，则虽云无外，且未深图，止以黄河为界，聊报纳叛之由。……

史书记录下了宋徽宗看完这篇檄文后的反应：涕下无语。罪己诏这才顺利发出。

不管怎么样，宋徽宗总算为自己找好了撂挑子的理由，准备找个良辰吉日将烂摊子推给皇太子，自己就溜之大吉。

为了确保自己南逃之后也能过得很舒服，他还特意命户部尚书李棁先去金陵（今南京）做相关安排。

一套组合拳打下来，即便再笨的人也明白了：皇帝这是真打算跑了呀。

历史无数次证明，每逢这种重要关头，总有赞成逃跑的，但也总会有几个反对逃跑的。

这一次也不例外。就在宋徽宗忙着打包行李的时候，一个人突然跳出来大喊道："不行，不能让他就这样跑了！"

这个人的名字，叫李纲。

二、曲折的内禅

李纲者，大宋之忠臣也。

元朝在修《宋史》时，为他立了一篇很长的列传，长到必须分上下部的那种。纵观二十四史，能享受此等荣誉的寥寥无几，可见他在历史上的地位。

作为上过初中历史课本的人物，李纲之名可谓家喻户晓。但当时的李纲，仅仅是一名太常寺少卿（掌管祭祀礼仪的官），级别低不说，专业还不对口，根本没有资格参与政治大事的讨论。

但当他听说宋徽宗将皇太子封为开封牧的时候，还是敏锐地意识到了问题的严重性。他连夜找到了自己的好朋友——时任给事中的吴敏。

给事中虽然级别也不高，却可以直接参与国家大事的讨论，所以李纲找到了他。李纲对吴敏说："事急矣！我听说皇帝已经命皇太子为开封牧，这不就是要太子留守京城吗？"

李纲分析道："皇太子温良恭俭让，让他来守护老祖宗的江山确实很合适。但所谓名不正则言不顺，言不顺则事不成，仅仅给他一个开封牧的名号，显然办不了这么大的事呀，除非传位给太子，否则事必不成！"

他还批评吴敏："你作为能直接和皇帝说上话的人，应当极力劝说皇帝传位才对，即使惹怒了皇帝，也不过是一死而已。所谓死有重于泰山者，此其时也。"

吴敏可不是傻子，人家皇帝干得好好的，你突然跳出来，说这个皇帝你别做了，把最高权力交给你儿子，你哪里凉快哪里待着去吧，这是想干吗？逼宫吗？谋反吗？有几个脑袋？他想了一会儿，觉得还是能不死为好，便问李纲道："给太子一个监国的名分如何？"

李纲毫不客气地说："不可！"

他搬出安史之乱的典故，说当时就是唐玄宗传位给唐肃宗，让他有了足够的号召力，才最终平息了叛乱。但传位之意不出自唐玄宗本人，而是由大臣建议，所以后世惜之。如果能劝说皇帝传位太子，不仅能保全父子之情、君臣之义，还能保全天下百姓，善莫大焉。

为了确保吴敏接受自己的建议，李纲又使出了激将法。他说："此事关系重大，非发勇猛广大慈悲之心，忘身殉国者，孰能任此？"

吴敏毕竟是在官场混迹了多年的老油条，自然不会因李纲的几句好话和一顶高帽子就冲动地撸起袖子干，他决定找个合适的切入点。

吴敏见到了宋徽宗。他单刀直入，毫不避讳地问道："听说陛下已决意逃跑了，对吧？"宋徽宗用沉默回答了他。

接下来，吴敏为宋徽宗分析了当下汴京面临的严峻形势。

吴敏说，京师百姓听闻金军即将打过来，人情震动，大体上分为三派：有欲逃者，有欲守者，有欲反者。如果让这三种人共守京师，则国必破！

宋徽宗一听后果如此严重，赶紧问他："那怎么办？"

吴敏却突然神秘起来，说："自从金人入寇以来，我曾私下里去宗庙祈祷。最近我做了一个神秘的梦，不知当讲不当讲。"

宋徽宗向来对神呀鬼呀的比较迷信，一听这话立马来了兴趣："赶紧讲，赶紧讲。"

下面，是吴敏讲故事时间。

某一天，吴敏做了一个梦。梦里有一条河，河的北面有一尊金身佛，和天一样高；河的南面有一尊被铁笼罩起来的玉像，人称孟子；再往南又有一条河，河南面的山坡上有一和尚。和尚对着吴敏说了一句话："太上山。"

下面，是吴敏解梦。

他对宋徽宗说："水北者，河北也；水南者，江南也；河北金身佛者，金人也；太上者，陛下也。"至于"孟子"所指为何，他自己没想明白，于是专门去请教了一位解梦专家——中书舍人席益。

席专家告诉他，古人按照"孟仲叔季"的顺序来排行，所谓孟子，也就是长子之意，这里应指皇太子。

分析得好有道理，宋徽宗听得不住地点头。

吴敏见宋徽宗渐渐进入了自己预设的情景，继续分析道："陛下虽决意巡幸（即逃跑），但如果留下来守城的人没有守住，您又怎么能跑得掉呢？"

一句话说到了宋徽宗的心坎里，他苦恼地说："别提了，我也正为这件事犯愁呢。"

吴敏趁机说："如果守城者有足够的号召力，则守必固；守固，则行者必达矣。"

那如何才能让留守者（即皇太子）有足够的号召力呢？

吴敏用了宋徽宗十分推崇的道教传说中的神话人物来进行了比喻。他说："陛下您尊崇道教，希望自己像长生大帝君一样长生不老。但如果长生大帝君身旁无青华帝君支持，又怎能圣寿无疆呢？青华者，东宫之谓也。"这意思就很明显了：陛下您要想全身而退，就应该让太子做帝君，也就是传位给他，让他来做皇帝。

史书记下了宋徽宗的反应：上皇大喜。

就这样，原本可能掉脑袋的事，吴敏通过一个梦轻松搞定。人才，真正的人才！

为了防止宋徽宗变卦，吴敏再接再厉，连传位期限都明确了：三天之内。——"过三日，守者势未定，威福未行，虏至无益也。"

见吴敏想得如此周到，宋徽宗不仅同意，还表扬了他一番。

吴敏见大事已成，这才把幕后谋主李纲推了出来："太常少卿李纲，明隽刚正，忠义许国，自言有奇计长策，愿得召见。"由此李纲进入了宋徽宗的视线。宋徽宗传旨，命李纲第二天进宫等待召见。

第二天，李纲早早进宫，怀揣札子等待宋徽宗的召见。可宋徽宗实在太忙了，根本没有想起他这个人，李纲"不复得对"。

宋徽宗召见了吴敏和另一名大臣李邦彦。

宋徽宗问道："退位以后，我住哪里，禁中还是宫外？"

李邦彦说："居禁中恐终不便。"

宋徽宗又问："需不需要我装病以便传位？"

吴敏说："陛下至诚，恐亦不须。"

宋徽宗点点头，说："我再考虑一下吧。"

后一天，宋徽宗再次召见吴敏和李邦彦，宣布了他的几个决定：

第一，他决定今天就举行内禅。

第二，他决定退位以后自称"道君"。吴敏等人认为还是按照传统称太上皇比较好，宋徽宗却说："不须拘泥。"

第三，他决定还是要演一场装病的好戏，以方便内禅，不然恐生变乱，并指定吴敏草拟禅位诏书。

交代完这些之后，吴敏和李邦彦退出，蔡攸等其他宰执觐见。于是，好戏上演了。宋徽宗抓着蔡攸的手说："没想到金朝卓尔小国，竟敢如此。"宋徽宗越说越气愤，忽然"气塞不省"，从龙床上掉了下来。正在接受召见的宰执们吓坏了，立即将他扶起，抬到了宣和殿的东阁之内。经过紧急抢救（多次灌汤药），宋徽宗逐渐恢复了意识。

此时的他右手已经失去了知觉，也不能说话了，只能示意近臣拿来了纸笔，颤抖着左手写下了自己想说的话："我已无半边也，如何了得大事？"

大臣们慌作一团，谁都不敢说话。

宋徽宗接着写道："诸公如何又不语耶？"

大臣们依旧不说话。

宋徽宗只好以笔代言，继续写道："皇太子桓可即皇帝位，予以教主道君退处龙德宫。"

接着，他一面命人宣皇太子前来视疾，一面让吴敏起草传位诏书。

皇太子赵桓接旨后立即动身前往，然而接下来发生的事情，却大大出乎了他的预料。

三、换了天下

进宫之后的赵桓发现气氛不太对劲。他以为，自己此次被召进宫，仅仅是来探望父亲的病情，走个过场，给大家留下父慈子孝的印象而已。所以，他一进宫就直奔宋徽宗的病床，准备演一出端药——吹药——喂药的感人桥段。但看到吴敏等人那严肃的表情后，他终于意识到，事情并没有自己想象的那么简单。

果不其然，吴敏拿出了那份早已准备好的禅位诏书，在病床前进行了宣读。赵桓无论如何也没想到，自己不过是来演场戏，怎么一下子就成了皇帝，顿时吓得大哭，不愿受命。

然而没人理他，童贯、李邦彦根本不管他的哭闹，直接将龙袍披在了他的身上。赵桓干脆直接趴在地上，怎么也不肯穿。

大家知道，新皇帝即位时，往往会有所谓“三让”之举，也就是不能直接接受，要客气客气，说些什么能力不够之类的套话，等群臣再三劝进以后，才不得不为了天下苍生而勉为其难地当这个皇帝。

经过千百年的不断演练，这一形式已固化成为必经流程，即便是乱臣贼子弑君自立，也遵循这一规则。

然而，赵桓不愿受命却不是演的，他是真的不想当这个皇帝，起码不想在这个时候当。

他虽然没有什么政治经验，但他也知道，如狼似虎的金军正在不断南下，用不了几天就会抵达汴京城下，而以宋军的实力，要想打败金军简直是痴人说梦。自己如果当了这个皇帝，极有可能成为亡国之君，在历史上留下千古骂名。

这个黑锅，他可不想背。

宋徽宗更不想背。

当他看见皇太子不肯受命时，恨不得直接开口骂他，但传位尚未完成，他不得不继续装病。他只能继续用左手写道："汝不受，则不孝矣。"好一招道德绑架！

可赵桓也不是傻子，立即反驳道："臣若受之，是不孝矣。"

宋徽宗见硬的不行，只好派人将皇后请来，企图给太子来点软的。

皇后到来后，直接谈起了亲情："我和你爹都老了，以后就指望你了。"

没想到赵桓软的也不吃，"犹力辞"。

宋徽宗急了，不行也得行，命人强行带太子去福宁殿即位。太子挣扎着不肯去，内侍只好用力推他，双方撕扯了半天，太子急火攻心以至于几乎"气绝"，过了好一会儿才苏醒。

然而这也改变不了他的命运，他醒来后仍然被带至福宁殿继承了皇位，是为宋钦宗。

情愿也好，不情愿也罢，赵桓终究成了大宋的新皇帝。这意味着，他不得不接手宋徽宗留下的这个烂摊子，开始和可怕的金人直接交锋。

而最急需解决的，便是如何对待金军，也就是到底是战是和的问题。

实际上，局势发展到现在，和平似乎不太可能了，除非像斡离不说的那样，将黄河以北的土地和人口全部献给大金。可那样无异于亡国灭种，如果宋钦宗甫一上台就做出这样的决定，必定会留下千古骂名。

从另一个方面讲，能战方能言和。只有双方力量势均力敌或差距不大时，和平谈判才有可能。如果一方过于软弱和胆小，对方形成了绝对优势，则绝无长久和平的可能，所谓欲壑难填，对方只会步步紧逼，变本加厉，必将永无宁日。晚清政府便是最好的例子。

无论从哪个角度看，战斗都是宋钦宗的唯一选择。

但宋钦宗不过是个年仅二十六岁的年轻人，既无政治阅历，亦无军事经验，让他来做出这样重大的决定，实在是超出了他的能力所及。他不得不依靠大臣们，根据他们的建议做出抉择。

历史一再证明，每逢强敌入侵，大臣们总会分成主战派、主和派和主逃派，鲜有能达成一致的时候。皇帝最终采取什么样的策略，全看哪个派别最终能说服他（个别个性强的皇帝如汉武帝除外）。

幸运的是，这一次，主战派占据了上风。就连原来反对联金灭辽的宇文虚中，此刻也变成了坚定的主战派。

当时，公认的最能打仗的军队当属西北军。因为宇文虚中与西北军将领的关系很好（如兄弟），皇帝便任命他为资政殿大学士、军前宣谕使，派他召集熙和路经略使姚古和秦凤路经略使种师中入援汴京。

吴敏被任命为门下侍郎。在他的建议下，被贬斥的老将种师道得以被重新起用，率军勤王。

斡离不并不知道宋朝内部发生的皇位更迭，仍然指挥金军继续南下，先后攻下了庆源府和信德府。这时，奇怪的事情发生了：金军随行的太史仰观天象，忽然发现大宋方向帝星复明。这让斡离不大为吃惊，正在疑惑之际，忽报宋朝使节到来，金军这才知道内禅之事。

史书记载，金军素闻“储君甚贤”，斡离不担心宋朝已经有了防备，于是“大惊欲回”。关键时刻，郭药师充分发挥了自己的叛贼本色，他对斡离不说：“南朝未必有备，不如姑行。”

为了说服金军攻打自己的老东家，郭药师极言汴京的富庶与繁华远非燕山可比。这一招很俗，但对金军十分奏效。前面说过，此时的金军还是传统的部落制，没有正规的军饷，将士的收入直接和战争中的掠夺成正比。正因如此，汴京的繁华成了金军最大的前进动力。斡离不决定：继续进军。

就在金军不断南下的一片慌乱中，宋钦宗迎来了即位以后的第一个新年。他下诏改元靖康，取“发政施仁，怀日靖四方之志；经文纬武，图永康兆民之功”之意。愿望很好，只是他怎么也不会想到，“靖康”二字竟会成为耻辱的代名词，成为后世怎么也洗刷不掉的“臣子恨”，永载史册。

就在宋钦宗宣布改元当天（公元1126年正月初一），金军抵达黄河北岸浚州（今河南浚县）城外。

当时驻守黄河北岸的宋军将领是宦官梁方平。为了确保他能守住黄河，皇帝给了他很大支持，“悉出禁旅付梁方平”，光骑兵就有七千。

另一位将领何灌对宰相白时中说，梁方平将所有精锐都带走了，留在京城的皆是老弱病残，万一梁方平没有守住黄河，那如何善后？建议留下一部分精锐护卫京师。然而白时中“不从”。

事实证明，何灌的担心并不是多余的。

到达前线的梁方平并没有积极备战，而是“日与其徒纵饮”，整日喝得酩酊大醉，直至金军打过来了，他才“奔骇”。也就是说，面对金军的进攻，坐拥劲旅骑兵的梁方平连象征性的抵抗都没有就仓皇奔溃，一口气逃到了黄河以南。

逃过黄河的梁方平生怕金军跟着过河，立即下令烧掉连接黄河两岸的浮桥。当时，很多宋军士兵正在通过浮桥撤退，顷刻间大火冲天而起，士兵们烧死的烧死，掉进黄河淹死的淹死，数量多达数千人。

刚刚赶到黄河南岸驻扎的何灌，见梁方平大败而回，二话不说，也转身就跑。黄河，这条本来最有希望阻止金军南下的天然防线，此刻已形同虚设。因为黄河两岸已无宋军防守，金军顺利渡河。

关于金军是如何渡河的，史料说法众多。有的说，梁方平虽然烧掉了浮桥，但烧得并不彻底，浮桥仅仅是被烧断，而没有被烧毁。断掉的浮桥漂到黄河北岸，仍然有很长一段连在一起（“犹二十八虹”），金军稍加修葺便修好了浮桥，得以渡河。（《靖康前录》）

有的说，金军连浮桥都不用修，因为当时正值隆冬，黄河突然冰封，金军踩着冰面滑着冰就过了黄河。（《三朝北盟会编》）

还有的说，金军既没浮桥可走，也没冰面可踩，只“寻得小船子十余只”，每船仅可载五六人。就这样慢慢悠悠，用了五天，才把骑兵渡完，然后步兵开始渡河。金军一边渡河一边前进，连队形都保持不了，却没有遭到任何袭击。金军因而大笑，说：“南朝可谓无人矣，若有一二千人，吾辈岂能渡哉！”（《南归录》）

无论如何，金军渡河了。

消息传到汴京，举朝皆惊！

拾玖

汴京保卫战

一、逃跑与坚守

宋徽宗决定：赶紧逃！

其实，宋徽宗早就做好了逃跑的打算，不然他也不会将皇位传给太子赵桓。但他实在没想到金军会来得如此之快，从传位至今不过十来天，金军已经打到了家门口，再不跑，真的来不及了。

靖康元年（公元1126年）正月初三，宋徽宗给自己的逃跑找了一个冠冕堂皇的理由——到亳州太清宫烧香，感谢道教神仙治好了自己的病（传位时装病）。

当天夜里，宋徽宗一行由通津门偷偷潜出，乘船逃走，只有蔡攸及少数宦官随行。走了一段之后，觉得太慢，于是弃舟登岸，改乘肩舆而行，又以为缓，于是又重新乘船。

就这样，一会儿乘舟，一会儿坐轿，有时还骑驴骡，终于到了符离（今安徽符离）。在这里，宇文粹中及童贯、高俅等人追上了宋徽宗，童贯还带来了自己的胜捷军。所谓胜捷军，是童贯在陕西招募彪形大汉（“长大少年”）组成的亲军，多达万人，现在逃跑正好派上了用场。宋徽宗就这样在童贯等人的扈从下，一路逃到了长江以南的镇江。

宋徽宗逃跑的消息传出后，当初主张联金灭辽的蔡京、王黼等人也纷纷逃跑，一时间，“百官往往逃遁”。

此时，刚刚即位的宋钦宗的动向成为全国军民关注的焦点。

实际上，就在金军渡河、宋徽宗逃跑之际，针对宋钦宗的去留，大臣们便发生了激烈的争论。

有人建议宋钦宗逃跑，具体来说，是逃往陕右，也就是长安（今陕西西安），凭借关中易守难攻的天然地理优势慢慢纠集大军，趁金军因天气炎热北返之时发动反攻，“俾匹马不可归也”。甚至有人传言，让宋钦宗西幸陕右是宋徽宗早就安排好了的。据说，南逃之前，宋徽宗曾经特意嘱咐宋钦宗和大臣们，说别人不了解金军，我了解，咱打不过他，我跑到江南以后，便“教他皇帝去陕右起兵图收复”。

不管传言是不是真的，反正宋钦宗一度对这个计划动了心，甚至派了人前去长安提前准备。关键时刻，一个人阻止了他。

没错，还是李纲。

这不是宋钦宗与李纲第一次见面了。早在宋钦宗即位后的第五天，也就是宣和七年（公元1125年）十二月二十八日，他便召见了李纲。

宋钦宗很客气，说我在东宫时见过你写的奏疏，至今仍能背诵。

李纲也很有礼貌，先将宋钦宗夸奖了一顿，然后安慰他说金军虽然可怕，但听闻内禅的消息后必定有所收敛，不必过于担心。接着他话锋一转，道：“虽如此，但金人必定会‘厚有所邀求于朝廷’。”具体来说可能会有五个方面的要求：欲称尊号，一也；欲得归朝人（逃到大宋的难民），二也；欲增岁币，三也；欲求犒师之物，四也；欲割疆土，五也。针对这五点，李纲给出了建议：欲称尊号、欲得归朝人，可以答应；岁币照旧；犒师之物，量力而行；“祖宗疆土，当以死守，不可以尺寸与人”。

除此之外，他还提出了“御敌固守之策”，勉励宋钦宗“执之坚”。

宋钦宗很高兴，当即授予李纲兵部侍郎的官职，还下诏亲征，颇有点当年宋真宗的风采。

然而，宋钦宗终究不是宋真宗，到底还是没有做到“无为浮议所摇”。随着金军步步逼近和臣僚们的逃跑论调不绝于耳，宋钦宗终于坐不住了，决定效仿他的父亲，弃城而逃。

李纲听说后，立即赶进宫去阻止。

时为正月初四，当时宰执们尚未奏事完毕，按照惯例，李纲这样的次级官员是不能进去的，所以值班人员拦住了他。李纲也顾不得许多了，直接对值班人员喊道：“此何时而用例耶！”

值班人员得罪不起，只好进去请旨。宋钦宗宣他进去。

李纲很自觉地站到了宰执们的最后面，然后开始吓唬人：“听说有人鼓动陛下逃跑，如此，则宗社危矣。”

宋钦宗没有说话，但宰相白时中却听不得他这种“书生纸上语”，质问他：“都城岂可以守？”

李纲反击道：“天下城池，还有比都城更坚固的吗？如果都城都守不住，那哪里还能守得住呢？只要激励将士，慰安民心，与之固守，都城必定可守。”

话音未落，负责京城周边事务的官吏陈良弼上奏：“京城楼橹完好能用的百无一二，而且城东樊家冈一带，护城河浅狭，决难保守，望陛下认真考虑。”

得，唱反调的来了。

宋钦宗看了看李纲，道：“你不是说京城很坚固吗？那就麻烦你亲自去看看吧，我在这里等着你。”

过了一会儿，李纲回来了。

宋钦宗问：“如何？”

李纲说：“楼橹确实坏了，但京师城高墙厚，没有楼橹，一样可以守得住。樊家冈一带也确实浅狭，但如果以精兵布防，也能守得住。”

宋钦宗又问其他宰执：“你们觉得呢？”

众宰执默然。

李纲气坏了，这帮高高在上的宰相们，平日里作威作福，好不威风，一遇危难，一个个马上成了哑巴，唯恐祸及己身。可笑！可悲！可叹！

李纲决定整一下他们，说：“为今之计，只有派一名威望之臣将兵固守，以待勤王之师。”

宋钦宗问：“谁可将之？”

李纲环视了一下这些俯首低眉的宰执们，说：“朝廷平日以高爵厚禄畜养大臣，正是为了用于危难之时。白时中、李邦彦虽然是不知兵的书生，但他们官位高、威望大，让他们来统帅士兵，再合适不过。”

白时中一听要让自己将兵，立马就急了，咆哮道：“凭什么是我们？难道你李纲就不能将兵吗？！”

李纲等的就是这句话，他铿锵有力地说：“陛下不以臣为庸懦，倘使治兵，愿以死报。只是我人微官卑，恐不足以镇服士卒。”

宋钦宗一听，这事好办呀，立马问宰执之位还有没有空缺。得知尚书右丞空缺，宋钦宗立即让李纲补了缺。就这样，李纲一跃成了宰执。

当然，这个宰执可不是白当的，而是顶雷的。宋钦宗命李纲为东京留守，自己仍然打算逃跑。

李纲自然不肯放他走，说：“陛下您初登大位，天下拥戴，且四方勤王之兵不日云集，金军必不能久留。如果舍此而去，车驾朝发而都城夕乱，朝廷必为邱墟，到时候，您又能逃到哪里去呢？”

据说宋钦宗听了李纲的话，颇有点回心转意。就在这时，一个宦官跑过来说：“大家都跑了，陛下岂可留此？”宋钦宗的心理一下子就崩溃了，以近乎哀求的语气哭着说：“你们别再留我了，我要到陕右去，决不可留此。”

没想到李纲是个犟种，你哭我也哭，除非我死了，否则你别想走。

恰在此时，燕王、越王也赶来了，他们也赞成固守。宋钦宗这才稍微安静下来，命人将逃跑之人追回。他看着李纲说：“既然你把我留下，那治兵御敌之事就交给你了。你要好好干，万不可有所差池。”

看着钦宗那惶恐而信任的眼神，李纲决定，即便拼上一死，也要守住京城，以报君恩。

但是，他能做到吗？

二、危城孤忠

现在，我们先来讨论一个问题：当强敌逼近而都城很可能守不住时，皇帝应不应该逃跑？

很多人会很干脆地回答：不应该。

所谓“城在人在，城亡人亡”，作为一国之君，宁可在城破之时像崇祯皇帝那样自缢而死，也不能当逃兵，留下千古骂名。

然而，崇祯固然因其悲壮结局而让人尊敬，但他亡了国，也是不争的事实。

实际上，作为封建社会的最高统治者，皇帝的生死不仅关乎其个人，还关乎整个国家和民族。皇帝生，则国家存；皇帝亡，则可能民族灭。这不是说皇帝有多么高尚，实在是社会体制使然。

所以，如果安排得当，皇帝在城破之前逃走，为将来反攻留下种子，也不失为一个不错的选择。

理论上讲，一次成功的逃亡大体需要以下几个方面：

第一，要有明确的逃跑方向。也就是要往哪里逃、走哪条路线、可能会遇到什么危险、沿途由谁护送、物资如何保障等，要提前谋划好，而不能像没头苍蝇一样乱撞。

第二，要有足够的逃跑时间。不能等敌军都打到门口开始围城了，才溃围而出，那基本上相当于自己送上门去了。

第三，皇帝逃走之后，军队要快速接管都城。一方面要积极备战、严防死守，一方面还要安抚城内百姓的情绪，形成同仇敌忾、齐心抗敌的良好局面。

第四，皇帝逃走前应有明确的后续计划，到达逃亡地点后，能够立刻进行有序的组织，对敌军进行强有力的反击。

可理论终究是理论，事实上，在实践中根本无法做到。

通常的情况是，皇帝的逃跑是匆忙进行的，茫茫然似丧家之犬，根本无暇制订合理的后续计划。而皇帝逃走后，都城的百姓也根本不会同仇敌忾，而是惊慌失措，扶老携幼逃避战乱。这种情绪传染到军队，士兵也会丧失斗志，甚至放弃抵抗，都城的陷落也就在意料之中了。

李纲深知这一点，所以才会极力阻止宋钦宗逃跑。

在他“以死邀之”下，宋钦宗终于答应留下。接下来，如何防守成了摆在李纲面前最现实的问题。

然而，还没等他想好，宋钦宗又变卦了。

正月初五，李纲在上朝的路上，忽然听到大家都在议论皇帝逃跑的事，说甚至连太庙里的神位都搬出来了，后宫嫔妃的衣服被子也已经准备装车。

李纲一时无措，只好厉声问禁卫军道：“你们是愿意以死守卫社稷，还是跟着皇帝逃跑？”

禁卫军将士的老婆孩子在都城，他们根本不想离开，高声回答：“愿以死守宗社！不居此，将安之？”

有了禁卫军的支持，李纲的心里总算有了底，他立即拉着禁军首领去见宋钦宗。

看着眼前这个言而无信的皇帝，李纲也顾不得许多了，质问道：“陛下昨天已经答应我留下，今天却又要逃跑，你想干什么？六军将士的家属皆在京城，他们怎么舍得离去？万一中途一哄而散，谁来扈卫陛下？再说了，金军马快，陛下一旦离开京城，金军很容易就会追上你，你又怎么逃得掉？”

宋钦宗大悟，下令不再出狩。李纲立即传令：“上意已定，敢有异议者，斩！”

接着，李纲又建议宋钦宗登上城楼以激励将士。六军将士看见皇帝出现在城楼之上，大为振奋，皆感泣流涕，“拜伏呼万岁，其声震地”。

这一系列操作之后，“固守之议始决”。

宋钦宗一面派身边的亲信宦官奔赴各地督促将领们率军勤王，一边任命李纲为亲征行营使，要他全权负责京城防务，并许他可以便宜行事。

李纲不敢懈怠，立即开始布置防御，“修楼橹、挂毡幕、安炮坐、设弩床、运砖石、施燎炬、垂檑木、备火油，凡防守之具，无不备”。

对于守城士兵，李纲采用了“百步法”进行分配，即以一百步的距离为一个战斗单位，每百步布置士兵若干。京城东南西北四壁，每面有正规军二千余人，杂以数量众多的保甲、居民、厢军参与防守，并且在每面城墙上都安排了宗室、贵人、武臣，以激励士气，对攻城敌人进行反击。

除了城墙上的士兵，李纲另外组建起一支四万人的马步军，分为前后左右中五军。前军负责护卫粮仓（延丰仓），以保证物资供给；后军被派到了城东护城河河狭水浅的樊家冈，防止敌人从这里进攻；左右中三军则留在城内机动，以备不时之需。

就这样，经过数天准备，京城的防务总算初步成型，然而金军也来到了城下。

这里，我们不妨先来看一下汴京的布局，以便更好地理解即将开始的汴京守卫战。

北宋时期的汴京城，分为内城和外城。内城修建于唐建中二年（公元781年），周长二十里一百五十五步；外城修建于周世宗显德三年（公元956年），周长四十八里二百三十三步。

据说，宋太祖赵匡胤决定定都汴京后，曾经让宰相赵普对城墙进行改造。赵普按照中国人的传统审美，将城墙设计成了横平竖直、四四方方、规规矩矩的样子。图纸递上去以后，赵匡胤大怒，将城墙改成弯弯曲曲、毫无规则可言的样子，一直延续了一百多年。

宋神宗曾经想对城墙进行二次改造，但想了想，没敢。

宋徽宗上台后，最喜欢搞大型土木工程建设，都城的城墙也被他纳入了改造范围。宋徽宗完全继承了赵普的审美，将城墙原来弯曲的地方全部拉直，并且进行了扩大，使外城周长达到了五十里一百六十五步。

这样一来，城墙倒是方正了，但也留下了巨大的隐患：一旦敌人集中火力对城墙进行大规模轰击，很容易引起大面积坍塌。

汴京城的内城城墙共开城门十二个，东西南北各三个。东城墙三门：靠北的叫望春门（旧曹门），往南分别是丽景门（旧宋门）、角门子。南城墙三门：东面的叫保康门，中间的叫朱雀门，西面崇明门（新门）。西城墙三门：从南往北分别是宜秋门（旧郑门）、角门子、阊阖门（梁门）。北城墙三门：东面安远门（旧封丘门），中间景龙门，西面金水门（也叫天波门）。

外城的城墙更加复杂，因为有汴河、蔡河（惠民河）、五丈河等若干河流穿墙而过，所以除了常规的城门之外，外城城墙上还有若干临河而建的水门，每个水门里都有铁闸，随时可以放下，防止外面的敌人偷袭。四面城墙，共计十二个城门和六个水门。

先说十二个陆门。东城墙两门：南边为朝阳门（新宋门），北边为含辉门（新曹门）。西城墙三门：南边为顺天门（新郑门），中间为开远门（万胜门），北边为金耀门（固子门）。南城墙三门：东边为宣化门（陈州门），中间南薰门，西边为安上门（戴楼门）。北城墙四门：从东往西分别是景阳门（陈桥门）、永泰门（新封丘门）、通天门（新酸枣门）、安肃门（卫州门）。

外城由于有三条较大的河流（汴河、蔡河、广济河）贯穿而过，又形成了六个水门，以便货物进出。其中，汴河上游的上水门叫西水门，水门两侧的陆地上又有两个旱门供行人在河岸上通行，靠南的称为大通门，靠北的称为宣泽门；下水门叫东水门，两侧也有旱门两个，分别称为上善门和通津门。蔡河上水门叫普济门，下水门叫广利门。广济河上水门叫咸丰门，下水门叫善利门。

外城之外，还有瓮城。所谓瓮城，就是在外城城门外修建的一个与城墙同高的围子，大多呈半圆形。围子上开有两个门，一个门对着城内街道，一个门对着城外。而且这两个门不是正对着的，从内门出来后，必须要向左或者向右转一个九十度的弯，才能到达外门，此所谓“扭头开门”。人们要从城内到城外去，先要经过内门进入瓮城，再转个弯从瓮城外门出城。同样，敌人要想攻城，必须先攻破瓮城，才能对外城城门发起攻击。

汴京外城的城门设有三层瓮城，以增加敌人攻击的难度和己方准备的时间。这里需要说明的是，瓮城虽小，但毕竟也叫城，既然是城，城墙上就有士兵防守。所以，敌人即便攻破了瓮城的外门进入瓮城，也不要高兴太早，因为他们很可能陷入这样一种局面：

前面是高大的外城城门以及外城城墙上的士兵，后面则是瓮城的城墙以及瓮城城墙上的士兵，典型的腹背受敌。这时候，瓮城的外门突然关闭，攻入瓮城的敌人这才发现，自己成了瓮中之鳖。此即所谓“请君入瓮”“关门打狗”之计。

瓮城之外，还有一条宽数丈的护城河绕城，以阻止敌人靠近城墙。某些城池还会在护城河的内河岸筑起一道不高的墙，称为羊马墙，墙上开孔，以便进行瞭望和射箭，与不远处的外城城墙形成高低错落的立体打击。这样，敌人即便渡过了护城河，也很难再往前推进。

可以想见，在大炮（大型抛石机）发明之前，攻下一座大型城池是多么艰难！

也许正是基于此，李纲才敢于让宋钦宗留下来固守待援，才有信心担负起守卫汴京的重任。

那么，面对汴京这样一座看起来固若金汤的城池，金军会采取什么方式进行攻击呢？

三、汴京保卫战

靖康元年（公元1126年）正月初七，金军抵达汴京城外。

在叛徒郭药师的导引下，金军首先占领了汴京城西北方向的牟驼冈。这里三面环水，“冈势隐辚如沙碛”，是一座地形稍高的小山坡，适合安营扎寨；其次，该地是宋朝养马育马的地方，“刍豆山积”，为金军马匹提供了大量饲料。

安营完毕，金军开始了进攻。

我们仔细研究契丹、女真以及后来建立了元朝的蒙古族，就会发现，凡是以骑兵为作战主力、善于以骑兵冲锋的军队，往往有一个共同点，那就是每逢重要战争或面对强敌时，很少从正面直接进攻。与面对面硬刚相比，他们更喜欢从侧翼发起攻击，利用骑兵的速度优势对敌人发起冲锋，一举将敌人的阵形打乱。当敌人陷入慌乱时，再从正面攻击，与侧翼相互配合，将敌人击溃。

这一次，金军也不例外。

面对汴京这座当时世界上最大的城市之一，从北方而来的金兵并没有选择从首当其冲的北面城墙开始进攻，而是将进攻地点选在了西城墙。

相比北城墙，西城墙的防御力量要薄弱得多。

更能突显金军智慧的是，他们并没有选择进攻陆地上的城门，而是选择了进攻水门。因为水门没有瓮城，攻打起来似乎更加容易，而且，一旦将水门攻破，便可乘船顺流而下，直接进入内城。从理论上讲，进攻水门实在是一个绝好的主意。

正月初八傍晚，金军开始进攻位于汴河上游的西水门，“以大船数十只顺汴流相继而下”。

然而事情的进展却并没有想象的那么顺利。大船进入汴河之后不久，金军突然发现船走不动了！

要说李纲的防守实在准备得够严密，他早就想到金军可能走水门，所以提前在汴河里安置了很多障碍，仓促间材料不够用，甚至连蔡京家里的假山都拆了投入河道。

金军的大船遇到障碍，纷纷搁浅。这还没完，就在金军慌乱之时，忽见许多铁钩子从河岸边伸过来，钩住了船舷，将大船拖到了岸边。金军还没明白是怎么回事，就见许多大石头朝自己飞来，一时间惨叫声四起，船毁人亡。

就这样战斗了一整夜，第二天黎明，终于将金军击退。汴京保卫战，首战告捷。

李纲顾不得休息，立即进宫向宋钦宗汇报这个好消息。君臣还没来得及高兴，前方又传来紧急军情：金军又从北面发起了攻击！

侧翼进攻失败后，金军从北城墙发起正面进攻，进攻目标选在了北城四门正中的新酸枣门和封丘门。

李纲知道，金军这次是真急眼了。担心守城士卒不够用，他特意请求宋钦宗从禁军中挑选了一千余名善射之人，跟随自己一起前去守城。

李纲赶到时，金军已经渡过护城河，正准备架云梯攻城。

他一边让人用滚木礌石砸，一边命士兵放箭，同时募集勇士缒城而下烧毁云梯，一时间，金兵“有乘筏渡濠而溺者，有登梯而坠者，有中矢石而踣者，甚众”。

面对宋军的反击，金军继续不怕死地向前，还加大了攻击力度，“虏箭集于城上如猬毛”。

一方拼命地守，一方没命地攻，战况陷入了胶着状态。

关键时刻，宋军的主场优势充分显现了出来。宋钦宗派人带来了嘉奖令（御笔褒谕）和奖品（内库酒、银碗、彩绢等），鼓励将士们为国家为民族为家人而战。一时间，宋军士气高涨，人人效死。

战斗从黎明五点一直打到下午三点左右，金军死伤惨重（数千），不得不停止进攻。

值得一提的是，前期从黄河岸边逃跑的何灌也参加了这次战役，并在战斗中为国捐躯，也算是将功折罪了。

两次战斗，均以宋军胜利告终。这说明，只要组织得当、上下一心，城高墙厚的汴京城是不难守住的。

反观金军，固然作战勇猛，无论是单兵能力还是整体素质都要强于宋军，如果两军直接对垒，玩面对面的厮杀，宋军绝不是金军的对手，但金军的弱点也很明显，那就是攻城，习惯了纵马驰骋的他们，在汴京这样的铜墙铁壁面前完全使不上力气，骑兵的优势一点也发挥不出来，只能看着城墙干瞪眼。

更严重的是，由于远离大本营，补给线过长，物资得不到保障，如果不能速战速决，陷入持久战的泥潭，金军将会十分被动，甚至被宋军拖死。

斡离不显然也意识到了这个问题。

两次进攻失败，让他真正领教了汴京城的坚固和汴京军民抵抗侵略的决心，也让他明白了郭药师那句“南朝未必有备”不过是一种幻想。加之粘没喝率领的西路军被牵制在太原，不能按时前来会合，自己已经成了悬军深入的孤军。要想单凭自己的力量攻下汴京，无异于痴人说梦，所以他决定：议和。

实际上，就在斡离不刚到达汴京城下的那天（正月初七），他就准备派出使者前去汴京谈判，企图“不战而屈人之兵”。

让他没想到的是，就在金使打点行囊准备出发的同时，宋朝的使者也已经在路上了。

同样是在正月初七，就在李纲率领军民保卫西水门时，城内的宰执们也没闲着，他们决定派使者去见见斡离不，名义上是去犒军，实际上是想探听一下斡离不下一步的动向和打算。

代表宋朝出使的是尚书驾部员外郎郑望之，他之所以能当上大使，充满了戏剧性。

据郑望之《靖康城下奉使录》记载，当天他正准备去太仆寺选马，忽然接到兵部尚书路允迪的口头通知，要他速到宰执们议事的办公室去一趟。

郑望之实在想不起来自己犯了什么事，但领导的话又不能不听，只好战战兢兢地去了。没想到刚一进办公室，少宰张邦昌就热情地走上来，拉着他的手说：“郑郎中，麻烦你辛苦一趟了。”

郑望之丈二和尚摸不着头脑，呆呆地问道：“不知何事？”

张邦昌告诉他，朝廷信任他，要派他去和金人谈判。

郑望之大吃一惊，自己不过是想去选马，怎么稀里糊涂就成了使者？他连忙问道："有没有圣旨？"

张邦昌很会糊弄，说要什么圣旨呀，你先去看看情况，回来再说。大家七拼八凑，你出一条金带，我出一套公服，总算凑成了一整套行头。

因为尚书驾部员外郎的官衔太低，朝廷又临时给他安了一个尚书工部侍郎的临时身份，以便出使的时候更加有底气。

郑望之就这样出发了。

贰拾

战败的代价

一、使者遇上使者

因为金军就在汴京城外不远处，所以这次出使显得十分特别。最大的特点是，行程特别短，短到不用走路过去，直接扯开嗓子喊就行。

守城士兵用筐子将郑望之从城墙放下来以后，他特意找了一个嗓门大的人渡过护城河向金军喊话："对面的金军弟兄听着，朝廷已派使者在此，你们也赶紧派个人过来谈谈吧。"

金军一听，这不巧了吗？我们也正派人往你们那边去呢。两拨使者就这样戏剧性地见了面。

金军派出的使者是燕京人吴孝民，双方约在城西会谈。

当夜，双方在宋军军营中进行了谈判。

吴孝民首先传达了金军统帅斡离不的指示，说二太子交代了，此次讲和不要搞得剑拔弩张，而是要像做买卖一样和和气气。

郑望之赶紧试探着问："不知这个买卖如何做法？"

吴孝民微微一笑，说："简单得很，只要以黄河为界划分土地，再给金军将士一点辛苦费（犒军钱）就可以了。"

郑望之听罢，觉得很有必要向吴孝民普及一下什么叫作买卖。他举了一个例子，比如有人想买一匹布，卖者要价三贯，买者还价二贯五百文，经过讨价还价，最后以二贯六百文成交，买者付钱，卖者交布，如此方可谓之买卖。现在大金既要金帛又要割地，而无一物与我，这哪里是做买卖，分明是强取呀！

吴孝民知道遇上了个不懂政治的二杆子，便不再和他废话，要求入城去。

当时已经是深夜，为了安全起见，李纲拒绝了他的入城请求，并严令"敢辄开门者斩"！

就这样，吴孝民、郑望之等人在城外的军营中过了一夜，第二天才被准许入城面见宋钦宗。

和他们一起来的，还有一位在历史上十分有名的人——前期出使金军的宋朝给事中李邺。

早在宣和七年（公元1125年）十二月，随着金军不断南下，彼时尚未退位的宋徽宗便向金军派出了使者，希望能弭息兵戈。李邺便是在那时出使金军的。

但这哥们儿之所以名垂青史，并不是因为做出了什么突出的外交贡献，而是因为他说的那几句话。

从金军大营返回后，李邺极言敌强我弱，并将自己在金军那里的所见所闻总结成了如下几句话："人如虎，马如龙，上山如猿，入水如獭，其势如泰山，中国如累卵。"

这几句话实在太过长敌人志气、灭自己威风，消息传出，时人讥之为"六如给事"。

李邺的话固然有夸大之嫌，但也从侧面反映出金军实力的强大。正因如此，金使在谈判的时候才会有那么大的底气，甚至敢于向宋钦宗开出不可能接受的条件。

见到宋钦宗后，吴孝民呈上了斡离不的书信。

斡离不深知，讲和是要讲求技巧的，直接说我打不过你，咱俩坐下来谈谈吧，那是不行的，不仅会让人看不起，更会影响谈判成果。斡离不是个聪明人，他不会干这样的糊涂事。

斡离不在书信中表示，大金之所以出兵伐宋，是因为宋徽宗赵佶背盟毁约，凭大金的实力，要想攻下汴京不过是分分钟的事。但我们听说赵佶已经内禅，大宋已经换了新皇帝，那这事就算过去了。希望少帝陛下能重新与大金订立盟约，结万世之好。

宋钦宗被称为"少帝"，就是从这时开始的。

斡离不还表示，为了表示大宋的诚意，最好派亲王或者宰相过去谈判。

前面说过，外交使节一般都是从有经验的中级官员中选派，让宰相这样高级别官员甚至亲王出使，放眼整个中国历史，都是极其罕见的。斡离不提出这样的要求，无异于对大宋的羞辱。

然而，比起羞辱来，和平似乎更加重要。

宋钦宗环视了一下站在朝堂上的宰执，希望有人自告奋勇。但是宰执们就像怕被老师点名的小学生一样，都低着头，谁也不说话。

关键时刻，李纲站了出来："我去吧。"

宋钦宗却拒绝了他，给出的理由是："你刚刚接管京城防务，不能离开。"

李纲知道这不是宋钦宗的真实想法，等宰执们散去以后，他单独留了下来，问皇帝不派遣自己去的真正原因。

面对李纲的追问，宋钦宗终于说了实话："你性情太刚强，不愿妥协，去了怕会坏事。"

经过酝酿讨论，宋钦宗最终决定，派同知枢密院卿李棁担任正使，郑望之、高世则为副使，前去与金人谈判。

这位李枢密最大的特点是：胆小怕事。当李纲得知是这位老兄要去和金军谈判时，立即找到宋钦宗，说我们之所以和谈，是因为勤王大军尚未集结，不得已而为之。但和谈也要坚持原则，不能被金军所吓倒，如果"朝廷震惧，一切与之"，金军必定会轻视大宋，得陇望蜀，则"忧未已也"。李棁柔懦，恐误国事，"愿陛下审之"。

但宋钦宗需要的正是这种没有性格、不会惹事的人，他没有理会李纲，依旧任命李棁为正使。

不过，对于李纲"祖宗疆土，当以死守，不可以尺寸与人"的建议，宋钦宗却记得很清楚。他特意嘱咐使者，如果金人提出割地的要求，一定不能答应，可以多出一些岁币代替，哪怕三五百万也可以接受，犒军费也不能太多，也以三五百万为限。

实际上这只是大体的口头交代，在写给斡离不的事目里，宋钦宗又对相关钱币进行了明确，予以提高：将大金放弃土地索求的补偿提高为"改添岁币七百万贯"（之前为一百五十万），犒军费也提高到"银五百万两，绢五百万匹，金五十万两"。

为了表示诚意，宋钦宗还专门准备了一万两金和果酒，让使者献给斡离不。

使者出发的时候已是正月初八黄昏，出城之后才走了两三里天就黑透了。金军士兵不知来的是使者，误以为是宋军奸细，纷纷放箭，结果"从者一人死之，余四人亦伤"。这似乎也预示着，这次谈判必定不会顺利。

到达金军营地时，已是夜里一更多。斡离不像皇帝一样南向而坐，李棁等人则"北面再拜，膝行而前"。斡离不先是对宋朝败盟毁约的行为一番痛斥，然后以时间太晚为由，让宋使等到第二天再谈判。

正月初九，天还没亮，斡离不便派萧三宝奴、耶律忠、张愿恭三人来到了宋使的住处。

谈判，在黎明前开始了。

二、狮子大开口

作为谈判的开场白，萧三宝奴又将大金伐宋的正义性进行了一番说明，并指出二太子斡离不听说宋朝内禅的消息后，本已打算班师回国，只是奇怪大宋为何不派人来讲和，才又带兵来此。

郑望之立即纠正说："上皇（指宋徽宗）此前已经派给事中李邺来过了。"

萧三宝奴却说："上皇虽然派人来过，但少帝没派人来过呀，毕竟现在他才是大宋的皇帝。"

郑望之说，不是新皇不派使者，实在是没来得及，少帝登基不过十余日，你们的兵马就到城下了，根本没时间呀。

辩解完之后，郑望之画起了大饼："若能以礼义与中国通好，岂不为美？"

萧三宝奴笑了笑，说："我们也想呀。无奈大宋总是自食其言，把我们伤得好苦。如果真想和平的话，必须派一名亲王来做人质，此事古亦有之，也不为过。"

为了显示自己对中国历史确实有所了解，萧三宝奴还特意举了一个例子，比如春秋时期，周天子便曾经派王子到郑国做人质，而且还是派的太子，现在我们只要求是亲王就可以，已经很够意思了。

郑望之说，没错，周天子确实曾派太子到郑国做人质，但太子后来死了，最终交恶。现在大金要求大宋派亲王为质，我不得不提醒你，大宋的亲王可不比你们大金，他们整日养尊处优，身体素质可不太好呀，万一在你们那里有个三长两短，到时候可就不好交代了，恐怕这也不是你们想要的结果吧。

萧三宝奴一听倒也对，只好换了一个话题，说我们大金有一个风俗，士兵到达哪里，哪里就是我们的边境。现在二太子已率军到达汴京，按道理说，汴京以北已全都属于大金，但二太子仁慈，只要求以黄河为界划分疆土，够有诚意的了吧。

果然，该来的始终会来，绕来绕去，最终还是谈到了割地。

郑望之牢记宋钦宗割地之请不能答应的最高指示，告诉萧三宝奴，金军之所以能这么顺利地打到汴京，并不是宋军实力不行，而是因为大宋始终把大金当作互不侵犯的朋友，除了在最北方的燕山象征性地部署了一点兵力外，内地均未设防，加上郭药师这种卖国求荣的叛徒，这才让金军侥幸，一路打到了汴京。依我看，既然南朝得北朝地不能守（指燕京），那北朝得南朝地恐怕也守不住。远不如多增加一些岁币来得牢稳和实惠，您说呢？

萧三宝奴大笑，说："南朝得北朝地固不能守，北朝得南朝地岂守不得？"

郑望之说："当初大辽耶律德光也是这么想的，于是一口气打到了汴京，然而不到一个月便落荒而逃，还病死在路上，岂可谓守得？"

萧三宝奴仍然坚持说："有守得的（指大金）。"

见他如此冥顽不化，郑望之只好继续耐心地给他普及历史知识，说北方少数民族真正长时间统治过中原的，也就只有拓跋氏的北魏了，但那是孝文帝汉化的结果，用中国之礼乐、中国之法度、中国之衣服，已和真正的中原人无异，大金岂能和他相比呢？

萧三宝奴自知在历史方面不是郑望之的对手，只好将割地一事暂且放下。

下一个话题：犒军费。

萧三宝奴告诉郑望之，大金士兵不像大宋士兵一样，每月有军饷可领，他们的收入全来自于在战争中获得的战利品。如今我们两家虽欲讲和，但大金士兵不远千里而来，总不能空手而回吧。

郑望之说这好办，既然我们讲和，那就是朋友，有朋自远方来，岂有不犒劳之理？只是不知道大金来了多少军马，我们也好心里有个数。

本着能多要两个就多要两个的原则，萧三宝奴开始虚报起人数来。他告诉郑望之，国相（粘没喝）处有兵二十万，二太子（斡离不）有兵三十万，只要犒赏到位，大军立即撤退，否则，大军长时间留此，只怕会毁坏了你们的田地庄稼。

为了打消他的如意算盘，郑望之直接给萧三宝奴交了实底。他说，临来的时候，皇帝特意交代过，国家财政现在很困难，但为了两国的友谊与和平，我们豁出去了，省吃俭用也要给你们凑够三五百万两，这是我们最大的诚意了。

听完他的话，萧三宝奴哈哈大笑起来："我们大金士兵离家六七千里，来回需要一两年，你就这么糊弄我们？我也不跟你绕弯子了，除非每人得两锭银一锭金，否则免谈！"

按照这个标准，大金五十万人马，需要金五十万锭、银一百万锭，换算成两，就是五百万两金、五千万两银，几乎相当于宋钦宗开价的十倍！

金人胃口如此之大，着实让郑望之没有想到，他说："太师开得许大口，好难商量。"

金使却说："都说东京人家富庶，今天需将皇帝和民家的财物尽皆拿来赎取性命！"

郑望之苦笑了一声，道："若说皇帝富，那你可以问问那些从大宋投降过来的人，俸禄有时候都保证不了，要拖好几个月才发，何谓富？若说民间富，那是因为来汴京做买卖的商人多，他们的财富都是随来随走，汴京本地百姓并不富足。"

萧三宝奴见他如此哭穷，顿时心生不悦，便不再和他浪费口舌，并"友情"提醒他："明天见了二太子，万不可如此争辩，以免坏了和谈大计。"

郑望之等人就在惴惴不安中等来了天亮。

第二天早晨，郑望之再次见到了斡离不。

斡离不并没有直接和他谈判，而是笑着告诉他："郑侍郎你知道吗，我刚才又派人去攻城了。"

郑望之大吃一惊，忙问："既然已经讲和，为何又派人攻城？你什么意思？"

一位金军将领告诉郑望之："别误会，我们也没别的意思，就是想让你们见识一下金军的实力而已。"

说罢，斡离不和金军将领哈哈大笑。

郑望之想要继续谈判，斡离不却告诉他没有必要了，我已经写好了书信，自会派使者去交给你们的皇帝。

斡离不的书信共有两封，一封封了起来，另一封没有封。郑望之得以见到了没封的那封书信的内容。在这封书信中，斡离不开出了如下价码：金五百万两，银五千万两，牛马万匹，表缎一百万匹，里绢一百万匹，马、牛、骡各一万头匹，驼一千头。

数目与昨天夜里萧三宝奴说的一样，可见金军未做任何让步。

郑望之还想尝试做一下最后的争取，他说："大宋虽然幅员辽阔，但出产金银的地方不过五七处，而且每年能出产多少都有固定的数额，政府还要将之用于国计民生，根本结余不了多少。至于马匹，朝廷每年通过边境贸易采购的良马不过一两千匹，还有病死或受伤的，剩余的大部分都装备给了已投降大金的郭药师，根本拿不出一万匹马。耕牛就更不用说了，大部分都是老百姓的，达官贵人虽也有养个两三头当宠物的，根本上不了规模，一万头实在凑不出来，总不能去抢老百姓的吧。"

话音未落，叛贼郭药师说话了："郑侍郎你就别磨叽了，先凑个七八分送来，其余的慢慢再对付不迟。"

郑望之看了他一眼，心想你一个遭人唾弃的卖国贼，哪里轮得到你说话？但毕竟在人家的地盘上，所谓打狗还要看主人，直接撕破脸终归不太好。

郑望之对郭药师说："你现在虽然到了大金，但上皇（指宋徽宗）以前待你可不薄呀，你少拿这一套糊弄我。现在要是许了你七八分，一旦日后没有凑够，岂不是又要落一个失信的骂名？你这是在害我！"

郭药师羞愧难当，赶紧躲到了一边。

斡离不见状，赶紧催促使者上马离开。

在整个谈判过程中，作为正使的李棁始终不敢有任何异议，金人说什么就是什么，"不能措一词"，金人很看不起他，笑之曰："此乃一妇人女子尔。"真可谓是丢人丢到了国外。

正月初十，金使萧三宝奴等人随郑望之进入汴京城，另一封书信的内容随之曝光，一场空前的考验摆在了宋朝君臣的面前。

三、割地赔款

在另一封书信中，斡离不提出了一个宋钦宗十分不愿意答应的要求：割地。

前面说过，在宋钦宗与李纲的第一次会面中，李纲曾专门提醒他"祖宗疆土，当以死守，不可以尺寸与人"。使者出发前，宋钦宗也专门叮嘱，宁愿多花岁币，也不能同意割地。

可现在，斡离不不仅要的钱多出了预想的十倍，土地他也要。

在书信中，斡离不表示，大金不再要求黄河以北全划给大金了，只要太原、中山、河间一带（即所谓的三镇）就行了。另外，宋徽宗在事目中说"改添岁币七百万贯"，我们也不要那么多，主动给你们减五百万，每年给二百万贯就行。虽然我们吃了大亏，但为了两国的长久友谊，我们认了。

瞧瞧，抢东西都能说得这么高尚，脸皮之厚，无人能出其右。

最后，斡离不表示，鉴于大宋过去经常失信的恶劣表现，为了确保金军撤退安全，大宋必须派遣一名亲王和一名宰相到金军中做人质。金军安全渡过黄河以后就会释放亲王，土地金钱全部到位后，宰相也会放回。

如此条件，立即在大宋的朝堂上引起了一片慌乱。

宋钦宗看了一眼身边的吴敏，问："如何？"

吴敏叹了一口气，说："事无可奈何，待更商量。"

宋钦宗又问其他宰执，"宰执震恐，欲如其数，悉许之"。

在宰执们看来，只要金军能撤退，只要能把眼前的难关糊弄过去，只要继续苟延残喘下去，不仅钱可以给，三镇也可以给。

只有一个人反对。

没错，还是李纲。

钱，他不是不想给，是真的给不起。他告诉宋钦宗："（金人）所索太多，虽竭天下不足以充其数，况都城乎？"

是呀，答应很容易，但去哪里弄这么多金银呢？如果到时候无法支付，岂不又是失信？金人岂不是又有了新的借口？

土地，李纲是真心不愿意给。老祖宗的陵寝都在北方，如果给了金人，清明节连个烧纸的地方都没有了。

更重要的是，太原、河间、中山虽然名为三镇，但实际上有十几个郡那么大，而且多山川险阻，是中原地区的门户。如果割让了三镇，就等于把山西、河北拱手让给了金人。山西、河北一丢，离亡国也就不远了。

李纲给出的建议是，既不给钱，也不给地，继续派遣使者去和斡离不讨价还价，将金军拖住，为勤王军队的到来争取时间。一旦勤王军队到位，金军必然丧胆，而且他们悬军深入，后勤不济，必定不敢久留。到时候，即便所提条件没有得到满足，金军也不得不接受和议，则不仅可以减少损失，"彼且不敢轻视中国，其和可久也"。

应该说，李纲对形势的认知和对金人的分析是十分清醒的。如果宋钦宗真能听从李纲的建议，与金军继续周旋几日，北宋的命运很可能会改变，至少不会灭亡得那么迅速。因为，仅仅在几天之后，种师道等人率领的勤王军便到达了汴京城下。

但是，历史没有如果。

宰执们死死咬住一点：如果不答应金人的要求，汴京城破只在旦夕。汴京如果陷落了，还要三镇做什么？还要金银做什么？

争论来争论去，没有一个人支持李纲。看着眼前这群大臣吵来吵去，二十多岁的宋钦宗完全没了主意，只能“默然无所主”。

李纲知道，独木难支，自己一个人终究斗不过为数众多的投降派。偏偏皇上又是这么一个没有主见的主儿，真是越想越气。性格刚强的他索性撂了挑子，“再拜求去”。

他赌气说：“陛下将我放在如此重要的位置上，我自知没有资格，之所以忝居于此，是盼望议论或有补万分之一。既然我的建议与宰执们相左，无补于事，哪还有脸继续待在这里？请陛下准许我继续回去当我的小官吧。”

宋钦宗一看这还了得，还指望你守城呢，你走了谁干活？于是对他说：“你别多想，只管安心守好你的城就好，其余的事我们再慢慢商议。”

表面是挽留，实际上是告诉李纲，你的职责是守城，其余的事就别掺和了。

李纲是个聪明人，只好知趣地去守城。可忠心使他始终放心不下，在城墙上绕了一圈后，他决定再回去争论一番，万一就说通了呢？

可还没等他回去，使者已带着誓书离开了，“所求悉皆与之”。

随誓书一起去往金营的，还有两名人质：一名亲王，一名宰相。

亲王的名字叫赵构，时为康王。宰相的名字叫张邦昌，时为少宰。

在后世的记载里，尤其是各种评书和演义里，这是两个被严重扭曲的人物：赵构成了荒淫无道的昏君，张邦昌则成了认贼作父的傀儡。但实际上，这两个人远没有那么不堪，他们都用自己的方式，为赵氏江山做出了自己的贡献。

此时共赴国难的两人怎么也不会想到，用不了多久，他们就会成为在道义上不共戴天的死敌，上演一出自相残杀的惨剧。

据史料记载，此时的康王赵构表现得相当英勇。当宋钦宗问诸王谁愿意去金营做人质时，康王毅然请行，豪迈地说：“虏必欲亲王出质，臣为宗社大计，岂应辞避！”

李纲安慰他说：“金人只是希望王爷能护送他们过黄河，过了黄河就可以回来，王爷不必担心。”

康王大义凛然地说：“国家有急，死亦何避！”

临行前，他特意给宋钦宗上了一道密奏，说如果有什么意外，千万不要以自己为念。

康王就这样悲壮地作别了宋钦宗，与张邦昌、“六如给事”李邺等人带着誓书，踏上了未知的行程。

誓书中，宋钦宗将宋金两国定为伯侄，金太宗完颜吴乞买为伯，称“伯大金皇帝”，宋钦宗为侄，称“侄大宋皇帝”。

除了完全同意斡离不的要求外，宋钦宗还表示，因为金银数量太过巨大，宋朝已开始千方百计进行搜刮（根括），请求斡离不能够稍微宽限些时日。

宋钦宗没有欺骗斡离不，为了尽可能凑齐天文数字的犒军金银，他真的使出了全力。就在康王等人前往金营的当天，宋钦宗下了一道诏令，将国家面临的巨大困难进行了说明，表示朝廷是为了避免百姓遭受战火兵灾才答应了金人的要求，现在，国家已经到了最危险的时刻，大家要团结起来，帮助朝廷一起渡过难关。

宋钦宗宣布即日起“避正殿，减常膳”，主动降低自己的生活待遇。不仅如此，他还表示会把宗庙里祭祀用的器皿也拿出来充公，真可谓是老本也不留了。他还要求王侯百官们以自己为榜样，主动将家里的金银上交，并号召普通老百姓也能发扬爱国精神，捐私物以助国用。

然而，没有用，并没有几个人响应他的号召。

没办法，软的不行，只好来硬的了。

四、大肆搜刮

为了完成金军下达的金银任务，宋钦宗最终采用了历朝历代都会采用的办法：利用权力强制征收。

宋钦宗下令，王室宗亲及道官、乐官、伎术等官及五司官，必须将家里的金银绢帛上交元丰库；宫、观、寺、庙等机构及开封府现存的金银，则上交左藏库。为了确保执行效果，宋钦宗规定：“若敢隐庇转藏，并行军法！”

然而这不过是杯水车薪。为了得到更多的金银，宋钦宗可谓绞尽了脑汁，他决定对几类人开刀。

首先是内官。宋钦宗虽然不知道这个群体到底有多少钱，但他知道靠近权力中心的他们肯定有钱，他给内官分配的指标是“银五百万两，金一百万两”。

其次是贪官。在中国古代，曾经有一个“养贪官，杀贪官”的经典论述：先对贪官睁一只眼、闭一只眼，让他们将老百姓的钱集中起来，等老百姓怨声载道的时候再将贪官杀掉，既能赢得百姓的称赞和拥护，还能将钱充公，一举两得。现在，到了让贪官为国家做贡献的时候了。

宋钦宗下令，对蔡京、童贯、何执中、郑伸、高俅、王宪、彭端、刘宗元等大贪官进行抄家，将他们的金银全部收缴元丰库。敢于隐藏转移的，军法从事；检举揭发的，赏检举数目的一半。

处理完贪官，宋钦宗又将目光瞄向了一个特殊的地方——红灯区（鸡儿巷）。作为当时世界上最繁华的城市之一，汴京城有大量的声色场所，达官贵人、巨商富贾无不流连于此，一掷千金只为买美人一笑。红灯区里的头牌（如李师师）和老鸨儿们，积累了大量的财富。宋钦宗下令，对她们挨家挨户没收财产。

整治完声色场所，宋钦宗又顺藤摸瓜，将目标锁定在了经常光顾红灯区的民间富户身上，要他们将金银上交，并规定，只要上交的金银够多，不管出身如何，均可以授官。这开启了变相卖官的大门。

除此之外，宋钦宗甚至要求大臣们将以前历代皇帝赏赐的金丝金带等物品交回。虽然不多，但好赖能凑点数。

就这么忙活了几天，共得到金三十余万两、银一千二百余万两，与金军的要求差距巨大。

宋钦宗终于意识到金军的要求是根本无法完成的，也充分理解了李纲那句“虽竭天下不足以充其数”的真正含义。

然而，既然已经答应了，说什么都晚了，只能硬着头皮继续想办法了。

厄运，终于落到了普通老百姓的头上。

宋钦宗又下发了一道诏令。在这道诏令中，他向汴京的老百姓描述了这样一幅恐怖的场景：如果不能及时凑足金银，金人必定会攻城，到时候“男子尽杀，妇人驱虏，屋宇焚烧，金银钱物竭底将去”。

注意，这不是小说家的小说，而是朝廷最高等级的公文。在这样一份严肃的公文中，堂堂皇帝公开对自己的子民进行恐吓，实在让人瞠目结舌。

负责具体搜刮金银的中书侍郎王孝迪对宋钦宗的旨意进行了进一步发挥，他在贴出的榜文里写道，如果不能凑够金银，那金人将“男子杀尽，女人掳尽，宫室焚尽，金银取尽”。时人谓之“四尽尚书”，正好和“六如给事”李邺凑成一对。

恐吓完之后，宋钦宗给出了解决方案：所有人必须在两天之内将家中的金银送交官府！

为了防止刁民不老实，宋钦宗又下令，允许大家互相告发，告发者得财物的三分之一，知情不报者治罪，不仅要抄家，还要流放。

一时间，汴京城内人人自危。

李纲意识到了问题的严重性，立即上奏宋钦宗：民力已竭，若再鼓励互相告发，必有奸邪之徒趁机作乱，恐生内变，不可不虑。

宋钦宗终于醒悟，这才下令作罢。

又经过几天的折腾，加上之前的搜刮，共得金五十一万七千两、银一千四百三十万二千两。

能想的办法都想遍了，宋钦宗知道，金军定的目标怎么也完不成了，唯一的希望是用其他东西来代替金银。于是他派李棁、郑望之再次出使金营，询问是否可以用皇宫里的各种宝物来代替金银。

郑望之等人到了金军营地之后并没有立即见到斡离不，接待他们的是一个叫作王汭的人。

王汭告诉他们，二太子打球的时候偶感风寒、身体抱恙，如果有其他事，可以等晚上商议，但如果是为犒军金银而来，那还是免开尊口吧。

王汭的态度，让郑望之心凉了半截。但既然身负皇命而来，如果就这样回去，宋钦宗肯定饶不了他。他试探着对王汭说："不瞒您讲，我们能想的办法都想了，能搜刮的金银都搜刮了，实在是凑不够呀。您看这样行不行，皇宫里有数代积攒下来的珍珠玉石象牙犀角，都是无价之宝，麻烦您请示一下二太子，用这些宝物来折抵金银，行不行？"

王汭并没有去请示斡离不，自己就答应了。因为他知道，二太子确实喜欢宝物。前几天，康王赵构带着高世则等人来送誓书的时候，斡离不就对高世则手里的玉笏产生了浓厚的兴趣，还专门借去好好把玩了一番。

王汭告诉郑望之："你们赶紧回去准备吧，整理打包好之后就送来，二太子肯定会愿意的。"

有了王汭的许可，宋钦宗就像抓住了救命稻草一样，立即行动起来，下令将所有的珠玉宝物都搬到宣和殿，以便打包整理送往金营。

望着堆积如山的奇珍异宝，宋钦宗突发奇想，他下令，让所有的高级官员到宣和殿集合，一起欣赏这些即将失去的宝物。

望着这些价值连城的宝贝，想想它们马上就要成为金人的囊中之物，大臣们一个个心疼得要死。大宦官梁师成举起一个外面雕刻着龙的玉杯，一边抚摸一边惋惜地说："这个玉盏，光做工就得好几千缗呀。"

宋钦宗见梁师成如此舍不得这些宝物，决定好好折磨他一番，说："整理宝物一事，就由你来全权负责吧。"可以想见，梁师成看着这么多好东西，再想想它们一件件都将被金人拿走时，内心的那种痛苦和煎熬。

东西整理好之后，由郑望之等人押往金军营地。

这些平日里珍藏在深宫之中的宝贝，此时却像普通老百姓家里的锅碗瓢盆一样，被摆放在了野地里。

金人耶律忠拿出一条毯子铺在地上，和郑望之席地而坐，然后命人将宝物一箱箱抬过来。他对郑望之说："二太子有令，这些宝物必须一件件进行估价后，方能入库。"

郑望之为难地说："这些都是无价之宝，平常见都见不着，怎好估价呢？"

这时，一个投降金国的官员走过来提醒郑望之："估价是好事呀。正因为都是无价之宝，你尽可以往高了估。"

郑望之恍然大悟，于是每一件宝物的估价都超过了其市场价值，总计估价达百万之多！

耶律忠向斡离不汇报之后，大笑着对郑望之说："二太子十分高兴，明天就会接见你，并让我转告你，虽然还差不少金银，但一切都好商量。"郑望之大为兴奋，斡离不的态度如此之好，着实让他吃了一惊。

事实上，与西路军统帅粘没喝相比，斡离不要温和得多，只要你的态度够好，他对你的态度也不错。在此次宝物估价之前，伴随着使者们的频繁往返，他先是免去了北宋一万头水牛。康王赵构去当人质以后，斡离不与他一见如故，甚至亲似兄弟，因此，他又免去了一百万岁币，仍然维持在此次出兵之前的一百五十万两。他还特意给宋钦宗写信，保证过河之后就会释放康王，请他不要担心。他甚至还应宋钦宗的请求，专门派人去告诉正在围攻太原的粘没喝议和一事，要他停止进攻，以免造成无辜的伤亡。

我们有理由相信，鉴于宝物估价的顺利，如果第二天的会面正常举行，斡离不很有可能会再次对宋朝的赔偿进行减免。

然而，意外却突然发生了。

当晚，郑望之和前来做人质的康王赵构、张邦昌等人住在了一起。然而他们才刚睡下没多久，就被金兵叫醒："别睡了，你们的军马杀过来了！"

贰拾壹

李纲罢相

一、勤王之师

实际上，就在宋钦宗忙着和金人议和的时候，勤王兵马已陆续到达。

自正月十五开始，勤王之师渐集，已达数万人。这可忙坏了李纲，调集军粮，发放武器，选地扎营，搞好团结，“昼夜竭力，无少休息”。

正月十七，统制官马忠率领从京西招募的士兵赶来，甫一到达便与一股金军遭遇，马忠率军死战，最终将金军击败。与此同时，另一位将军范琼也从京东方向而来，驻扎在离金军不远的地方。自此以后，金军始惧，游骑不敢旁出，百姓获得了暂时的安宁。

正月二十，两支最重要的援兵到了：检校少保、静难军节度使、河北河东路制置使种师道的泾原兵，武安军承宣使姚平仲的秦凤兵。

实际上，早在金兵刚开始南下的时候，种师道就接到了率兵勤王的命令，但他并没有当一回事。他认定金兵绝对不敢渡过黄河南来，所以并不着急，一路优哉游哉，日行不过三十里，甚至还没忘抽出空来去打猎。

走到半路，种师道遇见了刚从燕山服役回来的姚平仲。当时的姚平仲有骑兵三千、步兵一千，虽然人数不多，但多一个人就多一分力量。宋钦宗给种师道的命令中，准许他“便宜檄取军兵”，种师道也不客气，既然遇上了，那就一起去吧。

可怜姚平仲刚从燕山前线回来，还没来得及喘口气呢，又被强拉着上了一个更加可怕的战场，并最终酿成了那场大祸。

种师道和姚平仲就这么慢悠悠地前进，因为行军速度实在太慢，才走到洛阳的时候，金兵就已经打到汴京城下了。

消息传来，有人劝种师道贼兵势重而我军兵少，如果打起来只怕是打不过他，如果四方勤王军队听说连种师道都失败了，必定会人心瓦解，则大事去矣。不如暂时停止前进，以图万全之策。

种师道断然拒绝。他此前之所以不着急行军，是因为错判了金军不敢渡过黄河，现在金军既已渡河陈兵城下，汴京危在旦夕，岂容观望?

他对属下说：“正因为我们兵少，如果迟疑不进，反而会暴露真实力量。不如鼓噪而行，敌人安能知我虚实？汴京军民听说我们到了，也必定会信心大增。士气大振，则贼复何优？”

为了更好地迷惑金军，种师道对外宣称“西兵百万”，大张旗鼓向汴京而来。

为了坚定汴京军民守城的决心，种师道派出二十名骑兵先行，并写了一封蜡丸书，将自己到来的消息报告给皇帝和百姓。二十名骑兵全装披甲，一路疾驰，到达汴京城下时，正碰上金军游骑四出。二十名骑兵也不废话，冲上去就干，金军落荒而逃。

汴京军民知道西兵到来的消息后，“欢踊气增十倍”。

种师道率军到达后，直接将大营扎在了紧邻金兵的地方，大有向金兵示威的意思。

对于西兵，金人是忌惮的，他们早就从郭药师和其他降将那里听说了西兵的厉害。作为一支常年在西部边陲与西夏战斗的军队，西兵战斗经验丰富，作战能力强，可以说是宋朝军队中战斗力最强的。

这一点，从武汉英的描述中也看得出来。

武汉英是谁，希望大家还能记得。没错，就是金兵刚开始南下时，那个和贺允中一起出使，却主动向斡离不投降的“南朝第一降人”。投降之后，他“髡而左衽”，深得斡离不信任，并跟随金军一起行动。行军到真定时，他对斡离不说：“我跟随大军也有一段时间了，亲眼看见大金优待俘虏从不妄杀，深受感动。但是大宋的军民百姓不知道这一切呀，不如让我去搞一搞宣传，则河北坚城可不战而下也。”

斡离不一听，十分高兴，立即写了榜文交给武汉英，要他去招降大宋的州县。

武汉英出发了，却再也没回来。他一口气跑回了汴京，将自己了解到的金军军情全盘说出，结结实实上演了一出无间道的精彩戏码。在武汉英提供的情报里，其中一条便是金军“谓中国独西兵可用”，可见金军对西兵的忌惮。

正因如此，西兵到来之后，金军气焰为之收敛，再也不敢轻易派游骑外出剽掠。

宋钦宗听说种师道到来，就像盼来了大救星，赶紧让李纲打开安上门，前去种师道大营迎接。

与此同时，宰相李邦彦也派人给种师道送去了一道敕令：金人和议已定，敢言战者，族！

有人劝种师道，金人就驻扎在城西，安全起见，你离开大营入城的时候最好多带点人马。种师道却哈哈大笑，只坐着一方小小的肩舆便入了城。

当天夜里，宋钦宗在福宁殿召见了种师道，宰执们也在场。

种师道首先做了自我检讨，说："我没有料到金军敢渡河围城，救驾来迟。不过，既然我已经来了，那陛下就不用担心了。"

宋钦宗摆摆手："这些客套话就别说了，谈正事。以你看来，接下来该怎么办？"

种师道上来就否定了议和："臣以为讲和非计也！"

接下来，他从一名有着几十年作战经验的老将军的专业角度进行了分析。他说："京城周围八十里，如何可围？城高十数丈，粮食足够吃好几年，如何可攻？我们只需在城内外扎营，同时城墙上派兵严守，以待勤王之师。金兵孤军深入，后勤不继，用不了多久，自会退去。"

可见，种师道的思路与李纲不谋而合。

宋钦宗告诉他说："已经讲和了。"

种师道叹了口气，说："既然已经讲和，那就把现有的金银都给金人送去。如果金兵仍然不撤退，那就只能开战了。"

宋钦宗是个没主意的人，听了种师道的话仍然犹豫不决，让他与李邦彦等人到宰相的办公室（政事堂）做进一步讨论。

种师道批评李邦彦说："我常年在西边打仗，没到过京师，今天才知道汴京城墙如此坚固，防守绰绰有余，你怎么就和金人议和了呢？"

李邦彦为自己开脱道："国家无兵，不得已而为之。"

种师道说："不然，战和守是两码事，战或不足，守则有余。京城百姓虽不可战，却可以守，如果合理安排，则京师数百万众皆兵也。"

李邦彦假装惊讶地说："我不懂军事，不知道还能这样！"

种师道说："你虽不习兵，难道也没听说过古人是怎么守城的吗？"那意思，你没吃过猪肉，还没见过猪跑吗？

种师道接着质问李邦彦："我听说城外的居民多为贼军杀戮，畜产也多被敌人抢去。既然知道金兵来了，为何不让城外的百姓带着财产搬到城中来，而要留给敌人呢？"

李邦彦实在找不到好的理由来敷衍了，只好硬着头皮说道："事出慌忙，没来得及。”

种师道哈哈大笑，说：“好慌，好慌。”他看了看李邦彦的朝服，继续问道，“我听说为了凑足金人索取的金银，你们把金腰带都送去了。一腰带尚不能守，如果金人要你们的脑袋，又当如何？”

李邦彦不能对。

种师道继续说：“金兵人少，不能将汴京合围，但你们却把所有的城门都关闭了，老百姓连个进出的通道都没有，这不等于自己把自己围起来了吗？”

在种师道的建议下，宋钦宗下令开放汴京城的西南门，供百姓出入。

这一措施意义重大，不仅可以让百姓获取所需的物资，更向汴京军民传递了一个信号，那就是事情还没有坏到不可收拾的地步。于是，民心始安。

除了种师道和姚平仲，先后又有刘光国、杨可胜、李宝、张俊、马迁、韩时中等人率兵赶来。

随着勤王兵马越来越多，一个十分现实也非常重要的问题摆在了眼前：由谁来统领他们呢？

二、谋划与变化

“火车跑得快，全靠车头带。”如果没有一个明确的领导核心，形成不了统一的指挥，大家各自为政，再多的兵马也只能是乌合之众。

在种师道等人到来之前，士兵全在汴京城内，京城防务由李纲全权负责，他自然也就成了军队的统帅。但现在，大部分勤王军队都驻扎在城外，数量远远多于城内，该由谁来指挥呢？

李纲的建议是，继续由他来挑头，让种师道和姚平仲等人都听他指挥。宋钦宗却认为种师道年老功高、熟悉军事，而李纲才当上宰执没几天，让种师道听他指挥不太合适，于是打算和稀泥，让李纲当亲征行营使，种师道任副使，但在级别上平等。

本来李纲也同意这个方案，但其他宰执不知出于什么考虑，纷纷反对。在他们的建议下，宋钦宗在亲征行营司之外，又成立了一个宣抚司，由种师道任宣抚使，姚平仲任副使（都统制）。

宣抚司的权力很大，所有在城外的军队都归它指挥。城外军队不仅包括各地赶来的勤王军，还包括李纲前期组建的五军中部署在城外的前军（守卫延丰仓）和后军（驻扎在樊家冈）。这样一来，李纲的行营司所能指挥的军队仅剩下了左中右三军，实际上变相削减了李纲的军权。

宋钦宗专门强调，行营司和宣抚司是两套班子，互相独立，互不统属。这样一来，城外的兵马具备了相当的灵活性，但也造成了领导权分散，很难形成统一的指挥和配合。双方各自为政，对彼此将要采取的行动甚至完全不知情，很容易引起混乱。几天后发生的那场变乱，很大程度上便是这一政策的恶果。

勤王军队不断到来，大大增加了宋钦宗的底气。而此时的金军，却因为天气逐渐转暖、粮草日渐缺乏，开始显出劣势。加之宋朝的金银迟迟无法足额交付，金军越来越没耐心，不仅重新开始了剽掠，甚至丧心病狂地发掘汴京城外后妃、王子、帝姬的坟墓，以获取财物。

消息传入汴京城，君臣共愤。宋钦宗估计也是气急了，一改往日怯战的情绪，“赫然有用兵之意”。正月二十七日，宋钦宗召李纲与吴敏、种师道、姚平仲等人同聚福宁殿，商讨对金军用兵的具体策略。

实际上，根本用不着讨论，对金军的策略似乎有且只有一个。而这个策略，之前已经有包括李纲、种师道、马扩、张叔夜（宋江就是被他抓获的）在内的很多人提出过，那就是：半渡而击。

这实在是一个老掉牙的策略。具体说来，宋军不主动与金军发生正面摩擦，一面在汴京严防死守，一面让城外部队不断向金军营地压缩，同时派遣军队断绝金军粮道，并提前与北方州县联系，断其归路，等金军粮尽北返渡黄河时，前后夹击，将金军一举歼灭，此必胜之计也。

而金军北返的日期，似乎不会太远。种师道曾抓到过几个金军俘虏，剖开他们的肠胃之后，发现里面全是黑豆，别无其他。种师道据此判断，金军的粮草已经支撑不了几天了。

经过商议，大家定于二月初六开始行动。之所以选择这一天，并没有什么深意，只是因为算命先生说这一天是个黄道吉日，利于行军。

满打满算，还有十天的时间。

历史上有个奇怪的现象：每逢这种重要的时刻，尤其是谋划时间与真正的执行时间有一段间隔时，总会出现一些意外，打乱原来的计划。这一次，也不例外。

打乱计划的人，是姚平仲。

姚平仲是河西名将姚古的养子。与种师道所在的种家一样，姚家也是将门世家。俗话说“将门无犬子”，在将门中成长起来的姚平仲，先是跟随姚古在河西与西夏人战斗，后来又跟随童贯参与了平定方腊的战争，也算是经历了战阵无数。

这一次来解汴京之围，他虽然是被种师道半路拉过来的，但既然来了，而且是在皇帝的眼皮子底下，他的内心也是渴望建功立业的。

于是，他决定趁金人不备，劫营。

说起劫营，本也不是什么新鲜事。看过《三国演义》的朋友都知道，双方对垒之际，劫营似乎成了必须上演的固定套路。对方正在呼呼大睡，我军却悄悄潜行，进得敌人大寨之后，呐喊一声，然后开始杀人放火，好不痛快。

现在，姚平仲也决定这么做。不过，他的劫营却明显与别人不一样。

正常的劫营，是大家互相配合。大家约定好日期，一部分人负责偷袭敌人营寨，一部分人负责在外相机而动。偷袭成功，外面的人一起冲进去砍瓜切菜；偷袭不成，外面的人负责接应，一起阻挡敌人追击。这样，进可攻，退可守，方能劫营。

但姚平仲不是，他根本没打算与友军配合，而是瞒着他们偷摸去的！

他为何要这样做？历史上说法不一。

按照某些史料（如《靖康传信录》）的说法，姚平仲虽然征战无数，但一直被童贯所打压，心中很是愤懑。现在到了汴京，宋钦宗多次召见他，夸他英勇，并许诺“成功当有节钺茅土之赏”，让姚平仲大为激动，觉得实现人生价值的时候到了，便决定要独自成就大功，在宋钦宗的面前好好表现一番。于是他瞒着种师道和李纲，于二月初一提前向金军发动了夜袭，意图出其不意，生擒斡离不，救出康王，将大功据为己有。

按照这个说法，姚平仲实在是一个贪功好利的莽夫，他后来的失败也实在是咎由自取，被后世人唾骂也实在是罪有应得。

但在另一些史料（如《中兴遗史》）里，却有着完全不同的版本：宋钦宗嫌种师道等人商定的出兵日期太晚，于是密诏姚平仲及杨可胜等人，命他们秘密出兵劫营。杨可胜即“万人敌”杨可世的弟弟，作战经验丰富，他意识到这样做很危险，取胜的可能性微乎其微，万一劫营失败，不仅无法救出康王，反而会毁掉和谈已取得的成果。为了防止这样的恶果出现，他专门写了一封奏折，说明一切都是自己的主意，没等皇帝批准就擅自行动，并随身带在身上。这样一来，即便真的失败，金人追究起来，宋钦宗也可以推说不知，将责任全部推给下属。

对于这种主动背锅的建议，宋钦宗当即同意，这才有了后来的劫营之举。

无论哪种说法为真，可以肯定的是，劫营一事，李纲和种师道是不知道的。

不过，他们虽然不知道，金人却是知道的。

按照惯例，劫营之前，姚平仲也找人算了一卦。算卦的是一位民间术士，名叫楚天觉。按照楚大师的推算，二月初一是个好日子，利行军。就这样，劫营的日子定在了二月初一。

按理说，如此重要的军事行动，应该严格保密才对。可楚大师的职业操守实在是不咋地，第二天，全城的老百姓便都知道皇帝要在二月初一打仗了。

楚大师一个江湖术士，保密意识差点儿也就算了，更可笑的是，就连宋钦宗本人竟然也主动泄密。他命人在开宝寺前竖起三面大旗，上写“御前报捷”四个大字，以备劫营成功后使用。另外，他还在汴京城正北门封丘门上搭建了一个阁楼，准备在上面接受献俘。

经他这么一折腾，整个汴京城的老百姓都以为即将有一场大捷，纷纷等待捷报传来。

然而，他们的希望注定要落空了。

三、李纲罢相

二月初一，夜。

姚平仲和杨可胜趁着夜色，对金营发动了突袭。金兵似乎毫无准备，他们没遇到什么抵抗就冲进了金军大营，开始进攻大寨。

第一座营寨，空的。

第二座营寨，空的。

第三座营寨，全副武装的金兵喊叫着向他们扑来。

紧接着，伏兵四起，金军以重型骑兵（铁浮屠）向夜袭宋军发起了冲击，两军陷入鏖战，突袭变成了突围，喊杀声直逼汴京。

听到喊杀声的宋钦宗大为兴奋，立即下令李纲前去支援。他在给李纲的亲笔信中说："姚平仲已经起事，马上就能大功告成，你快去助他一臂之力。"

此时的李纲正好生病，接到宋钦宗的信后，立即写了一封劄子，说大家都是按照原定日期（二月初六）准备的，现在又是夜里，仓促之间根本找不到可用的兵力。

被驳了面子的宋钦宗大怒，接连派了好几波宦官前去催促，并放下狠话："不去就军法从事！"

李纲无奈，只好匆匆派军出战。结果可想而知，诸军皆败。姚平仲逃走，杨可胜被擒。

斡离不质问杨可胜："既已结盟，又来劫寨，却是为何？"

杨可胜说："非主上意，可胜自来战尔。"怕斡离不不信，他拿出了那封早就准备好的奏折。

斡离不大怒，将杨可胜斩首。一代猛将，就此殒命，世人惜之。

杀掉了杨可胜，斡离不又去找正在金营做人质的康王赵构和少宰张邦昌，以及前来交割宝物、和他们住在一起的郑望之。斡离不将宋军逃跑时丢下的旗帜扔在他们面前，要他们对劫营一事做出合理的解释。

其实，早在头一天夜里战斗还在进行时，康王赵构等人便知道了劫营一事。他大为惊骇，认为金军一定会恼羞成怒，杀掉他们泄愤。

郑望之却让他不要担心。他分析道："如果宋军胜了，那斡离不一定不会杀我们，因为他要靠我们来求和。如果宋军败了，我们已在城外半月有余，又怎会知道劫营一事？"

赵构这才放下心来。

面对斡离不的质问，同为人质的张邦昌想了一会儿，说这肯定不是朝廷的意思，一定是勤王军队出于忠义擅自采取的行动。

这与杨可胜的口供和奏折正好吻合。

斡离不可不是三岁小孩，如果是小规模的骚扰，你说是个别勤王军队所为，那还有可能，现在劫营的人马不仅数量多还组织有序，你还说是自发行为，糊弄鬼呢？

尽管生气，但斡离不并没有把康王和张邦昌怎么样，发了一通脾气后就允许他们离开，只留下郑望之。他对郑望之说："你是宋朝第一个派来和谈的使者，现在出了这样的事，你去和都统国主解释吧。"

需要说明的是，这个“都统国主”究竟是谁，史书上没有明确的记载，只知道他一直跟随斡离不一起行军，而且与宋朝的使者多有接触。据说，他的脾气相当不好，所以当郑望之被送去他那里时，大家都为他捏了一把汗，康王甚至流下了眼泪，以为他此去断无再回来的可能。

都统国主为郑望之准备了相当“隆重”的欢迎仪式，“以刀仗夹卫而入”，一开始就给他来了一个下马威。接着，都统国主要郑望之就劫营谈一谈自己的看法，要求只有一个：说实话。

郑望之也是个实在人，说：“我要说是勤王军所为吧，万一真是朝廷的主意，那我就是欺骗您；我要说是朝廷的意思吧，万一真是勤王军所为，那我也是骗您。您要真想听实话，那我真的不知道。”

都统国主见他的态度如此真诚，竟然没有为难他。第二天，当郑望之重新回到斡离不的大营时，连金军都惊讶了，纷纷问他：“你竟然还能回来？”

郑望之虽然回来了，但事情并没有结束。

宋军失败的消息传到汴京以后，种师道却认为这是一个机会。他献计说：“兵家讲究出其不意，这一次劫营虽然失败，但金人必定会放松警惕，以为我们不会再有所行动，我们正好可以利用这个机会，今晚再来一次劫营，说不定能出奇制胜。如果仍不能取胜，我们就采取骚扰战术，每天晚上派小股部队对金军进行打击，用不了多久，金军必然会撤退。”

应该说，在当时的情况下，种师道的这个建议，未尝不是一个可以一试的好办法。当年张绣与曹操大战，曹操佯装败走，张绣不听谋士的劝告执意要追，大败而回，谋士却要他再次追赶，结果大获全胜，就是因为谋士认准了刚打了胜仗的曹操不会有防备。

种师道的建议与张绣的谋士不谋而合，如果付诸实践，说不定真的可以收到奇效。然而此时的宋钦宗已经被劫营失败吓破了胆，说什么也不敢再战了。

不仅如此，劫营失败后，因为杨可胜（被杀）和姚平仲（逃走）都没有回来，主和派大臣便添油加醋地说，参与夜袭的勤王兵马和李纲行营司的兵马已全军覆没。宋钦宗“大震惊”，遂下令任何军队不能再有任何行动。

随之而来的，是斡离不的使者。

二月初三，金使随郑望之一起抵达汴京，带去了斡离不的书信。

在书信中，斡离不故意揣着明白装糊涂地对宋钦宗说：“初一晚上，有一伙不明身份的人对我军发动了攻击，被我军大败。更可恶的是，他们竟然还带着宋军的旗帜冒充宋军，意图在我们之间制造误会。不知道你是否知道他们的身份，如果知道的话，还烦请告诉我一声。”

话说得很客气，但宋钦宗知道其中的分量，他不敢隐瞒，乖乖承认了袭营一事是宋军所为。但他同时表示，自己对这件事一无所知，完全是某些将领擅自行动，他也很生气。

宰相李邦昌因为李纲主战，和自己唱反调，一直怀恨在心，觉得现在是个报复的好机会，立即在一旁说道：“劫营一事是李纲和姚平仲互相勾结所为。”不仅如此，他还建议立即将李纲绑了送到金营谢罪。反倒是金使觉得不合适，没有同意，李纲这才侥幸逃脱。

虽然如此，为了给斡离不一个交代，宋钦宗还是罢免了李纲尚书右丞、亲征行营使的职务，让蔡楙代行职权。然后他给斡离不写了一封情真意切的书信，对劫营一事表示深深的歉意，并说明已将相关责任人免职，至于逃走的姚平仲，抓到之后也一定会加以严惩。

为了让斡离不相信劫营一事的确不是朝廷安排的，宋钦宗列出了三条理由：第一，金强宋弱，宋朝怎敢不自量力对金军发动攻击？第二，二太子此次本就是因宋朝背盟而来，大宋岂敢再次失信？第三，亲王、宰相还在金营做人质，朝廷岂会置他们于不顾？

当然，这一切都是瞒着李纲做的，当时的李纲仍在守城。他听说宋钦宗下诏罢兵后，立即准备进城面奏，走到崇政殿门口，才知道自己已经被罢免了。李纲很知趣，主动到浴室院等待皇帝问罪。

前来调查他的，是接替他职务的蔡楙。经过讯问，蔡楙才知道所谓的全军覆没原来是谣言，勤王军损失了不过千余人，李纲的军队损失更少，仅有百余人，而且姚平仲也没有战死，而是逃走了。事关重大，他立即将这些情况上报宋钦宗。

宋钦宗知道错怪了李纲，亲自写信慰问他，并派人送去白金、缗钱五百贯两，表示之所以罢免他是为了保护他，等风头一过，还会重新起用他。

李纲感动地流下了眼泪，乖乖地回去待命。

消息传出，有人不愿意了。一场轰轰烈烈的宋朝太学生请愿活动就此展开。

四、伏阙上书

靖康元年（公元1126年）二月初五，宣德门前，大量太学生自发在此集会。他们情绪激动，高喊口号，要求罢免李邦彦等社稷之贼，重新起用李纲，史称“伏阙上书”。

学生运动的领袖，是一位名叫陈东的太学生。实际上，这已经不是他第一次率领学生们“伏阙上书”了。

陈东是一个十分特殊的人，他至死都是一个平民，然而《宋史》却有他的列传。这一切，只是因为他值得被历史铭记。

陈东，字少阳，镇江丹阳人。《宋史》记载他“早有隽声，俶傥负气，不戚戚于贫贱”，用现在的话说，就是一个出身贫寒且对社会不良现状不满的愤青。他最喜欢干的事，就是大骂蔡京、王黼等贪官污吏。大家怕惹祸上身，见了他都躲着走。

但也正因为这样，他在社会上有了一定的声望，被举荐进入太学学习。进入最高学府的陈东更加疾恶如仇。于是，事情开始向着不可收拾的方向发展。

宣和七年（公元1125年）十二月，金军南下，宋徽宗匆匆禅位于宋钦宗赵桓，开始了他的逃亡之路。隐忍已久的陈东觉得时机已到，终于爆发，率领太学生开始了他的第一次伏阙上书：“今日之事，蔡京坏乱于前，梁师成阴谋于后。李彦结怨于西北，朱勔结怨于东南，王黼、童贯又结怨于辽、金，创开边隙。宜诛‘六贼’，传首四方，以谢天下。”

字字掷地有声，句句令人胆寒。“六贼”之称谓，也由此而来。

“六贼”之恶，朝臣们并非不知，然而没有人敢站出来要求惩治他们。明哲保身，既是大家的默契，也是官场的本能。

位卑未敢忘忧国！大人不言，小人自当言之。于是，身为布衣的陈东挺身而出，以振聋发聩的声音将“六贼”的真实面目一一揭开。

陈东虽是个愤青，但他绝非一个莽夫。在给宋钦宗的上书中，他将语言技巧运用得炉火纯青。他巧妙地以历史典故切入，将宋徽宗比作尧，将宋钦宗比作舜。他说："尧当政的时候，天下有所谓'四凶'为害百姓，却没有受到惩罚，并不是尧不知道，而是他要把'四凶'留给舜来处理，以增加舜的威望。同样，现在'六贼'横行，也并非道君皇帝不知，而是要把他们留给陛下您来处理呀！"

高，实在是高！这一番话，既给宋徽宗留足了面子，也为宋钦宗处理"六贼"提供了历史依据和现实理由！

接下来，陈东对"六贼"的罪恶进行了逐一剖析。

蔡京，其"天资凶悖，专权跋扈，首为乱阶，陷害忠良，进用险佞，引置子孙，尽居要途；变乱祖宗法度，快其私心；窃弄朝廷爵赏，固其党与；蠹竭国用，残暴生民，交结宦官，姑息堂吏，盘根错节，牢不可解"。不仅如此，陈东还故意夸大其词，说蔡京心怀异志，欲做王莽，如果让他辅佐陛下，很可能会篡权夺位！

王黼，身为宰相，位至三公，却欺君罔上，蠹国害民，假应奉之名，置局私家，四方珍贡，尽入黼室，卖官鬻爵，贪饕无厌，奸脏狼藉，搢绅不齿。

童贯，手握兵权，至为太师、封王，自古宦官之盛，未有其比。然贯实庸懦，无智谋，每一出师众必数十万，随军金帛动辄以亿万计。比其还归，兵失大半，所余金帛，尽归私帑。不仅如此，童贯还纪律不明、赏罚不公，身冒矢石者未必获赏，其亲随却富得流油，以致士不用命，屡战屡败，挫辱国威。更重要的是，他还无故挑起兵端，败我国盟，失我邻好，招致今日之祸。

梁师成，与童贯实联婚姻，以相救援，外示恭谨，中存险诈，假忠行佞，藉贤挤奸，高自标榜，妄立名号，众称"隐相"。欲揽国家大柄，尽归诸已，欲使天下士大夫尽出其门，一时苟贱无况之人，争往从之，旋致显位。朝廷执政、侍从、天下监司、郡守，往往师成门生，就连蔡京父子，也奉之不暇。

李彦，最喜侵夺民田，按行河北、京东、京西三路，所到之处，倨坐黄堂，使监司、郡守列侍其傍。夺民常产，重敛租课，官吏稍有违忤，即诬监司，无辜送狱。士大夫往往愤恚而死，三路百姓破家流荡，愁怨溢路。

朱勔父子，原为罪犯（皆曾犯徒杖脊），只因结交蔡京和宦官，遂致显位，招权怙势，气焰可炙，出入禁闼无时而卫士莫敢呵止，侵移内帑无数而有司不得会计。蔑视官吏，仅同奴仆，所贡物色，尽取于民；撤民屋庐，削民冢茔，幽冥受祸，所在皆然。苟有一花一石，必作威福，逼胁州县，期于必取。东南之民，怨入骨髓，欲食其肉，方腊一呼，四境响应，屠割州县数十，杀戮吏民亿万计，天下骚然，弥岁不已，皆勔父子所致，生灵何辜？

条分缕析之后，陈东又来了一个总结："此'六贼'者，前后相继，误我国家，离我民心，天下困敝，盗贼滋起，夷狄交侵，危我社稷，天下无不归怨上皇。若不诛京等，将何以慰道君皇帝之心，雪道君皇帝之谤，以解天下之疑耶？伏愿陛下擒此'六贼'，肆诸市朝，传首四方，以谢天下。庶道君皇帝之志果成于陛下，岂不伟哉！"

你若不处理"六贼"，道君皇帝就无法洗刷不白之冤，你就是不孝；不处理"六贼"，对不起天下万民的期待，你就是不义。这就有点强迫的意思了。

这种站在道德制高点的"建议"有着极大的杀伤力，不管你身份多高，性格多刚强，在道德面前都不得不低下头来，鲜有人敢于站到道德的对立面，那只会被道德的唾液所淹没。

陈东这一招，实在够绝，也够狠。

如果说上面的内容是晓之以理，接下来就该动之以情了。

陈东提醒宋钦宗，此"六贼"党与之盛，遍满中外，又闻有养死士数百人自为之备者，陛下万一稍从宽贷，止于窜逐，祸胎尚存，肘腋之变，恐生不测，陛下诚不可不留神也。

一句话，斩草除根，除恶务尽，对于"六贼"，贬官流放都不好使，办法只有一个，那就是杀掉！惟其如此，方能永绝后患。

为了防止宋钦宗心软，上书的最后，陈东又来了一句："陛下忍而不诛，即恐天下共起而诛之矣。"那意思是，如果你不忍心杀掉他们，只怕天下人就要自己动手（造反）了。

真是一点后路也不给宋钦宗留！

可惜的是，陈东上书的时候，宋徽宗尚在汴京城内，刚被迫即位的宋钦宗还没从面对金人的恐惧中缓过来，根本没有心思管这些事，"六贼"安然无恙。

靖康元年（公元1126年）正月初三，宋徽宗南逃。

消息传出后，陈东再次上书，"六贼"的命运就此注定。

五、“六贼”覆灭

在第二次的上书中，陈东沿用了他一贯的作风：吓唬。

他写道：“我听说蔡京、朱勔父子及童贯等统兵二万，和上皇（宋徽宗）一起南巡，深感忧虑。名义上看他们是在保护上皇，但实际上居心叵测呀。东南之地，沃壤数千里，郡县千百，地方长官大都是他们的人，地方豪强和市井无赖也大都依附于他们。加上我曾经上书揭露‘六贼’的罪恶，他们必定会归怨于朝廷。

“我很担心他们南渡之后，必假上皇之威，乘势窃发，振臂一呼，群恶响应，离间陛下父子，事必有至难言者，则东南之地恐非朝廷有！说得直白一点，就是他们很可能会在东南另立一个朝廷，和陛下您分庭抗礼。希望陛下另派忠信可靠之人前去服侍上皇，将蔡京等人悉数追回，明正典刑。”

严重了！宋钦宗终于下定了决心。史载：“上然之。”

最先倒霉的是王黼。金兵南下时，他携带来源不明的巨额财产逃走，宋钦宗下诏将他发配永州，但李纲等人坚决要求杀掉他。开封府尹聂昌派人追上了他，将其在一户民宅内杀掉，然后上报说其不幸为盗贼所杀。一代权相，就此结束了一生。

接下来是李彦。因为背景不够强大，他直接被宋钦宗赐死并抄家。

梁师成紧随其后。与其他五贼不同，梁师成没有跑，他一直留在汴京。之所以这么大胆，是因为他自认为对宋钦宗有拥立之功。据说当宋钦宗还是太子的时候，王黼曾密谋帮助郓王赵楷夺取太子之位，幸亏梁师成全力维护，宋钦宗才得以保住太子之位。然而时移世易，迫于强大的舆论压力，宋钦宗还是将梁师成贬为彰化军节度副使，结果行至八角镇时，他突然死亡。有史料说其自缢而死，也有史料说是押送他的开封府小吏奉命将他杀掉，反正是死了。

至此，“六贼”已经死了三个，另外三个因为和宋徽宗一起南逃，还需要过一段时间才会死。为了凑成一个完整的篇幅，我们在这里一起交代一下。

蔡京先是被贬为崇信、庆远军节度副使，后又被流放儋州。此时的蔡京已身患重病，加之沿途酷暑难耐，走到潭州的时候，病死于途中。人虽然死了，但老百姓仍然为他没有被砍头而愤恨。

童贯先是被贬为昭化军节度副使，后又被流放到吉阳军。在童贯前去流放地的途中，朝廷又派监察御史张征带领开封府吏追上他，在南雄州将他杀死。据说童贯死得很惨，脖子被砍了三刀，人虽然死了，但脑袋就是不掉。行刑之人只好把他的尸体靠在门上，在脖子上切了好久才把头割下来，然后用水银泡在匣子里送往汴京。

朱勔是“六贼”中死得最晚的一个。宋钦宗最开始只是将他放归故里，抄其家得田三十万亩、钱财宝物无数。但言官们觉得处罚太轻，不断上书，宋钦宗只好将他流放循州。同其他几贼的结局一样，在流放途中，宋钦宗又派人将他杀掉。

至此，“六贼”全部覆灭。

“六贼”虽死，但陈东并没有就此松懈，作为一个有着强烈社会责任感的正义青年，他时刻关注着局势的变化。

得知李纲被罢相的消息后，他毅然决定，再次上书！

贰拾贰

金军撤离

一、李纲复相

正月初五，陈东及太学生千余人伏阙上书，要求重新起用李纲及种师道。

实际上，种师道并没有被罢免，但不知道为什么坊间传闻他和李纲一起被罢免了，所以陈东等人要求将他也重新起用。

在给宋钦宗的上书中，陈东首先给宋钦宗解释了三个名词：任贤勿贰、去谗勿疑者，社稷之主也；奋不顾身、死生以之者，社稷之臣也；妒贤嫉善、妨功害能者，社稷之贼也。

不用说，社稷之主，自然指的是“聪明英睿、独智旁烛、贤邪之分、宸衷判然”的宋钦宗，社稷之臣则指“奋勇不顾，以身任天下之重”的李纲，社稷之贼则指“庸谬不才、忌嫉贤能、动为身谋、不恤国计”的李邦彦、白时中、张邦昌之徒。

紧接着，陈东提出了自己的疑问。他说当初陛下提拔李纲为宰执，百姓都额手相庆，盛赞陛下任贤用能；陛下斥责白时中而不用，百姓都称颂陛下除邪去佞。可为什么李纲“任而未专”，白时中“斥而未去”，反而任命李邦彦、张邦昌为相，现在又把李纲撤职呢？此即所谓“任贤犹未能勿贰，去邪犹未能勿疑”呀！

为了避免宋钦宗尴尬，陈东又主动为他找好了台阶——“此必邦彦挤陷”。李纲由一个小官被火箭式提拔为宰执，李邦彦等人得了红眼病，便趁李纲打了一次小败仗，“乘间投隙，归罪于纲”，实在是居心不良。

这里需要说明的是，劫营一事本与李纲无关，但宋钦宗为了给金人一个交代，对外宣传李纲参与了此事，以致太学生误认为李纲参与了谋划。

但在陈东看来，胜败乃兵家常事，“小胜固未足为喜，而小挫亦岂足为辱”，不应该因为一次失利就“倾动任事之臣”。

替李纲辩解完之后，陈东对李邦彦等人进行了极其猛烈的抨击：“我听说李邦彦等人挑唆陛下逃跑。身为朝臣，不能以一家死社稷之难，却只想着带妻儿逃跑，叫什么大臣？如果不是李纲及时阻止，则宗庙社稷已为丘墟，生灵已遭鱼肉，陛下将有弃宗庙社稷之名矣。”

陈东继续说道：“听闻李邦彦等人不念祖宗土地得之甚艰，力劝陛下割地与金人，竟不知河北实朝廷之根本，而三关四镇实河朔之根本。若弃三关四镇，是弃河北；若弃河北，则朝廷能复都大梁（汴京）乎？能更都洛阳乎？”

接着，陈东又将宋钦宗的老祖宗搬了出来：“真宗、仁宗皇帝当政时，大辽也曾经要求割地，但二位先皇宁愿增加岁币也一寸不肯与之，正是因为感念祖宗艰难之功，惜国家要害之地，不忍舍弃呀。现在，陛下才刚刚即位，李邦彦等人就鼓动您丢弃祖宗留下的土地，真不知道他们要陛下您做什么样的君主。他们不过是为了应付眼前的危难以求自保，根本没有为国家做长久打算呀。”

在陈东看来，李邦彦等人互相勾结，不仅没有人“发一言以明李纲之无辜者”，也没有人“以腹心事上”，结果就是“非特纲为孤立”“恐陛下亦成孤立矣”。如果听信了李邦彦的话，“遂欲罪纲以谢虏”，则“非特堕邦彦等计中，又堕虏计中矣”。

上书的最后，陈东喊出了自己及数千名太学生的呼声：“臣等学校诸生，素与纲无半面之雅，而邦彦亦昧平生，所以劝陛下进纲而退邦彦者，岂有他哉，盖生灵之命，与社稷存亡，在陛下用纲与不用，去邦彦与不去耳！”“幸陛下即反前命，复纲旧职，以安中外心，付种师道以阃外之事。”

陈东上书的消息传开后，立即在汴京城引起了轰动，大家纷纷赶来支持，不期而集者数万人，填塞驰道街巷，呼声震地。大家齐声高喊：“非见李右丞、种宣抚复用毋得归。”

当时，百官正好退朝，从东华门走到学生聚集地时，大家认出了宰相李邦彦，指着他的鼻子大骂：“李邦彦，汝是浪子，岂能做宰相？”说完，又捡起地上的砖石朝他打去。李邦彦见势不妙立即逃跑，慌乱中鞋子都跑掉了，最后“乘妇人小舆，垂黄裙轿帘上”才得以逃脱。

消息很快传到了宋钦宗那里，他命人将陈东的上书拿进去阅览。过了一会儿，有宦官出来传达上命，说上书皇上已经看了，全都是忠义之言，朝廷一定会施行的。

听到这个消息后，部分百姓觉得已达到目的，准备回家吃饭了，可有些有经验的百姓却突然大喊：“怎么知道这不是在敷衍我们呢？除非看到李右丞、种宣抚复用，否则绝不回去！”

宋钦宗一看老百姓不好糊弄，只好让和李纲关系比较好的吴敏出来喊话。吴敏告诉大家，李纲打了败仗，罢免他实属不得已，不过你们放心，等金人一走，立马给他官复原职。

可老百姓才不管这一套，见不到李纲复用，你就是说破大天，我们也不走。不仅不走，他们还把开封府的登闻鼓也搬来了，一边敲一边大声疾呼，登闻鼓硬是被敲破了。

时任开封府尹王时雍眼见局面就要失控，立即派出士兵数十人将陈东团团围住，主管殿前司的王宗濋也带领殿前兵士来回巡逻。陈东显然不害怕这些，“挺身于刀斧之间”。

王时雍气愤地对学生们说：“你们这是在胁迫天子，还不快点散了！”学生们的回答铿锵有力：“以忠义胁天子，不逾于以奸佞胁之乎？”说罢，学生们想上前揍王时雍，王时雍落荒而逃。

王宗濋见形势如此，赶紧上奏宋钦宗：事已至此，如果不勉强答应百姓的要求，只怕会生变乱。

此时，大家又看见了时任签书枢密院事的耿南仲，便拉住他不让走，除非他将百姓意见上奏皇帝。耿南仲答应了，百姓怕他反悔，便扣留了他的马，耿南仲只好步行进宫向宋钦宗汇报。

过了一会儿，耿南仲出来说：“皇帝已下旨宣李纲前来了。”消息传出后，大家兴奋异常，一部分人甚至主动赶往李纲待罪的浴室院，陪他一起等待圣旨。

过了没多久，宋钦宗的圣旨到了。但李纲不知出于什么考虑，竟然不敢前去。

这边李纲不想去，那边百姓不答应，宋钦宗无奈，只好不断派出使者催促李纲觐见。

这时，意外发生了。

前面说过，为了防止武将专权，宋朝有让宦官领兵的传统。这次的汴京保卫战也不例外，李纲在部署汴京城的防守事宜时，也不得不考虑这一点，将部分宦官安排在了领导岗位上。

姚平仲劫营失败后，李纲被罢免，宋钦宗重新考虑议和。于是，守城的宦官便命令士兵不得妄动，即便金兵的弓箭不断射到城墙上，宋军也不得还击。

一名宋军士兵实在忍不下去了：既然讲和了，为什么金人可以放箭？愤怒之下，这名士兵开始还击，并成功杀死数名金兵。守城宦官大怒，立即将这名敢于英勇还击的士兵杀掉，以儆效尤。效果立竿见影，“军士由是不敢动”。

虽然行动上不敢动，但心里的不满却与日俱增。听闻陈东诣阙上书后，大家纷纷赶去声援。就在这时，一个叫朱拱之的倒霉蛋进入了大家的视线。而他倒霉的原因，仅仅是他是一名宦官。

当时气氛相当喧嚣烦躁，大家压抑多时的怒火终于喷薄而出，一部分人冲上前去，将朱拱之活活打死，“撕擘死，骨血无余”，场面惨烈至极！

有经验的朋友都知道，在群体性事件中，一旦见了血或者出了人命，事态就会脱离原来的控制，朝着不可预料的方向发展。朱拱之被打死后，场面终于失控了。在鲜血的刺激下，愤怒的群众高呼“杀内臣者无罪”，一口气又杀了十几名宦官，并将他们的肝肠掏出来挂在竿子上。

消息传入宫中，宋钦宗怕百姓做出更加出格的事来，只好宣布“杀内官者免罪”，让大家保持冷静，不要胡来。但他的这句话被一些别有用心的人故意曲解了，他们高喊“杀宦官者无罪”，带领大家冲进宦官的家，见人就杀，见物就抢，有些人甚至还抢了兵器。

李纲听说后，深感事态严重，自己再不去只怕会出更大的乱子，于是“皇惧入对，泣拜请死”。

见到李纲后，宋钦宗哭了。他的哭，有委屈，有无奈，也有惊慌。他立即恢复了李纲尚书右丞的职位，依旧命他担任京城四壁守御使，并让他去安抚上书学生和百姓的情绪。

学生们见到李纲，纷纷大呼：“右丞，且与百姓为主。”李纲告诉大家，自己马上就会重新登城布置防御，让他们不要担心，赶紧回家照顾妻儿老小，不要再聚集于此。大家这才放心散去。

随后，李纲又将那些趁机作乱、带头打砸抢烧的犯罪分子公开处决，都城这才恢复正常秩序。

事态终于平息了，秋后算账的时候也到了。宰相李邦彦等人立即上奏，说太学生们上书实乃聚众闹事，别有所图，“不可不治”，要求对带头闹事的陈东等人进行严厉惩处，以儆效尤。

消息传出，太学生们相继逃走。国子监校长素与李邦彦等人相善，便抓住这个机会，严令按照学校规定，将这些没有履行请假手续就旷课的学生开除。剩下的学生们听说后莫不愤然，纷纷要求将自己也一起开除。一时间，学堂为之一空。

一位名叫聂山的大臣听说后，立即上奏制止。他对宋钦宗说，太学生们之所以伏阙上书，是相信陛下乃聪明睿智之人，能够为百姓做主，如果任由王时雍等人胡来，只怕老百姓会归怨于陛下，“自此士民思乱，恐无已时”，希望陛下快速下诏制止李邦彦等人的行为，不要让忠义之士死于奸臣之手，此宗庙社稷之幸也。

宋钦宗采纳了他的建议，不仅没有治罪，反而下诏太学生复学，并任命大学者兼理学大家杨时为国子监祭酒，对他们进行了安抚。

一场轰轰烈烈的上书活动，就此落下帷幕。

太学生们胜利了，李纲复相了，但陈东的使命还远没有结束。在今后的数年间，他还会多次上书，指斥奸臣，痛砭时弊，直至最终被杀。

他至死都是一个平民，却心怀“位卑未敢忘忧国”的爱国情操，做了许多高官大臣应做而不敢做的大事，用自己弱小的生命，在历史中留下一笔绚丽的色彩！

二、金军撤离

李纲官复原职了，他重新登上城墙，部署防守事宜。

在他被罢免的这几天里，代替他职务的蔡楙完全改变了他以前的安排。蔡楙命令，无论金兵离城墙有多近，都不能对其进行打击，违命者施以杖刑。将士皆愤怒。李纲复任后，立即予以纠正，鼓励大家对敢于攻城的金兵进行灵活打击，凡是能够击中敌人的，皆有重赏。

但李纲的作用也就仅此而已。

被吓怕了的宋钦宗已经完全丧失了对金军作战的信念，只想着能快点满足斡离不的要求，让这位大爷早点离开汴京回东北去。

前面说过，劫营失败后，面对斡离不派来质问的金使，宋钦宗写了一封书信，专门对此事进行解释，以求得斡离不的原谅。可书信写好后，却找不到送信的人。关键时刻，又是宇文虚中挺身而出。

此时的宇文虚中正在城外带兵，当他听说无人愿意出使时，毅然坐着筐子吊入城中，主动请命前去金营。宋钦宗很欣慰，立即任命他为大使，前往金营进行磋商。

因为劫营一事的影响，谈判进行得十分艰难，宇文虚中在金营和汴京之间来回往返，多达三次。斡离不坚决要求宋钦宗割让三镇并亲笔写明三镇的边界，才肯罢休。宇文虚中苦苦哀求，甚至于痛哭流涕，但毫无作用。

大家应该还记得，此前宋钦宗曾发过割让三镇的诏书，但诏书并没有发出，而是被李纲偷偷扣下了。李纲还严令：胆敢发出诏书者，斩！

后来勤王军不断到来，宋钦宗的胆子也大了起来，遂不再提割让三镇的事。现在劫营失败，斡离不坚决索要三镇，宋钦宗无奈，只好将割让三镇的诏书重新发出，连同三镇的地图一起，让宇文虚中送往金营。

至此，金军的目的已基本达到。

三镇虽然还没有实际到手，但有了宋钦宗的诏书和地图，剩下的只是走个流程了。金银虽然没有达到要求的数目，但宋钦宗已将汴京城搜刮了个底朝天，再逼他似乎也没什么用了。斡离不决定见好就收，率军北返。

如何保证撤退时的安全，成了斡离不需要慎重考虑的问题。

在此之前，在斡离不的要求下，宋钦宗派康王赵构和少宰张邦昌到金营做人质，以保证金军撤退时不会受到攻击。但现在，斡离不产生了怀疑。他怀疑，康王是假的！

如果康王真的是宋钦宗的弟弟、大宋的亲王，宋军岂敢置他的生命安危于不顾，冒险来劫营？

加重斡离不怀疑的还有另一件事。康王到金营做人质以后，斡离不曾同他一起比赛射箭，没想到康王“连发三矢皆中筈，连珠不断”。金人大惊，纷纷大呼这一定不是亲王，而是某位将军的儿子，“岂有亲王精于骑射”？

种种迹象，让斡离不对康王的身份产生了怀疑，他决定换个人质！

斡离不又给宋钦宗写了一封书信，要求“更以皇叔越王、驸马曹都尉同质军前，并于太宰李邦彦、枢密吴敏二人内科发遣一员，交换少宰张邦昌”。越王是宋钦宗的叔叔，李邦彦是最高的文官，吴敏是最高的武官，他们的地位显然要比康王和张邦昌高得多。斡离不认为，有他们做人质，明显要安全得多。

这可让宋钦宗犯了难。他身为侄子，让自己的叔叔去做人质，无论道德上还是面子上，都实在说不过去，于是便请求换成自己的弟弟肃王赵枢。从血缘上论，宋钦宗与康王是同父异母，而与赵枢却是同父同母，赵枢对宋钦宗更加重要，由他去做人质，金人也更加安全。

至于李邦彦，虽然几天前还是太宰，但经过陈东的学生运动后，早已经吓得申请退休了。偌大的朝廷，现在只剩下四个宰执，吴敏便是其中之一，如果他也走了，那朝廷基本也就瘫痪了。

为了给斡离不一个交代，宋钦宗想出了一个好主意：你不是嫌张邦昌级别低吗，好办，我现在就任命他为太宰，这不就成了？话都说到这个份儿上了，斡离不除了答应，似乎也没有更好的选择了。

就这样，肃王赵枢成了新的人质，被送往金营。他怎么也没有料到，自己这一去竟成永别，再也不能回还。

肃王赵枢到达金营以后，康王赵构被放回。他像个凯旋的英雄一样，收获了极大的荣誉。史料记载，他返回汴京那天，整个都城的人都争相跑出来瞻仰他的英姿。宋钦宗更是不吝奖赏，授其太傅、静江奉宁军节度使、桂州牧兼郑州牧，依旧封康王。

当然，这些都和斡离不无关。他也绝不会想到，被自己放走的这个人，不久之后竟然会成为南宋的开国皇帝，将大宋的国祚又延续了一百多年，直至大金灭亡，大宋依然还在！

此时的斡离不，唯一的念头就是安全撤离。现在割地诏书有了，金银有了，安全撤军的保证也有了，大宋已再无可以压榨的价值。斡离不终于决定：班师！

离开前，他给宋钦宗写了一封信，对他的配合表示满意。为了表示自己对大宋的友好，斡离不又减去了“金一万铤、银一十万铤、表一十万段”，让宋钦宗用于灾后重建。当然，他也没有忘记提醒宋钦宗，剩下的金银还要抓紧时间想办法凑齐。

信的最后，斡离不表示，马上就要分别了，按理说我应该亲自到汴京宫殿里去拜会您，但军务在身，实在不方便，还请您不要见怪，我给您准备了东北特产“人参二十秤”作为礼物，希望您一定要收下。

看着斡离不这封阴阳怪气的书信，宋钦宗恨得牙根直痒痒，但他又不得不表现出一副高兴的模样，不仅回信表示了感谢，还给金军赐宴犒劳。

二月初十，金军正式撤离。

为了减少撤退时的危险，金军的速度相当之快。原本宋军以为金军需要三天才能渡过黄河，但没想到金军早就准备好了浮桥，一天便渡河完毕。

黄河，无论对于金军，还是对于宋军来说，都有着非同寻常的意义。

对于金军来说，最怕的是宋军趁他们渡河的时候“半渡而击”。只要能顺利渡河，就意味着安全了，在他们看来，宋军绝对不敢追过黄河对金军进行攻击。

对于宋军来说，黄河不仅是天险，更是心理安慰。虽然金军在几天前曾轻易渡河而来，但只要他们渡河北返，危险就好像没有发生过，大宋似乎就是安全的。

望着金军远去的背影，宋钦宗悬着的心终于放了下来。

虽然付出了巨大的代价，又是割地又是赔款，但汴京总算安全了，自己的皇位总算保住了，赵家的江山总算没丢。他自认为，在如此艰难的环境下，能做到这些，算是对得起列祖列宗了。

与此同时，以李纲为首的主战派却在想着另一件事。

在他看来，金军急于护送到手的金银北返，必定军无防备、人无战心，而且此时宋军人数远多于金军，应该趁机对金军发起攻击，将其一举歼灭。种师道也同意李纲的看法，建议在金军渡河时进行邀击，千万不能让金军北返，“若纵之去，他日祸不可测”。

但是他们的建议注定不会被采纳。金军好不容易走了，汴京好不容易安全了，皇帝好不容易可以消停几天了，你再去惹可怕的金军干吗？万一再打回来，如何是好？因此宋钦宗果断拒绝了李纲和种师道的建议，下令不得对金军进行拦截。

但小规模的战斗还是发生了。

金军撤离之前，斡离不派了一支由十七名骑兵组成的小队，准备将议和的消息先行汇报给金太宗完颜吴乞买。当这支小队经过磁州（今河北磁县）的时候，意外发生了，一名叫李侃的军官率军对他们发起了攻击。

令人不可思议的是，李侃并不是有意违背宋钦宗的圣旨，反而是在按圣旨行事。

金军南下之初，随着勤王军的不断聚集，特别是种师道到来以后，宋钦宗一度认为可以与金军一战，甚至有可能打败金军。为了防止金军北逃，他下令河北军兵“尽行掩杀”。李侃正是在这样的背景下对金军小队发起了攻击。

宋军二千人，金军十七人，一百个打一个，这是一场看似必胜的战斗，然而战斗的结果却是宋军“败绩”。

金军本不愿和宋军发生冲突，便告知李侃两国已讲和了，别打了。可此时的李侃并不知道讲和一事，以为金军在撒谎，依旧发起了攻击。

面对宋军的进攻，十七名金军骑兵分为了三队：七骑居前，五骑为左翼，五骑为右翼。前七骑首先对宋军发起了冲锋，左右翼趁势掩杀，宋军“奔乱死者几半”。这种典型的战术，在后来有了一个响亮的名字——拐子马，并一度成了南宋军队的噩梦。

当然，这次战斗只是一个小插曲，大部分军队都很听话，乖乖看着金军离去，没有进行攻击。

看着金人满载而归，李纲实在是不甘心，经过认真思考，他又提出了另一个计划。

三、意外横生

金人北返的身影，让李纲想起了一件往事。

一百多年前，同样来自北方的大辽，与大宋在澶渊签订盟约，获得了每年三十万岁币的提款权，潇洒离去。为了欢送这位长期债主的离去，宋真宗特意派出重兵进行“护送”，既可以防止辽军撤退时掳掠百姓，也是一种恫吓。

现在，李纲决定故技重施。在金人退军的第三天，李纲上奏宋钦宗，请求“遣大兵用澶渊故事，护送之”。

宰执们怕引起金军误会，坚决反对。让人意外的是，宋钦宗却同意了。李纲立即派兵十余万，兵分数道并进。但他给宋军下的命令并不是护送，而是择机进攻。早就憋了一肚子火的宋军士兵听闻此命，纷纷摩拳擦掌，踊跃以行，终于在邢州和洺州追上了金军，两者相距仅二十里。

斡离不大吃一惊，他怎么也没有想到宋军竟然敢渡河追击。刚渡过黄河时，他以为再无危险，于是“按辔徐行”，慢悠悠地赶路。现在突见宋军追来，他立即紧张起来，加快了撤离速度。

宋军士兵也纷纷磨刀擦剑，准备扑向金军大干一场。

就在这时，意外发生了。宋钦宗突然下令：别管斡离不了，赶紧回来，粘没喝打过来了！

是的，我们花了很大的篇幅讲述宋钦宗与东路军斡离不讲和的事，几乎忘了以粘没喝为首的大金西路军。

前面说过，粘没喝的西路军最开始进展十分顺利，一路攻城略地，势如破竹，连童贯都被吓跑了，但打到太原的时候，打不动了。在知府张孝纯的带领下，太原军民团结一心，同仇敌忾，硬是将太原城打造成了一座铁城，成功阻止了西路金军南下。

就在粘没喝一筹莫展的时候，惊喜从天而降——平阳府（今山西临汾）投降了！

这一次，仍然是义胜军搞的鬼。大家应该还记得，在粘没喝南下的过程中，义胜军可真是没少帮忙，武州、朔州、代州，都是义胜军主动献上的。现在，轮到了平阳。

平阳府内义胜军的统领名叫刘嗣初，也是一名从原大辽投诚过来的归朝官。武朔等州的义胜军叛变以后，他也听到了一些关于“尽杀投附人”的传言，于是不自安起来。他立即找到平阳府知府宇文时中质问：“我等本为辽人，大金灭我国毁我家，幸得大宋收留，才勉强存活下来。现在大金又来入侵大宋，正是我等为大宋效力之时，却听说有人要将我们统统杀掉，不知有没有这回事？”

宇文时中连忙表示没有这回事，纯属谣言，朝廷对你们充分信任，希望你们与我们并肩作战，一起打败大金野心狼。

安抚完刘嗣初，宇文时中又命人张贴布告，鼓励大家对造谣生事者积极举报，必有重赏。

只可惜，真心未必就能换来真心。宇文虚中的诚意满满，并没有换来刘嗣初的死心塌地，流言已经像一颗种子一样，在刘嗣初的心里种下了。他对知府大人的信任表示了感谢，回营准备造反。

当时，刘嗣初的军队驻扎在城外，“不与州县通”，这正好为造反提供了条件。他私自筑起熔炉，打造兵器和盔甲，并暗中训练军队，只待时机成熟。

就在这时，宇文时中突然被罢免了平阳府知府的职务，由一个姓王的通判代理知府事务。

这明显是要提拔的节奏，王通判很高兴。可高兴了还没几天，王通判就遇上了麻烦事：一个叫王存的士兵对刘嗣初阴谋作乱一事进行了检举揭发。

这个问题有点大，实非刚上任的王通判所能解决。既然解决不了问题，那就只好解决提出问题的人。王通判给王存安了一个造谣诬陷的罪名，打了一百大板，赶了出去。更让人大跌眼镜的是，王通判竟然还主动将这件事告诉了刘嗣初，意图在他的面前卖个好，讨个人情。

正所谓“言者无意，听者有心”，刘嗣初并没有领王大人的请，相反，鉴于事情败露，他决定立即造反。

黎明时分，刘嗣初派人伪装成做买卖的商人混入城中，杀掉了看守城门的卫士，叛军随即入城。由于义胜军早有准备，加之义胜军的战斗力明显高于宋军，没多久，平阳城便陷落了，王通判仓皇而逃。

逃跑途中，王通判遇到了被他打板子的王存。仇人相见，分外眼红，王存大声疾呼："你不听我之言，坏了一城人的性命，你还他们的性命来。"说罢，大家一拥而上，将王通判一家老小尽皆杀掉。

再说刘嗣初，对于攻下城池后的下一步行动，他应该是早有计划的。平阳陷落后，他开始有条不紊地实施：纵掠金帛，次驱掳子女，次驱奔牛马，次取驴猪羊，尽杀为脯腊，破麦为干粮。

就这样折腾了十多天，能抢的都抢了，能刮的都刮了，刘嗣初毅然决定，带着这些东西投降粘没喝。

由于地理的限制，此时的粘没喝还不知道宋金议和的消息，正因为太原久攻不下而苦恼，忽然天降如此大礼，他不由得心花怒放。

平阳府即今天的山西临汾市，从地理位置上看，在太原以南。这就意味着，粘没喝可以绕过太原，从平阳继续南下，向宋朝挺进。

他也确实是这么干的。粘没喝留下一半人马继续围困太原，率另一半人马经平阳府南下，先后攻下威胜军（今山西沁县）、南北关（今山西灵石境内）、隆德府（今山西长治市），进逼高平。一旦高平失守，粘没喝便可以从山西高原俯冲而下，甚至可能渡过黄河，再次威胁围城汴京。

消息传入宋廷，举朝震恐。

面对危机，大家首先想到的不是如何应对，而是抱怨。主和派抓住机会，纷纷指责李纲不应该把人马派出去给斡离不搞什么"护送"，这下好了，西路金军打过来了，看你拿什么抵挡！

李纲也很委屈，我也没想到粘没喝能绕开太原打过来呀。不过你们放心，粘没喝虽来，听闻宋金议和的消息后，必会退去。而且我已派统制官郝怀率兵三万到黄河以北驻扎，加之有太行山天险阻挡，绝对没问题。

主和派说：你以为你是谁？粘没喝又不是你儿子，你说什么他就听什么呀？才不信你的。

他们秘密上奏，要求将"护送"斡离不的军队追回，来防御粘没喝。宋钦宗同意了，立即发出金字牌，要求军马回援。

当时，大军已经在邢州追上了北返的金军，双方相距仅二十里，宋军士兵正摩拳擦掌准备与金军大干一场呢，无奈君命难违，只好撤回。

李纲听说后，立即去找宋钦宗。种师道也建议，无须将军队召回，只需要派一部分人马从河北越过太行山，从金军背后进行包抄，攻其不备，破之必矣。

宋钦宗这才醒悟过来，下令军队不用回援了。此时，军队已往回走了五程，只好再次调头追击。即便这样，仍然在滹沱河追上了斡离不。但是这一次，大家却不知如何是好了。

以李纲为代表的枢密院，仍然要求伺机破敌。但李邦彦等人控制下的三司，让粘没喝这么一闹更加害怕了，严令只能“护送”，不能攻击。两边都是领导，谁都得罪不起，更大的领导（宋钦宗）又反复不定，宋军将士顿时没了主意，只好远远地跟着，不复再有与金人战斗的念头了。

就这样，斡离不的东路军又恢复了慢悠悠的悠闲状态，大摇大摆地北返。此时粘没喝的西路军也得到了议和的消息，返回了云中。

至此，第一次汴京保卫战彻底结束。

金人除了得到巨额的金银现货（实际到手的）和债权（差额部分）外，还得到了太原以北的所有土地以及燕京地区。另外，三镇（太原、河间、中山）在名义上也已经归属大金，只是暂时还控制在宋军手里，金人只等拿着宋钦宗的诏书去交割了。

问题是，既然金军已经撤走了，宋钦宗还会按照约定交割三镇吗？

四、太上回銮

金军撤退了，但宋钦宗却还有一大堆问题需要处理。

首先是人。

按照约定，金军渡过黄河后，就要将作为人质的肃王赵枢放回。但因为李纲派兵追击，斡离不感到危险尚未解除，加之三镇尚未交割，所以尽管宋钦宗两次派人前去迎接肃王，斡离不都没有答应，并将他一直带回了东北。肃王赵枢也成为第一个被掳往北方的赵氏宗王，并最终客死在异国他乡的冰天雪地之中。

肃王是宋钦宗一奶同胞的亲弟弟，他被掳走，让宋钦宗心痛不已。

但还有一个人，比肃王更亲，也让宋钦宗更加难受。这个人就是宋徽宗——宋钦宗的亲爹，现在的太上皇。

金兵南下之初，宋徽宗为了不当亡国之君，匆匆传位于宋钦宗后，仓皇而逃，在蔡京、童贯等人的护送下一口气跑到了江南的扬州。

现在金兵撤走了，如何对待宋徽宗，成了宋钦宗不得不思考的问题。让他继续留在江南，那肯定是不行的，不仅仁孝道德上说不过去，更重要的是，宋钦宗对他不放心。

之所以不放心，是因为宋徽宗的所作所为实在让人很难不乱想。逃跑之前，宋徽宗曾经放话，除了教门（他信奉道教）以内的事情外，其余一概不再过问。但到了江南以后，就完全不是这么回事了，他不仅断绝了大江南北的通信，截留了江南地区的赋税，还派高俅率三千禁卫军控制了江淮要津，阻止南方军队北上勤王。

皇帝和都城被围，正是需要情报、财物和军马的时候，你却在背后搞这一套，你想干什么？于是乎，大家纷纷传言：宋徽宗已被童贯等人所胁迫，准备在江南另立朝廷。

这种担心，在陈东的上书中体现得淋漓尽致，他描绘了这样一幅场景：宋徽宗走到南京（今河南商丘）时便不愿再走，但是童贯等人不同意，“数贼挟之而前，沿路劫持无所不至”“遂挟上皇渡淮以趋江、浙”。不仅如此，童贯等人连随驾卫士都不给徽宗留，“令亲兵引弓射之，卫士中矢而踣者凡百余人”“君臣相顾泣下，意若有所言者”。旁边的老百姓看了，莫不扼腕流涕痛愤。

上书的最后，陈东不无担心地说，一旦南渡，童贯等人“乘势窃发，控持大江之险，东南郡县必非朝廷有。是将陷倾父子，使之离间，其事必有至难言者”。

当然，这些都是猜测而已。事实上，童贯等人并没有这么大的胆子，也没有这样的打算。但无论如何，能将童贯等人除去，剪除宋徽宗的羽翼，总是好的。于是，宋钦宗打算秘密派人去江南，将童贯等人解决。

但李纲阻止了他。李纲说：“如果事情顺利，真的解决了童贯等人，他们可都是道君皇帝的宠臣，道君皇帝会怎么想？会不会觉得这是在向他示威？如果事情不顺利，童贯等人挟持道君皇帝，要求陛下裂土分疆，陛下又当如何？”

宋钦宗急了：那该怎么办？

李纲建议，不如下诏将童贯等人贬斥，将他们的罪恶昭告天下，然后奉迎道君皇帝回朝，则可以“不劳而事定”。

宋钦宗同意了。宋徽宗却不同意。

面对儿子派来邀请自己回銮的使者，宋徽宗的内心是复杂的。他明白自己现在的身份，太上皇虽然身份高贵，但毕竟不是皇帝，大臣们有什么事都是向皇帝汇报，自己完全成了摆设。他们开会的时候，我干什么呢？失去核心地位的落寞，是他不能承受的。

而且，他也不确定自己的儿子会怎么对待他。他在敌人兵临城下的时候逃走，将烂摊子留给儿子，把儿子架在火炉上烤，儿子会怎么想他？

所以，当他走到南都（今河南商丘）的时候，他决定不回去了，他要去西都洛阳。

宋钦宗当然不愿意。在他看来，宋徽宗只要还在外面一天，就会有另立朝廷的危险存在，只有将宋徽宗弄回来放在自己的眼皮底下，才能安心。

就在这时，宋徽宗又提出了要求：让李纲或者吴敏来见我。

大家摸不清宋徽宗的葫芦里到底卖的什么药，都担心会出什么意外。李纲却不以为然，他说："道君皇帝之所以让我或吴敏去，不过是想了解一下最近发生的事情而已。吴敏不能离开陛下左右，还是让我去吧，我必定会将围城以来的事情详细禀奏，以消除道君皇帝和陛下之间的误会。"

文斗总好过武斗，宋钦宗同意了。

三月十七日，李纲从汴京出发，二十日抵达南都，二十一日见到了宋徽宗。

宋徽宗先上演了一出苦情戏码，"泣数行下"。气氛烘托得差不多以后，他把眼泪一擦，开始夸人，夸宋钦宗的仁孝天下共知，夸汴京围城李纲出力最多，他甚至还关心地问起李纲的过往，让李纲大为感动。

聊完感情，又聊国事。他详细地询问了汴京保卫战的方方面面，然后问李纲为何没有在金兵撤退时"半渡而击"。李纲自然不便说宋钦宗的不是，只好说是因为肃王在金营做人质，投鼠忌器，这才没有攻击。

让李纲意外的是，宋徽宗竟然颇为惋惜，说为了江山社稷，怎能顾惜一个亲王呢？俨然一副大公无私、舍生取义的模样，完全忘记了自己弃国而逃的经历。

随后，宋徽宗又对自己截留江南赋税、阻断信息传递等事做出了解释，说之所以这么做，一是怕赋税落入金人之手，增加敌人的力量，一是怕暴露行宫位置，并无其他想法。

李纲表示这些宋钦宗都理解，请道君皇帝不要多心。

随后，宋徽宗又问了一些朝廷上近期发生的推翻他以往做法的事，多达三十余件。比如他曾将司马光列为奸党，现在宋钦宗却为他平反，还追封为太师，这不是明摆着和他唱反调吗？

李纲费了好大的劲儿才逐一解释清楚，然后，他给宋徽宗说了一段意味深长的话："今皇帝传位之初，陛下巡幸，适当大敌入寇，为宗社计，政事不得不小有变革。今宗社无虞、四方以宁、陛下回銮，臣以谓宜有以大慰皇帝之心者，其他细故，一切勿问可也。"

一句话，当今陛下能保住江山、让你回去就不错了，不该问的别问！

宋徽宗很识趣，说自己不过是随便一说，说完就忘了，别往心里去。说完还赏赐玉带、金鱼袋、古象简给李纲。这些都是很珍贵的东西，李纲推辞再三，宋徽宗不许，并让他现在就佩戴上，李纲只好谢恩接受。

在李纲的劝说下，宋徽宗终于同意返回汴京。他让李纲先行返回，向宋钦宗说明自己的意思。他还将自己禅位时向上天祈祷的青词交给李纲，让他转交给钦宗。青词上面有这样几句话："兵贼偃戢、普率康宁之后，臣（指宋徽宗）即寸心守道，乐处闲寂。愿天昭鉴，臣弗敢妄。若将来事定，复有改革、窥伺旧职，获罪当大。"

宋徽宗的意思再明白不过：儿啊，我早已在上天面前发下毒誓，绝不会回去和你争抢皇位，请你放心。

临行之际，宋徽宗又专门叮嘱李纲，希望他能"调和父子间，使无疑阻"。

二十三日，李纲离开南都北返，于二十五日返回汴京，向宋钦宗汇报了此行的详情。

既然宋徽宗愿意回来，那接下来要讨论的，就是该以什么样的礼仪来迎接他。

耿南仲首先提出了建议。出于安全考虑，他建议将道君皇帝身边的内侍全部清除，敢擅留者斩，经搜查确认没有危险后，宋钦宗再出宫迎接。

正所谓各为其主，既然现在是宋钦宗做皇帝，耿南仲为他的人身安全负责，倒也无可厚非。

但是，李纲反对。他认为，这不是明摆着怀疑道君皇帝吗？让他的面子往哪里搁？父子间的隔阂如何消解？过犹不及，没你想得那么复杂，不如就按正常流程走。

政见不合也就罢了，李纲一时兴起，竟然对耿南仲展开了人身攻击，说他"暗而多疑，所言不足深采"，把耿南仲气得半死。

眼见气氛越来越紧张，宋钦宗赶紧出来打圆场，都别激动，来，喝茶，喝茶。

李纲并不知道，他惹了不该惹的人。

耿南仲是宋钦宗赵桓的旧臣，在赵桓还是太子的时候，耿南仲便在东宫为他出谋划策，至今已有十多年。不仅如此，因为宋徽宗更加喜欢三儿子郓王赵楷，赵桓的太子之位一度摇摇欲坠，关键时刻，是耿南仲跑到权臣那里疏通关系，这才保住了赵桓的太子之位。所以，对于耿南仲，宋钦宗是十分信任的。

耿南仲也以东宫旧臣自居，觉得自己有功于钦宗，理应成为百官首领。但是，因为汴京围城，李纲和吴敏等人的官位在他之上，这让他很不爽。

本就憋着一肚子火看你不顺眼呢，你竟然还来惹我，真当我是软柿子不成？于是，耿南仲爆发了，他决定给李纲下点猛药。

就在大家还端着茶杯喝茶的时候，耿南仲突然起身，开始了攻击。令人意外的是，他并没有直接攻击李纲，而是攻击了另一个人。

耿南仲上奏宋钦宗："刚才我看见了左司谏陈公辅，突然想起他就是二月初五鼓动士民伏阙上书的幕后主谋，这样的人怎么能身居谏官之位呢？应该将他送御史台问罪。"

此言一出，无论是宋钦宗还是在场大臣，皆大吃一惊。

耿南仲此举，可谓用意颇深。表面上看，他只是攻击一个小小的谏官，实则是在给伏阙上书一事定性。只要宋钦宗同意处罚陈公辅，那也就意味着宣布上书一事是一场有计划的政治阴谋。

至于谁是阴谋背后的最大主使，根据受益最大原则来推定，自然是李纲无疑！

李纲不是傻子，他当然明白耿南仲用意何在。他立即反驳说："上书一事陛下已有定论，我不敢再有所辩解。我自知才能浅薄，本想等贼兵退去、道君皇帝回銮之后，再祈求辞官归隐，告老还乡，归隐田园。现在耿南仲既如此说，恳请陛下将我和陈公辅一起治罪。"

宋钦宗知道，李纲暂时还不能走。他笑着安慰李纲："上书一事我心知肚明，你不用多心，安心干好工作就可以了。"

没想到李纲的牛脾气上来了，直接起身告辞，连上十余道劄子，要求辞职。宋钦宗很有耐心，在每一道劄子上都做了批复：封还，不允。

不仅如此，为了让李纲尽快回到工作岗位，宋钦宗直接派人将他生拉硬拽到了办公室。皇帝都做到这个份上了，李纲也不好再使性子，只好继续为朝廷服务。

四月初三，道君皇帝终于回到汴京，被安排在龙德宫居住。

宋钦宗到底还是听从了耿南仲的建议，将道君皇帝的内侍尽行驱逐。接着，宋钦宗对道君皇帝身边的宠臣进行了大清洗，蔡京、童贯等人均是在这样的背景下被流放或被杀死的。

宋徽宗，成了真正的寡人。

史载，返京后的宋徽宗十分低调。在给儿子的信中，他自称“老拙”，称儿子为“陛下”。父子，终究成了君臣。

这里，我们不得不提一个人。在宋钦宗对父亲的宠臣进行清洗时，他也受到了株连，这个人就是赵良嗣。

没错，就是提出联金灭辽的那个人。为了在与大金的谈判中尽可能多地为大宋争取利益，他“往返六七，颇能缓颊尽心”。燕京收复以后，赵良嗣被当作大功臣，受到了宋徽宗的表彰。

当满朝上下沉浸在一片歌舞升平中时，赵良嗣却清醒地认识到，宋金之间的和平最多只能维持两三年，应该抓紧时间备战。然而，没有人听他的。

后来宋徽宗决定接纳张觉投降，赵良嗣提出反对，认为这会激怒金人，为金人提供进攻的借口。仍然没人听他的。

后来，金人果然打来。大家不仅没有反思，反而将责任归咎到了赵良嗣的身上，认为如果他不提出联金灭辽，辽国就不会灭亡，金人就不会打来。

于是，赵良嗣由功臣变成了罪人。

既然是罪人，那就该杀。靖康元年（公元1126年）七月，赵良嗣被诛杀于广西，子孙被流放。宋朝灭亡后，元朝史官在修《宋史》时，将他列入《奸臣传》，骂了几百年。

父子、君臣，忠奸、善恶，功过、正邪，生、死，原来可以任意转换。

很可笑，很可悲，也很辛酸。

但，这就是历史。

贰拾叁

再次背盟

一、认赌不服输

太上皇处理完了，一个更加棘手的问题摆在了宋钦宗的面前：三镇，到底要不要交割？换个说法：刚刚与大金订立的盟约，究竟要不要遵守？

这似乎是不需要思考的问题。毕竟，金人之所以打来，就是因为宋徽宗不遵守盟约、招亡纳叛。所谓“吃一堑长一智”，所谓“前车之鉴”，无论从哪个方面看，刚挨完打、伤疤都还没长好的宋朝似乎都应该遵守约定，将三镇交割给大金。

然而，随着金人撤离，宋钦宗犹豫了。

事实上，从一开始，割让三镇便遭到了大多数人反对。

李纲自不必说，宋钦宗第一次召见他的时候，他便提出“祖宗疆土，当以死守，不可以尺寸与人”。后来在与金人谈判时，他也始终坚持不能割让三镇。

种师道到来后，也认为三镇“国家边面所系，决不可割”，哪怕只割一镇，也会导致“将帅用兵无已时”。

陈东在上书中也说：“河北实朝廷之根本，而三关四镇实河朔之根本。若弃三关四镇，是弃河北；若弃河北，则朝廷能复都大梁（汴梁）乎？……陛下将于何地而奠宗庙耶？”

三镇不可割让，似乎也是一个毋庸置疑的问题，连小孩子都知道。

既然如此，宋钦宗就应该坚定立场，大宋上下就应该团结一心，做好保卫三镇、抵抗大金的准备。这自然不是嘴上说说就行的，需要实打实的武装防卫。

首先要充分动员，鼓励三镇百姓同仇敌忾、奋起反抗，同时迅速调集军队，一方面对三镇提供强有力的军事支援，一方面按照种师道的建议，重兵保护汴京，与金军打持久战，同时派兵截断金军粮道，待金军粮绝北返时“半渡而击”，将金军全部歼灭，使其匹马不得北还。

当然，这需要时间。

对于如何争取时间，李纲曾提出过很好的建议，那就是不要一上来就答应，而是多派使者与金军讨价还价，通过谈判拖住金军，为勤王军的到来和部署赢得时间。

然而，彼时的宋钦宗尚未从姚平仲劫营失败的阴影中缓过来，对金人怕得要死，只想着赶紧把金人打发走，管他什么条件，管他什么三镇，先答应再说。在割让诏书中，宋钦宗写道："以宗庙社稷所系甚大，遂割三府以寻欢盟，庶销兵革之忧，以固两朝之好。"那意思，不是我狠心要抛弃你们，实在是没有办法，为了全国的大局，只能牺牲你们了。

三镇，就这样被割让了。

君无戏言，政治条约不同于民事合同，不存在"胁迫可撤销"的说法，别管公平不公平，白纸黑字签了就得认，除非改朝换代。

宋钦宗没有改朝换代，江山仍然是他赵家的江山，按理说，这个账他得认。

但宋钦宗却决定赖账。

金人北撤以后，宋钦宗逐渐从恐惧中冷静下来，脑子清醒后，他终于真正意识到三镇的重要性，开始为自己当初的决定后悔。

为了弥补自己犯下的错误，他派出以工部尚书王云为首的使节出使金营，希望能以多支付岁币的形式，换取三镇的保留。

斡离不告诉王云，实际上大金也不喜欢打仗，之所以伐宋，只是为了惩罚宋徽宗背盟。王云见有了转机，便顺势说道："中原地区天气炎热，实在不适合女真人居住，即便大金得到了三镇，也不过多收点租税而已。既然如此，还不如把三镇留给宋朝，让宋朝每年多交纳点岁币，此万全之计也。"

斡离不最开始没同意，但王云实在很敬业，你不同意我就反复说，使劲说。经过王云唐僧念咒似的劝说，斡离不最终同意了他的请求，但要求大宋必须尽快将三镇的租税折算成岁币，将明确数目告知大金，同时要宋钦宗给三镇下诏说明此事，以免引起误会。

王云高兴坏了。说实话，此次出使他本来没抱多大希望，斡离不能够同意，实属意外。为了将这个好消息快点告诉大家，他日夜奔驰，终于在六天后返回了汴京。

宋钦宗大喜，立即召集大家开会。

如果宋朝君臣能够达成一致，以支付岁币的形式将三镇赎回，虽然经济会受到损失，但与丧失领土和百姓相比，仍然是划算的。因为以宋朝时期的经济发展水平看，如果有一个和平的环境，用不了多久，社会经济就可以恢复元气，多支付一些岁币对宋朝的经济影响实际上并不大。

然而，大臣们却并不这样想。在吴敏等人看来，金人违背约定扣留肃王不遣，粘没喝更是在讲和之后依然进攻，都是违约的表现。既然金人已经违约，那我们也没有义务再遵守约定将三镇割让给大金，更不必支付岁币。

吴敏在宋钦宗继位的过程中起到了很大的作用，宋钦宗称赞他“定禁中之策，实靖我家”，先任命他为中大夫、知枢密院事，后又特授为银青光禄大夫、少宰兼中书侍郎，他的话对宋钦宗很有影响力。

中书侍郎徐处仁也上奏，说金人狡诈难测，如果见其北返就认为和平可保，那就大错特错了。宋钦宗听后大为赞同，激动地说：“你说得对，我也是这么想的。”

陈均《宋九朝编年备要》认为，正是吴敏和徐处仁的上奏使宋钦宗坚定了赖账的想法。

但我认为，若以上奏内容的精彩程度排名，第一把交椅当属国子监祭酒杨时。

在上奏中，杨时引用了战国时期秦赵两国的历史典故来进行类比。当时，面对强秦的威胁，赵国也曾想过通过割地来换取和平。大臣赵郝对赵王说：“秦国之所以愿意和谈，就是因为无力攻取赵国的土地，你却主动把他不能攻取的土地送给他，这不等于帮助秦国来攻打自己吗？”现在也一样，金人见我城高池深无力攻取，才会选择和谈北返，如果朝廷“割三镇二十州之地与之，是亦助寇而自攻也”。一旦金人得到三镇，则“敌骑疾驱，贯吾腹心，不数日可至京城”，大宋危矣！

奏疏的最后，杨时毫不客气地指出了宋钦宗的致命缺点，那就是政令前后矛盾，反复无常。长此以往，“士气必惰，欲其成功难矣”。他建议宋钦宗一定要断自宸衷，无惑于浮议，如此方能成功。

精彩，实在是精彩！尤其是最后对于宋钦宗的分析，可谓入木三分。我甚至怀疑，杨时研究的不是理学，而是行为心理学，不然，何以对宋钦宗的心理把握得如此精准！

如果说以上几人的论述侧重的是“为什么不可以割”，那么御史中丞许翰的上奏说明的则是“为什么可以不割”，即赖账的底气从何而来。

在奏疏中，许翰提出了所谓的“决战五利”，也就是可以和金军撕破脸的五个优势：一、金军“以残弊将归之兵力”绝不可能攻下三镇；二、金军逼迫大宋签订城下之盟后将骄兵傲，加上天气转热对金军不利，战斗力变低；三、我众敌寡，宋军兵力十倍于金军，挤也能把他们挤死；四、有种师道等作战经验丰富的老将坐镇指挥；五、宋军战士人人思战，“以涤中原之耻，而发七庙之愤”，人心可用。

有此五利，为什么不赖账？

于是，宋钦宗激动了：是呀，既然不可以割，而且可以不割，那还有什么犹豫的呢？这个老赖，我当定了！

问题是，割让三镇的诏书已经发出了，金人正拿着它们去往三镇，要求地方官员交割呢，指望金人主动把诏书交回来，无异于痴人说梦。

这可怎么办？

很好办，再发一封诏书，声明上一份诏书作废即可。

但不能说废止就废止，总得找点事实，证明是金人违约在先才好。

经过深思熟虑，理由找到了。

首先，金人曾答应渡过黄河以后就把作为人质的肃王释放，但是金人爽约了。其次，说好了停战议和，粘没喝却仍然率兵南下，破平阳，陷隆德，围高平，根本没把合约放在眼里。再次，斡离不北返时沿途劫掠，所过之处，残破州县，杀掠士女，犯下严重的罪行。

够了，足够了。三月十六，宋钦宗再次下诏，要求三镇军民坚守。

在诏书中，他将前几天下诏割让三镇的锅甩给了李邦彦等人。这些人信誓旦旦地说只要割地赔款，便可以保社稷安宁，可完全不是这么回事，和议始成，金人便开始违约，扣我亲王，侵我土地，杀我黎民，我追悔万分，痛不欲生。现在我已下定决心，祖宗之地，不可尺寸与人，也不忍坐视三镇二十州之民陷于夷狄，以偷顷刻之安。希望大家与朝廷同心协力，永保疆土。

两次诏书的发布时间，不过相隔十几天，内容却完全背离。原本可以牺牲的弃民，此刻却变成了值得信赖和依靠的子民。

这不是小说，而是史实。这不是卡夫卡的《变形记》，而是政治需要。

宋钦宗虽然政治经验不足，但说到底，他本质上仍然是一名政客，而且是最大的政客。翻云覆雨，在他看来并无不妥，所需要的不过是几句冠冕堂皇的借口而已。他相信，无论自己怎样做，道理都站在自己这一边，臣民们都会理解，且应该理解。

是呀，蝼蚁般的草民们，又怎敢不理解天子呢？乱世里的流民、波涛中的浮萍，除了接受命运的摆布，还能怎样呢？

当然，宋钦宗也不是只要耍嘴炮，为了帮助三镇军民固守，他采取了一些切实的措施：任命种师道为河北河东宣抚使，驻滑州；姚古为河东路制置使，率兵援助太原；种师中为河北路制置副使，率兵援助中山、河间诸郡。

关于种师道的任命，颇为周折。议和以后，金军开始北返，种师道随即被解除了兵权，宋钦宗给他安排了中太一宫使的虚职养老。

御史中丞许翰听说后，立即找到宋钦宗，说现在正是战乱时期，种师道这样的虎将却被罢免，实非良策。

宋钦宗回答："种师道太老了，不堪重用了。"怕许翰不信，宋钦宗还专门安排他和种师道见了一面，大有让他看看"廉颇老矣"的意思。

两人相见，种师道寂然无语。许翰用姚平仲劫营一事激他，种师道立即激动起来，说我众彼寡，当分兵结营，控守要地，使彼粮道不通，打持久战，则敌可破矣。

许翰立即上报宋钦宗，说种师道智虑未衰，"尚可用"。宋钦宗这才重新起用种师道，任命他为河北河东宣抚使。猛一听，官似乎很大，但实际上，种师道并没有多少兵。

鉴于金军随时有可能打回来，种师道建议集合山东、陕西等地的劲卒，分别屯聚在险要关口，以备不虞。但是朝臣们认为他这是向敌示弱，宋钦宗也觉得他多事，于是种师道再次被罢免。

就在种师道罢而复用、用而复罢的时候，三镇军民一直在坚守。

当斡离不率军北返时，曾派人拿着宋钦宗的诏书去中山、河间进行接收，但两镇军民根本不吃这一套，"兵民固守不肯下"。斡离不又让做人质的肃王和张邦昌前去说服，结果也被弓箭射了回来。

斡离不碰了一鼻子灰，加之种师中援助河间、中山的军队到来，只好暂时放弃，离开宋境返回大金。

粘没喝的西路军也得到了相同的待遇。前面说过，粘没喝率军绕过太原南下途中，得知宋金已经议和，大宋已经将包括太原在内的三镇割让给大金，于是便率军北返云中，准备按照约定接收太原。宋钦宗还专门派签书枢密院事路允迪充当割地使，帮助粘没喝接管太原。

路允迪和金军来到太原城下，守城官军却坚决不肯投降，还告诉他们已经接到了皇帝的最新命令，与他们说的完全相反。

粘没喝无奈，接收不了又打不下来，加之天气转热，只好留下一部分人马用"锁城法"继续围困太原，自己则率军北返避暑去了。

所谓"锁城法"，实际上就是在城外弓箭射不到的地方扎寨驻守，同时攻下附近的小县城，切断太原与外界的联系。

至此，三镇之中，河间、中山两镇由于斡离不离境而暂时没事，太原却依然处于被围困的状态。尽快解太原之围，便成了摆在宋军面前最紧要的任务。

二、太原解围战

事实上，就在粘没喝得知了议和的消息北返太原之时，姚古便开始了行动。

由于金军北返，宋军接连收复了隆德府、威胜军、南北关等地，逼近太原。事实证明，留下来执行锁城任务的金军不是吃素的，他们虽然人数不多，战斗力却很强。姚古军曾试图冲击金军防线，却被击败，只好退保隆德府。

消息传回，宋钦宗连忙下令种师中前去支援。此时的种师中已经将斡离不的金军“护送”出境，正驻扎在大名府（今河北大名）附近。宋钦宗命他由河北穿越太行山上的井陉关进入山西，与姚古军形成掎角之势，共同进兵太原。

种师中本打算以太行山以东的真定作为基地，等粮草军饷到位以后，再稳扎稳打向太行山以西推进，但北宋朝廷却不允许他这么做。

此时，粘没喝离开太原北返避暑的消息已经传到了汴京，朝臣们认为这是向太原发起进攻的绝佳时机。主管枢密院的许翰接连向种师中发出多道命令，要求迅速向太原进发，否则就要治种师中“逗挠”之罪。

逗挠，意思是因怯阵而避敌，是一个十分严重的罪名，按军法可处以斩刑。种师中听到这个词，不禁仰天长叹：“逗挠，兵家大戮也。吾结发从军，今老矣，忍受此为罪乎！”

为了加快行军速度尽快赶到太原，他将辎重留在了真定，命令军队轻装简行。从井陉关穿越太行山以后，宋军先后收复了平定军（今山西平定）、寿阳县（今山西寿阳）、榆次县（今山西晋中）。

令种师中惊讶的是，军行数百里，竟然没有碰到一名金兵。于是，他做出了错误的判断，认为金兵一定是听到自己率军前来而吓破了胆，逃命去了。

既然这样，那还有什么好怕的？种师中下令军队加速前进，这一次更彻底，甚至连盔甲和武器都没带就出发了。史料中用了一个特别传神的词语形容这时的宋军——

“我师肆行”。肆行，也就是毫无顾忌、肆意行军的意思。估计队形也不怎么讲究了，纪律也不怎么严明了，大家有说有笑，一副打仗像是游玩的模样。

宋军就这样肆意而行，走到寿阳县境内一个叫石坑的地方时，出事了。探马来报，在后方的榆次县方向突然出现了金兵，正向宋军袭来。

这是一个相当危险的信号。宋军一路行来未曾遭遇一个金兵，现在敌人却突然在后方出现，只能说明一个问题：中埋伏了！

然而种师中却不这么想，他认为那些不过是金军逃跑时剩下的残兵游勇，没什么值得大惊小怪的，只需要派后军去收拾一下就好。

后军去了，回来的却是金兵。金将完颜活女带领大批金军蜂拥而至，宋军毫无准备，只好仓促接战。双方大战五场，宋军三胜两负，不得不撤回榆次县境内。

在一个叫杀熊岭的地方，最后的战斗开始了。

面对金军的不断逼近，宋军将士用威力强大的神臂弓将其射退。然后，问题来了。按照宋军的惯例，战士们立了大功之后，主将必须拿出足够的财物来进行赏赐，以激励大家继续战斗。但种师中拿不出来。因为辎重全都留在了真定，此时种师中所能拿出的仅仅是几十只银碗，实在是杯水车薪。

于是大家愤怒了：跑这么远的路来打仗，不就是为了养家糊口吗？没有赏赐，谁给你卖命？愤怒的结果是“官军四散”，只剩下种师中及亲随数百人。

种师中出发之前，曾与姚古约好一起进军，互相配合，共同解围太原。然而，姚古并没有来。此时的种师中，既是孤军，又是残军。

最后关头，大家将最好的马牵到种师中面前，让他逃跑。

种师中看着这仅剩的数百人，感慨万千。他知道，他们才是真正的勇士，他们才是真正的战士，他们才是大宋军队的真正代表。他拒绝了大家的好意，说：“我身为大将，事已至此，为国而死是我的本分。你们快逃吧，不要在这里白白送死！”

没有人逃走，大家紧紧跟随在种师中的身边，与金人展开死战。种师中身被四创，最终力竭而死，一代名将，就此陨落！数百名亲兵也大都战死。

问题是，姚古为什么没有如约而来呢？

答案是，他被误导了。

当姚古率军到达威胜军时，其帐下统制官焦安节忽然来报：“大事不好，粘没喝率军打回来了。”姚古大惊，这明显是中了金军的圈套呀，那还等什么？赶紧撤！

姚古要逃跑的消息传出后，当地百姓拉着他的马恳求，愿与战士们一起抵御金兵。姚古表面上答应了，却在半夜里偷偷逃走。不仅如此，他的部将还鼓动士兵说，国家已经将太原割让给大金，我们不用去救了，可以回去了。士兵们本来就不愿打仗，听长官这么一说，纷纷逃跑。老百姓也扶老携幼逃亡，许多人倒毙于路上，哭泣之声，振于山谷。

事后证明，所谓粘没喝打回来的消息，不过是焦安节制造的军事谣言。一个谣言，就吓走了一员大将，并间接害死了另一员大将，使得一方生灵流离失所，让人唏嘘不已。

种师中战死的消息传回宋廷，宋钦宗极为悲痛，他哭于禁中，并亲自为种师中写了祭文，其中有句云："吁嗟虎臣，公尔忘身。"抚恤工作也随即展开，追赠种师中为少师，对其子孙二十余人授官。

然后是追责。

作为罪魁祸首，制造谣言的焦安节被处斩。御史中丞陈过庭等人上奏，列举了姚古可斩之罪七条，并大声疾呼"斩一姚古则主威立，斩一姚古则军声振，斩一姚古则四夷知畏"，希望宋钦宗能将其明正典刑。但宋钦宗鉴于姚古以往的功绩，并没有将其斩首，只是流放广州了事。

接下来是许翰。大家一致认为"将在外，君命有所不受"，但许翰这个只会纸上谈兵的家伙，动辄拿"逗挠"的大帽子压人，种师中被逼无奈，才会冒险行军并最终惨死。虽然种师中死后获得了荣誉，但许翰却未受到处罚。如果任由这种人继续执掌兵权，以后诸将谁还肯为国家效死力？

在舆论的压力下，宋钦宗只好将许翰罢免。

至此，太原解围战以宋军损兵折将、彻底失败告终。

种师中死了，姚古被流放了，种师道也在此前不久因老病辞官。

更糟糕的是，宋军解围太原的军事行动明显违反了宋金之间达成的合约，势必会遭到金人报复，甚至引起金军再度南下。

已无将可用的大宋，该如何应对这一局面呢？

三、李纲的困境

太原解围战的失败，在大宋的朝堂上再次引起了“战与和”的争论。

以耿南仲为首的主和派认为，老将们死的死、走的走，大宋根本无力与大金对抗，还是应该将三镇割让给大金，以求得和平。

想都不用想，李纲又提出了反对意见。

反对的理由不用再说了，前面已经说过无数遍了。实际上，李纲不仅反对割让三镇，而且知道金人一定会再来。所以当金人北返，大家都“置边事于不问”的时候，他“独以为忧”，并多次向宋钦宗建议加强边备，“勿恃其不来，当恃吾有以待之”。

为此，他提出了八条建议。

一是将太原、真定、中山、河间建为藩镇，许以世袭，准其自行收租以养将士，使它们像“手足以捍头目”一样拱卫京师，可保金人“无深入之患”。

二是成立民兵组织（保甲制度），派专人进行训练，免其租税，战时为兵，平时为民，使其自保乡里，作为朝廷正规军的有力补充。

三是恢复养马制度，尽快养出一批良马配备给军队。

四是对河北地区的沼泽池塘进行清淤疏浚，恢复其“深不可以涉，浅不可以行舟”的原貌，以阻止敌人南下。

五是在京师附近的州县多修楼橹，当敌人进攻时可以据城防御。

六是河东、河北地区经历战火后百业凋零，应免除其赋税，并加以赈济，使百姓安心为国家固守。

七是抓紧筹集粮草运送到沿边诸郡，则虏不敢动。

八是恢复解州的盐池，使百姓皆得其利，以慰关、陕兵民之心。

应该说，除了第一条值得商榷外，其余七条都是很好的建议。然而大臣们却不以为然。随着金兵离去，“朝廷恬然”，好像金兵根本没来过一样，大家整天想的都是立太子、开讲筵这些与备战无关的事。

宋钦宗虽然表面上同意了李纲的建议，但并没有认真推行，加上各级官吏虚与委蛇，李纲的建议实际上并没起到什么作用。

罢了罢了，职权之外的事咱管不了，职权之内的事总可以搞定吧。当时李纲的职位是知枢密院事，也就是枢密院的一把手，而枢密院是专管兵马的，所以李纲决定在军事方面做做文章。

这里，我们有必要说明一下：在我们的印象里，枢密院似乎是最高军事机构，和打仗派兵有关的事都说了算，其实不然。

为了防止唐末五代时期大将拥兵作乱的现象出现，宋朝创造出了一套严密而相互牵制的军事体系。总的来说，宋朝的军事领导体系大体可以分为枢密院、三衙、率臣三部分，“枢密掌兵籍、虎符，三衙管诸军，率臣主兵柄，各有分守”。

枢密院主管军队调遣、军事政令以及战争决策等层面的事宜，但并不直接管理军队。

管军的职责属于三衙。三衙亦称三司（殿前司或殿司、马司、步司），全称为殿前都指挥使司、侍卫亲军马军都指挥使司和侍卫亲军步军都指挥使司。因为唐末五代时，藩镇的亲兵称为衙兵，而宋太祖赵匡胤就出身于藩镇，所以三司也被叫作三衙，长官称三帅。

三衙主管军队的训练、番卫、戍守、迁补、赏罚等事宜，但是军队的调遣和统兵不在其职责范围内，前者归枢密院管，后者归率臣管。

率臣亦称帅臣，是指领兵作战的将帅。宋朝为了防止武将培养自己的势力以致尾大不掉，实行“将不知兵，兵不知将”的政策。凡需要出兵打仗时，临时派遣将领统兵，一旦战争结束，立即解职，这样将领和士兵很难培养出感情，将领也就很难拥兵作乱。

“天下之兵本于枢密，有发兵之权而无握兵之重；京师之兵总于三帅，有握兵之重而无发兵之权。”加之将领为临时委派，使得任何机构和个人都“不得专其兵”，确保了军事大权高度集中于皇帝一人手中。

为了更好地理解，我们举个简单的例子。

敌人打来了，枢密院说是可忍孰不可忍，出兵！但是派遣哪支军队去呢？枢密院说了不算，得听三衙的。让谁当大将呢？枢密院和三衙说了都不算，得听皇帝的。当然，大家有建议权，但最终拍板的还是皇帝。

皇帝说，我觉得张三不错，可堪重任，就让他当大将吧。张三就此走马上任，最终打了个大胜仗。回来之后，皇帝很高兴，又是设宴款待，又是赏赐金银等物。饭也吃了，奖金也领了，好了，大将有效期到此结束，哪里凉快哪里待着去吧。大体如此。

了解了这些，我们再回过头来看李纲的遭遇，就不会吃惊了。

刚才说了，李纲现在的职位是知枢密院事，掌管军队征调等事宜。鉴于当时的紧张局势，以及不交割三镇必然导致金人再次南下，他建议提前做好准备，征发防秋之兵，以备不虞。

防秋，即防备游牧民族入侵之意。北方游牧民族世居寒苦之地，对南方炎热的天气很不适应，所以很少在春夏季节南下，往往要等到天气转凉、秋高马肥之际才会采取军事行动。秋天便成了中原王朝防备游牧民族入侵的关键时期，此时调兵防守被称为“防秋”。

李纲是主战派，他作为知枢密院事，主张防秋自然在情理之中。问题是，主管兵马的三司长官（三帅）却是主和派，他们认为金人刚刚撤退，李纲此举实在是多余，因此十分不配合。

三司不给兵，李纲的防秋之策只能沦为空谈。

李纲只好退而求其次，既然不给兵，那就练兵吧，只要作战能力提上去了，哪怕战时临时抽调，也能抵挡一阵。

他上奏宋钦宗，承平日久，京师的十万禁军常年疏于训练，士卒骄惰，打起仗来肯定抓瞎，希望能从枢密院选择合适的人员对其进行训练，以备缓急之用。

宋钦宗一开始同意了，但旋即反悔。

问题出在李纲身上。前面说过，练兵一事本属于三司的职责。你李纲说禁军常年不训练，这不是在向皇上告黑状，说我三司玩忽职守吗？再说了，练兵是我三司的事，什么时候轮到你枢密院来掺和了？你这是想调兵练兵一起抓呀，你到底想干什么？

宋钦宗立马警觉起来，在三帅的建议下，以违背祖制的名义否决了练兵一事。

好吧，既然你说违背祖制，那我就改革祖制！与李纲同为主战派的吴敏等人立即上奏，希望成立一个叫“详议司”的机构，对祖宗法制及近年来的大政方针进行大规模的查考，凡于今不利的，逐一进行改革。

这就不像话了。皇上刚说练兵违背祖制，你就要改革祖制，这不是明摆着和皇上叫板吗？眼里还有没有皇上？

让人意外的是，宋钦宗竟然同意了，还指定李纲、吴敏及徐处仁为提举官，专门负责此事。

但大臣们不同意。想当年宋神宗和王安石都办不到的事，你宋钦宗和吴敏哪来的自信，就认为自己能办到？

宋钦宗自认比不上宋神宗，只好作罢。

眼看事情要泡汤，李纲连忙上奏，说陛下即位于国家危难之时，正应改革弊制、推出新政以激励人心，但一天天过去了，始终未能有所变革，百姓们都很狐疑。现在战事稍息，正是变革的好时机呀。

李纲还提议，现今财政困难，可以从严明官员任命纪律和规范津补贴入手，减少不必要的财政支出，以足国用，“此政事所宜先者”。

宋钦宗当即同意，并让李纲条分缕析地写一份详细的工作计划。李纲也很尽责，一口气列举了三十多件需要规范的事。

宋钦宗表示很满意，然后将李纲的奏章转交有关部门讨论。

李纲并不知道，他惹上了大祸。没过多久，他的上奏内容便出现在了大街小巷：“知枢密院事李纲陈请裁减下项……”这明摆着把李纲放在了既得利益者的对立面，让他得罪一大帮特权阶级。

不仅如此，在大臣们上朝必经的东华门，也有人张贴了榜文，说李纲所在的守御使司给军队发放的卸甲钱多寡不均，皇帝知道后已另行拨付，确保每位士兵的合法利益都受到保护。

李纲大惊，因为守御使司压根就没发过这笔所谓的卸甲钱，更不存在所谓的多寡不均。此榜文分明是在挑动士兵和自己对立，可谓用心歹毒。

经过打听，李纲终于知道了幕后主使，他恐惧了：“余始忧惧，不知死所矣。”

因为幕后主使不是别人，正是宋钦宗。

四、矛盾的出征

实际上，自从陈东伏阙上书那天起，李纲便已经处在了危险之中。

虽然宋钦宗表面上说完全信任李纲，但布衣挟天子的阴影、政出于草民的混乱，像刺一样深深地扎在了他的心里，让他想起来就不寒而栗。他对李纲心存芥蒂，但出于反抗金人的需要，又不得不暂时依靠他，这让他内心怨恨。

随着金人离去，危险暂时解除，宋钦宗终于可以腾出手来敲打敲打李纲了。

当李纲洋洋洒洒提出三十多件需要变革的事情时，宋钦宗意识到机会来了，于是发生了前面提到的“揭榜通衢”一事。

李纲得知真相后明白了自己的处境，立即准备辞职。然而还没等他行动，更大的打击来了。

前不久，李纲刚刚提拔了两名士兵为行营司的小官（武副尉），此事被人得知，便对他进行了检举，说他擅自任命官吏，专横跋扈至极。宋钦宗反应很快，立马做出了批示：“惟辟作福，惟辟作威，大臣专权，浸不可长。”

短短十六个字，却足以致人死命。大臣专权是任何皇帝都不能容忍的事情，一旦被扣上了这顶帽子，就意味着死期不远了。

李纲大恐，立即赶到宋钦宗面前辩解。

当初宋钦宗任命李纲为亲征行营使的时候，曾给予他空名文武告、敕、帖等三千余道，允许他便宜行事。被提拔的这两名士兵，因为穿越火线去太原送信有功，李纲才给他们升了官。严格来讲，这也属于“便宜行事”的范畴，李纲不过是奉旨行事，根本算不得专权。

解释完以后，李纲再次提出辞职申请，希望宋钦宗准许自己辞官归田，终老于林泉之下。

此时的宋钦宗还没有将李纲彻底赶走的决心与打算，只不过是想敲打敲打他，让他明白自己的身份。所以，他拒绝了李纲的请求，表示自己不过是随便写了几个字，没有别的意思，让他不要多想。

吃过亏的李纲哪里还敢相信他，回去之后，连上十几道奏折，坚决要求辞职。

宋钦宗却稳坐钓鱼台，任你怎么折腾，我就是不同意。

李纲急了，管你同意不同意，先走了再说。他径直走出城门，找了一艘船，想要坐船东下。宋钦宗听说后立即派宦官追上他，用绳子拉着船把他给拉了回来。为了防止他再次逃跑，索性将他的府门上了锁，相当于把他变相软禁了起来。

李纲气得要死，直接上奏质问宋钦宗："都说用人不疑，疑人不用，你明摆着不相信我，却又不让我走，这是啥意思？"

宋钦宗不急不躁，除了安慰还是安慰，就是不给个明确的说法。

李纲简直要疯了，留又不便留，走又不让走，这让人怎么活？没办法，他只好不断请假，用不上班的方式表达对宋钦宗的抗议。

就是在这段时间，发生了太原解围战，种师中战死，姚古被流放，种师道也因老病申请致仕，北宋边防的"三驾马车"全部歇车。

正是在这种情况下，耿南仲等人建议割让三镇来换取和平。此时的李纲正满脑子想着辞职避祸，但当他听说耿南仲等人劝说宋钦宗放弃三镇后，仍然抑制不住内心那份忧国忧民的责任感，毅然提出反对，大谈三镇乃国家根本，若坏三镇则大事去矣。

耿南仲见李纲如此不上道，悄悄对他说："皇上刚刚即位就遇到金兵南下，已然心力交瘁，现在金兵好不容易退去，你不宽慰几句就罢了，还整天说些危言耸听的话吓唬他，咱可不能这样做呀。"

李纲哪里肯听，在他的一再坚持下，宋钦宗最终同意继续坚守三镇。但一个非常实际的问题随之而来：派谁去援助三镇呢？耿南仲立即上奏："既然李纲坚持保留三镇，自然应该让他去。"

一开始，宋钦宗还有点犹豫，担心李纲不会将兵。这时，同样看李纲不顺眼的唐恪出马了。他给宋钦宗举了一个例子，譬如一个人身上着了火，他自然会想办法扑救，只要被逼到那个份上就会做了，"陛下不可心软，只需下令让李纲去，他自有将兵之道"。

宋钦宗一听，好像确实是这个道理，事情就这样定了下来。

李纲蒙了，自己不过是出于国家大义才坚持保留三镇，怎么还把自己给搭进去了？他立即表示，自己只是一名文臣，并不懂军事，当初守卫汴京城不过是形势所迫，不得已而为之，带兵打仗实非自己所擅长，希望陛下能另选高明，以免贻误国事。

御史中丞陈过庭、侍御史陈公辅等人也说李纲不过一儒者，不知军旅，将兵必败。

但是不用李纲又用谁呢？宋钦宗好不容易才抓住了这么个人，岂容他推辞？！恰在此时，太原知府张孝纯的告急文书也不断发来，也没时间再另选他人了。得，横竖就是你了！宋钦宗当即让尚书省写了公文，当面交给李纲。

李纲没有接受。他说，即便我不自量力接受了陛下的要求，也应该选个良辰吉日再予以任命，哪有这么着急的？“今拜大将如呼小儿，可乎？”没有这样的。

宋钦宗觉得有道理，反正你也跑不了，等几天就等几天，便答应过几天再发布任命通知。没想到李纲鬼得很，回去之后立即上奏，表示自己病得很重，请求退休。

接下来的情节就比较老套了——宋钦宗不同意，李纲又连上十余道奏章，宋钦宗一一驳回。宋钦宗还把为李纲说情的陈公辅等人尽皆斥去，督令李纲受命。

李纲本想继续抗命，但有人提醒他说：你知道皇帝为什么非要你去吗？并不是真指望你打胜仗，不过是借此机会将你赶出朝廷，使都城百姓说不出意见罢了。如果你继续抗命，“上怒且不测”。

许翰更是写下“杜邮”二字，派人交给李纲。

杜邮，是战国名将白起被赐死的地方。长平之战后，秦昭王欲继续任用白起征战，但白起一再拒绝，秦昭王大怒，遂将白起夺爵流放，赶出咸阳。当白起走到离咸阳十里远的杜邮时，秦昭王派人送来一柄剑，赐白起自尽。一代名将，就此殒命。许翰为李纲写下“杜邮”二字，其意不言自明。

于是，李纲妥协了。

六月初三，宋钦宗下令：任命李纲为河北河东路宣抚使，代替种师道；刘韐为宣抚副使，代替种师中；解潜为制置副使，代替姚古。此外，还有察访使张灏、勾当公事折彦质等将领一起参与军事行动。

从官职看，李纲为宣抚使，似乎是其他人的上级，其他人都要听他安排，然而事实完全不是这样。宋钦宗专门交代，刘韐、解潜等人“皆承受御前处分，事得专达”，也就是说，他们只对皇帝负责，而不对李纲负责。

原因说起来让人啼笑皆非。就在宋钦宗决定派军队解围太原以后，天竟然下起了大雨，而且下个不停（大雨连月）。在这个节骨眼上下这么长时间的雨，似乎很不正常。于是乎，有人跳出来说了，阴雨连绵，没有太阳，说明朝中阴气太重，有人意欲欺蔽皇上呀。宋钦宗一想，不用说，没别人，肯定是李纲呀，他让士民伏阙上书胁迫天子，如今又手握兵权，不是他，还能有谁？

徐处仁听说后，连忙上奏："李纲不过一书生耳，夷狄才是中国之阴。今太原兵围未解，不以此忧而忧纲乎？"

宋钦宗虽然意有所解，但仍然决定限制李纲的兵权，这才有了让刘韐、解潜等人"事得专达"的指示。

虽然李纲以"节制不专"为由提出了抗议，宋钦宗表面上也"降指挥约束"，但实际上"承受专达自若也"。

换句话说，李纲这个宣抚使被架空了，他所能指挥的兵马，仅仅是宣抚司这块自留地上的兵马，总数有多少呢？两万人。

堂堂宣抚司，竟然只有两万士兵，实在让人大跌眼镜。这也就忍了，关键是连军马也少得可怜。李纲一看这怎么行，立即上奏宋钦宗，说军马关系甚大，希望能在开封城内搜检马匹，按质论价，用购买的方式充实军马。

宋钦宗同意了，只要你愿意去，怎么都行。

但李纲刚开始着手买马，开封府便贴出了榜文，说宣抚司买马实属扰民，"可更不施行"。买马一事，就此泡汤。

出征前，李纲又请求拨付军饷银、绢、钱各百万，但朝廷实际拨付的仅有二十万。李纲只能再次摇头叹息。

大军本定于六月二十日出师，因为有些事情还没有办理完毕，李纲便请求延期出师。宋钦宗大怒，批复了八个字："迁延不行，岂非拒命？"

李纲吓坏了，照这样下去，自己不被金兵杀死，也早晚死在宋钦宗的手里。趁此机会，他再次上奏，说陛下"前以臣为专权，今以臣为拒命"，如此不信任我，为什么还要我担任大帅呢？既然这样，陛下您还是选一个信任之人去解救太原吧，我这把老骨头还是早点退休吧。

这一次，李纲做得很绝，把尚书右丞、知枢密院事、宣抚使的任命文书全都交还给了宋钦宗。你不信任我，我还不干了呢！

毫无疑问，宋钦宗再次拒绝了，"遣使趋召数四"。

没办法，李纲只得再次来到宋钦宗的面前。这一次，他直接捅破了窗户纸，说："我知道这一切都是二月五日伏阙上书一事所致。此次出征，恐怕再也没机会见到陛下了。"

宋钦宗立即装出一副吃惊的样子，说："何出此言？你只是为我去巡边，用不了多久就会回来。"

李纲苦笑了一声，说："臣以愚直不容于朝廷，此去绝无生还可能。我出发之后，陛下如能念及君臣一场，使我军无沮难、无谤谗、无钱粮不足之患，则即便死于战场之上，我也算得偿所愿了。"

宋钦宗听了李纲的话之后颇为感动，先后在紫宸殿和琼林苑两次赐宴，鼓励李纲解除心理负担，专心去打仗。

既如此，夫复何言？就这样，李纲带着军队出发了。

前面说过，李纲的这支军队是两万人，被分为五军。但是在他出发之前，河北的胜捷军突然叛乱，左军四千人被派去平叛，右军四千人又被拨给了副使刘韐，所以实际跟李纲出征的只有一万两千人（此外，还有其他将领率领的军马一起行动）。

据说，李纲出征的时候，种师道曾前去送他。望着李纲远去的背影，种师道不无叹息地说："兵可忧矣。"

此去，究竟是福是祸呢？

贰拾肆

金军再南下

一、惨败连连

靖康元年（公元1126年）七月初，李纲抵达河阳。

河阳是连接山西和河南洛阳的黄河渡口，战略位置十分重要。李纲在这里停留了十天，训练士卒，整修甲器，以便这只仓促凑起来的队伍具备一定的战斗力，不至于白白送死。他还对军纪进行了整顿：抢夺妇女首饰的，立斩；逃兵，立斩；捡到东西不交公的，刺配。

就这样，一支军纪严明且具备一定战斗力的军队初具雏形。

然后，李纲率军进驻怀州。在这里，李纲对宋军的战斗策略进行了思考。因为缺马，宋军几乎全部为步兵，在金军的铁骑面前丝毫不占优势。那么，怎样才能克制金军的骑兵呢？李纲百思而不得其法。

就在这时，一个叫张行中的人来到李纲面前，向他提出了建议——车战。

按照张行中的说法，人怕马，马怕车。要想对付金军的骑兵，有一定数量的战车即可。战车的制作方法如下："两竿双轮，前施皮篱，枪刃运转轻捷。每车用甲士二十五人，执弓弩、枪牌之属以辅翼之，结阵以行，铁骑遇之皆退遁。""又为蛮牌，施钉其上，战则铺之于地，以却贼马之汹突。"

李纲认为这是一个克制敌人骑兵的好办法，于是造战车千余辆，日加训练，希望防秋之兵陆续到齐后，可以利用车战对敌人进行有力的打击。

然而，他等来了一个坏消息——宋钦宗下令，所有防秋之兵尽皆遣回。李纲最担心的事情，到底还是发生了。

他立即上奏宋钦宗，说秋高马肥之际，金兵必定再次南下索取三镇和剩余的金银，如果不能聚天下之兵解围太原、防御河北，只怕会重蹈今年春天汴京被围的覆辙，到时候宗社还能不能保全都很难说了。

李纲又说，就算各路军马均能按时到位，尚且担心不足，现在河北、河东每天都派人告急，未曾有一人一骑前去支援，现在好不容易聚集了一点军马，为何又遣散了？远方（四川、福建等地）的士兵都已经在道路上了，又让他们回去，“是复蹈今春勤王之师约回之弊也”。一年两次起兵，却“中道而两止之”，天下会怎么想？“臣恐朝廷自此不复能取信四方，而将士解体矣”。

然后他又引用了西汉贾谊的一句话：“厝火积薪之下而坐其上，火未及燃，因谓之安。”李纲说，今天的情形比贾谊说的还要恶劣，“殆处于烈焰之旁，而言笑自若也”。

大家应该还记得，李纲出征前曾对宋钦宗说过，如果朝廷政策反复，他还会辞职。他真是这么做的，此时他对宋钦宗说：“如果你认为不须动天下之兵就可以坐享太平，那我实在没这个能耐。谁给你出的这个主意，你就让谁来干吧。”

宋钦宗没有理他。

李纲仍不死心，又上了一道奏疏。这一次，他将宋钦宗比作了周幽王，首先给宋钦宗普及了周幽王烽火戏诸侯的历史典故，然后进行了类比：“去冬金人将犯阙，诏起勤王之师，远方之兵踊跃赴难，至中途而寇已和，有诏止之，皆愤惋而返。今以防秋之敌，又起天下之兵，良非获已，远方之兵率皆就道，又复约回，将士卒伍宁不解体。夫以军法勒诸路起兵，而以寸纸罢之，恐后时有所号召，无复应者矣。”

宋钦宗仍然没有理他。

需要说明的是，虽然各地赶来的防秋之兵被遣散了，但太原附近原本常驻的军队依然留守。

这一次，宋钦宗亲自当起了总指挥，不断催促向太原挺进。大家在隆德府开了个作战会议，经过商议，决定平定军、辽州两路，由刘韐、王渊负责；威胜军一路，由解潜、折彦质负责；汾州一路，由张灏、折可求负责。

会虽然开了，但大家却迟迟没有行动。

当时是七月，河东地区的天气由炎热转凉，正是出兵打仗的好时候。士兵们迟迟等不到出发的命令，纷纷相视而问：“事将奈何？”

就这样拖到了八月，军队才开始行动。

最先与金军遭遇的是刘韐。金军调集了大量人马对其进行阻击，结果可想而知，刘韐大败，将领王彦战死。

相比之下，解潜的运气要好得多。经过侦察，他发现碰到的金军人数并不多，正好可以先练练手，便指挥军队冲了过去。金军果然很不争气，见大量宋军向自己涌来，扔下东西就跑。解潜没有急于去追，而是让士兵先把金军丢下的粮食运回去。费了九牛二虎之力，粮食终于打包装车完毕。然后，意想不到的情况发生了，大批金兵呼喊着冲了出来。

解潜终于意识到坏了，中计了，然而为时已晚。经过激战，宋军大败，弃粮而溃，死相枕藉。

与此同时，张灏一路军马也被金军打败。

张灏是太原知府张孝纯的儿子，老爹被围，当儿子的自然着急万分。接到宋钦宗解围太原的命令后，他立即派统制官折可求、副统制张思正统领军马前去救援。

经过几天的行军，大军驻扎在了一个叫郭山栅的地方。这地方最大的特点是中间低、四周高，典型的易攻难守之地。选这样的地方扎营，脑子莫不是进水了？果不其然，金兵大至，先攻击宋军的左军，没占到便宜，又去攻击右军，右军大败，接着攻击中军。

要说中军的心那是真大，左右军已经被攻击了，这里还像没事人一样。金军打过来的时候，统制、副统制以及专管钱粮的应副钱粮向运使三人还在享用早餐呢。金人骑马冲进大营，一箭射死了钱粮向运使。两位统制官反应还算快，骑上马就跑。当官的一跑，大头兵自然也不甘落后，宋军大溃。

八月十四日，张灏命令副统制张思正率领军队解围太原。这一次，宋军终于打了个胜仗：十七日，宋军发起攻击，杀敌两三千人，攻占了文水县城。

得胜后的宋军来不及停歇，准备一鼓作气继续向太原挺进。然而，宋军的好运气似乎已经用尽。十八日清晨，金军的增援部队赶到，正好与宋军撞个满怀。金军的数量之多，让宋军大吃一惊。多到什么程度呢？史料中写了这样一句话："相继不绝而至。"连绵不绝，一批接着一批，好似无穷无尽。结果宋军大败，横死者不知其数，金银、钱粮、缣帛抛弃以十余万计。

至此，三路宋军尽皆失败。消息传开，威胜、隆德、汾州等地的居民纷纷逃离，渡河南奔，州县为之一空。

大家怎么也想不明白：金军的数量为何突然间变得如此之多？难道北返避暑的粘没喝又回来了？还是说，所谓的北返避暑，原本就是一个障眼法，是一个请君入瓮的圈套？

没过多久，答案揭晓了。

三路大军失败后，李纲再次上书，要求统一指挥权，将几路大军合而为一，由他来指挥，以免被金军各个击破。这时，由范世雄率领的湖南兵也正好赶来，李纲便推荐他为宣抚判官，打算一起去攻打金军。

然而，宋钦宗给他的回复是：不得进兵！因为他又改变了主意，打算再次和金军议和。

之所以发生这么大的转变，只是因为一件事：金军，再次南下了！

二、愚蠢的代价

靖康元年（公元1126年）八月，金兵再次兵分两路，南下伐宋。

这不仅是因为大宋拒绝交割三镇，还源于宋钦宗的另一个愚蠢的错误。

宋金和议后，斡离不率兵北返。走到燕山的时候，他想起宋朝还有大量金银没有给足，便派遣使者萧仲恭、赵伦前来催促。此时，勤王之师已经陆续抵达，宋朝君臣的胆子也大了起来，便有了毁约的想法。加之斡离不扣留肃王不还，便有人建议以牙还牙，也把金使扣留。倒霉的萧仲恭、赵伦，就这样被扣在了大宋。

还有另一种说法。宋金议和后，斡离不的东路军满载金银而还，西路的粘没喝却什么也没捞到，心里十分不满。前面说过，当时的金军没有军饷，收入全来自战争所得。眼看东路军捞得盆满钵满，粘没喝很不甘心，便派使者到大宋，要求大宋也给自己好处。没想到大宋突然硬气了，好处没要来，还把使者给关进去了。

不管哪种说法为真，反正金使是被扣留了，而且是无限期扣留，没人告诉他们什么时候可以回去。当时宋金关系紧张，金使说不定哪天就会被杀掉泄愤。

赵伦害怕了，他想回家。为了脱身，他决定利用一个人要个诡计。被利用的人叫耶律余睹。

大家应该还记得他。耶律余睹本是大辽战将，结果被萧奉先污蔑造反，为了活命，只好投奔了大金，并帮助大金灭掉了大辽。大金对他十分看重，任命他为右都监，随粘没喝伐宋。

赵伦告诉宋朝馆伴使："别看耶律余睹表面为金人卖命，实际上他一直心怀鬼胎，希望能够投奔大宋，与大宋一起消灭大金，为自己的祖国报仇。大宋何不招降耶律余睹，利用他统领的精兵一起打击金军呢？"

馆伴使立即将这一重要情报上报宋钦宗。宋钦宗没想到天上竟然掉下如此大的一个馅饼，大喜过望，立即召集大臣们商议。大家也兴奋异常，一致认为可行。于是，宋钦宗兴冲冲地写了一封信，命赵伦带回交给耶律余睹，约其共图大事。

关于约降耶律余睹一事，还有另一个版本。

这一次，主角换成了另一名金使萧仲恭。他和赵伦来到大宋以后，被扣留在一间小破房子里，房门被封住，每天的饭食通过一个小窗户接收，简直像坐监牢一样。

就这样过了几天之后，他的命运迎来了转机。因为萧仲恭本是辽人，当时尚未被罢免的吴敏和徐处仁便认定他一定对金人充满了仇恨，不如好好对待他，利用他来联络耶律余睹，共同对付金人。

吴敏亲自来给他开了门，自作多情地说道："我们皇帝知道大使本乃辽室宗亲，替金人出使实在是迫不得已，特意派我来慰问。"

萧仲恭是个聪明人，一听吴敏这话，便将他的来意猜了个八九不离十。于是，他对金人破口大骂，吴敏喜欢听什么他就骂什么，背信弃义呀，天将亡之呀，句句都骂到了吴敏的心坎里。最后，他主动提出，希望大宋写一纸诏书，他带回去约耶律余睹共同举事。

吴敏大喜，立即上报宋钦宗，便有了诏书约降一事。大错，就此铸成！

萧仲恭和赵伦回去以后，并没有去约降耶律余睹，而是直接将诏书交给了粘没喝。经过调查，耶律余睹对此事一无所知，没有任何想要背叛大金的意思。

自作聪明的宋钦宗惹得粘没喝大怒，搬起石头砸了自己的脚。

更严重的是，除了约降耶律余睹之外，宋钦宗还打算约降另一个人。

据麟府（今陕西神木、府谷）将领折可求上奏，在西夏以北的荒漠地带发现了天祚帝的儿子梁王雅里的活动踪迹。他宣称愿意和大宋合作，共同夹击大金，恢复百年兄弟之谊。宋钦宗仍然认为可信，又给梁王写了书信，打算经由河东送往麟府，再派人去联络梁王。结果，书信同样被金人截获。

粘没喝大怒。他立即上奏金太宗完颜吴乞买，要求再次伐宋。

金太宗同意了。在他看来，宋钦宗这种当面一套背后一套的行为，不仅是对他的戏耍，更是对他赤裸裸的羞辱，是可忍，孰不可忍！他当即复信粘没喝，允许"深入攻讨"。

八月十四日，大金再次伐宋。

这一次，大金太子斜也亲自担任都元帅，粘没喝任左副元帅，斡离不任右副元帅，依然分为东西两路，分别由云中和保州（今河北保定）南下，再次对大宋展开了攻势。

金太宗充分实行“将在外，君命有所不受”的理念，给予了他们很大的自主权，“事无大小，皆委元帅府从长措置”，与宋朝形成了鲜明的对比。

为了师出有名，大金提前做足了舆论功课，由斡离不和粘没喝联名向宋钦宗发出问罪书。

在问罪书中，两位金军统帅质问宋钦宗为何不按约定交割三镇，反而“假士民之固守，更张军势以解围”，还企图策反大金使节，“辄授间谍之语，阴传结构之文”，此等罪恶，简直比宋徽宗还有过之而无不及。

末了，斡离不和粘没喝给宋钦宗指出了一条明路：如果你认识到了自己的错误，想要痛改前非，就抓紧派皇叔越王、皇弟郓王、太少宰一员来做人质，并按照原来的约定，告知三镇的守将开门投降。如若不然，后果自负。

金人派保静军节度使杨天吉、昭德军节度使王汭充当问罪使副，前去汴京问罪。由于山高路远，加之局势动荡，两人直到九月才到达汴京。他们还在路上的时候，宋金之间的政治形势再次发生了变化。

实际上，在大金正式决定伐宋之前，两国军队已经在交战了。

第一次和谈之后，虽然斡离不的东路军离开了宋境，但在西路，粘没喝的军队一直围困太原，并没有撤围而去。粘没喝在北返避暑的时候，依然留下了不少军队采用“锁城”之法对太原进行围困。正是在这样的情况下，才有了三路宋军解围太原的战事发生。

解围战进行到一半的时候，金军再次决定两路伐宋，这也是张灏等人发现金兵数量突然增多的原因。

击败了宋朝解围太原的援军之后，金军并没有停止脚步，而是继续对太原发起猛烈的攻击，大有不拿下太原誓不罢休的意思。与此同时，东路的斡离不在进攻保州不利后，也转而对真定府发起了进攻。

宋钦宗害怕了，连忙派出使者，分别去见斡离不和粘没喝，希望他们可以停止进攻，再次议和。

金军第一次南下时，大宋君臣以割地赔款的代价换来了短暂的和平。这一次，大宋君臣决定故技重施，再次寄希望于外交手段。

他们还能如愿吗？

三、战地使者李若水

三路使者中，以出使粘没喝军营的李若水留下的记录最为详细，让我们得以一窥此次外交活动的情形。

李若水的原名是李若冰。宋钦宗觉得他的这个名字太不吉利，因为“若冰”与“弱兵”同音，实在太不应景，便为他改名“若水”，大概是希望他能够像水一样左右逢源，出色地完成这次出使吧。

靖康元年（公元1126年）八月二十四日，李若水离开汴京，前往山西粘没喝军中进行谈判。九月十五日，到达了金军在山西榆次的营地。

说来也巧，负责接待的馆伴使恰好是萧仲恭。没错，就是宋钦宗策反失败的那个大金使者。

看着这些大宋来的使者，萧仲恭的第一句话是：“你们来干什么？”

李若水：“为和议而来。”

萧仲恭：“有国书吗？”

李若水：“有。”

萧仲恭：“国书之外，还有没有其他需要谈的事？”

之所以这么问，是因为在外交谈判中，除了国书所载内容外，往往还会有一些需要口头讨论的事项，如果不事先了解，开始正式谈判后往往会陷入尴尬。

事实证明，萧仲恭的担心不无道理，李若水还真有需要口头交代的事情。他告诉萧仲恭：“临行之前，皇帝特意要我转告国相（粘没喝），最近发生的各种不愉快都是奸臣误国所致，皇帝已真诚悔悟，希望国相大人能以生灵为念，早日和谈。”

萧仲恭表示会将他的话转告国相，要他们做好第二天面见国相的准备。

第二天，李若水终于见到了粘没喝。让人意外的是，粘没喝首先关心的竟然不是战事，而是一个人。他问李若水：“赵良嗣现在怎样？”

李若水告诉他，赵良嗣已经被流放到岭南了（此时还没有被杀）。

粘没喝大吃一惊，他怎么也想不通，一个为宋朝立了如此大功的人，怎么会被流放。但毕竟是人家的内政，也不好多说什么，还是谈正事吧。

客套了一番之后，李若水又将宋钦宗希望粘没喝念及生灵早日停战和谈的话说了一遍。

粘没喝显然不愿意被道德绑架，反问道："收复燕京时被杀的那些人，难道不算生灵吗？"

眼见事情要陷入僵局，与李若水一起出使的相州观察使王履连忙说："过去的事咱就别提了。如果大家都这么较真，把以前的事一件件翻出来计较，那就没法谈下去了。"

谈话这才进入正题。李若水正式提出了大宋一方的建议——希望用三镇的赋税来换取和平。

前面说过，斡离不的东路军离境后，宋钦宗曾派王云等人前去交涉，希望把三镇的赋税折算成岁币，每年按时交纳，以此来换取三镇的保留。斡离不当时同意了，只是因为宋钦宗在大臣的建议下又决意用兵了，这才作罢。

现在，宋钦宗故技重施，满以为粘没喝也会答应。

没承想粘没喝的思路清晰得很，他告诉李若水："三镇既已割让给大金，那租税自然也是大金的。你拿大金的租税来换大金的地，哪有这样的道理？我看你们是铁了心想要背盟吧？"

李若水连忙解释说："不是我们不肯交割，实在是三镇军民不配合，才想着把租税交给贵国，烂摊子我们去收拾。这样贵国既得到了好处，还省了事，这都是为你们着想呀。"

可粘没喝根本不吃他的这一套，说："你们不去劝你们的皇帝早日交割三镇，却在这里摇弄口舌，妄想免于交割三镇，恐怕打错了算盘。"

话说到这个份上，粘没喝已经失去了再谈下去的兴趣，李若水等人只好回到住处等待。

萧仲恭告诉李若水："国相是个要面子的人，此次挥兵南下正是为三镇而来。如果不得三镇的土地人民，你让他的面子往哪里搁？还怎么回去见国人？"

王履为难地说："我们已经向国相解释了，不是我们不想交割，实在是三镇之民拒绝配合，这才想用租税代替，以免引起战火呀。"

萧仲恭表示这个提议很难实现。李若水和王履面面相觑，心中充满了担忧。

第二天，粘没喝再次会见了二人。他对李若水说：“大宋现在好比下棋，既然已经输了一子，就要设法补救其余的棋子。如果什么都舍不得放弃，恐怕只会全盘皆输。”

李若水立即表示：“国相大人说得太对了，我们如果不想补救，又怎肯将三镇的赋税交给贵朝呢？”

粘没喝呵呵一笑，不再继续深谈，转而和他们聊起了家常。他先是问了李若水等人来时的路线，当听说他们是从井陉关过来时，立即来了兴趣。他问：“听说井陉关险阻无比、不能通车，不知是真是假。”

当得到肯定的答复后，粘没喝又问：“我听说解制置（解潜）统兵守卫井陉关，结果却不战而溃，不知是井陉关还不够险要呢，还是大宋的士兵不堪一击？”

这可关乎国家面子和军队荣誉问题，身为武将的王履连忙表示这完全是谣言，解制置的军队并不在井陉关，而且是听说两国和议后主动解散部队，根本不是溃散，国相您可别相信那些道听途说的小道消息。

王履这种不卑不亢的表现显然让同为武人的粘没喝很欣赏，他询问了李若水和王履的家乡及过往经历，然后不无感叹地说自己也曾有美满的家庭，只可惜被耶律延禧东征辽东时所害。

王履敏锐地抓住了这个机会，说：“您看，战争实在不是个好东西呀。”他还引用了陶渊明的一句诗：“弱女虽非男，慰情良胜无。”意思是，即便得不到三镇，带着三镇的租税回去，也是一个不错的选择。说一千道一万，就是想让粘没喝同意放弃三镇。

粘没喝自然不会同意，他十分明确地告诉李若水和王履：“若不割得三镇土地人民，决不可和！”

他写了一封言辞激烈的国书让宋使带回，并让李若水等人给宋钦宗带个话：“如果想要大金撤军，就赶紧派人来交割三镇，否则的话，我就要带领大军到汴京去和他讲讲道理了。”

李若水等人还想做最后的争取，但粘没喝没给他们这个机会，他声色俱厉地说：“已有定论，无须多言。”

事已至此，李若水等人只好准备回国复命。

粘没喝还算是个讲规矩的人，他赏赐了白马、银鞍、香药等礼物给李若水和王履，并拿出酒一百瓶、钱二百贯来犒赏宋方使团随行的三节人。

李若水觉得自己没有完成使命，本不想要粘没喝的赏赐，但金方人员告诉他，这是惯例，你不要坏了规矩。李若水只好收下，然后带着粘没喝的国书返回汴京复命。

李若水并不知道，用不了多久，他将和粘没喝再次见面，而那时候会是一场你死我活的惨剧。

值得一提的是，李若水使团虽然是被派往粘没喝的军营，但因为去往山西必须经过河北，也就是大金东路军的所在地，所以，他也顺道去拜见了斡离不。

与粘没喝将注意力集中在三镇上不同，斡离不绝口不提三镇之事，反而把关注点放在岁币、归朝官和大宋尚未足额支付的金银上。可见，在战争目的上，粘没喝和斡离不的认识并不一致。

不仅如此，李若水还根据观察，纠正了宋人对粘没喝和斡离不身份地位的误解。

受惯性思维的影响，宋人一直认为身为二太子的斡离不的身份比粘没喝更高一些，所以对斡离不更加重视一些。但实际上并不是如此。李若水曾经专门就此事询问过大金士兵，得到的答案完全相反：河北斡离不军营的士兵说，一切都是皇子（指斡离不）说了算；山西粘没喝军营的士兵却说，别听他们吹牛，二太子还要经常来向国相汇报工作呢。正所谓各为其主，士兵维护自己的上级，倒也正常。

李若水分析，粘没喝虽然不是皇子，却是皇堂侄，且是左元帅，官职比斡离不更高，建议宋钦宗对两人平等对待，以免影响了和谈大计。

对了，还有最重要的东西——国书。在写给宋钦宗的国书中，粘没喝对所谓三镇之民不肯交割一事提出了质疑。他说："我虽然读书不多，但也知道大国的政治规矩：凡是皇帝决定了的事，臣子们没有敢不遵守的。难道大宋不是这样吗？你一面说自己真心实意想交割三镇，一面又推说三镇之民怀恋故土，以死固守，虽令不从。你以为我会信吗？如此戏弄我，你的诚意何在？如果以后你还是这个态度，就不要再派使者来白白浪费功夫了。"

此外，国书中还有一句话："太原误于前谋，坚壁不降，尽遭屠戮。"

尽遭屠戮？莫非太原已经陷落了不成？

贰拾伍

接连失地

一、太原终陷落

实际上，就在李若水等人出使金营的同时，粘没喝对太原的进攻也在如期进行，并没有停止。

前面说过，第一次汴京围城后，宋钦宗曾答应将太原割让给大金，并派路允迪将这个消息告诉粘没喝，帮他一起前去交接。

路允迪和金军来到太原城下，守城官军却坚决不肯投降。粘没喝虽然很生气，但毕竟刚刚议和，加之天气转热，实在不是打仗的好时候，只好采用“锁城法”将太原围困，自己北返避暑去了。

望着城外的金军，太原知府张孝纯知道目前最重要的一点便是稳定民心。他对太原城内的军民说：“大家不要担心，虽然金军近在咫尺，但太原自古称为雄藩，城坚粮足兵勇，金军绝对无法攻进来。朝廷听说我们被围，也必定会派援军前来解围。等金军粮尽气失，将骄兵惰，我们便冲出去，和援军里应外合，使胡骑匹马不归！”

豪言壮语固然可以暂时稳定民心，却改变不了客观上的困境。在金军的围困下，太原城内的情况越来越糟糕，粮食渐渐吃完，士兵们只好“煮弓弩及皮甲以食”。然而弓弩皮甲也慢慢消耗殆尽，张孝纯只好派人冒险冲出城去求援。

在给朝廷的求援信中，张孝纯写道：“太原被围已八月有余，城中居民死亡八九，守御之卒口粮断绝，以铠甲充食者已二十余日。金人知道这一情况后攻城甚急，太原危急，朝不保夕。虽然我们还可以勉强支撑几天，但如果援军还不到来，太原必将陷落，阖城百姓死亦不能瞑目矣。”

在给儿子张灏的书信中，张孝纯将此时的太原城比作病危之人：“此中况味，正如病危行汗，存亡须臾，而呼医未至，其荒扰可以想见也。……医久不至，今膏肓矣。”

当他听说朝廷已派援军前来解围，内心一度燃起了希望。然而他盼星星盼月亮，却始终没有看到援军的影子。

他曾看到太原城东南方向的金军向城北移动，便猜测一定是援军到了。可过了没多久，又见金军陆续返回，他心想坏了，援军怕是失败了。

果然，不久便接到了金军送来的书信，说汾州、南关等地的宋军已被我们打败。意思是，你别指望援军来救你了，还是乖乖开门投降吧。

张孝纯曾怀疑金军是在散布假消息，打心理战。但时间一天天过去，援军终究没有来。他终于明白，太原城只能靠自己了。好吧，那就与此城共存亡，城在人在，城亡人亡！

为了守住太原城，张孝纯将十五岁以上、六十岁以下的男子全部编入兵籍，并将房屋的墙壁拆掉，使家家户户相互连通。此时，城中没人再计较贫富差距，大家把能找到的食物平均分食，心怀同一个信念——让更多的人活下去。

而金军为了攻下太原城，也是用尽了办法，炮石、洞子、鹅车、云梯、火梯等攻城工具，尽皆派上了用场，但都被守城的宋军一一破解。

可太原城最终还是陷落了。

打败宋军的，不是金兵，而是饥饿。树皮、草根、浮萍、糠麸，一样接一样地被吃光了，于是开始吃人，先是老弱病残，然后是小孩和女人，“虽慈父义夫，无不亲食其肉”，场面之惨烈，让人不寒而栗！饶是这样，人民仍然大批大批地饿死，幸存者百无一二。士兵们甚至连拿起武器的力气都没有，斜倚在城墙上，目光呆滞，失去了希望。

正是在这样的情况下，九月初三，金军最终攻入了太原城。

王禀带领羸弱之兵与金军展开了巷战，无奈寡不敌众，身中数十枪。他本想带领残兵突围，不想吊桥断裂，无法出城，加之金人追至，属下纷纷劝他投降。王禀仰天长叹：“天亡禀也，禀岂惜死违天命而负朝廷哉！”他将宋太宗的画像背在身上，投汾水而死。

张孝纯本也“持刀欲自尽”，却被手下人拉住，最终被金军俘虏。粘没喝问他：“大辽如此强大，尚且被我所灭，你仅凭一个小小的太原城，也敢抗拒我？现在为我所擒，你还有什么能耐？”张孝纯蔑视地说：“如果我粮草充足，你又岂能得志？”

不仅在军事上看不起，在道德上，张孝纯也对粘没喝一顿诅咒，说：“大金灭亡大辽使其祭祀断绝，是道德有亏。地虽广大，极盛必衰；兵虽黩武，好战必亡。”

粘没喝哈哈大笑，说：“大辽倒行逆施，内政不修，外侮邻国，其亡必矣。我大金不过是替天行道，躬行天讨，何云无德？反倒是你们大宋，泛海来盟却屡屡毁约，誓墨未干，盟言又变，怎么还好意思指责我大金？如你能改过自新，我必将重用。”

没想到张孝纯根本不领情，斩钉截铁地说：“朝廷之事我不太清楚，只知道既然奉命镇守太原，就要尽心竭力，不敢背弃使命。今城既破，孝纯唯有一死以报朝廷，勿复多言。”

粘没喝大怒，命人将张孝纯及其子张浃扑倒在地，恶狠狠地说道：“从我则有生，不然，吾以万种之刑及你父子。”张浃大声回应道：“我不负朝廷。”粘没喝冷冷一笑，说：“好，你们父子不怕死，那我就让你们看着别人死！”说完，便命人将统制高子祐、统领李宗颜、运副韩总、提举单孝忠、廉访狄流、通判方笈张叔达等三十多人带上来，当着张孝纯父子的面一一杀掉，希望以此形成震慑，威逼他们投降。

史载，张孝纯父子亲眼看着战友们一个个倒下，竟然“颜色不变”，当真算得上狠人。

粘没喝实在没办法了，只好命人将张孝纯父子关起来严加看管，并千叮咛万嘱咐一定不能让他们自尽，随后又将其押赴云中。北宋灭亡后，大金在黄河以北扶植刘豫建立起伪齐政权，任命张孝纯为宰相。虽然张孝纯多次将伪齐的军事秘密泄露给南宋，但其变节行为终归在历史上留下了污点，为后世史家所不齿。

不管怎么说，太原城终究是陷落了。

从宣和七年（公元1125年）十二月被围至靖康元年（公元1126年）九月陷落，太原城在几乎没有外援的情况下整整坚持了二百六十余日，成为宋金战争中抵抗最顽强的城市，太原军民的顽强抗争成为北宋末年这场惊天巨变中最为浓墨重彩的一抹亮色。

太原失陷，后果极其严重。史家论之曰：“太原者，京师之藩屏。太原陷，则王室孤矣，内外无援矣。”没有了太原的阻隔，西路金军将长驱直下，渡过黄河，威逼汴京。

十五天后，消息传回汴京，宋朝君臣陷入一片恐慌。慌乱之中，他们想到的第一件事，是赶紧找个替罪羊，将战争失败的责任推到他的身上，以给天下一个交代。

替罪羊的名字，叫李纲。

二、替罪羊李纲

作为名义上的宣抚使，李纲最终成了被牺牲的那个人。

实际上，还没等宋钦宗亲自动手，李纲便很自觉地提交了辞职报告。一开始，宋钦宗装模作样地拒绝了。李纲锲而不舍，连上数道札子，极言自己才不胜任，且得昏愦之疾，不被罢免只会耽误国家大事。

就在此时，臣僚们也开始上书弹劾李纲，希望予以严惩。

中书舍人刘珏上奏道："李纲其人，虽勇于报国、锐于用兵，但刚愎自用、败军覆将、耗财疲民，以致士气益丧、虏势益张，罪行昭著，不可不予严惩。陛下虽念其往日功劳，不忍加以重刑，也应将其黜官降职，以慰死者之心，为败事之戒。如此，既不以今日之失而遂忘其前功，又不以前日之劳而曲庇其罪戾，赏罚昭著，如天无私，则将帅闻之莫不感激思奋，而寇攘有可平之期矣。"

宋钦宗顺势同意，罢免了李纲的宣抚使、知枢密院事等职务，将其贬为观文殿学士，出知扬州。

然而，大家仍不满意，更猛烈的攻击随之而来。经过精心准备，有人罗列出了李纲的十大罪状，上奏宋钦宗，要求对李纲追加处分。

十大罪状如下：

上皇禅位本是出于本心，李纲却到处宣言是他和吴敏"力建大策，赞成内禅"，将功劳据为己有，欺天罔上。此其罪一也。

汴京被围后，随着西兵到来，金人已有畏惧之心，和谈之势已成，李纲却贪功冒进，怂恿姚平仲劫营，且一败涂地，致使金人轻视大宋，复逞虎狼之心。此其罪二也。

金人索取金银后，朝廷念及民力艰难，已打算主动停止搜刮，李纲却抢先一步派人撕掉旧榜文，贴出停止搜刮的新榜文，让老百姓误以为是他的功劳，反而归怨于陛下。此其罪三也。

朝廷出于和谈大局考虑停战罢兵后，李纲因自己的职务被免，怂恿士民伏阙上书，以百姓胁迫天子，酿成群体事件。此其罪四也。

李纲奉命守卫汴京期间，依仗陛下给予其的“便宜从事”权，滥加赏赐以收买人心，亲戚故旧皆得好处。此其罪五也。

上皇之于陛下，父慈子孝，本无嫌隙，李纲却说自己奉命迎回上皇才使得“两宫协和”，离间陛下父子感情。此其罪六也。

李纲自谓功多，刚愎自用排斥同僚，以致陛下有“惟辟作福，惟辟作威”之语。此其罪七也。

李纲身为枢辅，智力短浅，不能识别金人的诈术，以致错误约降耶律余睹，使金人复加怨愤、再次南来。此其罪八也。

种师中战败后，陛下命李纲出任大帅宣抚河东，他竟公然抗命，冒犯天威。此其罪九也。

到达前线后，李纲不审时度势，一味求战，致使三路大军尽皆失败，进而导致太原丢失。此其罪十也。

可以看出，这些所谓的罪状，要么是张冠李戴，要么是强词夺理，要么是无中生有，让人啼笑皆非。但内容并不重要，重要的是形式，只要有人上奏弹劾就够了。宋钦宗再次下诏，命李纲提举杭州洞霄宫。

大家似乎仍不满意，弹劾一波接着一波，观其内容，大同小异，只不过是换了个说法而已。但这并不妨碍宋钦宗继续贬黜李纲。

李纲再贬为保静军节度副使，建昌军（今江西南城）安置。

所谓“墙倒众人推”，李纲自知失势以后会有更多的人上书诋毁，为了自保，他在被贬途中再次上疏自辩，将自己在任期间的有关事宜交代得明明白白，比如军队的损失情况如何、现驻扎在何处、朝廷拨给了多少军饷、用掉了多少、用在了哪里、剩余多少、现在何处，等等，希望宋钦宗派人核实。

他还提醒宋钦宗金人狡诈，和议不足恃，希望陛下另择将帅，抚驭士卒，积极备战，否则，天下之势去矣。奏疏的最后，李纲表明，从此以后将不再过问国事。

然而，即便如此，大臣们仍然没有罢休。没过几天，又有人上奏，攻击李纲的上书自辩为“以惑众听”，于是李纲又被贬往更加偏远的宁江军（今重庆奉节）安置。

对于荣辱得失，李纲并不十分看重，他说：“进退者，士之常，此不足道。”但对于国家危难，他仍然无法释怀。他认为，朝廷本有机会“扶持天下之势转危为安”，但被庸懦谗慝之辈所坏，实在让人扼腕叹息。

为了缓解自己心中的愁闷，他不得不将这一切归结为天命：“殆天未悔祸，生灵未有休息之期，命运之行自有数也。不然，何以若此？”

李纲就这样郁闷地上路了。

无论是宋钦宗，还是李纲，都不会想到李纲离开汴京的那一刻竟会成为他们的永诀。从此以后，君臣二人再也未能相见。

在从建昌前往宁江的途中，道路为盗贼所阻，李纲被滞留在了长沙。这时候，第二次汴京围城开始，宋钦宗猛然醒悟，准备再次起用李纲。他任命李纲为资政殿大学士，领开封府事，命他率兵勤王。然而还没等李纲到达，汴京就陷落了。

感慨万端之余，李纲将自己在汴京的经历整理记录了下来，取名为《靖康传信录》。因为是本人亲身经历的事，可信度极高，成为我们了解靖康之变不可或缺的珍贵史料。

李纲走了，但历史不会因为任何一个人的离开而停止前进的脚步，宋金之间的纠葛还要继续上演。

接替李纲的是种师道。

此时的种师道已经病得很严重，经常昏迷，接到宋钦宗要他代替李纲主持宣抚司的诏令后，属下都劝他不要去，但老将军仍毅然前往。

走到河阳的时候，种师道碰上了金国派来问罪的使者王汭。经过与金使交谈，种师道判断金兵即将再次南下，于是请求宋钦宗移驾长安以避其锋。

长安是有名的四塞之地，周围有崤函之固，易守难攻，又是种师道的据点，金军很难攻下。皇帝转移到那里，无疑要比待在汴京更加安全。

当然，我们前面曾经讨论过，皇帝逃离京城会引起民心和军心动摇，前前后后有很多工作需要去做，这里不再赘述。种师道的建议被视为胆小怕事，宋钦宗在大臣的建议下剥夺了他的兵权，将其召回。

老将军悲愤交加，病情迅速恶化，回到汴京时连人都不认识了。不久，七十六岁的种师道病逝，追随自己的弟弟种师中而去。

一代名将、《水浒传》中那个只闻其名不见其人的“老种经略相公”就此结束了他的一生，退出了历史舞台。

宋钦宗亲临祭奠，悲痛万分，赠开府仪同三司。

不久之后，当汴京失守，宋钦宗想起金军北返时种师道那句“半渡而击”的劝告，不由得捶胸顿足，说："不用种师道言，以至于此！"

只可惜，后悔改变不了过去，也挽救不了未来。

三、城亡人亡

太原陷落后，金军加快了南下的步伐，危险离汴京越来越近。

宋钦宗在群臣的建议下吸取了第一次汴京被围时指挥权不一导致失败的教训，决定设置东西南北四道总管府，统领除汴京之外的勤王军马。

以知大名府赵野总北道，颜岐为副，统领河北之兵；以知河南府（今河南洛阳）王襄总西道，张杲为副，统领京西、河东之兵；以知邓州（今河南邓州）张叔夜总南道，高公纯为副，统领京西南路、湖北之兵；以知应天府（今河南商丘）胡直孺总东道，朱胜非为副，统领京东、淮南之兵。

四道总管府的权力很大，"事得专决，财得专用，官得辟置，兵得诛赏"，平时在各自的驻地驻防，汴京危急，则以羽檄召之，入卫京师。

按照宋钦宗的构想，设置了四道总管以后，合则可以护卫京师，分则可以防御金兵，足可以在汴京外围形成一道强有力的安全防线。

但真的会如宋钦宗想象的那样吗？

就在大宋君臣忙着防御的同时，金军也没有闲着，东西两路大军一齐南下，宋朝城池接连陷落。

东路，斡离不在攻击保州失利后，并没有纠缠，而是越过保州和中山府，直接对重镇真定府发起了攻击。

真定地处太行山要道井陉关附近，一旦有失，东西两路金军便可通过井陉关进行沟通，协同作战，形成所谓的钳形攻势。所以，真定府的得失直接关系宋金战事的走向。

真定原是刘韐的防地，各种守御设施齐全，在河北地区最为坚固，总管王渊、钤辖李质训练的士兵也十分精锐，"虏不敢犯"。金人想要打下真定，怕是要十分费力。只可惜，三路大军解围太原时，刘韐、王渊、李质均被调走，真定府的防御被交给了一个叫李邈的人。

说起来，李邈与金人也算是旧相识了。早在第一次汴京围城时，李邈便奉命入援。姚平仲劫营失败后，宋钦宗征求李邈对时局的意见，李邈建议将军队指挥权交给种师道，准许他相机行事，只要有机会，就狠狠干金军一番。彼时的宋钦宗一心求和，没有同意。斡离不撤兵北返时，李邈又建议尾随其后，待其半渡而击之，宋钦宗依旧没有同意。

这一次，李邈代守真定，直接与金人展开了面对面的对决。

李邈初到真定时，兵不满二千，钱不满二百万。他自知无力抵挡金军，于是连发三十四道奏疏请求支援，然而皆石沉大海。没办法，只能靠自己了。好在真定府的城墙足够坚固，钤辖刘翊也足够负责。

金军最开始攻击的是真定城正面的北城墙，在刘翊的顽强抵抗下，没有攻下，改攻东城墙。刘翊又率众转移到东城墙进行防御。

战斗进行了两天两夜，东城墙始终未被攻下。当天夜里，刘翊像往常一样在东城墙上巡视，忽听北边喊杀声大起。原来，金军狡猾得很，留下一部分兵力继续攻击东城墙的同时，悄悄将主力转移到了北城墙下，发起了攻击。

等刘翊赶过去的时候，金军已登上北城墙。刘翊率军与金兵展开巷战，终因寡不敌众，手下的士兵四散而逃。刘翊回头看了看自己的弟弟，说："我，大将也，其可受贼戮乎！"他本打算突围而出，但各个城门均被金军堵住。他不愿意被俘虏，于是自缢而死。

李邈本打算投井而死，无奈属下将他紧紧抱住，他没有死成，被金军俘虏。斡离不要他下拜，李邈坚决不从；又赐给他美酒，李邈坚决不喝。斡离不大怒，好呀，这是敬酒、罚酒都不吃呀，那就给你来点烈酒！他命人用火灼烧李邈的大腿和胡须、眉毛，李邈"亦不顾"。斡离不服气了，这当真是一条汉子呀，于是与他伴食同饮，并邀请他随军。李邈自然不愿意亲眼看着敌人去攻陷祖国的城池，严词拒绝。斡离不没有难为他，命人将他押至燕山看管。

北宋灭亡后，金人想让李邈帮忙治理沧州，李邈笑而不答。金人又逼他穿女真人的服饰，剃女真人的发型，李邈终于爆发了，你剥夺我的自由可以，但侮辱我的人格绝对不行！他扯开嗓子，对着金人破口大骂。金人大怒，一顿猛扇，打得他满嘴流血。

李邈笑着把血舔干，就像在享用美味佳肴一般。为了防止金人再次逼迫，李邈干脆一不做二不休，直接给自己剃了个光头，以示抗议。斡离不终于忍受不了他，下令将他杀掉。李邈颜色不变，谈笑赴市，南向再拜，端坐就戮，燕人为之流涕。

真定府陷落的同时，西路的粘没喝也取得了进一步的战果。

攻陷太原之后，粘没喝将攻击目标锁定在了汾州。此时，汾州守将是张克戬。

实际上，早在前一年的十二月，也就是太原刚刚被围的时候，张克戬便和金军打过交道。包围太原的同时，粘没喝也派人对二百里之外的汾州发起了攻击。面对如狼似虎的金军，张克戬没有害怕，他一面及时清理了藏在城内的内奸，一面主动出击，派人烧毁了金军军营，金军只好撤退。

现在，金军再次来到汾州城下，数量比以前更多，斗志比以前更胜，士气比以前更高。更重要的是，太原已经陷落，金军完全没有了后顾之忧，可以将全部精力用在攻打汾州城上。一场硬仗摆在了张克戬的面前。

然而，还没等他做好准备，更糟糕的事情发生了。

三路大军解围失败后，张灏、张思正率领残兵撤回了汾州城。现在金军兵临汾州，按理说，他们正好可以成为张克戬的帮手，帮助他一起守卫汾州。可这两位老兄实在是被打怕了，听到金军来了就想要逃跑。他们声言要好好教训一下金军，以报太原之仇，可甫一出城便仓皇而逃，就连金人亦为之瞠目。

他们的逃跑迅速产生了连锁反应，戍将麻世坚和通判韩琥相继逃走，人无固志。张克戬深知人心动摇的危害，他将军民召集到一起，动容地说道："太原既失，我固知汾州不能独存，但我身为守将，上不能负国家，下不能辱父祖，誓与此城共存亡。大家没必要和我一起死在这里，都自谋出路去吧。"

面对生死抉择，强迫是没有用的，反倒是体贴和理解更容易凝聚人心。张克戬越是这样说，大家反而越不忍离去，纷纷表示誓死追随张大人。人心就这样凝聚起来了。张克戬将大家组织起来，亲自披挂登城，对金军进行打击，一连数次击退了金军的进攻。

粘没喝见汾州城久攻不下，便改变了策略，派兵先攻占了汾州附近的平遥、介休、孝义等县，据州南二十村，切断了汾州城与周围的联系，与当初围困太原城的思路如出一辙。

粘没喝一边制造工程工具，一面派人给张克戬送去了劝降信。张克戬连看都不看，直接烧掉。

面对金军的围困，张克戬知道死守是不行的，他挑选了勇士突围去求援。就在等待援兵的过程中，金军增兵一万，对汾州城发起了更为猛烈的进攻。

张克戬知道最后的时刻来临了，他写好了遗书，派人缒城而下送给自己的妻子，然后亲自登上城头，亲手发炮打死了金军的一名将领。金军大怒，攻城愈急。

在金军的猛力攻击下，汾州城最终陷落。张克戬率领残兵与金兵展开巷战，粘没喝本想劝降，然而他拒绝了。他穿上宋朝朝服，焚香南向拜舞，然后引刀自戕，其家死于难者八人。金军对他十分敬重，礼葬于后园，罗拜设祭，并为其立庙。

张克戬真正做到了"上不负国家，下不辱父祖"。

四、绕道而行

汾州陷落后，下一个进入金军视线的是平阳府（今山西临汾）。

从汾州到平阳，需要翻越回牛岭。此地险陡如壁，易守难攻。宋朝君臣意识到这是一个阻止金兵南下的重要据点，便派了一个名叫刘琬的将领驻守在此地。

金军到达回牛岭后，抬头仰望之余，不禁仰天长叹："如果宋军以滚木礌石从山上砸下来，那我们就完蛋了，为之奈何？"可还没等金军感叹完，岭上的宋军竟然一哄而散，留下吃惊得张大了嘴巴的金兵。

问题出在军饷上。宋朝虽然派了军队在此驻守，然而因为财政困难，军队的伙食搞得很差，士兵们每天只能得到豌豆二升或少得可怜的陈麦。大家看着这些所谓的食物，苦笑着说："就这样的伙食，还指望我们好好打仗？"就这样，金军不费吹灰之力便占领了回牛岭，隆德府近在眼前。

金军凭借地势俯冲而下，瞬间便到了隆德府城下。粘没喝故技重施，命人向隆德府守将张确喊话，让他投降。张确的手下自知不敌，纷纷劝他开门迎降。张确是个硬汉，毫不客气地对他们一顿臭骂，铿锵有力地说道："我乃朝廷任命的守土之臣，当以死报国，头可断，腰不可屈。"

既然如此，金军果断向隆德府发动了攻击。隆德府陷落，张确战死。

消息传到汴京，宋钦宗极为悲痛。他将张确比作唐朝安史之乱中的忠臣张巡和许远，感叹道："如果人人都像张确一样，国事又怎会到今天的地步？！"

至此，无论是东路的斡离不，还是西路的粘没喝，都打下了一系列重镇，进展颇为顺利。但他们还面临着一个问题，那就是两路大军中间隔着一座高大的太行山，联络起来极为困难。如果不建立有效的沟通渠道，协同作战就成了一句空话。

而要建立联系，太行山上的八条山谷通道便成了最好的选择，也就是所谓的太行八陉。太行八陉中，距离太原和真定最近的莫过于井陉关。于是，粘没喝决定拿下井陉关。

他先是从太原出发，准备攻克太原东部的小县城寿阳。然而，结果却大大出乎他的意料。寿阳城虽然很小，但守城军民的斗志却顽强得出奇，金军先后攻打了三次，不仅没有攻下，反而损失了一万兵力。

面对硬骨头，粘没喝再次采取了老办法——攻不下就绕过去。他越过寿阳城，开始攻打平定军。可他没想到，平定军也不是好咬的肥肉，而是硌牙的排骨，又损失了三千人。粘没喝只好派人给斡离不送信，让他从东面对平定军发起攻击，形成东西夹击之势。

经过激烈的战斗，金军以损失两三万人的代价攻克了平定军，井陉关就这样落入了金军之手。

联系的通道打通了，但代价不可谓不大，两座小小的县城竟让金军损失了几万人马，这仗还怎么打？

他们决定开个会，好好研究一下下一步的计划，具体来说，就是要明确一下，到底是继续攻城略地，等山西、河北全部打下来以后再取汴京，还是快速进军直扑汴京，直捣大宋的心脏？

监军兀室认为，既然太原和真定这两个重镇已经被攻克，就应该一鼓作气，挟战胜之余威，将山西、河北全部拿下，再挥兵汴京。不然的话，如果直取汴京，万一攻不下来，很可能会腹背受敌。上一次伐宋，斡离不就差点吃了这个亏。

粘没喝却认为，汴京是天下的根本，如果得不到汴京，即便扫平了山西和河北，也肯定守不住。至于上一次斡离不没能攻下汴京，那是因为我不在。现在我来了，汴京必得。他伸出右手做了一个拿东西的动作，说："好比伸臂取物，拿到东西以后往回一搂，所过之处的所有物件便全都揽到怀里了。"

粘没喝的话怎么听都像是在嘲笑斡离不无能。然而奇怪的是，斡离不却觉得粘没喝说得很对，欣然称善。既然当事人都没意见，那其他人也不好再说什么。大家一致同意，就按照粘没喝说的来，直取汴京。

会议结束后，粘没喝和斡离不各回自己的军营，约定在汴京会师。

就在粘没喝和斡离不召开军事会议的同时，城池接连失陷的消息传到了宋钦宗的耳中。面对越来越糟糕的局面，宋钦宗毫无办法，只得下了一份所谓的哀痛之诏，说自己能想的办法已经全想了，可金兵就是不退，自己也很无奈，希望大家能够团结一致，“奋然自拔，无使乡里坟墓，坐被残破，父母妻子，生致离散”，并准许各路守将便宜行事，互相救援，“见便即动，无拘于律”。

然而，再哀痛的诏书也阻止不了金军南下的步伐。平定会议后，粘没喝继续挥军南下，下一个目标——隆德府。

金军第一次南下时，隆德府一度被攻陷，宋金议和之后粘没喝北返太原，宋军乘机收复了隆德。现在，金军再次来到了隆德城下。

为了尽快到达汴京，粘没喝本着能不打就不打的原则，派人向城内喊话，要求宋军派人出来谈一谈。

经过商议，通判李谔来到了金军的大营。粘没喝告诉他：“我是去打你们皇帝的，不是打你们，你们只需要把好酒好肉拿出来犒劳一下大金将士，我们明天就走。”

李谔本来还挺紧张，不知粘没喝的葫芦里卖的什么药，现在听他说竟然不攻城，顿时轻松了起来，赶紧回城向知府张有极汇报。

张有极一听，不打仗虽是好事，但用自己的东西犒赏敌军，多少感觉有点别扭，如果不犒赏呢，又怕粘没喝一气之下再攻城。想来想去，他将决定权交给了百姓。

他召集了城中比较有威望的父老，问他们是否应该犒赏金军。没想到父老们很有原则，说：“犒赏敌军，与迎降何异？你们愿意去就去吧，我们宁愿守城。”百姓们不答应，张有极只好顺应民意，对粘没喝采取不搭理的态度。

第二天，粘没喝还盼着宋军将美酒佳肴送出城呢，可盼来盼去，日头都老高了，肚子里都开始唱戏了，也不见宋军的影子。粘没喝以为宋军忘了，还专门派人去问：“昨天李通判答应的犒赏，怎么还不送来？”

得到的是一顿臭骂。父老们大声喊道：“这里没有给你们吃的东西，快滚！”李通判在旁边吓坏了，赶紧劝大家保持冷静，不要激怒金军，万一金兵打进城来，悔之无及矣。

令李通判没有想到的是，刚说完这句话，他就悔之无及了。大家看他为金人说话，纷纷大喊：“你怕是想造反吧？”还没等他辩解，一把大刀便向着他的脸上砍来。

粘没喝这才明白自己被耍了，愤怒之下立即命令攻城。隆德府敌不过暴怒的金军，转眼便陷落了。

金军马不停蹄，又紧接着攻陷了泽州（今山西晋城）。

泽州之南便是太行八陉之一的天井关，由天井关出太行山，便进入了平原地区，可直抵黄河。

一旦金军渡过黄河，汴京也就岌岌可危了。

贰拾陆

黄河失守

一、悲喜交加

就在金军即将进抵黄河北岸时，一个消息传来，让阴霾中的宋钦宗似乎又看到了希望的曙光。

前面说过，得知金军再次南下的消息，宋钦宗立即派出了两路使者，请求金军缓师，一路去往粘没喝的军营，一路去往斡离不的军营。显然，这两路使者没有完成任务，金军不仅没有缓师，反而一路高歌猛进，不断攻城略地，现在更是要直取汴京。

就在宋朝君臣陷入一片恐慌的时候，却传来了好消息。

大家应该还记得，伐宋之初，大金曾派保静军节度使杨天吉、昭德军节度使王汭前来兴师问罪。二人于靖康元年（公元1126年）八月出发，九月才到达汴京。

面对金使的责难，宋钦宗大为惊惧，他一面将约降耶律余睹等人的责任全推到已被罢相的吴敏等人身上，一面对自己因工作疏忽而让大金军队远途劳顿表示抱歉，为了弥补，他将出钱犒军。

杨天吉、王汭也不客气，别管事情能不能谈得成，“先取犒师绢十万匹以行”。

宋钦宗觉得赔笑脸赔钱还不够，又派出以工部侍郎王云为首的使团，前往远在东北的金廷向金太宗完颜吴乞买谢罪，并请求免割三镇，代之以赋税。

别说，金太宗还真好说话。据王云传回来的消息称，金太宗被成功说服，同意不再索要三镇的土地，只要三镇的赋税，还要求宋朝必须进献玉辂、冠冕等物，并为其上尊号，另外，还需要再派康王赵构前去议和。

宋钦宗一听不用割地，大为兴奋。他一面召集群臣商议该给金太宗上什么尊号，一面派人将玉辂、冠冕先行送往金营，同时让康王做好再次出使的准备。不仅如此，为了避免激怒金人，破坏和谈，宋钦宗还专门下诏，禁止各路军马前来勤王。

然而，让宋钦宗万万没想到的是，玉辂、冠冕竟然被退了回来！

是的，金太宗变卦了。

这实在怨不得金太宗，要怪就怪形势变化得太快。当初王云见到金太宗的时候，金兵刚刚南下不久，太原和真定等重镇尚未被攻陷，金太宗也不确定战事会不会顺利推进。战争嘛，有赢的可能，就有输的风险，加之金军士兵常年在外作战，对战争已经有了厌烦情绪，与其冒险打仗，终究不如坐享其成为好。所以，金太宗答应了免割三镇一事。

然而，就在王云回来的路上，金军接连攻克了太原和真定。消息传到东北，金太宗一下子看到了胜利的极大可能性，于是，他改变了主意。

退回玉辂、冠冕的同时，斡离不还派人带了一句话给宋钦宗："若二十日之间不即割地，则提兵至阙下矣。"

从天堂跌入地狱，宋钦宗此时的心情大概若此。他明白，是时候对三镇的命运做出最后的决定了。但事关重大，为了避免自己一个人背锅，他决定拉上大臣们，由大家共同承担历史责任。

为此，他专门下了一份诏令。在诏令中，宋钦宗写道："为了和平，我能做的都做了，即便金人提出索要衮冕、车辂这样的过分要求，我也毫不犹豫地答应了，为的就是能保守祖宗之地土。然而金人贪婪，必欲得三镇而后止。如果给他们三镇，会有什么样的后果？如果不给，利害又如何？兹事体大，朕不敢自任，当从众而行之。朝廷拟于近期在尚书省进行集体讨论，百官不得观望，务必说出自己的真实想法。不论割与不割，都要说清楚如何可保没有后患，金人来了如何防御，等等。"

十一月初八，讨论正式开始。为了防止有人滥竽充数，宋钦宗给每名到场的大臣都发了纸笔，要他们将自己的意见及理由写下来，不准交白卷。

事后经过统计，以范宗尹为首的七十人均赞成割地，只有梅执礼、孙傅、吕好问、洪刍、秦桧、陈国材等三十六人认为三镇不可割。

是的，你没有看错，被后世骂为投降求和派的秦桧，此时还是一名坚定的主战派。至于后来他为什么会变成主和派，原因复杂，在此不做讨论。

书归正传，从统计数据来看，大家仍未达成一致，割有割的理由，不割有不割的道理，皮球最后又被踢给了宋钦宗。

宋钦宗这里还没拿定主意呢，主和派又向他提出了更加"稳妥"的建议——以亲征为名西逃，留太子守城。

这可谓戳中了宋钦宗的痛处。想当初金兵第一次围困汴京时，宋徽宗在危急关头选择逃跑，将烂摊子留给了自己，才会让自己面临今天这种进退两难的局面。正所谓"自己挨过雨淋，所以总想为别人撑把伞"，有过切身体会的宋钦宗怎么忍心让自己的儿子来承受自己当初承受的一切呢？

所以，当别人劝他逃走时，他以脚跺地说："今当以死守社稷！"就凭这一点，我敬佩他。

话说回来，三镇的去留问题仍然没有解决，最终还是要有个结论。

关键时刻，还是何㮚和得一手好稀泥。他认为，如果割让三镇，则会伤害两河人民的感情；如果说不割让，实际上太原、真定已失，只是自欺欺人。倒不如顺其自然，任由事态自由发展，我们只需要做好防守，严阵以待即可。

让人不可思议的是，正是这个最不负责任的建议，居然获得了大家的一致认可。宋钦宗最终决定，管不了那就不管了，走一步算一步吧。

宋钦宗决定采取鸵鸟政策的同时，金军依然在前进。

粘没喝的西路军在攻陷泽州以后继续南下，从天井关穿越太行山，出山西，进入今河南省境内，进抵怀州城下。

怀州城的守臣，名叫霍安国。

霍安国在北宋历史上是一个十分神秘的人，没人知道他的来历，只知道他从宋徽宗末年开始就担任怀州知州。宋钦宗继位后，霍安国被加封为直龙图阁、集英殿修撰，拟调任隆德府。然而霍大人的运气实在不好，还没等他赴任，金兵便攻陷了隆德府，他只好继续留在怀州。

别看怀州地方不大，它地处山西和河南的交界地带，又距离黄河很近，战略位置十分重要。三路大军解围太原时，李纲的宣抚司便设在怀州。李纲被罢免后，折彦质成为新任宣抚副使，也驻在怀州。

随着金军不断南下和隆德府等地失陷，怀州城的形势越来越危急。随着战事发展，黄河成为阻挡金军南下的最后一道重要防线。为了确保黄河安全，宋钦宗让宣抚副使折彦质专门负责黄河北岸的守御。折彦质移驻到了离黄河更近的河阳。

怀州城内只剩下霍安国驻守，金兵如期而至。

二、怀州陷落

金军将领依然是老套路，先派人给霍安国送来了一封书信，指责大宋背盟，并说金军一路攻城拔寨、势不可当，识相的话，就赶紧举城投降。

为了摸清金军的底细，霍安国派了一个名叫范仲熊的人前去金营交涉。金军将领又是对大宋一顿斥责，然后要范仲熊回去转告霍安国，如果第二天早晨不投降的话，就等着城池被攻破吧。

第二天，范仲熊再次来到金营，两手空空。金军将领问他为什么没有带降书来，范仲熊不仅没有丝毫畏惧，反而反问他："如果大金士兵守城，敌人来到城下喊降，大金士兵会怎么做？作为守将，如果没有得到皇帝的命令就投降，只怕国相大人（粘没喝）知道了，也不会高兴。"

金军将领也是个脑回路清奇的人，竟然对他的回答很满意，连连夸奖他说得对，并保证不会攻打怀州。

范仲熊是个有经验的人，知道口说无凭，便让金军将领给他写个书面的东西，然后传与全体金军将士知晓。

金将却笑了，拿出一支箭，对范仲熊说："我们和你们不一样，大金士兵大都不识字，写了也是白写。只需要将这支箭依次传下去，告知后面的士兵不要攻打怀州就可以了。"

完成这个奇怪的仪式后，范仲熊放心了，返回城中将这个消息告诉了霍安国。霍安国似乎并不相信金军的话，立即上奏朝廷要求增派援兵，只可惜迟迟没有等到回复。

就在范仲熊返回怀州城的第二天，金军那边又传来了新的消息：粘没喝已过隆德府。霍安国明白，虽然金军将领答应不会攻打怀州城，但他毕竟只是个下属，真正说了算的，还得是粘没喝。于是，他再次派范仲熊出城，前去游说粘没喝。

范仲熊也不含糊，出城之后直奔粘没喝的方向而去，最终在距离怀州城三十多里的地方碰上了他。

范仲熊告诉粘没喝："我们已与您的下属达成了和议，彼此互不攻打，没想到国相大人又亲自前来，想必一定是有什么更加重要的大事商量吧？如果有，麻烦您告诉我，我回去之后立即请怀州安抚使霍安国大人上奏朝廷，请皇帝派亲近大臣来和您磋商，您看如何？"

粘没喝的回答让范仲熊惊出了一身冷汗。他先是回顾了大金对大宋的恩德以及大宋的两次背盟："宋徽宗时期，两国约定共同夹击辽国，但大宋实际上并没有任何贡献，饶是如此，大金依然将自己打下来的燕京送给了宋朝，大宋不仅不感恩，反而纳张觉贪土地，此为第一次背盟。

"大金为了惩罚宋徽宗背盟而派兵南下，一直打到了汴京城下。宋徽宗吓得逃跑，让自己的儿子宋钦宗做主，将三镇割让给大金赔罪。我们不愿生灵涂炭，相信了你们的话，主动撤兵北归。可誓墨未干，大宋却暗地里命令三镇坚守不降，又派兵解围太原，此为第二次背盟。

"这一次出兵伐宋，我本想将大宋土地全部收入囊中，但我大金皇帝仁慈，下旨说只要黄河以北即可。怀州在黄河以北，自当属于我大金所有。你回去告诉霍安国，赶紧举城来降，以免黎民受难。"

我们来给粘没喝的话总结一下重点，其实就是一句话："大金皇帝圣旨，教且以现流黄河为界。"也就是说，当宋朝君臣还在纠结三镇要不要割让的时候，大金的要求已经变了，不仅要三镇，整个黄河以北都要！

范仲熊大吃一惊，连忙说："我们从来没得到过以黄河为界的指示，还需派人去皇帝那里请示。"

粘没喝哈哈大笑，说："不用那么麻烦。我此番率兵前去，就是要攻破汴京，将赵皇帝捉来。"他的话，既是威胁，又是嘲弄。

范仲熊此时反倒冷静下来，对粘没喝说："如果你有这种想法，恐非大金之福呀。"

粘没喝一下子来了兴趣，问何以见得。

范仲熊开始给他洗脑："金宋两国实力相当，胜负尚未可知。即便大金能够打败大宋，也是得不偿失。为什么这么说呢？您想，如果继续由赵氏做皇帝，那大金不仅每年可以得到数额不菲的岁币，大宋更不敢做违背大金意愿的事。如果赵氏被废，那中国必陷入混乱，群雄并起而逐鹿，几多杀伐征战后，新产生的皇帝对大金并无情谊，自然不肯将三镇和岁币交给大金。大金自此将连年用兵，何时是个头呀？”

军事上的坏处讲完，范仲熊又开始谈政治和利益。他很体贴地为粘没喝分析道：“进攻大宋，得到好处的是士兵（抢掠），但国内的老百姓却会将怨恨记在国相您的头上。为国相计，我认为不如派人去和大宋皇帝商量，将三镇和岁币一起交给大金，还是这样比较稳妥。”

粘没喝大概觉得范仲熊说得很有道理，竟然同意了。他让范仲熊回去告诉大宋皇帝，除了割让三镇外，大宋每年还要向大金交纳二百万岁币，这样金军才会撤军。

范仲熊立即返城，将粘没喝的意思转达给知州霍安国，由霍安国写成奏章申奏朝廷。

可十八天过去了，迟迟没有等到朝廷的回报。粘没喝不耐烦了，开始制造攻城工具，准备攻城。

霍安国一看势头不好，立即派出六名秀才再次前往金营交涉。粘没喝问：“到现在没有消息，到底是霍安国没有上奏，还是大宋皇帝没有回复？”秀才们回答：“已上奏十八日了，到现在还没有回信。”

粘没喝大怒，上奏十八日没有回信，宋朝皇帝明摆着是没把我放在眼里呀！行，以后你们的书信我不回，你们派来的使者我也不再见。回去告诉霍安国，不管你们是出城投降，还是尽忠守城，这怀州城我是打定了！

粘没喝说到做到，当天便开始攻城。刚开始，怀州城的守军还勉强能抵挡，但金军实在是太过勇猛，鹅车、洞子、炮石轮番出场，怀州城渐渐不支。

夜里，霍安国决定铤而走险，他选出勇士二百人，打算趁着夜色放火劫营。按照他的设想，只要放火成功，金营必定陷入混乱，到时城中军马趁势杀出，定能击败金军。

事实证明，这只是他的幻想而已。二百勇士摸入金营放起了火，金军并没有陷入慌乱，反而很有组织地反击。接下来，反击变成追击，宋军二百壮士只逃回来二十四人。

金军趁势攻城，宋军将领王美眼见城池不保，不愿被俘，投濠而死。范仲熊则率兵与敌人展开巷战，最终被俘。

金军兀室郎君问他：“何故不晓逆顺，抗拒王师？”

范仲熊答道：“我乃赵皇臣子，理当如此，只可惜才薄兵寡，只求一死。”

兀室敬重他是条汉子，说：“你不是这里的主要负责人，罪不在你，饶你不死。”

范仲熊却梗着脖子，一心求死。

兀室笑着说：“我们大金人说话算话，说饶你不死，就不会杀你，不像你们宋朝人，总是言而无信。”他让范仲熊去把霍安国找来，一同去见粘没喝。

范仲熊找了好几圈也没找到，后来才知道霍安国也已被金军抓到。此外，朝廷派来援助的鼎沣路将官也一同被俘。

第二天，怀州城的一干官吏被带到粘没喝的面前。粘没喝将他们分为数行，知州、通判、铃辖、都监等在第一行，接下来州官一行，监官一行，县官一行。

粘没喝先问大家：“是谁最不肯降？”

霍安国说：“是我率众不降。”

粘没喝又问第一行人：“是知州不肯投降，还是你们不肯投降？”

大家齐声答道：“某等与知州一般，皆不肯降！”

粘没喝命他们朝金太宗所在的东北方向拜降。霍安国说：“我乃大宋之臣，安肯拜降！”粘没喝见他嘴硬，命人脱去他的衣服，五花大绑起来。

粘没喝又问其他人为什么不降。有人为了保命，高声疾呼：“不是我们不降，是霍安国和范仲熊不让我们投降。对了，范仲熊还亲自领兵作战。”

粘没喝立即命人将范仲熊也脱光了衣服捆住，范仲熊面无惧色。

粘没喝问他：“难道不怕大金的军令吗？”

范仲熊告诉他：“兀室昨天已经答应饶我不死，他还说金人说话算话，我为什么要怕？”

粘没喝哈哈大笑，说：“既然如此，那你就不用死了。”其他人就没有这么幸运了。知州霍安国、通判林渊、兵马钤辖沈敦、都监赵士谔等十余人被杀。

至于范仲熊，金人虽然没有杀他，却打算摧毁他的意志。他们把他赶到野外，不给他饭吃。当时正值大雪，范仲熊连个被子都没有，身上的积雪厚达一二尺，饿了就扒开积雪吃地上残存的草根，有时草根也找不到，就直接吃雪。有些金人见他可怜，便偷偷给他一点牛肉、烧饼等食物，范仲熊得以不死。此后，范仲熊一直被金军扣押，直至南宋建立后，粘没喝才将他放回。

怀州既下，下一个目标：河阳！

三、黄河失守

河阳，即今天的河南省孟州市。古代以山的南面及水的北面为“阳”，河阳地处黄河北岸，因此得名。河阳紧邻黄河，拿下了它，就相当于站在了黄河边上，随时可以乘船渡河。

当时的河阳，早已经人心惶惶，当地人唯一关心的是怎么才能快速地逃到黄河以南。在此守卫的折彦质命人在河阳紧急修建一座浮桥，以便百姓南逃。然而因为修桥官员懈怠，浮桥迟迟没有建成。

很多人等不及，纷纷坐小船渡河，摆渡费用为之大涨。因为船只的数量严重不足，大家又担心金兵随时打过来，便开始冒险涉水过河。黄河河底的淤泥瞬间变成了吃人的魔窟，很多人淹死或陷入淤泥窒息而死。

几天后，在处理了一大批玩忽职守的官员后，浮桥终于造好了。百姓们纷纷抢渡，慌乱中，很多人被挤下浮桥，落入黄河而死，其状惨不忍睹，哭喊声、落水声、叫骂声、哀号声，此起彼伏！

然而浮桥仅仅使用了一天，就传来了金兵到来的消息，折彦质连忙下令烧毁浮桥，以免浮桥落入金军之手。望着被烈火吞噬的浮桥，北岸尚未渡河的百姓哭喊着瘫坐在地上。大火焚毁了浮桥，也焚掉了他们生的希望。

漫天火光中，金兵终于到来。黄河北岸，金军的黑色旗帜随风飘扬，与南岸的宋军隔河对峙。

此时的折彦质尚有大军十二万，如果能在黄河南岸坚守，金军想要渡河，几乎没有可能，就连金军自己也认为“南兵亦盛，未可轻渡”。

为了减少损失，金军将领娄室决定玩一把虚的。他命人将营中的战鼓全部拉出来，一边擂鼓一边呐喊，整整敲了一晚上。

第二天，奇怪的事情发生了：等金军再去看时，南岸的宋军竟然已经逃得无影无踪了！

犹记得金军第一次渡河时，南岸的宋军同样逃得无影无踪，金军将领仰天大笑："南朝可谓无人矣，若有一二千人守河，吾辈岂能渡哉！"历史，何其相似。

南岸的宋军逃走后，再也没有什么可以阻止金军渡河。与上一次相比，这一次金军显然有了足够的渡河经验，仅用一天便全部渡河，时为靖康元年（公元1126年）十一月十二日。

两天后，东路的斡离不军也由河北大名附近的李固渡渡过黄河。黄河天险，已成为金军身后的一道风景。

虽然金军已经渡河，但消息尚未传到京城，宋钦宗依然没有放弃和谈的希望。十一月十三日，他派出了以知枢密院冯澥、徽猷阁学士李若水为告和使的使团，前去粘没喝的军营，打算以割让三镇为代价，换取金军退兵。

在给粘没喝的书信中，宋钦宗写道："其三镇之地，今并依正月所立誓书交割施行。惟冀两路大军早回，使赵氏二百年社稷永宁，亿万生灵全其性命。仁恩之大，山海难喻，自此倾诚，万世不易。"

使团走到中牟的时候，正好碰上了从黄河前线逃回来的溃兵，大家这才知道金军确实已经渡河，顿时陷入慌乱，有人甚至提议返回。关键时刻，李若水站了出来，说："前线负责防守的将领已经逃遁，如果连我们使者也畏惧退缩，那国家还能依靠谁呢？今日之事，唯死而已，敢有回者，行军法！"

大家这才稳定下来，继续赴命。他们一边赶路，一边坚持每天上一份奏章，提醒朝廷加强防备。

几天后，他们终于在怀州见到了粘没喝，并说明了宋钦宗打算割让三镇的旨意，希望金军能够早日撤回。粘没喝却告诉他："三镇之事，无须需再议。我已派使者前往汴京告诉大宋皇帝，要以黄河为界了。"

李若水虽然吃惊，却毫无办法，只能按照粘没喝的要求，跟随金军一起南来。

本着"西方不亮东方亮"的原则，在李若水等人出使粘没喝军营的同时，宋钦宗还派出了另一波使者出使斡离不的军营，希望以三镇换和平。但在出使人选的选择上，却颇费了一番周折。

大家应该还记得，金军第一次围城汴京时，康王赵构曾经出使过斡离不的军营，斡离不对他印象很好，甚至觉得有如兄弟一般，所以这次希望还由康王奉使前去。

但有人提出，斡离不与粘没喝两人不可偏重，粘没喝那里只有李若水等大臣前去奉使，那么斡离不那里也应该只派王云等大臣前去，如果康王前去斡离不那里，会让粘没喝觉得自己被轻视，引起误会。王云却认为，既然斡离不明确提出要康王前去，那就应该去，不然会让斡离不产生不悦，影响和议。

经过商讨，加之康王主动请缨，宋钦宗最终决定由康王为正使、资政殿学士王云为副使、中书舍人耿延禧、观察使高世则为参议官，出使斡离不的军营。

受命后，康王似乎预感到这次出使不会顺利，他让大家先回家与家人诀别，第二天再上路。众人之中，只有王云的家属不在京城，他便留在了康王府中过夜。王云怎么也不会想到，这次出使竟然会是他生命的终结，从此再也见不到双亲和妻儿。

十一月十六日，康王一行走出国门，踏上了未知的路途。王云回望了一眼汴京城，对康王说："京城楼橹，天下所无。然而真定城的楼橹比汴京的还要高几乎一倍，金人攻之，却立时而破，可见虽楼橹如画，亦不足恃也。"

谁也没有料到，他这句看似无心的感慨竟然会在冥冥之中预言了汴京城的命运。

当康王一行人走到相州（今河南安阳）的时候，意外发生了。

真如某些人担心的那样，粘没喝听说宋钦宗派了康王这么高级别的使者去往斡离不处，觉得自己受到了轻视。于是，他派了铁骑四百从怀州出发，打算对康王一行人进行邀击。可当他赶到黄河边时，康王等人早已经过去了。他又派人去追，结果没有追上，只好悻悻而归。

时任相州知州的汪伯彦告诉康王，斡离不已经由李固渡渡河南去了，希望康王留在相州徐议大事。但康王认为既然受命出使，就不能中途停止。王云也认为如果昼夜兼程，还可以追得上。于是，众人继续前行。

两天后，康王一行到达磁州（今河北磁县）。在这里，更大的意外发生了。而这场意外，仅仅源于一个误会。

大家应该还记得，王云在这之前曾奉命出使金营。在返回汴京的途中，他路过了磁州和相州。当时金人已经准备南下，王云将这一消息告诉当地守臣，并建议他们实行清野，将居民撤入城内，城外不给金兵留任何物资，以此来困乏敌军。两州守臣听从了王云的建议，要求城外居民携带粮食等物资搬入城内。所谓"破家值万贯"，清野不可避免会造成财产损失，中国人又有安土重迁的心理，加之当时金军还没有打来，百姓们纷纷对王云产生了怨恨。

后来金人果然来了，但磁、相二州已经实行清野，实在得不到什么物资，于是就绕开了这二州，转由其他道路南下。

按理说，这对磁、相人民来说是好事，但他们却不这么想。他们认为，既然金人没有经过磁、相，那你让我清野不是白清了？我的财产不是白损失了？纷纷指责王云是敌方派来搞破坏的奸细。

现在王云再次来到磁州，而且是陪康王一起到金营去。于是，大家纷纷怀疑他是想把康王出卖给金人。

关键时刻，王云又犯了一个不该犯的错误，得罪了一个不该得罪的人。

当时，磁州守臣是一个日后大名鼎鼎的人——宗泽。王云和宗泽之间，偏偏还有过节。

宗泽曾经给宋钦宗写过一篇奏章，打王云的小报告。他说王云这个人多次出使金营，与金人十分熟悉，很有可能会被金人收买，建议宋钦宗不要信任他。

没想到宋钦宗转手就把奏章交给了王云，可以想见王云有多气愤。现在到了磁州，王云也不客气，直接把奏章扔给宗泽，问他为什么要背后捅刀子，弄得宗泽尴尬至极。

不仅如此，在这之前，宗泽曾向宋钦宗上奏，说自己招募了一万五千名义军在磁州城外下寨，以防止金人进攻。宋钦宗对此极为赞赏，一高兴就给宗泽赏了个修撰的称号。但康王等人到了磁州一看，实际上并没有什么一万五千名义军。王云嘴贱，好好地把宗泽嘲弄了一番，说他的修撰是靠欺骗得来的。

如此不给面子，宗泽简直恨死了王云。他对磁州百姓说："王云果然是奸细，想要将康王劫持到金营。"

磁州百姓本就对王云有意见，现在长官都这么说了，怒不可遏，遂有了杀掉王云的想法。

康王本来打算在拜谒了当地的崔府君祠后就继续北上，但百姓们拦住了他，说金人不讲诚信，肃王已经一去不返，大王您可不能再重蹈覆辙呀。

王云在一旁看见了，连忙说："大王拜完崔府君就回去，并不会北行。"但百姓们根本不听他的，情绪逐渐激动起来。耿延禧、高世则见状，赶紧劝王云不要和百姓们争吵。王云却满不在乎地说："人言何足恤！"

当时，康王已经进入崔府君祠，王云却还在外面。百姓们一拥而上，一边大喊"奸细"，一边拳头脚底板地朝王云身上招呼。可怜王云一介大使，竟这样被活活打死！

康王拜完崔府君祠出来后，立即被眼前的乱象所吓呆。百姓们围上前去，说："王云是大金的奸细，我们已将他打死。出北门五六十里就是番兵，大王您万万不可北去呀。”看着眼前发生的一切，康王哪里还敢说不，只好答应，众人这才散去。

恰在此时，相州知州汪伯彦也派人送来蜡书，将粘没喝派兵邀击一事上报，安全起见，希望康王能够返回相州。随行的耿延禧、高世则也极力劝说康王返程。康王遂于当天夜里偷偷返回了相州，并将发生的一切上奏宋钦宗，等待皇帝的进一步指示。

在相州，康王遇到了一个人。此人居于相州汤阴，虽出身寒微却胸怀大志，喜读兵法，可挽强弓，曾在真定抗击金军，听说康王来到相州后，他专程前来投奔。康王见其人气度不凡，将略出众，遂将其纳入麾下。此时的康王并不知道，此人日后竟会成为抗击金军的中流砥柱、直捣黄龙的先锋旗手，而最终却惨死在自己的手上！

这个人的名字，叫岳飞。

康王也不会知道，正是因为做出了返回相州这个决定，他的命运将发生翻天覆地的改变，更是在无意中将大宋的国祚延续了一百五十多年。

历史，有时候就是这么偶然。

四、失败的交割

康王等人奉命出使金营的同时，金军已经渡河的消息终于传到了汴京。

其实，黄河失守的信息早已在坊间传得满天飞了，但执政大臣们却始终不愿意相信。他们还天真地认为，有折彦质的十二万大军在彼，金军岂能飞渡？但随着边报不断传来，执政大臣们终于坐不住了，接连派出了两拨侦察兵前去确认。

侦察兵回报：坏事了，坏事了，金军不仅渡过了黄河，而且已经打破了汜水关（即虎牢关，在今河南荥阳西北十六公里的汜水镇境内）。宰执们这才慌了起来，一面下令戒严，一面下令清野，并命城外的居民陆续撤进城内，连寺庙道观里都住满了人。为了应付眼前的紧张局势，各机构甚至连日常事务都停办了，以便专心于军事。

与此同时，粘没喝的使者也到来了。靖康元年（公元1126年）十一月，以杨天吉、王汭为首的金使带着粘没喝的国书抵达汴京城。在国书中，粘没喝明确提出以黄河为界的要求，并威胁宋钦宗说：“如或不见依从，稍有延迟，将恐别招悔吝。”金使的态度也极其傲慢无礼，甚至直斥宋朝君臣为“奸臣附暗主”。

金军渡过黄河的消息已得到证实，宋钦宗不得不同意了粘没喝的要求。在给粘没喝和斡离不的国书中，他表示“今准黄河为界，实为两朝安便”。割地虽然是答应了，但他希望粘没喝可以先撤军，然后再慢慢推进割地的具体事宜。

金使又问他准备派何人报聘，宋钦宗说还没议定。王汭提醒他说：“上一次派去议和的张邦昌和路允迪，因为都是临时提拔的，威望不够，这才导致议和不顺利。这一次大金倾国而来，陛下如果不派左右的亲信大臣前往报聘，只怕不能取信于国相大人。”

宋钦宗无奈，只好下令亲信大臣毛遂自荐。然而，没有人愿意主动前往。大家知道，在这个节骨眼上出使金营，委实是一件风险极高的任务。事情谈成了吧，必定会在历史上留下骂名；谈不成吧，不仅对皇帝没法交代，弄不好连自己回来都成问题。所以，大家想尽一切办法推脱。门下侍郎耿南仲说自己年老不适宜出使，同知枢密院事聂昌说自己父母年迈需要照顾离不开。总之一句话：谁爱去谁去，反正我不去。

只有中书侍郎陈过庭主动请行。他认为“主忧臣辱”，作为臣子就应该主动为皇帝分忧解难，所以当别人都绕着危险走的时候，他毅然迎了上去，自愿赴金营谈判。

宋钦宗没想到这个时候还会有人自愿赴难，大为感动。他亲自召见了陈过庭，夸赞他忠谊可嘉。看着眼前这个不怕死的忠臣，再想想临阵脱逃的耿、聂二人，宋钦宗越想越气。于是，他下达了这样的诏令：耿南仲出使斡离不军营割让河北，聂昌出使粘没喝军营割让河东！你们不是不去吗？那我就偏让你们去！

耿南仲、聂昌无奈，只好硬着头皮前往。他们的任务除了到金营报聘以外，还兼任割地使，负责通知黄河以北的军民他们已经被卖给大金了，要他们乖乖接受命运。

为了确保交割工作顺利，宋钦宗又专门给河东、河北的将兵及百姓下了一道诏书。在诏书中，宋钦宗用饱含不舍和无奈的语气写道：“今欲息生民锋镝之祸，使斯民复有太平，莫若割地以求和，讲两国之好，是用黄河见今流行以北河东、河北两路郡邑人民属之大金。朕为民父母，岂忍如此？盖不得已。虽民居大金苟乐其生，犹吾民也，其勿怀顾望之意。”意思是，我虽然把你们卖了，但你们要相信我真的不忍心，说到底，我都是为了你们好呀，只要你们在那边生活得好，我也就心满意足了。

出卖了我们，还说是为了我们好。对这样的人，我真的不知道该说什么才好。

为了避免像上次三镇拒绝配合割地的情况发生，宋钦宗还专门在诏书里命令道：“应黄河见今流行以北州府并仰开门归于大金，其州府官员兵人即依军前来书许令放回南地。速令依敕，勿复自疑。”

就这样，当黄河以北的军民还在盼着朝廷救他们于水火之中，甚至自行组织义兵为国家坚守时，朝廷却已经将他们偷偷出卖了！正如南宋史学家吕中总结的那样：“河东河北无一人负朝廷，而朝廷之负其民多矣。”

盛世之牛马、乱世之弃履，这就是帝制时代普通老百姓最真实的写照。

后来发生的事实证明，虽然朝廷放弃了河北和河东，但人民并没有放弃自己，他们决定用自己的方式来进行抗争。

于是，聂昌和耿南仲倒霉了。

在生活中，我们常常会遇到这样一类人：面对急难险重的任务，他们的第一反应是逃避，能推脱就推脱，能不干就不干，然而一旦领导强制性地将担子压在他们的肩上，完了还用手再摁两下，使其无法推脱时，他们又往往会在强烈羞耻心的驱动下用尽一切办法，千方百计地将事情做好，以免成为大家的笑柄。

聂昌，就是这样的人。

实际上，聂昌早就知道此行必定不会顺利，所以最开始才会推脱。临行前，他专门向宋钦宗说明：“两河之民素来彪悍，人人死战，陛下虽然下了诏令，但他们断然不会遵从。若两河之民不听号令，议和必定不成。到时候，希望陛下可以准许我便宜行事，奔赴各地招兵，然后入援京师。”

说实话，类比一下三镇被割让时当地人民的反应，就可以知道，两河人民采取同样的抵抗行动的可能性是极大的，所以宋钦宗答应了聂昌的要求，并专门用御笔写在了一块黄绢上作为证明。

聂昌揣着黄绢走了，再也没有回来。

十一月二十七日，聂昌到达粘没喝的军营，负责接待的金使要求聂昌用臣子之礼拜见粘没喝。

聂昌问：“国相在你们大金是个什么官？”

金使回答：“相当于你们的宰相。”

聂昌笑了，说：“宰相也是大臣，我也是大臣，只当以大臣间的礼节相见，岂能以臣子拜见君主的礼仪相见？”

金使看着他问：“难道你不怕死吗？”

让人意外的是，此时的聂昌竟然表现得相当英勇。他义正词严地回答道：“主忧臣辱，主辱臣死，死不足畏，节不可屈。”

粘没喝无奈，只好同意他以大臣之间的礼仪拜见。

一番客套之后，开始谈正事。粘没喝表示："我们的大军已经渡过了黄河，马上就会兵临汴京城下。你这里什么时候割地完毕，我们那里什么时候才会撤兵，因为你们曾经失信于大金，我不再相信你们了。"

聂昌立马反对，说："今日之难，皆因当日童贯等人联金灭辽，我们失信于大辽是真的，何曾失信于大金？再说了，今年春天我们两国才刚刚达成和议，秋天你们就再次南下，依我看，失信的是大金吧。"

粘没喝不愿意和他打嘴仗，反复强调一点：不割地，就不撤兵！

没想到聂昌也和他杠上了：不退兵，就不割地！

粘没喝大怒，将聂昌赶出了大帐，并派兵将他的住处包围，断绝了他的饮食。

十一月二十八日，粘没喝派杨天吉带领一千兵马随聂昌一起前往河东，告知各地守臣开门纳土。

闰十一月初四日，聂昌一行到达泽州。因为与粘没喝没有谈拢，聂昌决定开始实施他的计划。他找到泽州参议官刘岑等人，将临行前自己和皇帝的对话告诉了他们，并约定与他们"誓死成事"。

然后他对杨天吉说："国相大人坚持要求割地完成后才肯退兵，说实话我们也很着急，可路途遥远，岂是一日可达？为了早日让大金的士兵停止征战、得到休息，我们不如分头行动，一路东行，一路西行，然后在河中碰头，这样的话，用不了二十天事情就可以办结，你觉得呢？"

杨天吉觉得这个主意不错，既省时又省力，欣然同意。他将士兵分为两队，一队由金将王敌、郭天信率领走东路，一队由自己率领，和聂昌一起走西路。

至此，一切都在按照聂昌的计划进行。

闰十一月十二日，聂昌等人抵达绛州（今山西新绛）。

此时的绛州城，知州和通判都已经逃走，主持大局的是一个叫作赵子清的皇室宗亲。他早就听说了聂昌担任割地使的消息，对他的到来十分厌恶。

聂昌让刘岑到城下喊话。赵子清指责他说："你是朝廷命官，怎么与金人同行？莫非是想割地以求和吗？"

刘岑的回答让赵子清颇为意外，他说："君能割地，则割地以纾朝廷之急；如不能割地，何不起河北之兵勤王，保卫社稷？"

这个回答实在出乎赵子清及绛州百姓的意料。在他们的预期里，割地使应该帮着金人说话，以所谓的顾全大局来道德绑架他们才对，没承想，刘岑这家伙竟然反其道而行之，劝自己起兵勤王，于是大家对刘岑油然而生好感。

实际上，这些都是聂昌与刘岑提前商量好的，但绛州城的军民并不知道。他们只知道，刘岑劝他们勤王，聂昌却来割地。两相对比，大家对聂昌的仇恨越来越浓，终至于爆发。赵子清率领愤怒的绛州百姓冲出城来，向聂昌及金兵扑去。金使被杀，聂昌则被活捉，大家挖掉了他的眼睛，割成一片片。可怜聂昌还没来得及表明自己的心迹，就惨死在愤怒群众的千刀万剐之下。

与聂昌相比，耿南仲的命运则要好得多。

当聂昌和杨天吉前往绛州的时候，耿南仲和另一位金使王汭则去了卫州。和绛州城的老百姓一样，看见金使来割地，卫州城的百姓也压抑不住内心的愤怒，直接就冲了出来。

王汭一看情形不对，立即落荒而逃。耿南仲也趁机逃走。他听说康王就在附近的相州，便跑去投奔了康王，并在康王随后的起兵过程中起到了十分关键的作用。

贰拾柒

再围汴京

一、又一次围城

金军并没有因聂昌和耿南仲的出使而停止脚步，就在聂昌等人带领金使前去割地的同时，粘没喝和斡离不继续南下。他们先后占领了西京洛阳，进抵陈桥（宋太祖黄袍加身的地方），少量游骑甚至已经到了汴京城下。

消息传来，大宋君臣慌了，他们终于意识到，金军此次南来，比上次更加凶猛，已非割地赔款所能满足的了，甚至有可能灭掉大宋。当务之急，是加强防卫，防止汴京之围再次上演，阻止更加严重的后果发生。

但在应该如何对付金军方面，大臣们乱作一团，全然没了主意。有人认为应该在汴京城四面部署大量兵力，每十里两万人，坚据要害，正面阻止金军进攻，同时派遣一支一万余人的奇兵，绕道金军背后断其粮道，使其不战自乱；也有人认为应该多派间谍刺探金军的情报，并对金军进行小规模、多频次的骚扰，摸清其虚实，同时拜康王为兵马大元帅，让他团结河北地区的义兵，去攻打金军根据地燕山，迫使金军回援。还有人认为，别费劲了，我们怎么打得过如狼似虎的金军，还是直接逃跑吧。但往哪里跑呢？管他呢，先跑了再说，边跑边想吧。

大家吵吵嚷嚷，谁也说服不了谁，讨论来讨论去，还是没个主意。这种举棋不定的局面在北宋末年的这次大变局中曾经无数次发生，令有识之士感慨万千。著作郎胡处晦曾专门写了一首长歌来讽喻这一现象：

天边客子未归来，玉关九门何窄塞。
大臣裂地过沙场，铁骑凭河又驰突。
官呼点兵催上门，居民衮衮闾巷奔。
请和讳战坐受缚，乌用仓卒徒纷纷。
黄河一千八百里，沙寒树长险难恃。
官军观望敌如烟，筏上胡儿履平地。

大臣持禄坐庙堂，小臣血奏交明光。
胡儿笑呼一弹指，公卿状如鹿与獐。
明明大汉亦有臣，谁谓举国空无人。
贾生绝口休长恸，用者不才才不用。

“用者不才才不用”，可谓一语道破了时局艰难的背后之因。

实际上，除了坚守待援外，宋钦宗没有其他选择，因为此时的汴京城根本无兵可用。

其实，早在太原和真定陷落以后，四道总管之一的南道总管张叔夜和陕西制置使钱盖就打算统兵前来勤王。可当时大宋君臣正一心求和，生怕勤王兵到来会激怒金人，加之几十万大军的补给也是个大问题，宋钦宗便命令他们不得擅动，如果已经动身，就哪里来的回哪里去。两路勤王军只好返回，钱盖回到了陕西，张叔夜则驻扎到了房州、安州等地。

现在金军马上就要抵达汴京了，宋钦宗才发现根本无兵可用。好在汴京城内还有卫士及弓箭手七万人，宋钦宗将其中的一万人分为五军，前军屯顺天门，左军、中军屯五岳观，右军屯上清宫，后军屯景阳门。剩余的人，则被分派到四面城墙上分别防守。

可以看出，这个思路和当初李纲防守汴京时的如出一辙。只可惜，汴京还是那个汴京，李纲却已经不在了。

值得一提的是，当宋钦宗意识到汴京有可能再次被围后，立即宣召李纲重返汴京，并任命他为资政殿大学士兼开封府知府，前来负责汴京的防御事宜。当时李纲正滞留在长沙，闻命立即动身赶往汴京，只可惜他还没有到，汴京就已经陷落了。

不仅李纲没有来，守城的其他官员也严重不足。为了凑数，宋钦宗下令，凡是中过武举的或者在考试中名次靠前的，皆补官上城。但仍然不够用。钦宗又下令，凡稍通武略、稍习材武以及太学生中有策略之士，亦可借官上城。

勉强凑齐人数后，宋钦宗又把宰执们也拉上，让他们亲自登城巡视。当然，还有一个最重要的角色，就是总指挥。这一次，宋钦宗选定的人是刘延庆。没错，就是那个在收复燕京时失期不至，最后导致宋军惨败的著名逃跑将军。让这样一群人来指挥汴京防御，效果可想而知。

做完这些之后，宋钦宗又派人携带蜡书分赴各地召兵勤王，他还专门给康王写了一封蜡书，要他带领河北诸将前来勤王。

就在宋钦宗君臣忙三迭四地部署防御时，十一月二十四日，斡离不率军来到汴京城外。

时隔不到一年，斡离不再一次站在了大宋的都城之外。上一次，他围城汴京，逼迫宋钦宗割让了三镇，并赔偿了天文数字的金银。他本以为宋钦宗会按照约定，将合约中的条款一一兑现，然而他前脚刚走，宋钦宗就变卦了，他不得不再次南下，替自己，也替大金讨个说法。

他本想像上一次围城时驻扎在牟驼冈，却发现宋军已经引汴河之水将这里淹没成了一片沼泽。他只好重新选址，将军队驻扎在了一个叫刘家寺的地方。在这里，斡离不意外地发现了让他大为惊喜的东西——大炮（投石机）。

原来，就在斡离不到来前不久，宋钦宗曾想在汴京城外举行一场阅兵式以鼓舞士气，便运去了五百座大炮放在刘家寺，准备在阅兵的时候使用。可还没等阅兵举行，金军就来到了。怎么处理这些大炮，成了一道摆在宋军面前的大难题。兵部说这事归枢密院管，枢密院说归军器监管，军器监又推给兵部下属的驾部，驾部又推给同属兵部的库部。推来推去，竟然没有一个部门愿意将这些大炮拉回城内。

于是，这些大炮戏剧性地落在了金军手中，并在几天之后被用来攻打汴京城。

十一月二十七日，金军开始试探性地攻城。他们将目标选在了通津门（也叫东水门），意图从这里打开突破口。但守将范琼将金军击退，并派军焚毁了金军的部分营寨。

金军没有泄气，过了几天，又对善利门发起了进攻，仍然没有得逞，再次被击退。

虽然金军的进攻没有奏效，但汴京城内却乱了起来。

当斡离不率领金军出现在汴京城下后，宋钦宗突然觉得守城士兵不够用了，于是征召百姓也上城参与防守。大家都知道，老百姓平时都是闲散惯了的，哪里受得了军营那一套规矩。可偏偏有一个叫辛永宗的统制官，出了名地严厉。老百姓受不了了，我是来帮国家守城的，又不是你的奴仆，凭什么受你这些鸟气？心中逐渐有了怨气。

辛永宗曾下令，金军离城较远的时候不允许放箭，因为不仅伤不到敌人，射出的箭还会被敌人捡走变成敌方的武器，那可真成赔本的买卖了。可偏偏有个士兵不听话，不知出于什么原因，竟然向着天空射箭。

辛永宗大怒，你以为你是谁?后羿吗？竟然不把我的命令当回事！劈头盖脸就是一顿臭骂。该士兵被骂后，越想越咽不下这口气，于是怒从心头起，恶向胆边生，扯着嗓子大喊道："辛永宗肯定是卖国贼童贯的亲戚，他不让射箭，肯定是想让金军毫无阻碍地登城！这样的叛徒，大家一起打死他！"

大家本就对辛永宗有意见，此时一拥而上，将他活活打死了。消息传开，京城四壁顿时陷入一片混乱，喧嚣之声不绝于耳，几乎引起了哗变。为首倡乱的五人被斩首之后，局势才得到控制。

经过这件事，宋钦宗觉得让百姓登城实在是个错误，于是诏令登城百姓尽皆下城，不再让百姓参与防守。

杀人事件刚刚平息，放火事件又发生了。汴京城包括南薰门、万胜门、西水门等在内的十一个城门突然起了大火，众人好不容易扑灭之后，却怎么也找不到纵火犯。

问题严重了，十一个城门同时着火，又值金军围城之际，不用说，肯定是敌方奸细所为呀。于是，一场轰轰烈烈抓捕奸细的运动在汴京城内展开。

可奸细也不会把"奸细"俩字写在脑门上呀，抓来抓去，也没取得什么有价值的成果，反倒是不少人趁机挟私报复，弄得汴京城一片混乱。为了避免形势失控，搜捕奸细的行动只好草草结束。

就在城内乱成一团麻的时候，城外的金军却在有条不紊地安营扎寨。为了加强攻城力量，金军在正规军之外，沿途又抓了很多两河地区的百姓作为补充。到达汴京以后，又掳掠了附近百姓作为杂役，帮他们运石伐木，制造攻城工具，"水土之工，日夜不辍"。金军的营寨皆临河而立，密密麻麻，不可胜数，站在汴京城头，可以清晰看见金军士兵在各营寨之间往来，那种恐怖的压迫感，让人窒息。

危急情势之下，宋钦宗不得不更加急迫地催促各地军队前来勤王。

在焦灼的等待中，终于传来了令人精神为之一振的好消息：张叔夜的勤王军队到来了！

二、两路合围

张叔夜其人，在历史上并不是很出名，然而要说起他做过的一件事，大家肯定都会惊叹一声："哦，原来是他！"

这件事就是灭宋江。没错，就是《水浒传》里那个"及时雨"宋公明哥哥。

《水浒传》大家都看过，里面的经典故事都耳熟能详，人物的绰号也是张口就来，替天行道、义薄云天、杀富济贫、疾恶如仇，好汉们给大家的印象大体如此。

然而，小说终究是小说，历史上的宋江起义没有这么壮观。据史料记载，宋江兄弟只有三十六人，《水浒传》中三十六天罡的说法由此而来。别看人少，他们的战斗力却吓人得很，"起河朔，转略十郡，官军莫敢婴其锋"。武力值如此之强，难怪施耐庵老先生要说他们是天星下凡。

实事求是地讲，宋江以三十六人便让官军不敢正视，说明他还是很有些本事的。亳州知州侯蒙也是这么想的，认为"江才必有过人者"。

当时正值方腊之乱，侯蒙便突发奇想，建议朝廷招安宋江，然后来个"以寇治寇"，让宋江去攻打方腊，朝廷坐收渔翁之利。宋徽宗一听这个主意不错，立即同意，并让侯蒙具体负责招安一事。可侯蒙还没走到地方就死了，招安一事就此作罢。

后来，宋江他们到了海州（今江苏连云港）一带，没想到在此碰到了克星。当时担任海州知州的正是张叔夜，他派人侦察到宋江军队劫掠了十几艘大船，在沿海一带活动，心中有了主意。

鉴于宋江军惊人的战斗力，张叔夜知道这是一场硬仗。他招募了死士数千人，先在城外设下埋伏，然后派出小股部队引诱宋江军上岸作战。宋江果然上当，带着弟兄们就冲了过来。接下来的情节就比较老套了，伏兵四起，宋江军被包了饺子，张叔夜又派人焚毁了他们在海上的大船。宋江军听说据点被烧，士气全无，只好投降。

收拾完宋江以后，张叔夜又趁热打铁，设计将山东地区的盗贼一锅端，因功被任命为青州知州。

金兵第一次南下后，张叔夜与种师道的想法不谋而合——建议派兵切断金军退路，将其合围。可以看出，这种打法与其对付宋江如出一辙，如果真正付诸实践，金军很可能会遭受巨大损失。只可惜宋钦宗并没有采纳，金军得以全身而退。

这一次，金军再次南下，张叔夜被任命为四道总管之一的南道总管。前面说过，他曾想率兵勤王，但宋钦宗怕激怒金人影响和谈，将他赶了回去。

斡离不再次兵临城下后，宋钦宗终于意识到和谈已无可能，于是派人以蜡书征召各路军队勤王。张叔夜闻命后，立即和自己的两个儿子率三万人前去救驾。走到颍昌府（今河南许昌）的时候，他遇到了刚从前线逃回来的西道总管王襄。

王襄问他："你这是要去哪里？"

张叔夜回答："金兵打到了京城之下，皇上坐不安席，我率兵前去勤王。"

王襄赶紧提醒他说："金人兵强马壮，你可千万别去呀。"

张叔夜却毫不畏惧，并邀请王襄同去。王襄已经被金军吓破了胆，打死也不肯去，张叔夜无奈，只好自己上路。

中途，他又遇到了武功大夫、阁门宣赞舍人吴革。吴革本是宋钦宗派往陕西召集军队的，可才走到半路，就听说了金兵围城的消息，他急忙折回，正巧遇到了张叔夜的军队，便与他一起行动。一路上，他们不断与金军遭遇，见一次打一次，经历十八次战斗，终于抵达汴京城下，屯兵于南薰门外。

张叔夜的到来让宋钦宗大为兴奋，他亲自登上城楼，接见了张叔夜的勤王军队，并让张叔夜进城来聊一聊。鉴于当前形势紧迫，张叔夜和吴革建议宋钦宗暂时离开汴京，到西安或者襄阳去躲躲。

宋钦宗尽管没有同意，却仍旧对张叔夜的到来表示赞赏。他解下宰相佩戴的笏印金带赐给张叔夜，加其为延康殿学士、内外兵马都总管，让他负责京城防御事宜。还不止于此，第二天，宋钦宗又任命张叔夜为资政殿学士；第三天允许其将军马移入城内，任其签书枢密院事。

这是一种极度的信任。后来发生的事实证明，宋钦宗没有看错人，张叔夜至死也没有辜负这份信任！

除了张叔夜，永兴军路经略安抚使范致虚也领兵前来护驾。

宋钦宗心情大好，他先后登上京城四壁对士卒进行慰问。当时天降大雪，宋钦宗身穿重重的铠甲，穿过泥泞的土地，艰难地登上城墙，对士兵们嘘寒问暖。大臣们担心他冷，想为他披上厚衣服。他拒绝了，说："将士们在这里忍受严寒，我怎忍心一人独暖？”到了饭点，他命人不用准备御膳，他就在城墙上和士兵吃一样的饭食。

关键时刻，皇后也没有闲着，她拿出皇帝私人小金库（内库）的钱，与众嫔妃一起为将士们赶制出一批保暖围脖（拥项）和衣被。

皇帝、皇后如此体贴，军民无不感泣。

只可惜，士兵们再感动，也不能将城外的金军感动走。面对城外虎视眈眈的金军，吴革建议趁金军远来疲惫、立足未稳，将城内的兵马全部派到城外，部分负责进攻，部分负责牵制，部分负责支援，部分负责尾袭，一鼓作气将金军击败。宋钦宗考虑了一下城内宋军的实力，觉得打败金军纯属异想天开，断然拒绝。

吴革只好退而求其次，建议宋钦宗派兵劫营，出其不意对金军进行打击。但宋钦宗一听到“劫营”俩字，就不由自主地想起了姚平仲的失败，吓得浑身哆嗦，再次予以拒绝。

就在宋钦宗举棋不定的时候，城外的金军有了新动静——粘没喝也来了！

上一次围城，粘没喝的西路军被牵制在太原城下，直到撤军也没有到达汴京。这一次，随着太原陷落，西路军势如破竹，所过之处，降则抚之，敌则攻之，一路攻城拔寨，终于来到了汴京城下。

不仅如此，他们还俘虏了打算前来勤王的东道总管胡直孺，并将他带至城下展示给城楼上的守军。金军得意地大喊：“城上的宋军兄弟们，别盼了，勤王军不会来了，来了也逃脱不了失败的命运，就像这位老兄一样。”

一时之间，都城人心大震。

粘没喝和斡离不虽然都来到了汴京城外，但为了保持相对的独立性，两人并没有合军一处，而是分别扎营。前面说过，斡离不驻扎在了汴京城东北的刘家寺；粘没喝到来后，则把指挥部设在了汴京西南五里的青城。

所谓青城，就是皇帝祭祀天地前后斋戒的场所。当时汴京城外有两个青城：一个在汴京城北，是祭祀大地的场所，称北青城；一个在汴京东南，是祭祀上天的地方，称南青城。粘没喝驻扎的地方，就是南青城。

可以看出，两路金军一西南一东北，加之四周鳞次栉比的小寨，已对汴京形成了合围之势。

合围之后，进攻开始。

三、汴京攻卫战

实际上，因为此后的战斗仅仅局限在汴京城内外，战场实在过于狭小，大家想象中的各种奇谋妙计根本没有施展的余地和必要，双方只是在各种攻城工具和防守工具的帮助下，日复一日地你攻我守，和第一次汴京保卫战并无二致，说实话，单调得很。

为了避免有凑字数的嫌疑，就不再流水账式地逐一讲述了，只对其中比较重要的几场战斗进行一下记录。

大家都知道，但凡重要点的城池外面都会挖一条护城河，汴京城自然也有。因为是京城，皇帝住在里面，所以汴京城外的护城河又称护龙河。

为了防止金军渡过护城河，宋军曾专门对护龙河进行了清淤挖掘，使河水变得更深。但没承想，人算不如天算，时值隆冬时节，金军在城外驻扎还没几天，天气骤然转冷，护龙河竟然结了冰。天赐良机，金军立即准备渡河。

事实证明，常年生活在冰天雪地里的女真人是十分有经验的。金兵查看了护龙河冰层的厚度，觉得直接踩着冰面过河并不安全，于是他们先在冰面上铺上木板，木板上再放上草，草上再覆盖一层土，谓之“叠桥”。如此一来，不仅可以减少冰面承受的压强，确保渡河的安全性，还可以防止城上的宋军用炮石破坏冰面。

按理说，护龙河离城池不会太远，金军如此大的动作，守城将士不会察觉不到，在金军铺设叠桥之初，就应该想办法加以破坏。然而吊诡的是，直至金军的叠桥铺设完毕，宋军也一无所知。直到几天后，宋钦宗登上了城墙。

宋钦宗再次登城本来是想给士兵加油打气的，没想到往下一望，乖乖，护龙河不见了！如此重大的军事失误，实在不可饶恕！他立即下令，将守将流放到穷山恶水之地。

就在宋钦宗登上城楼的时候，几十名逼近城墙的金兵恰好看见了他，竟然口出不敬之词。皇帝受了侮辱，卫士们自然不敢怠慢，纷纷请求下城作战。宋钦宗也在气头上，当即同意。三百名卫士随即缒城而下。然而刚才还义愤填膺的勇士，甫一下城竟勇气全无，只有两名手持盾牌的卫士冲入敌阵，砍杀了数十名金军，其余宋军竟逡巡不敢进。

宋钦宗在城墙上看见了急得不行，急忙下令后面的宋军往前冲。但城下的卫士就像没听见一样，竟无一人向前，宋钦宗只能眼睁睁看着两名勇士被金军包围，进而被杀死。

除了此次下城作战，张叔夜、范琼以及殿前副都指挥使王宗濋等人均曾出城与金军作战，除张叔夜曾经取得过几次小胜以外，其余均告失败。

战斗接连失败严重打击了宋军的士气。不仅如此，将领赏罚不明也让士兵们失去了尽忠奋战的动力。殿前都指挥使王宗濋曾经向守城士兵许诺，只要积极策应城下正在战斗的军队，就会按照功劳大小分别赏赐官职或者金碗等物。然而事实证明，这不过是王大人画的大饼而已，立功的士兵们并没有得到相应的赏赐。于是，再有战斗需要策应的时候，士兵们无一上前，结果可想而知。

更严重的是，随着形势不断恶化，连兵士们的尸体都没人收拾了。

在一次战斗中，宋军最开始取得了阶段性胜利，杀死金军士兵两千余人。金军将战友的尸体全部抬回，然后发起了报复性进攻。宋军大败，死亡三百五十余人。然而没有人去为他们收尸，一整夜过去了，尸体仍然倒伏在城墙头上，“破脑贯胸，横卧雪中”。这是一幅多么悲惨的画面！

他们是为国尽忠的烈士，为了守护身后的这座城池和城池中的百姓，他们付出了自己的生命。他们也有父母妻儿，他们也有兄弟姐妹，也有人等着他们回去。他们应该享受荣光！然而此刻，他们却变成了凛冽风雪中一具具无人问津的尸体，兵器还握在手中，战袍还穿在身上。也许他们没有胜利完成任务，但他们却出色地完成了自己的使命。没有人知道，临死前的那一刻他们是否看到了希望，是否微笑着想起了家人。寒冷的雪花飘落在他们早已失去血色的脸上，久久不化。

死去的人解脱了，活着的人却要继续忍受痛苦。看着战友们僵硬的尸体，再听听城下金军近似狂欢的呐喊声，他们内心的恐惧达到了极点，几近崩溃。

事实上，恐惧的不只是士兵，还有宋钦宗。

他不怕死，不然他早就在围城之前像自己的父亲一样逃走了。耿南仲等大臣曾多次劝他外狩，他都予以拒绝。我想，当他跺着地说出那句“今当以死守社稷”的时候，他是抱定了必死的决心的。

但是他怕亡国，他不想当亡国之君，更不想祖宗一百多年的基业毁在自己的手里。自己当皇帝不过才一年时间，他自认不是个昏君，没有声色犬马，没有荒废政事，然而国事何以至此呢？

我想，他大概有着和百年后的金哀宗同样的不甘：“（朕）自知无大过恶，死无恨矣。所恨者祖宗传祚百年，至我而绝，与自古荒淫暴乱之君等为亡国，独此为介介耳。”

在最后的命运到来之前，宋钦宗依然在做最后的努力。他不断派人携带自己的诏令，催促各地军马前来勤王。部分良心还在的地方官看在眼里、急在心里，主动通过移牒或发公文的方式，号召附近的兵马前去救驾。比如淮宁府知府赵子崧便通过移牒和投寄蜡书的形式，建议顺昌府（今安徽阜阳）等地的军马前去勤王。

为了激发大家对金军的仇恨之情，赵子崧充分发挥了自己的想象力，在牒文中对金兵的残暴进行了绘声绘色的描写：“（金军）所至惟务杀戮生灵，劫掠财物，驱虏妇女，焚毁仓库产业，意欲尽使中国之人父子兄弟夫妇不能相保，狼狈冻馁，归于死地。”他义愤填膺地指出，“此正豪杰奋发，上报君父、下保室家之时，所当自勉”。但具体该怎么办呢？他号召各州郡“各逞忠愤，多方措置，广行招集，或素著信义为众推服，或武艺绝伦谋略可用，或胆勇敢死不以军民出家子弟等务在存恤激励，使人人自奋”。

道理大家都懂，关键是如何调动积极性，将道理转化为行动。在这一点上，没有什么东西比利益更有说服力了。赵子崧深晓此理，拉出了张叔夜作为例子：“今来南道总管张叔夜率先勤王，才到第一日除延康（殿学士），二日除资政（殿学士），三日除枢密院佥书。今诸路等州郡若能远来勤王，不拘官职尊卑，亦当依此推恩。”又云：“如白身人文官，自迪功郎至宣教郎，武官自副尉至从义郎，各随地借补，候到阙，给告正授。”

所谓“重赏之下，必有勇夫”，自古以来，莫不如此。然而当时，这个真理被打破了——四方援军，卒无至者。

宋钦宗苦笑一声。看着城墙上饥寒交迫、冻得瑟瑟发抖，以至于连兵器都拿不起来的士兵，再想想那些在自己的眼皮子底下都敢抗命不前的所谓勇士，以及怎么征召也不愿前来的忠君体国之臣，宋钦宗感到了绝望。

罢了罢了，既然人事不行，那就寄希望于上天吧。为了显示自己的谦卑和诚意，宋钦宗避开正殿，将工作地点搬到了偏殿。他在酷寒之中光着脚丫子祈祷天晴，祈求上天保佑大宋江山永固，保佑赵氏皇祚不绝，保佑黎民苍生安宁。

然而没有用，上天似乎很忙，根本没空搭理他。金人依旧攻城，士兵依旧死亡，百姓依旧流离，一切都没有变好，甚至变得更糟。

看来上天也要抛弃自己了，宋钦宗明白，这一次，汴京城怕是要撑不住了。除了不惜代价求和，似乎已别无选择。

四、战和不定

实际上，究竟是战是和，宋钦宗一直处于犹豫之中，哪怕金军已经对汴京城发起了猛烈的攻击，他的心里依然没有一个明确的主意。

金军初到汴京城下时，统制官姚友仲等人曾建议趁其远来疲惫、立足未稳之际，选精兵六万出城对金军发起攻击，打他一个措手不及。但宋钦宗没有同意。

说到底，他并不想同大金决裂。虽然金军已经对他撕破了脸，但他却不愿与金军决裂。组织防御也好，号召各地勤王也罢，他的目的并不是把金军消灭，而是想通过威慑让金军知难而退，不再找自己的麻烦，仅此而已。

如果用现代一点的军事术语来形容宋钦宗的心理，我想应该是介于消极防守与积极防御之间的一种状态。既不想坐以待毙，又不愿积极进取，反映在行为上，便是在战与和之间摇摆不定。

这一点，在他对张叔夜的态度上体现得淋漓尽致。当张叔夜率军抵达汴京后，宋钦宗极为高兴，给他的赏赐超乎想象，但也仅此而已。因为他让张叔夜来，并不是要他打垮金军，而是给金军看。他只是想让金军知道，我也是有军队的，你别欺人太甚，把我惹急眼了，我敢和你拼命！

张叔夜怀着一腔热情而来，本期望能与金军大战一场，在战场上实现自己挽狂澜于既倒的抱负。当宋钦宗任命他佥书枢密院负责京城防务时，他以为自己的机会到了。但随着时间的推移，他终于发现自己不过是一个摆设。他愤然上书，要求辞去佥书枢密院的虚职，只保留南道总管的职务，继续统兵作战。

宋钦宗自然不可能答应。

无奈之下，张叔夜打算召集范琼、李实、张仙、王琼、折彦文等将领一起开个会，讨论一下当前的形势。但到了约定的期限，竟无一人前来。等来的只有宋钦宗的责问。宋钦宗问他：“我听说你私下里召集诸位将领，莫非是要出战吗？如果是，为什么不先向我报告？”

史载：“叔夜意沮。”“意沮”二字意味深长，既有大事不成的无奈与感叹，亦有抱负破灭的惋惜与惆怅。

宋钦宗这种模棱两可的态度让很多有识之士为之抓狂，他们纷纷上书，请求皇帝就到底是战还是和给出明确的态度。比如太学生丁特起就数次上书，“乞用兵议和之计早决，毋淹延未断，养成大患”。

宋钦宗的回复是没有回复（“书奏不报”）。

皇帝拿不定主意的态度传递给最底层的士兵，就是无所适从。军士们一边打仗，一边看到使者们来回奔波，内心充满了疑惑。他们猜不透宋钦宗的葫芦里到底卖的什么药，时间一长，谁还有心思打仗，“士气益折”。

军士们不知道的是，实际上从战争开始之初，和谈就一直在进行。

前面说过，围城开始之前，宋钦宗曾派出两路使者分赴粘没喝和斡离不的军营求和。以李若水为首的使团见到了粘没喝，只可惜没有谈成。粘没喝扣留了李若水，让他跟随金军一起行动，并派出以杨天吉、王汭为首的使团出使大宋，要求割让河北、河东。宋钦宗答应了粘没喝的要求，派聂昌和耿南仲充当割地使前去割地，结果聂昌被杀，耿南仲逃走。

而另一路以康王赵构和王云为首的使团，却因为王云在磁州被杀而未能成行，没有见到斡离不。

不过没关系，马上就可以见到了。正所谓“山不过来，我就过去”，斡离不甫一抵达汴京城下（此时粘没喝尚未到来），便派了一名叫刘晏的使者进城谈判。

与其说是谈判，倒不如说是提醒。与粘没喝的强势相比，斡离不对大宋的态度明显要温和得多，而他派出的使者也要有礼貌得多。刘晏告诉馆伴使莫俦和高世赏一个十分重要的消息——国相粘没喝的军马不日也将到达汴京，欲请宋钦宗出城会盟。

什么？敌将竟然要求皇帝出城？是何居心？莫俦和高世赏立即紧张起来。他们表示，大宋与大金是叔伯之国，情同骨肉，皇帝与二位将领见面本也没什么不妥，但只怕百姓们不放心，拦住车驾不让前去，这就不好办了。如果皇帝答应了，到时候却不出去，岂不又成了失信？

二位馆伴使的话，可谓高明至极。先把困难摆在这里，如果粘没喝能够体谅而取消会面更好，如果他非要坚持，万一消息“不小心”走漏，老百姓们自发自愿地阻拦圣驾出行，可不要说我们失信呀。

再说刘晏，这位老兄是个实在人，两位馆伴使这么一忽悠，他竟然信以为真，“颇以为然”。

虽然如此，关于到底让不让刘晏上殿朝见宋钦宗这一点，大臣们发生了争议。

宰相何㮚等人认为，鉴于前期杨天吉、王汭等金使的不恭之态，还是不让刘晏见皇上为好，派人和他在驿馆里谈一下就好了。

馆伴使莫俦等人却认为，如果不让刘晏上殿，只怕情理上说不过去，刘晏肯定也不会走。再说了，如果现在拒绝了斡离不的使者，那万一粘没喝也派使者来，让不让上殿呢？如果不让，以粘没喝的脾气，岂肯善罢甘休？如果让，那斡离不这里怎么交代？而且，通过数日来与刘晏相处，可知他不是王汭那种狂悖之人，反倒很明白事理。

宋钦宗思考了一番，觉得还是莫俦等人更有道理，便召见了刘晏。刘晏果然表现很得体，执礼甚恭，奏对婉顺。宋钦宗大为高兴，赏赐了他很多礼物和钱币。刘晏却什么也没要，空着两手就回去复命了。

事实证明，刘晏说的完全是真的。在他走后没几天，粘没喝的军队便到了汴京城下，并立即派出以萧庆为首的使团入城交涉。

萧庆表示，鉴于大宋以前的种种失信行为，此次不仅要画河为界，还必须宋钦宗亲自出城面谈，否则绝不退师。语气之严厉、态度之傲慢，与刘晏大相径庭。

面对金使的威胁，宰相何㮚愤然说：“本朝自太祖以来，除了三年一次的郊天大礼之外，车驾未尝出过大内一步。何况现在城外战火蔓延，皇帝万圣之躯，岂能轻易出城？此事实难相从。”说完，就将萧庆等人打发走了。

但粘没喝岂是这么容易就能摆平的？几天之后，萧庆等人再次到来。这一次，他的态度更加强硬，坚决要求宋钦宗出城会盟，否则“围城之军决不解，攻城之具决不退”。他还强调，如果宋钦宗在金军攻城之前出城，那二太子和粘没喝还会把他当皇帝，以臣子之礼相见；但如果等攻城开始后再出去，就别怪我们不讲礼数了。

这哪里是谈判，分明就是恐吓，明目张胆的恐吓。

即便这样，大臣们依旧没有松口，馆伴使莫俦等人依然坚持“此事恐终难允从”。

为了进一步沟通，宋钦宗还派了李处权、吴德冲随萧庆一起去见粘没喝，希望能够说服他。但粘没喝到底是个狠人，既不与宋使见面，也不接受国书，直接让他们回去等消息。

别说，消息来得还挺快。几天之后，萧庆又带着粘没喝的国书来了。

这一次，金人的要求发生了变化。萧庆一改往日蛮横的态度，笑呵呵地对莫俦说："好消息，好消息，二太子和国相大人说了，不用皇帝出城了，只需要派重臣前去商议，再让亲王做人质就可以了。等黄河以北的土地交割完毕，立即放亲王回来。"

说完条件，萧庆仍不忘威胁一番。他告诉莫俦，国相大人已经将陈州门的护城河填了三分之二，各种攻城工具也已经准备好，如果不答应大金的条件，国相大人必将攻城，只要有一个大金士兵登上城墙，那就没有任何和谈的余地了。

莫俦马上上报给了皇帝。宋钦宗一听事情有变，立即宣萧庆上殿议事。他见到了粘没喝给他的国书。在国书中，粘没喝提出要宰相何㮚出城议和，并要求"别遣上皇、越王、皇子、亲弟为质"。宋钦宗大吃一惊，说我身为人子，. 岂能让自己的父亲去做人质？再说太子，现在还只是几岁的幼儿，如何到得军前？

与萧庆一同前来的另一名金使撒卢母倒是很懂人情世故，他表示，如果太上皇和太子实在不便出城，那只派两名亲王出城也可以。

萧庆一看撒卢母在人质上做了让步，立即声明，出城议和的人选绝不能变，非宰相何㮚不可！

何㮚一听，吓得脸都绿了。宋钦宗也不同意他去，想让大臣冯澥、曹辅代替何㮚出城去议和。

萧庆坚决不同意，说冯澥、曹辅衰老怯讷，国相肯定不会相信他们的话。宋钦宗仍然坚持，说冯、曹二人都是朝廷栋梁，他们办事我放心，议和之事和他们商量即可。

莫俦一看势头不对，立即提醒宋钦宗道："金人不要圣驾出城已是难得的让步了，如果宰相、亲王也不能让他满足，万一粘没喝怒而反悔，再次要求圣驾出城，如之奈何？再说了，今年春天只是斡离不一个人围城，尚且要宰相给宰相（张邦昌），要亲王给亲王（康王和肃王），现在粘没喝和斡离不同时围城，怎么反而不给了呢？粘没喝这个人性格古怪、脾气暴躁，不好对付，陛下千万不要做让自己后悔的事呀。"

可宋钦宗就像王八吃秤砣一样铁了心，说我就何㮚这么一个宰相了，国家大事都需要他来处理，一会儿也离不得，就派冯、曹二人去，就这么定了。

宋钦宗的态度让萧庆很是气愤，他威胁说：“必须何㮚和亲王出城，大金才会退兵，如若不然，必定攻城。待城破之日，不知大臣是否还能做得大臣，亲王是否还能做得亲王！”又发狠说，“从此以后，我们再也不会派使者来了！”

饶是如此，宋钦宗依然没有改变主意，仍旧派冯澥、曹辅出城议和。不仅如此，在亲王的选派上，他也没有按照粘没喝的要求来。粘没喝的国书里写明要越王、亲弟为质，可宋钦宗却选派了两个和自己关系并不亲近的宗室子弟冒充亲王前去做人质。

看着两个冒牌的亲王和两个老掉牙的大臣，粘没喝大怒，一句话没说，就把他们撵了回来。为了发泄自己心中的不满，粘没喝把所有的怒气都用在了攻城上，“自此攻城益急”。

贰拾捌

汴京陷落

一、神兵出战

在愤怒的粘没喝的指挥下，金军没日没夜地对汴京城发起猛烈的攻击。

宋军士兵似乎也意识到最后的时刻来临了，如果再不反击，就只能等死了。困兽犹斗，何况是人呢？他们以拼命的姿态开始了最后的抵抗。

可惜的是，尽管宋军士兵已经使出了吃奶的劲，依然是败多胜少。形势越来越危急，无论是金军还是宋军，都能清楚地感觉到汴京城陷落已不是可能与否的问题，而是时间问题。它就像一股不可阻挡的力量，正在不断接近，无限接近。

关键时刻，斡离不的使者又来了，仍然是刘晏。

他告诉宋朝君臣："二太子让我给你们传个话，金军的总攻已经开始了。如果你们认为能够抵挡得住，就拼尽全力去防御；如果认为支持不住，还是让皇帝早日出城相见吧，二太子一定会尽力保全赵氏宗社。当务之急，是赶紧派宰相、亲王出城议和，以免城破国亡。"

不仅如此，刘晏还指出了宋军在城防上的不足，并着重强调一定要稳住军心，即便城头上的楼橹被金军火箭烧着了也不要太过慌张，如果来不及重建楼橹，就临时拿大木头来堵住缺口，同时多派长枪手守在城墙边，万一有金军士兵登城，只需要用长枪将其刺下即可。

这实在是一件让人匪夷所思的事情，身为金国的使者，竟然教敌人如何对付自己国家的军队，刘晏的这波操作，着实让人摸不着头脑。

如果非要找个合理的解释，那也许是他受了斡离不影响。与粘没喝的强硬不同，斡离不对宋朝的态度要暧昧得多。实际上，他并不想让大宋灭亡，只是想让它屈服，将它变为一只听话的母鸡，定期拿走它的鸡蛋，细水长流，源源不断，而不是杀鸡取卵，掏空挖尽之后，只剩一地鸡毛。

然而，宋钦宗君臣并没有把刘晏的提醒当回事，仍然不愿意派亲王和宰相出城议和，只是把刘晏安排在都亭驿的馆舍里休息了事，好像他根本没有来过一样。

宋钦宗之所以没有听从刘晏的劝告，并不是因为他对宋军充满了信心，认为他们能够抵挡住金军的进攻，而是因为他还有最后的撒手锏——一支奇兵。

确实是奇兵，非常奇怪的兵。奇兵的统领名叫郭京。这厮原本是宋军中的一名小兵，别看他职位低，胆子却出奇地大。金兵再次南下的消息传来后，他认为自己出人头地的机会来了，于是大肆传播封建迷信，声称自己习得了李药师的秘术，不仅能撒豆成兵，还能隐形，只需七千七百七十七名六甲神兵，即可大败金军，生擒粘没喝和斡离不这两大敌酋。

这样的把戏，明眼人一看就知道是骗人的，然而时任同知枢密院的孙傅却深信不疑，并将他推荐给了宰相何㮚。何宰相竟然也佩服得五体投地，不仅提拔郭京当了官（自副都头授武略大夫、兖州刺史），还亲自拨钱绢数万作为经费，要郭京招募具有特异功能的人士作为六甲神兵。

神兵很快招募完毕，观其人，大都是京城里的游手好闲之徒。郭京将他们聚集起来，屯据在天清寺，并在旁边立了一面大旗，上书“六甲正兵”。

有人质疑：“这些小混混怎么能打败金兵呢？”

郭京说：“我不过是用他们来捡拾金人的头颅罢了，并不让他们去打仗。”

问题是：谁去斩杀金兵以便让这些混混有头颅可捡呢？

郭京没有回答，反而气得涨红了脸。

为了证明自己的本领非虚，郭京专门在大殿之前进行了一场精彩的公开展演：“用一猫一鼠，画地作围，开两角为生死道。先以猫入生道，鼠入死道，其鼠即为猫所杀；又将鼠入生道，猫入死道，猫即不见鼠。”

展演结束，郭京得出结论：“如此用兵，入生道则敌不能见，可以胜也。”

于是，京城轰动了。大臣们及京城百姓无不将其奉若神名，提到他的名字便以手加额，纷纷称其为“郭相公”，“不论贵贱老幼，无不喜跃，皆以天降神人，佑助灭寇”。

当然，就在大多数人都觉得郭相公“妙之又妙”时，仍有少数有识之士感到“玄之又玄”。他们上书孙傅，说自古以来，从没听说过有以六甲神兵制胜的，建议先给郭京少量兵马试试，如果真有效果，再增加让他统领的人数（当时郭京已统领三万人马）。

孙傅大怒，说郭京乃应时而生，到人间来的使命就是消灭金军，神迹昭明，不容置疑，谁如果再敢出言不逊，就以扰乱军心治罪。

郭相公也很自信。金人已经开始攻城了，他仍然谈笑自若，胸有成竹地说：“只要我一出手，三日便可迎来太平，还要一直把金军追击到阴山才算完。”

既然这么厉害，您倒是出手呀，让这帮苦兄弟在这里死扛个什么劲儿？

郭相公却神秘地说神兵不可轻用，“非朝廷危急，吾师不出”。

大家一想也对，高手往往是深藏不露的。如果一上来就出场，三下五除二将敌人打趴下，那大家不会觉得你厉害，只会认为是敌人不经打。非得等虾兵蟹将们被虐得七荤八素，眼看就要不支了，高手才会陡然出招，谈笑之间将敌人轻松搞定。如此，方显得其手段之高超。

问题是，眼看金兵就要攻上城来了，难道还不算“朝廷危急”吗？还要等到什么时候呢？

事实上，并不用等太久。闰十一月二十五日，最后的时刻来临了。

也许是为了烘托一下悲凉的气氛，这一天的雪下得特别大。极度的严寒对生活在中原地区的宋军是十分不利的，然而从苦寒之地走出来的金兵却如虎添翼。望着漫天飞舞的鹅毛大雪，粘没喝难掩兴奋之情，高兴地对属下说：“雪势如此，如添二十万新兵。”

不仅如此，雪花满天飞的同时，奇异的自然现象也出现了——“南壁有气若横青山，城上有赤气横亘十里，其气如血。”

熟悉历史的朋友都知道，异象往往意味着大变。这一次，也不例外。

漫天飞雪中，金军开始了最后的攻击。冻得连武器都拿不住的宋军，自然敌不过精神百倍的金兵，汴京城摇摇欲坠。

大宋的江山到了最危险的时刻，是时候让郭京的神兵出战了！

在宰相何㮚和知枢密院事孙傅的一再要求下，郭相公终于同意出手。

他命人在城上竖起画有天王像的大旗，每面城墙上竖三面。按他的说法，敌人望见此旗，必将失魂丧胆。然后，他命人大开宣化门，将自己的七千七百七十七名六甲神兵分为数队，出城迎敌。

神兵甫一出城，消息便迅速传开了。汴京城的百姓无不欢欣鼓舞，在他们看来，只要神兵一出城，金军的末日也就到了，围城即将结束，胜利即将到来，和平即将降临，生活即将恢复。

大家纷纷涌到城门边，伸长了脖子等着神兵胜利的消息，人数多达千万人。另有许多人高声呐喊着，为神兵们加油助威。

神兵毕竟是神兵，打起仗来也和普通士兵不一样。

凡人打仗，往往都是一部分人出城作战的同时，另一部分人手持弓箭在城头上观察，一旦战友们吃了败仗逃回，城上的士兵便可以用弓箭将追兵射退。这十分考验技术，必须拿捏好放箭时机：时间太早，容易误伤自己人；时间太晚，敌人则容易随败军一起冲过吊桥入城。因此，掌握恰当的时机至关重要，既要让过己方的败兵，又要确保敌人不趁机突进。

不过，郭相公却没有这个烦恼，因为他压根不允许城上有人。神兵刚出城，他便将城上的士兵统统赶下城，只留他和张叔夜端坐在城头，外加百名卫士护卫。

此时的郭京不仅是神兵的指挥官，还义务充当起了战事转播员的角色。神兵出城没多久，郭主播便播报了第一条战场新闻：神兵已夺得敌军大寨，并将大旗插在了大寨之上！

接着是第二条：已夺得敌军马匹数百！

复夺马匹数千！

一时间，捷报不断！都城人心大振，百姓们奔走相告，高声赞颂郭相公用兵如神，至有喜极而泣者。

突然传来已有金兵登上城头的消息，大家这才明白，原来所谓的大捷不过是谎言而已。

实际上，郭京的神兵刚一出城便遇上了金军的骑兵。这帮装神弄鬼的混混自然不是对手，一触即溃，被金军赶入护城河中淹死，哀号之声不绝于耳。

郭京一看事情败露，生怕事后被杀头，便对张叔夜谎称要亲自出城作法，然后带领几个小跟班匆忙出城，仓皇南逃。逃走后的郭京并没有找个地方躲起来，反而继续招摇撞骗。他一边南逃，一边继续宣称自己可以撒豆成兵、斩草为马，竟然仍有人相信，走到襄阳时，竟聚集起了数千人马，就连早一步逃亡至此的西道都总管王襄以及在太原解围战中失败的张思正等人也对他信奉不已。

彼时，汴京早已陷落，郭京便突发奇想，不知从哪里找来一个赵姓宗室，想要拥立他为帝，也过一把权臣的瘾。还好张思正等人头脑还算清醒，没有同意。再后来，有从汴京逃亡至襄阳的人将郭京妖术误国的老底抖了出来，张思正等人这才知道他原来是个骗子，于是将他囚禁，想要送到宋高宗[1]那里治罪。没承想半路竟然有人劫囚车，为了防止郭京被人劫走，张思正索性一不做二不休，直接一枪刺死了他，郭京就此结束了他荒唐的生命。

---

① 靖康二年（公元1127年）五月初一，赵构在应天府即位，史称宋高宗。

二、汴京陷落

郭京逃走以后，张叔夜等人终于意识到上了这个神棍的大当，急忙开始组织抵抗，但为时已晚。因为积压了太多尸体，护城河上的吊桥无法拉起，宋军只能匆忙关闭城门。金军乘势越过护城河，进抵城下。

事情发展到现在，如果宋军能够同仇敌忾，顽强抵抗，以弓箭和滚石对城下的金军进行打击，同时用威力更强的弩机和抛石机对金军的后续部队进行击杀，或许仍有转机。

然而，神兵的失败彻底让宋军丧失了信心，大家根本无心抵抗，只想着如何才能逃走。金军抓住了这个机会，用云梯等工具攻城，并组织士兵登城。

最开始，只有十几名金军登上了城墙。如果有人守在城头，按照刘晏所说的那样，用长枪将他们刺下城去，城头的控制权仍然可以掌握在宋军手里。然而根本无人守城，本该艰苦卓绝的攻城战变成了攀爬登高的体育运动，更多金军登上了城墙。结局就此注定。

随着更多金军登城，宋军彻底放弃了抵抗，纷纷扔下武器逃走，整个外城城墙被金军完全控制。

汴京就此宣告失守，时为靖康元年（公元1126年）闰十一月二十五日。

就在金军欢呼胜利的同时，一个本与战斗无关的金人却意外丢掉了性命。

金军登城的消息传开后，有人忽然想起了还住在都亭驿里的金使刘晏。虽然打不过金军，但对付一个手无寸铁的金使还是绰绰有余的。于是，大家自发向都亭驿冲去，将泼天的仇恨撒到了金使刘晏的身上。刘晏吓得大叫："我为和平而来，大家冷静，不要冲动！"然而大家根本不听他解释，一拥而上，将他打死。

解气是解气了，但大家随即后怕起来。三岁的小孩子都知道，两国交战，不斩来使。金军本就可怕，如果知道自己的使者被杀，暴怒之下再来个屠城，该如何是好？

出人意料的是，刘晏被杀的消息传回后，金军并没有采取报复行动。斡离不冷静地说："此时的大宋已经乱成一锅粥，根本没有号令可言，就别再追究了。"

不仅斡离不不追究，就连一向蛮横的粘没喝也保持了相当的克制，说国破人乱，自然之理。他还下令所有登城的金军在城墙上原地待命，不得下城抢夺掳掠。

对于以抢夺物资作为主要经济来源的金军士兵来说，做到这一点实属不易，然而他们中的大部分人都严格遵守了命令。

但汴京城依然陷入了混乱。放弃抵抗的宋军士兵虽然在金军面前胆小如鼠，但在普通老百姓面前却成了恶霸。他们将所有的能耐都用在了老百姓身上，开始抢劫老百姓的财物，甚至杀人。本该保护百姓的士兵，此刻却成了残害百姓的恶魔。一时间，汴京城成了可怕的人间炼狱。百姓们本想逃往内城，可内城城门早已关闭，没来得及入城的百姓被抛弃了。

与此同时，内城也陷入了恐慌之中。与皇帝关系较近的亲王大臣们已纷纷躲入大内（皇城），剩下的百姓和官员们只能生活在惴惴不安之中，一遍遍祈祷着内城不要被金军攻破。

事实上，身为最高统治者的宋钦宗才是最恐惧的。

此时此刻，他拥有的不再是广袤的土地，只是内城这可怜的方寸之地。他不再是至高无上、一呼百应的天子，只是一个随时可能被人捉去的可怜虫。一旦内城也被攻破，一切都将化为乌有。百姓们失去的，不过是家产；臣子们失去的，不过是官位；而他失去的，是江山社稷，是祖宗留下的百年基业。他将成为亡国之君，被千秋万代所鄙夷和嘲笑，有何面目去见九泉之下的列祖列宗？

他越想越恐惧，越想越恨自己，他大声痛哭着说："不用种师道言，以至于此。"

是呀，假如当时听种师道的话，趁金人渡河北返的时候半渡而击，还会有今日之祸吗？

难说。

首先，究竟能不能将金兵全部歼灭，使其匹马不得北返，要打一个大大的问号。退一万步说，即便真的将南犯之敌悉数全歼，事情就结束了吗？要知道，大金的战将并不是只有粘没喝和斡离不，大金的士兵也并不是倾巢而出了。即便他们全部战死，依然会有其他战将和士兵来征伐。复仇而来的金兵，战斗力只会更加强大。不说别人，单说在后世大名鼎鼎的金兀术，便在不久之后带领大金的战士搜山检海捉赵构，一直将他赶到海里才罢休，何等威武！

所以，即便听了种师道“半渡而击”的忠告，如果其他方面不做改变，依旧文恬武嬉的话，局势也不见得会比现在好。

历史不容假设，那就好好面对现实吧。

需要说明的是，此时的金军虽然已经控制了外城，但宋军并没有被消灭，大量溃兵依然聚集在外城之内。此时，如果有一个像李纲一样有号召力的人站出来，将大家有序组织起来，重新夺回城墙也不是没有可能。

然而世上只有一个李纲。此时的李纲还在从长沙赶往汴京的路上，直至汴京完全陷落，他也没能赶回来。这就注定了城内的溃兵只能是一盘散沙。什么为国尽忠，什么舍命护主，此时都被抛到了九霄云外，他们脑子里唯一的念头就是冲出外城，逃命去也。

当年在奇袭燕京一战中带头逃跑的刘延庆，此时再次当起了逃跑急先锋。他的家离万胜门比较近，他便带领士兵从万胜门夺门而出。其他士兵和百姓们听说可以从万胜门逃出去，也纷纷赶来加入了逃跑队伍，“喧噪而出者数万”。

逃是逃出来了，接下来该往哪里去呢？大家一时没了主意，只好暂时聚集在汴京城旁边的琼林苑中。但总在这里猫着也不是办法呀，何况数万人目标也太大，很快就会被金军发现。与其坐以待毙，还不如拼一把。

刘延庆试图将难民组织起来去和金人拼命，这样也可以增加自己趁乱逃跑的机会。他对大家说：“金人并没有什么好怕的，只要我们拿出拼命的架势来，金军必败。”可大家都不是傻子，如果金军真这么容易对付，那你为什么要跑？才不上你的当呢。

老百姓不上套，刘延庆很着急。正所谓“无毒不丈夫”，情急之下，刘延庆竟然把自己的儿子也豁出去了。他对儿子刘光国说：“你去给大家打个样儿！”

刘光国无奈，只好带领五十名骑兵向金人冲去。金人压根儿没把他放在眼里，箭不放，刀不砍，坐在马上连动都没动。刘光国见状，立即拨马而回。刘延庆却对大家说：“你们看，我儿子只带五十人尚能进退自如，更何况大家有数万人之多呢？金人如何防得住？”

在刘延庆的威逼之下，大家只好极不情愿地向金军冲去。结果可想而知，在金军铁骑的冲击之下，他们一哄而散，自相践踏而死者不可计数。本想趁乱逃走的刘延庆也未能如愿，和儿子刘光国一起被金军杀掉。逃了一辈子的刘将军，终于可以歇歇了。

我们再回过头来看看汴京城内的情形。

外城士兵逃跑以后，内城更加岌岌可危。人心惶惶之下，皇帝的去留成了大家最为关心的问题。

上一次汴京围城，宋徽宗置满城百姓于不顾，趁着夜色偷偷逃走，彼情彼景，至今仍历历在目。现在金军再次攻破城池，百姓们担心年轻的皇帝会像他的父亲一样逃跑，于是聚集到大内正门宣德门之下，要求求见天子。

说实话，宋钦宗并没有逃跑的打算，不然他早在金军开始围城的时候，就接受大臣的建议“出狩”了。

为了打消百姓的顾虑，宋钦宗亲自登上宣德门，扶着栏杆向大家喊话：“寡人在此！”百姓见之，放声大哭，宋钦宗也落下伤心的眼泪。他哽咽着对百姓们说：“事已至此，失守之罪一概不问。大家有什么好主意，就说出来吧，我一定听从。”

大家你一言我一语，情急之下竟然连尊称都忘了，对皇帝说话直接称“你我”，完全忘了那个站在城楼上的人是至高无上的天子。

虽然皇帝本人不想逃走，但有人却希望他逃走。

当时，大内负责保卫皇帝的军队还有一万多人。这些最该与社稷共存亡的卫士，此刻满脑子想的却是逃跑。当然，直接逃走是不行的，实在丢不起那个人。最好的办法是让皇帝下令“出狩”，那他们便成了护驾，不仅无罪，反而有功。经过商议，大家推举指挥使蒋宣、李福进宫做皇帝的思想工作。

蒋宣毕竟是武人，顾不得许多礼节，直接带领卫士数百人进入了宋钦宗所在的祥曦殿，大呼：“请陛下远出，这里不是陛下住处。”

武将带兵上殿，这可是大忌。宋钦宗被这一幕吓呆了，反问道：“教我哪处去？”

士兵们回答：“须讨一线路去。”

宋钦宗面露犹豫之色。蒋宣看到后，竟然径直走上前去，一把抓住他的御衣，想要把他拉走。宋钦宗吓得大叫：“你想干什么？怎敢这样对我？”

蒋宣也急了，说：“我冒着被杀头的危险进入大殿，就是为了尽忠陛下。陛下如果不从，大事去矣。”

看着这些士兵凶神恶煞的样子，为了防止事态失控，宋钦宗立即抚慰道：“我知道你们皆是忠义之士，但亦不可不备粮食及金宝随身。”他命人搬来酒食让士兵们饱餐，并打开自己的小金库（内库），让大家随意取用。士兵们也不客气，亲从、亲军、十班内宿、上直卫士争先恐后地抢夺宝贝往自己的怀里塞。

他们本是该无条件保护自己的卫士，现在却肆意抢夺自己的财宝。宋钦宗无奈地摇摇头，转身走进祥曦殿内。

值得一提的是，在这场闹剧中，有一个人的表现大大出乎了人们的意料。这个人就是秦桧。这个在后世受尽了谩骂和鄙夷的国贼，此时尚是国之重臣，当大部分官员纷纷选择逃走的时候，他留了下来。城破之后，宋钦宗紧急召大臣前来议事，仅有几个大臣到来，秦桧便是其中之一。

蒋宣入宫拉扯皇帝的时候，秦桧也在场。他对蒋宣说："你们有护驾之心虽好，但此一去，果能保全陛下乎？"兵部尚书吕好问也说："车驾出城，非得万事齐备方可，岂可贸然行事？"蒋宣等人这才作罢。

为了防止他们做出更加出格的举动，宋钦宗下令提拔蒋宣为防御使，以安其心。

闹剧虽然平息了，但更加现实的问题摆在了宋钦宗的面前：接下来该怎么办？

事实上，局势发展到这个程度，除了议和之外，宋钦宗已别无选择。

三、最后的谈判

经过商议，宋钦宗最终决定派景王赵杞和吏部侍郎谢克家为使，前去金营求和。

安全起见，景王等人不敢开门而出，而是坐在筐子里缒城而下，前往金营。然而斡离不和粘没喝认为事关重大，不是景王及谢克家所能决定的，遂没有与他们进行实质性谈判，而是点名要宰相何㮚前去议和。

景王带去的求和文书上，盖有宋钦宗的玉玺，斡离不据此断定汴京内城中还没有完全混乱。为了稳住宋钦宗，粘没喝将前期扣留的宋使李若水放回，让他进城告诉皇帝，五百里之内全是大金的士兵，就不要想着逃跑的事了，还是赶紧派宰相来议和吧。

李若水告诉宋钦宗，金人所求不过土地而已，不用太过担心。眼下最重要的，是按照大金的要求，赶紧让宰相何㮚出城议事。事已至此，宋钦宗别无选择，只得派何㮚、济王赵栩以及中书侍郎陈过庭为请命使，前去哀恳求和。

据说，宰相何㮚听闻要去金营，吓得脸都白了，任凭皇帝一再催促，迟迟不肯出发。李若水实在看不下去了，直接开骂："国事坏到这个地步，皆尔辈所误。今社稷倾危在即，尔虽万死尚不足以塞责，有何面目推辞？"

何㮚到底还是要脸的人，只好硬着头皮前去。但他实在太过紧张，两腿打战不能上马，大家将他扶上马之后，他竟然连马鞭也握不住，三次掉在地上。

好不容易到了金营，粘没喝上来就给他了个下马威，问道："鼓动宋朝皇帝与我战斗的，是不是你？"

何㮚虽然胆子小，但到底是个忠臣，他怕粘没喝迁怒于皇帝，便回答道："都是我的主意，与皇帝无关。"

粘没喝又问："汝有何学术，与我战耶？"

何㮚回答："㮚无学术，为国为民当如是耳。"

粘没喝问："我昔遣使招汝出城，尔何不来？今城破来此，何也？"

何㮚答："不肯来为社稷也，今之来为生灵也。"

粘没喝又威胁说："我欲洗城，如何？"

何㮚答："率兵洗城，元帅一时之威也。爱民施德，元帅万世之恩也。"

这句话说得实在很有水平，粘没喝也不禁夸赞道："尔亦忠臣也。"

他告诉何㮚，要想达成和议，必须太上皇亲自出城来谈。何㮚立即表示，这不是臣子所能决定的。

粘没喝大怒，说："尔家太上事事失信，弗亲出城，便须出质妻女，此外更无计议。"

在写给宋钦宗的书信中，粘没喝强调，除了要上皇和皇子作为人质以外，还需要派遣皇帝身边的近臣前去交割土地。为了保证交割顺利，所有州县长官的近亲属中都必须选出一名人质，与割地使一同前去劝说守官纳土。

除此之外，粘没喝还列了一份长长的名单，索要童贯、蔡京、蔡攸、王黼、李纲、刘韐、马扩、张孝纯、赵良嗣等人及其家属。

其他事情都好说，但对于让自己的父亲充当人质一事，宋钦宗无论如何也不答应。为了祈求粘没喝取消这一决定，他一口气派出燕、越、郓、景、济、祁、莘、徐、沂、和、信十一亲王前往金营哀告，但粘没喝却闭门不纳。

宋钦宗知道，粘没喝已经铁了心，不做出巨大的牺牲，是过不去这一关了。想来想去，父亲不能牺牲，那就只能牺牲自己了。他派何㮚等人再次出使金营，提出由自己代替太上皇亲自前往金营议和。粘没喝同意了。

闰十一月三十日，宋钦宗圣驾离开皇城，前往金营求和。

这是一次相当屈辱的出行。

前面说过，除了几年一次的隆重郊礼外，宋朝皇帝基本不会离开汴京城。即便是过大年与民同乐，也不过是站在城楼上看个热闹，和汴京城内的老百姓来个远距离互动而已。宋钦宗更惨，被亲生父亲架在火炉上烤，登基以来一天好日子都没过，不是军队被打残，就是都城被围，求和不甘心，打又打不过，整日提心吊胆。但不管怎么说，赔款也好，割地也罢，起码他的皇位没有受到直接威胁，他依旧可以待在汴京城这座豪华的“牢房”里。

钱锺书先生曾这样形容围城：“外面的人想进来，里面人想出去。”但对当时的汴京城来说，却是外面的人无意进来，里面的人也不想出去。更有意思的是，外面的人还主动要求里面的人出去，并威胁说你不出来，我就进去。里面的人不希望外面的人进来，只好自己出去。

就这样，宋钦宗不得不走出京城，放弃尊严去向敌人求和，而求和的对象还不是对方的皇帝，只是两个带兵的臣子。

奇耻大辱！

但是，他没有选择的权力。在随时可能到来的毁灭面前，即便贵为皇帝，也不过是案板上的一块鱼肉而已。为了活命，为了祖宗基业，为了满城百姓，这是他唯一的选择。

在宰相何㮚、中书侍郎陈过庭、同知枢密院事孙傅等人的陪同下，宋钦宗由外城的正南门南薰门出城，前往粘没喝在青城的军营。为了防止都城百姓误认为自己逃跑，宋钦宗特意下了一道诏书，说明“大金和议已定，朕以宗庙社稷生灵之故，躬往致谢”，让大家不要疑惧。

当他经过南薰门的时候，城墙上的金军高声称赞他放下架子出城议和的行为，并请他安心前往，不用太过担心。宋钦宗本想下马表示客气，金军连忙躲避，说这里不是下马的地方。他们告诉宋钦宗，城外正在铺设专门供他前往金营的御道，请他稍等片刻。

御道铺设完毕后，宋钦宗在金军骑兵的护送下，前往青城。路上他们走得很慢，等到达金营的时候，天已经黑了。粘没喝告诉宋钦宗，因为二太子斡离不尚在城北的刘家寺，明天才能过来，需要他在这里过一夜，第二天再谈。

宋钦宗没想到会有这样的意外，却又无可奈何，只好在青城的斋宫里过了一夜。与此同时，汴京城内的军民百姓都在盼着皇帝回去。因为皇帝平安归来也就意味着和谈顺利，接下来的生活才有恢复和平的可能。

可等来等去也不见皇帝的影子，大家急了，聚集在城门处不肯离去。为了稳定城内的局势，宋钦宗专门派人入城报了平安，并下诏说："大金已许和议，事未了，朕留宿，只候事了归内，仰军民安业，无致疑虑。"百姓们这才离去。

第二天（十二月初一），宋钦宗仍然没有见到粘没喝。因为没料到会在金营滞留这么长时间，随行官员都没有带衣服，金军也没有为他们准备休息的床铺。天降大雪，大家只能坐在凳子上哆哆嗦嗦过了一夜，只有宋钦宗住的地方稍微暖和一点。

第三天（十二月初二），事情突然发生了变化，粘没喝不知为何改变了主意，派人来告诉宋钦宗，仍然需要太上皇出城。宋钦宗好说歹说，费尽了无数唾沫，粘没喝才放弃了这一想法。

但更严重的问题随之而来，粘没喝竟然要宋钦宗向金太宗上降表！也就是说，他要大宋举国投降，向大金称臣。

对于中原王朝而言，这实在是一件不可接受的耻辱之事。堂堂中华，岂能向蛮夷之邦俯首称臣？

然而，宋钦宗答应了。原因还是那句话——他别无选择。

但是，没有一个人愿意草拟这份降表，因为这实在是一件风险很大的事。从历史上来看，凡是草拟过降表的人，大都被后世之人所唾骂和鄙夷。虽然他们只是奉命行事，但没有人管这些，只要降表是你写的，那你就该被骂，而且骂的理由很充分：有个词叫"死不奉诏"，你拼死不写，皇帝还能抓着你的手写不成？谁也不想遗臭万年，所以大家你推给我我推给你，都不愿意接这个烫手的山芋。

没办法，既然大家都要滑头，那只好由皇帝点名了。最终，起草降表的任务落在了中书舍人孙觌的头上。孙觌只好硬着头皮提起笔，干起了这一注定会被人骂死的工作。

降表送上去以后，粘没喝极不高兴，他派人告诉宋钦宗，要将海上之盟以来直至现在的事情写清楚，重点突出大宋的失信和大金的大度，并且要用四六对句的形式来写。要求那是相当的高。

所谓四六对句，是一种特殊的对仗形式，每句话分为上下两个半联，每个半联又由四字短句和六字短句组成。稍后我把宋钦宗的降表附后，大家可以体会一下四六对句究竟为何。

孙觌本来不想这么写，但宋钦宗要求他一切按照粘没喝的要求来，不要整些虚头巴脑的，因为他想早点回去。孙觌只好照办。

经过多次修改，降表终于写好了，内容如下：

臣桓言："背恩致讨，远烦汗马之劳；请命求哀，敢废牵羊之礼。仰祈蠲贷，俯切凌兢，臣桓诚惶诚惧，顿首顿首。窃以契丹为邻，爰构百年之好；大金辟国，更图万世之欢。航使旌绝海峤之遥，求故地割燕、云之境，太祖大圣皇帝特垂大造，许复旧疆。未阅岁时，已渝信誓，方获版图于析木，遽连阴贼于平山。结构大臣，邀回户口，虽讳恩义，尚贷罪愆。但追索其人民，犹夸大其土地，致烦帅府远抵都畿，上皇引咎以播迁，微臣因时而受禅，惧孤城之失守，割三府以请和。屡致哀鸣，亟蒙矜许；官军才退，信誓又渝。密谕土人坚守不下，分遣兵将救援为名，复间谍于使人，见包藏之异意。遂劳再伐，并兴问罪之师；又议画河，实作疑兵之计。果难逃于英察，卒自取于交攻，尚复婴城，岂非拒命？怒极将士，齐登三里之城；祸延祖宗，将隳七庙之祀。已蠲衔璧之举，更叨授馆之恩，自知获罪之深，敢有求生之理？伏惟皇帝陛下诞膺骏命，绍履鸿图，不杀之仁既追踪于汤、武，好生之德终俪美于唐、虞，所望惠顾大圣肇造之恩，庶以保全弊宋不绝之绪，虽死犹幸。受赐亦多，道里阻修，莫致吁天之请；精诚祈格，徒深就日之思。谨予叔燕王俣、越王偲、弟郓王楷、景王杞、祁王模、莘王植、徐王棣、沂王㮙、和王栻及宰相百僚、举国士民、僧道、耆寿、军人奉表出郊，望阙待罪以闻。臣诚惶诚惧，顿首顿首。谨言。"

"背恩致讨，远烦汗马之劳；请命求哀，敢废牵羊之礼"，此种格式，即为四六对句，特别考验一个人的知识积累和公文写作水平。

这是大宋的第一份降表，却不是最后一份。一百多年后，偏安江南的南宋朝廷在元朝军队的步步紧逼之下还将献上另一份降表，只可惜元朝人没有接受。

降表写好后，宋钦宗终于见到了粘没喝和斡离不。

见面地点在青城的斋宫，粘没喝已命人提前将墙壁上画有龙的地方遮蔽起来，又面向北方（大金皇帝的方向）设立了香案，这才请宋钦宗入见。

宋钦宗立于香案之前，听金人念完他亲自签名的降表后，向着北方遥拜四次，以示对金太宗完颜吴乞买的尊重。随后，降表被送往遥远的东北，等待金太宗定夺。

仪式结束后，宋钦宗与二位金帅分宾主落座。互相谦让了一番后，宋钦宗坐在了主位，粘没喝与斡离不坐于次席。

酒过三巡之后，会谈正式开始。粘没喝首先谈了自己对太上皇和宋钦宗的看法，然后再次重申了讨伐大宋的正义性。他告诉宋钦宗，自己并没有吞并大宋的野心，只欲以黄河为界划疆而治，但是大宋要承认大金为正朔，并使用大金的年号。粘没喝还强调，为了防止四方宋军听闻汴京陷落后做出过激举动，宋钦宗应派遣使者告谕全国息兵罢战，并在金军撤退时派人护送。

宋钦宗一一答应，并把自己带来的财物送给二位金军元帅作为答谢。

粘没喝大笑，说："城池已破，一草一木皆为我所有，拿我的东西送给我，如此荒唐之事还是免了吧。"眼见天色已晚，他建议宋钦宗尽早返回，以免城内出现变乱。他亲自将宋钦宗送上马，并派卫士护送入城。

看见宋钦宗离开金寨，大金士兵兴奋地互相庆贺起来。因为这意味着和谈成功，也意味着战事即将结束，他们终于可以回家了。大家激动地说："（金宋）今是一家，我等出军十二年矣，不知家中父子存亡。且喜两国通和，遂有解甲之期。"

金军士兵弹冠相庆的时候，汴京城内的官员和百姓却饱受煎熬。皇帝已经出城三天了，他们天天在南薰门内翘首以盼，却始终不见踪影，虽然每天都有人回来报平安，但到底是真是假？和谈究竟能不能成功？大家心里都焦急万分。

十二月初二这天，大家又像往常一样聚集在南薰门内，盼望皇帝归来。因为连日下雪，道路变得泥泞不堪，大家自发运土填路，以便圣驾回銮。傍晚时分，有人远远看见皇帝的黄盖，立即激动地大喊起来，于是满城沸腾，山呼之声不绝于耳，震天动地。

等皇帝走近一点，大家终于看清了这位年轻皇帝的龙颜，想想他这几天的遭遇，百姓们忍不住痛哭起来。宋钦宗也像个委屈的孩子见了家人一样，大哭着说："我还以为再也见不到你们了！"哭得上气不接下气，以至于擦泪的手帕都湿透了。

哭是真哭，但哭过之后，大家心里的石头也算落了地。既然和谈已成，大家连日来紧张的精神逐渐放松下来，生活恢复平静似乎指日可待。

为了感谢金军给予的和平机会，宋钦宗于十二月初三下发诏令，命僧道万民到金营劳军，感谢不杀之恩。一时间，有钱的出钱，有物的出物，献金帛牛酒者络绎于道，有人还专门在礼物上标明某坊某人献物于国相太子元帅，答谢活老小之恩。不知道的，还以为是"箪食壶浆，以迎王师"呢。

这是多么讽刺的一幕呀。金军攻破了他们的城市，杀掉了他们的同胞，羞辱了他们的皇帝，侵占了他们的土地，他们却还要感谢金军。

奇怪的是，对于老百姓的感谢，金军竟然拒收了，粘没喝命人告诉他们：心意领了，因为道路泥泞、出行不便，大家就别来了，如果真有心的话，就多多念经，祈祷大金皇帝万寿无疆吧。

这一操作实在把大家给整不会了。难道金人突然转变了性子，成了乐善好施的大善人不成？

正所谓事出反常必有妖，可怜的汴京百姓并没有注意到一个奇怪的问题，那就是金人为何没有像上次一次索要金银呢？

四、赔不起的赔款

事实上，金军不仅要了，而且比上次更多。

就在宋钦宗圣驾回銮的时候，粘没喝派了四名使者随行，领头的便是萧庆。当百姓们捐款捐物前去金营劳军的同时，金使们也提出了自己的要求：金一千万锭，银二千万锭，帛一千万匹。折合成“两”来计算，就是金一亿两、银十亿两，足足是上一次汴京围城时的二十倍。金军胃口之大，着实让人惊掉下巴。

当然，要是一回事，给不给得起是另一回事。上一次的账到现在还没还清呢，这一次就更别指望了。

为了搞清大宋的家底，金军对府库进行了检视，发现绢是够数的，有一千四百万之多，他们依约取走了一千万匹。但金银之数实在相差甚远，他们只好将希望放在了宋钦宗身上，通过他来对汴京进行二次搜刮。

安全起见，金军要求宋军将汴京城内的兵器和马匹全部上缴。如此一来，汴京便成了一座不设防的城市，解除了武装的士兵和百姓便成了手无寸铁的待宰羔羊，只能听凭金军摆布。

面对金军的要求，宋钦宗表现得十分配合（不配合没法），不仅如期上交了兵器和马匹，对搜刮金银一事也颇为上心。他先是要求大臣们献出金银，王爷、公主以及内侍也要照此办理。

但这实在是杯水车薪，宋钦宗只好又下令城中的权贵豪富之家“竭其家赀”，以答谢大金的再造之恩。权贵富豪的钱也不是大风刮来的呀，纷纷想办法逃避缴纳，这里挖个坑，那里打个洞，把能藏的都藏起来，只是象征性地缴纳一点应付公事。

没办法，宋钦宗只好使出了特务手段，鼓励大家积极检举揭发。凡揭发属实的，奖励赃款的百分之三十；凡知情不举的，与藏匿者同依军法处置。

饶是如此，金银数量仍不见涨，宋钦宗只好使出了最后的撒手锏——摊派。沿街商铺、富家大户等都被摊派了一定数额的金银，凡逾期没有交够的，直接抓起来拷打，什么时候家属凑够了金银，什么时候放人。堂堂皇帝，简直成了绑票的土匪！

与此同时，府库里的绢帛也被源源不断地运往金军的营地。虽然府库里绢的数量足够多，但金军负责接收的人却吹毛求疵，鸡蛋里挑骨头，把看不上眼的绢直接放在墨汁里弄黑，然后退回。他们态度傲慢，甚至拿着棍棒殴打搬运财物的宋人。

经过一段时间的折腾，金军也意识到大宋实在拿不出那么多金银，于是像上次一样，主动降低了数额，减为金一百万锭、银五百万锭。

数额确实少了，但宋钦宗依然拿不出。

与此同时，土地交割也陷入了与上次同样的困境。大家应该还记得，上一次汴京围城后，宋钦宗曾派使者随同金军一起前去交割土地，尽管提前下了诏书，还有皇帝身边人同行，各地守臣依然拒不交割，坚守顽抗。

这一次，金军吸取了教训，让宋钦宗提前将各地守臣的近亲抓来作为人质，意图利用他们逼迫守臣们就范。家属们被聚集在开封府的廊庑之下，好几天得不到饮食，连休息的地方也没有，啼饥号寒之声让人耳不忍闻。

就这样过了几天之后，他们跟随金军分赴各地，去劝降守臣。即便这样，各地守臣依然不肯投降割地，纷纷用自己的方式坚守。

宋钦宗生怕激怒金人，一再下诏催促守臣们割地纳款，皆如石沉大海。

像上次一样，粘没喝想破脑袋也想不明白，这些地方守官何以敢抗旨不遵？

是呀，他们怎么敢呢？在那个君要臣死臣不得不死的皇权时代，皇帝的圣旨就是一切，无关对错，臣子们唯一要做的就是无条件执行。哪怕你明知道是错的，哪怕你心里一万个不愿意，也要在保留意见的基础上坚决执行。

那为何守臣们敢于拒绝执行割地命令呢？

也许，他们在观望。谁能保证宋钦宗不会像上次一样，突然再来个坚守的命令呢？真是那样的话，已经按照命令割地的守臣便成了大家眼里的卖国贼，秋后拉清单，他们想跑都跑不了。

但更重要的，我想还是刻在骨子里的民族情结。如果割地纳土，便成了大金治下的人。对于深受儒家文化影响的中原人来说，华夷之辨是根深蒂固的，让他们接受蛮夷的统治，披发左衽、茹毛饮血，那简直比被杀还难受。所以，他们宁愿看着自己的亲属被杀死，也不愿拜降在金人的马蹄之下。

金银要不上来，土地也得不到，粘没喝的情绪逐渐失控，甚至怀疑宋钦宗又想毁约背盟，生气至极。宋朝使者万般解释，连哄加奉承，他的怒气才有所消减。

就这样，在一片混乱中，迎来了靖康二年（公元1127年）的新年。

我想，无论对于宋钦宗而言，还是对于汴京城的军民而言，这都是一个极其难忘的新年。国破家亡、断壁残垣、敌兵在侧、缺衣少食，在他们的一生中，很难再有一个新年比现在更惨。

但该过还是得过。

为了缓和与金军的关系，宋钦宗专程派济王和景王前往金营犒军，并祝二位金帅新年快乐。粘没喝也算讲究，派自己的儿子珍珠大王入城还贺正旦。

当然，所有的客套都是虚的，粘没喝最关心的还是金银。作为一名女真人，他似乎也不懂得汉人“逢年不要债”的传统美德，依旧每日派人催促。

金人连个好年都不让过，宋钦宗很无奈，只好于正月初八派宰相何㮚前往金营，请求二位金帅可以再减少一些金银。

粘没喝大怒：“我攻破城池后不让大军下城掳掠，已经很给你们面子了，你们却一而再再而三地提要求。麻烦搞明白一点，你作为战败方，有什么资格提要求？再这样的话，我只好纵兵入城自己去搜了！”

宋钦宗一听金兵要入城，立即害怕起来，忙问金使萧庆如何是好。萧庆认为，只有宋钦宗亲自去见二位金帅，事情才能有所转机。

恰在此时，粘没喝也派人送来了一封书信，要求宋钦宗再次前往青城。

宋钦宗当即愣住，粘没喝又想干什么？

贰拾玖

北宋亡国

一、皇帝一去不复返

在给宋钦宗的书信中，粘没喝的理由是这样写的："农时将近，我们也要回去了，临走之前，想请你商量一下给大金皇帝上徽号一事，请务必前来。"

持书信前来的金使建议宋钦宗不必亲自前去，只需要派亲王、宰相等人替代即可。但李若水及何桌却认为此去无虞，既然粘没喝指明要皇帝亲去，如果皇帝不亲行，只怕会惹怒粘没喝。宋钦宗也害怕粘没喝一怒之下纵兵入城，于是决议正月初十前往青城。

似乎是预感到了什么，临行之前，宋钦宗任命同知枢密院事孙傅为留守兼太子少傅，吏部侍郎谢克家兼太子宾客，共同辅佐皇太子监国。他私下对孙傅说："我此番前去金营，只怕凶多吉少。万一有什么不测，你可招募敢死之士二三百人全力护送太上皇和皇太子溃围南奔，我的命就交给天意吧。"言语之间，充满了宿命的意味。

正月初十，当百姓们得知皇帝将要再次前往金营的消息后，纷纷赶来挽留。他们拉住皇帝的车驾，哭喊着不让皇帝出发，宋钦宗也流下了悲伤的眼泪。

关键时刻，一个狠人出场了——跟随皇帝一起出发的范琼，露出了凶狠的一面。

复杂的人性在范琼的身上可谓体现得淋漓尽致。此人本是行伍出身，因参与镇压农民起义而崭露头角。第一次汴京围城时，范琼率兵勤王，并在金军撤退后参加了太原解围战。金军再次围城后，他被任命为京城四壁都巡检使，参与京城防守，并多次主动对金军发起攻击，虽然战败，但勇气可嘉。

从这些过往来看，范琼似乎不失为一个忠臣。然而，人性多变，环境能改变一个人，时势也能。

汴京城破后，曾为忠臣的范琼变了。看到百姓们拉着车驾不让出发，范琼大怒着吼道："若不使车驾出城，汝等亦无生理！"

百姓们哪里肯听，纷纷拿起砖瓦朝范琼身上砸去。范琼的恶气被彻底激发出来，他拿出随身携带的佩剑，恶狠狠地向那些抓着车驾的手砍去。手指应声而落，哀号之声回荡在空旷的汴京城之内，久久不绝。但仍然有百姓拦在车驾前不让出城，范琼又杀掉数人，车驾这才出城。

行至郊外，张叔夜也叩马而谏，建议宋钦宗不要前去。宋钦宗哭着说："朕为生灵之故，不得不亲往。"张叔夜自知无力改变，只能眼睁睁看着车驾离去。走了几步，宋钦宗突然回过头喊道："嵇仲（张叔夜字嵇仲）努力！"张叔夜伏地痛哭。

应该说，对此次出城的结果，宋钦宗是没抱什么希望的，不然他也不会秘密嘱托孙傅带太子南逃。可他怎么也没有想到，此一去竟成永诀，从此之后直至死亡，他再也没有回到过汴京城。

像上回一样，宋钦宗到达青城的第一天，粘没喝并没有见他，宋钦宗只好在上次住过的地方再次住下来。趁这个空当，宋钦宗发出了两封诏书。

一封是发往城内的，诏令王若冲、邵成章护卫皇太子赴宣德门，并让他们称制行事，也就是让皇太子监国。看得出来，宋钦宗已经做了最坏的打算。

另一封是秘密发往河北的，他派郃门宣赞舍人符彬将诏书送到北道总管司。在诏书中，宋钦宗一改往日和战不定的态度，对金人大加痛斥，鼓励河北之民"各宜奋发忠孝，更相结集，自保土疆，使予中国不失于蕃夷"。他还承诺，如能天下太平，愿意"与汝等分土共享之"。

可以看出，对于金军，宋钦宗已不再抱有幻想了。

宋钦宗依然没有被放回。粘没喝还派人给城内传话，之所以扣留皇帝，是因为金银之数未足，什么时候金银够数了，才会放皇帝回城。

消息传进城内，开封府立即张出大榜，要求"在京士庶，各怀爱君之心，不问贵贱，有金银表锻者，火急尽数赴开封府纳"。为了加紧搜刮金银，开封府派出官吏挨家挨户搜查，一铢一两也不放过，汴京城人心惶惶，满市号恸，其声不绝。

虽然搜刮金银对大家的生活造成了极大的伤害与影响，但百姓们依然每天都在盼望着皇帝回来。最开始，有消息说和二位金帅一起过完元宵节，皇帝就会回来。但元宵节过后，依然不见皇帝的影子。又有消息传来，说二位金帅邀请皇帝打马球，打完之后就会回来。过了几天，又说最近天气不好，等天晴了以后再送皇帝回来。

传来传去，大家的心里愈发不安。最先沉不住气的是年轻气盛的太学生，他们找到留在京城中主持工作的执政们，希望上书二位金帅，恳求他们将皇帝放回。可执政们不敢，太学生只好自己来。

其中，尤以太学生徐揆的行为最为壮烈。在上书中，他引经据典，对二位金帅大讲仁义道德，对他们为了钱财而扣留皇帝的行为大加鄙夷，请求他们放回皇帝，早日撤军。

守卫南薰门的金兵将徐揆的上书送往金营。粘没喝看后勃然大怒，立即命人将他抓到金营。面对粘没喝的责骂，徐揆严词抗争，最终被杀。

宋钦宗听说后担心有人重蹈覆辙，立即写了一封手札送进城内，说："此事岂口舌所能下！"希望大家不要再做无谓的牺牲。

徐揆之死并没有带来任何改变，粘没喝依旧不放宋钦宗回城。不仅如此，金军眼看金银实在不够数，又开始像上次一样索要其他值钱的东西折抵金银，甚至连皇帝御用的郊天仪物、法服、卤簿、冠冕、乘舆等也在被索取之列。

除了要东西，还要人，宦官、宫女、倡优及工匠等尽在被索要之列。不同身份的人，可以折抵的金银数量也不尽相同。人数太多，连车子都不够用了，只好用轿子抬，原本以出租轿子为生的商家被洗劫一空。汴京城内，哭声震天。

宫女们路过南薰门时，百官正聚集在这里盼望皇帝回来。想想自己即将遭受的命运，宫女们愤怒地指着百官大骂起来："你们身为国家大臣，将国家败坏到这个地步，却拿我们女人去顶罪，你们还有何面目活在世上？！"

百官只能羞愧地低头不语。

就在汴京城陷入一片混乱的时候，更坏的消息传来：皇帝被废了！

二、皇族尽为囚俘

前面说过，宋钦宗的降表写好以后，立即被送往东北，等待金太宗完颜吴乞买最后定夺。因为路途遥远，公文往来需要很长时间，直到二月初五，二位金帅才接到金太宗的旨意。

其实在这之前，粘没喝和斡离不已经讨论过要不要废黜宋钦宗的问题。粘没喝比较强硬，认为应该毫不犹豫地将他废掉，但斡离不却有自己的顾虑。

当时，康王赵构正在河北地区活动，宋钦宗还任命他为天下兵马大元帅，让他统领天下兵马，他在军队中的影响力甚至超过了皇帝。斡离不担心一旦将宋钦宗废黜，天下人会拥立康王继承皇位。而从过往的表现来看，康王明显要比宋钦宗强得多，所以，还不如留着宋钦宗，“挟宋主以令天下，不使康王逞志”。

粘没喝觉得有道理，于是写了一封书信呈送金太宗。可书信尚在发往东北的路上，金太宗废黜宋钦宗的圣旨便已经到来了。

二月初五这天，粘没喝和斡离不终于准备和宋钦宗打球了。活动开始前，大家坐在一起吃了顿饭。此时，二位金帅对宋钦宗还很客气。酒过三巡之后，粘没喝准备下场大显身手。就在这时，金太宗之子蒲鲁虎带着金太宗的诏书到来了。粘没喝立即命人撤去酒席，恭迎圣旨。

这封名为《废国取降诏》的诏书是这样写的：

敕赵桓：省所上降表，汝与叔燕王俣、越王偲已下宗族及宰臣百僚、举国士民、僧道、耆寿军人于十二月二日出郊，望阙称臣待罪事，具悉。背义则天地不容，其孰与助？败盟则人神共怒，非朕得私。肇自先朝开国，乃父求好，我以诚待，彼以诈欺，浮海之使甚勤，请地之辞尤逊。析木版图第求入手，平山伪诏曾不愧心？罔天罚以自干，忽载书而固犯。肆予纂绍，犹事涵容。迨悛恶以无闻，方谋师而致讨。犹闻汝得承位，朕望改图，如何复循父佶之覆车，靡戒彼辽之祸鉴？虽去岁为盟于城下，冀今日堕我于画中。赂河外之三城，既而不与；构军前之二使，本以间为。惟假臣权，不赎父罪，自业难逭，我伐再张。将臣多激怒之心，战士增敌忾之勇。息君犯五不韪之罪，丧亦宜乎；晋师有三无报之名，倍犹未也。以是济河航苇，降汴燎毛，人竞覆昏，天莫悔祸。谁肯背城而借一？果闻举族以出降。既为待罪之人，自有易姓之事。所有措置条件，并已宣谕元帅府施行。故兹诏示，想宜知悉。

事情似乎已成定局。

此时的宋钦宗还傻傻地不知道发生了什么。

前面说过，粘没喝曾答应打完球后就放宋钦宗回城。现在球既已打完，宋钦宗请求粘没喝兑现诺言，放自己回城。粘没喝却冷冷一笑道：“你还想去哪里？”

态度转变之快，让宋钦宗大吃一惊。直到斡离不将他送回斋宫，宋钦宗才知道自己被废一事。随行的吴幵、莫俦等人立即跪倒在斡离不的面前，请求他想想办法，只要能不废皇帝，什么条件都能答应。

此时的斡离不暴露了好色的一面，竟然提出要帝姬三人，王妃、嫔御七人的条件。这是当面打宋钦宗和皇家的脸面呀！可现在什么也顾不得了，只要能保住皇位，脸面已经不重要了。在吴幵等人的力劝下，宋钦宗最终签字画押，算是答应了斡离不的条件。

得到许诺的斡离不很是高兴，立即去找粘没喝商议。

这里有必要说明一点，虽然金太宗已经下了废黜宋钦宗的诏书，但考虑到自己对汴京城内的情况并不是很熟悉，为了防止意外情况发生，在这道明诏之外，他又给粘没喝和斡离不下了一道密诏，允许他们便宜行事。也就是说，虽然金太宗的意见是废黜宋钦宗，但最后的决定权仍然在二位金帅手中。斡离不正是基于这一点，才去找粘没喝商议。

粘没喝直接拒绝了。

被驳了面子的斡离不很生气，搬出金太祖完颜阿骨打来给粘没喝施压。他说："太祖活着的时候曾明令不许伐宋，言犹在耳。现在太宗准我们便宜行事，也是因为顾及这一点呀。"

粘没喝回怼道："你是不是得了大宋的好处，才说出这么不顾大局的话？如今宋兵尚多，民心未去，如若放手，必定后患无穷。"

送诏书前来的蒲芦虎也在一旁帮腔道："都元帅斜也的意见和国相一样。"

斜也是金太宗的弟弟，也是金太宗确立的皇位接班人，从辈分上说，是粘没喝和斡离不的叔叔。此次伐宋，他被任命为都元帅，是粘没喝和斡离不的上级。所以，他的话相当有分量。

眼看自己成了绝对少数，斡离不来了脾气，大喊道："伐宋之举，我是首谋，应该听我的！对待宋朝皇帝决不能像对待辽国皇帝一样！"

眼见两人越吵越凶，蒲芦虎赶紧将他们拉开，斡离不这才悻悻而归。

多次出使大宋的萧庆显然是站在斡离不一边的，他对粘没喝说："废少主（指宋钦宗），康王必自立，不似少主庸懦，请再思。"

粘没喝逐渐冷静下来，说："若大宋能归诚于我，自当保全。"

萧庆连忙赶到斋宫，希望和宋钦宗做进一步交谈。遗憾的是，宋钦宗君臣不知出于什么考虑，竟然没有理他。最后的机会就这样消失了。

二月初六，最后的时刻来临了。天才刚刚亮，宋钦宗君臣便被带到了青城金寨。他们到达的时候，寨中已设好香案，宋钦宗被要求站在香案前对着北方遥拜，然后跪下接听金太宗的诏令。

粘没喝宣布宋钦宗已被废为庶人，并让萧庆上去脱掉他的御衣。群臣被吓傻了，呆呆地愣在原地不知所措。只有李若水上前紧紧抱住宋钦宗，不让金人脱去他的冠服，并大骂金军。金军大怒，将他打得口面流血，扔到一边。当他看到宋钦宗的冠服被强行脱下后，当即气绝倒地，良久方苏。

粘没喝敬李若水是条汉子，命人将他安排在青城左掖门旁边的一间小屋之内，并叮嘱看守的士兵要好好看管，“必使李侍郎无恙”。

李若水心如死灰，开始绝食。有人劝他说事已至此，何必这么死心眼呢，今日顺从，明日即可富贵。李若水坚定地回答：“天无二日，若水宁有二主哉？”

他的仆人劝他说还有年迈的父母需要赡养，不如稍稍屈从一下。李若水无奈地说：“吾不复顾家矣！忠臣事君，有死无二，吾终不顾家矣。”终不屈。

粘没喝命吴幵、莫俦带着自己的文书入城，向留守众臣宣布皇帝被废黜的消息。此外，粘没喝还要求太上皇及后妃、诸位亲王及亲属明日尽皆出城，押赴军前。这相当于将赵氏皇族来了个一锅端。

不仅如此，在文书的最后，粘没喝还命令汴京军民推选出“堪为人主者一人”，条件非常宽松，“不限名位尊卑，所贵道德隆茂、勋业耆旧，素为众所推服，长于治民者”，如果这样的人实在不好找，那只要符合其中一条也可。唯一的限制就是不能姓赵。

将以上两段文字提炼一下就是：皇帝废了，皇族全部带走，推举异姓为新主。

换句话说，大宋亡国了！

这个消息如同晴天霹雳，震得群臣大惊失色。

我大宋，难道就这样亡了？亡于夷狄之手？祖宗数百年的基业就这样毁于一旦？他们不敢相信，也不愿相信。辅佐太子留守京城的孙傅放声大哭道：“吾惟知吾君可帝中国尔，苟立异姓，吾当死之。”

不管他们是否相信，是否接受，事实已经摆在眼前。接下来需要决定的，是下一步该如何做。

皇帝已经被废，回来的可能性微乎其微，尚在城内的太上皇便成了大家的精神寄托。所以，对于太上皇出城一事，大家最开始是十分抵触的，孙傅等人甚至想将其藏匿起来。金军见迟迟没有动静，便下了最后通牒：如上皇以下申时（下午三点至五点）不出，即纵兵四面入来杀人。

这下没办法了，大家都不想死，那只能牺牲太上皇了。

二月初七，太上皇帝前往青城，郓王以下三十余人，诸王妃、公主、都尉等皆从。

张叔夜听说后，立即赶来阻止。他进谏说："皇帝已经一去不返了，上皇您不能再去呀。臣当率励精兵，护驾突围而出，或许还有一线生机，纵使敌人派兵来追，臣当以身决于死战，陛下或可以偷生。即便天不佑宋，陛下死于封疆，岂不胜过陷于夷狄？"

听了张叔夜的话，宋徽宗迟疑了一会儿。但也仅仅是一会儿而已，因为范琼听说后立即率兵赶来，逼迫他出城。宋徽宗本欲饮药而死，被范琼一把夺下。万般无奈之下，宋徽宗只好出城，在金军铁骑的监视下前往金营。

为了避免引起百姓骚乱，官方并未将皇帝被废及太上皇出城的真正原因公之于众，对外口径为：皇帝出城久久未归，太上皇亲自出城去恳求金帅，不久圣驾即可返回。

但人们还是发现了不对劲。汴京城内的车辆已经很少，所以除了太上皇等人外，其他人只能步行。看着这些穿着皇族衣服的人郁郁寡欢地走出城门，百姓们既疑惑又担忧：不是说太上皇出城恳请圣驾回城吗？为什么所有皇族包括女眷都出动了？真的是官方所说的那样吗？

不对，肯定出大事了！大家本打算拦下太上皇的圣驾，但已经来不及了。正好燕王经过，大家便拦住他，恳求道："大王家的亲人都走了，一城生灵怎么办？不如留下一人，以存国祚。"

燕王哭着说："大金要我，教我奈何？"

百姓们说："愿与大王一处死生，如何？"

范琼见状，生怕影响皇族出城，立即将领头的两名百姓杀掉，这才稳住了事态。

望着皇族远去的身影，一股巨大的无助感笼罩着汴京城的军民们。大家不知道到底发生了什么，也不知道接下来还会发生什么，他们只能接受命运的摆布，等待着结局到来。

三、无用的挣扎

身受托孤重任的孙傅不想就这么坐以待毙，决定做最后的争取。太上皇被迫出城后，孙傅给粘没喝写了一封书信，祈求保留宋钦宗的人主之位。

在书信中，孙傅列举了以下几个理由：

一、少主虽然犯过错，但皆是因为太年轻为奸臣所误，现在奸臣们杀的杀、贬的贬，足见其改过自新之心。如能让他继续执掌中国，必定岁修臣子之礼，千方百计将大金所需的金银凑足。即便一时无法凑齐，也定会分岁贡纳，实为大金永远无穷之利。

二、大金皇帝诏旨，令推举异姓为主，可我们想破了脑袋，也没想到谁有这个资格。如果随便找个人仓促册立，四方必不服从，以致兵连祸结，天下永无宁日矣。

三、将在外，君命有所不受。虽大金皇帝有废立之意，但军前之事，元帅自可专行，恳请元帅许其自新，降号称藩，复主社稷，以责后效。

四、如果实在不愿意少主继续作为人主，祈于其子弟中择一贤者立之。实在不行的话，从神宗皇帝后人中选立也行。只要不灭赵氏之族，中原百姓将不胜感激。

书信呈上去之后，粘没喝很快给了回信儿："不同意！赵皇罪大恶极，大金皇帝不杀他已经仁至义尽了，你们就不要再存有什么幻想了，还是赶快按照要求推选异姓人主吧。"

孙傅仍不死心，又给粘没喝写了第二封上书，大体意思为："不是我们不想推举异姓为主，实在是没有合适人选。要从宰执中推选吧，皆是上皇时任用的有罪之人，不合适。若推选其他大臣吧，又皆是碌碌无为之辈，也不合适。如果从山泽草莽间推选吧，毫无威望，更不合适。我们实在是没办法了，要不还是您自己选择吧。"将皮球踢给了粘没喝。

粘没喝也不失为一名出色的运动员，又将球踢了回来："别给我玩这一套，你自己都不知道你们的人谁是贤者，我上哪里知道？甭废话，赶紧推举，然后把名单给我！”

没办法了，既如此，也没必要再隐瞒了，是时候让京城的老百姓知道真相了。

靖康二年（公元1127年）二月初九，京城军民终于知道了皇帝被废的消息。于是乎，天塌了，地陷了，大家相顾而泣，恸哭之切，声振屋瓦。

一片嘈杂中，范琼再次出场。对于百姓们的悲伤，他十分不解，大声怒斥道：“哭什么哭！不就是换了个主子吗？又不影响吃饭。好比军营，姓张的来管，就听张司空的；姓李的来管，就听李司空的。不一样吃饭睡觉吗？赶紧散了吧，该干吗干吗去！”

面对改朝换代如此想得开，这心态，着实让人佩服。

既然百姓已经知道了真相，而且似乎对赵皇还存有感情，孙傅决定借用民意，闹出点大动静来。

二月初十，孙傅等人以皇太子的名义下发榜文，号召大家一起到南薰门沥血恳告大金元帅放回圣驾。中午时分，聚集在南薰门下的军民已经不可胜数。孙傅见状，立即同张叔夜再次给粘没喝写了一封文书，祈求二位金帅立皇太子为君。

这里需要说明一下，虽然赵氏皇族被要求整体于二月初七全体出城，但考虑到维持汴京稳定的政治需要，二位金帅答应让皇后及皇太子暂时留在城中维系人心。也就是说，皇太子此时仍在城中，所以孙傅才会提出立皇太子为君。

这下可算捅了篓子。二位金帅之所以同意太子留在城中，本是为了稳定，现在孙傅等人吵吵着要立太子，太子反而成了最不稳定的因素，结果也就可想而知了。

粘没喝立即回信，不仅不同意立太子，还要求太子必须在明天之前出城，异姓人主也必须在明天推举完毕。只要有一件做不到，即率兵入城。

当天夜里，被废掉的宋钦宗也写了一封御批，要求留守大臣配合金军的工作。在御批中，他写道：

今月六日大金诏书，以屡失盟誓，别立异姓。仍依宣旨，专候上皇以下后妃诸王公主以次内族出京，俾令团聚，自惟失信，固当如此。犹许旧地别立贤人，其为万姓之幸非细。今因元帅差人赍文字入城，附此谕意，幸为晓示，早请上皇已下举族出城，诸事并从元帅指挥，方是长计。无拘旧分，妄为祸乱，速招连累。

第二天（二月十一日），宋徽宗也专门写了御批，要求尽快将太子送出城外。范琼也提前给汴京百姓下了命令，不得阻挠太子出城。

但孙傅仍想最后搏一把。在他和吴革的商议下，一个计划逐渐形成。

计划的内容是这样的：先将太子藏匿在民间，然后找一个外貌和太子相似之人，待金军前来索要时，将这个假冒的太子抱上车，同时秘密安排一些人前来劫持太子，趁乱将假太子丢下车摔死，制造太子已死的假象。粘没喝必定不会怀疑，等风头一过，再派人将太子偷偷送出城去，以图再举。

这样的情节在电视剧或者小说里经常出现，而且总能惊险过关，但在现实中就不灵了，因为假太子根本找不到。想想也是，汴京城就那么大，哪有那么巧合的事？于是，计划变成了空想。

当天夜里，皇后、太子被逼出城。

孙傅说："我身为太子傅，义当与太子同死生。今主辱臣死之时，金人虽没有要求我出城，但吾当从太子而行。"他将汴京留守事务托付给吏部尚书王时雍，随太子一同前往金营。

出城途中，围观百姓不计其数。太子望着他们，惊恐大喊："百姓救我！"可有谁能救他呢？百姓们只能在哭喊声中看着太子一行渐渐远去。

走到南薰门的时候，孙傅被拦了下来。守门的金兵问："元帅只要求皇后、太子出城，你出去干什么？"

孙傅回答："主上出辱，太子复出，我宋之大臣，且太子傅，上既不回，当以死从太子。"

守门金兵不敢做主，答应帮他请示一下，但皇后、太子必须先送去金营。孙傅只得与太子诀别，夜宿南薰门下，等待消息。

至此，太上皇、皇帝、太子及皇族男女尽皆被抓到了金营，大家相顾号泣，悲戚之情，不可言表。尤其是王妃、帝姬等女眷，其境遇之恶劣，更是让人心酸。她们原本身份高贵，在大宋皇宫内享受着奢华生活，干什么都有人伺候，甚至一个脸色便能决定别人的命运生死。然而到了金营以后，她们被要求换上歌女的衣服，杂坐于酒席之中，给金军将领倒酒助兴。有人忍受不了这种落差与羞辱，拒不奉命，当即被斩首示众。

汴京围城后，二太子斡离不曾经向大宋提出和亲要求，但被宋徽宗严词拒绝了。宋徽宗被抓到金营后，他对其嘲讽道："你不是不愿意和亲吗？现在尽为囚俘，你有何颜面见人？"宋徽宗只能小心地回答："国家各有兴亡，人各有妻孥，请二帅熟思。”意思是，人心都是肉长的，你们不要太过分。

斡离不却笑着说：“如果不是因为先皇（完颜阿骨打）与你有交情，你的妻女都是我的，其他女人更不用说了。”

有张氏、陆氏、曹氏三名女子拒不顺从，斡离不兽性大发，把她们像穿烤肠一样穿在铁签子上，挂在营门口，血流三日死去。后面有被陆续抓来的女眷，斡离不便指着这三名女子说：“不服从我，就是这个下场。”

粘没喝仍然想重用李若水，遂再次派萧庆劝降。萧庆劝李若水说：“公忠孝人也，大金将宠用公，不患不富贵，何不少屈，徒死何益也？”招来李若水的一顿臭骂：“尔曹禽兽，岂知臣子有忠义之节乎？我大宋忠臣也，圣主被辱，恨不手杀汝辈以谢吾君，而乃以富贵诱我乎？我有死而已。”

这就有点敬酒不吃吃罚酒了，粘没喝一怒之下将其杀害。临死前，他为歌诗一首，其中有句曰：“矫首问天兮，天卒不言。忠臣效死兮，死亦何愆？”

李若水死后，金人皆叹其忠，说：“辽国之亡，死义者十数，南朝惟李侍郎一人。”这样的忠臣，值得每一个人敬仰与感叹。

身陷金营的皇族及大臣们的处境让人唏嘘，而被遗留在汴京城内的官员和百姓们也面临着另一种史无前例的折磨。

四、谁来统治我们

鲁迅先生在《灯下漫笔》一文中尖锐地指出，中国几千年历史不过分为两个时代：想做奴隶而不得的时代和暂时做稳了奴隶的时代。汴京城的官员和百姓们目前的处境大概属于前者。

皇帝被废，皇族集体做了金人的囚俘，谁来统治他们呢？

老百姓们还好说，正如元人张养浩所感叹的那样：“兴，百姓苦；亡，百姓苦。”无论接下来谁当统治者，大家都一样做牛做马，交粮纳税，并无太大的变化。

官员们就不一样了，所谓“一朝天子一朝臣”，由谁来当新的统治者，直接关系到他们的政治前途，甚至身家性命。以前，大家只能被动接受，所谓父死子继、兄终弟及，由谁来当统治者，自有一套成熟的运行机制，完全轮不到他们说话。然而，现在一切都变了。随着赵氏皇族集体被俘，原本的运行机制戛然而止，偏偏金人又是怪脾气，不肯像其他胜利者一样指定一个人做傀儡，竟然要他们自己选出一个统治者来。史无前例！真正的史无前例！

对于今天的我们而言，民主选举是一种与生俱来的权利，但对于当时的汴京官员们来说，却是一种折磨和煎熬。

作为身受赵氏恩惠的臣属，皇帝刚刚被废，他们便推举异姓为新的统治者，无论从国家大义来讲，还是从个人道德来说，都是让人难以接受的。这种冒天下之大不韪的事，他们不敢做，也实在不知道该推举谁。

自荐是没人会做的。这无异于将自己置于众人的唾沫之中，不被骂死，也会被淹死。

推荐同僚也不合适。在这个节骨眼上，无论推荐谁，都无异于将其架在火炉上烤，陷其于不忠不义之境地。大家抬头不见低头见，实在下不去这个手。

不推荐吧，金人又不愿意，粘没喝刚刚下了命令，如果二月十一日还推荐不出合适人选，就率兵入城。

这可如何是好？大家你看我我看你，谁也不敢先说话。

后来，不知是谁想出了一个好主意：既然大家都不好意思推荐在京同僚，那我们就推荐一名现在金营之中的人吧。反正谁也看不见谁，不至于太尴尬。

这个主意立刻得到了大家的一致同意，但身在金营的宋臣也不在少数，究竟该推荐谁，依旧是个问题。

当时，来回传递消息的吴幵、莫俦也在城内，主持汴京事务的王时雍便询问他们的意见。吴莫二人说金人有意于张邦昌，但王时雍没有轻信。

正好尚书左司员外郎宋齐愈从金营回来，王时雍又向他求证金人的想法。宋齐愈取过一小片纸，在上面写下了几个字递给王时雍。王时雍一看，上写“张邦昌”三字，事情就这么定了下来。

虽然人选实际上是金人内定的，但大家仍要装作是自愿推举的一样，写了一封议状，请二位金帅批准。议状中，大家表示在京官员无一人符合被推举条件，所以只能推举身在金营的张邦昌，还请元帅体谅，如果元帅有更适合的人选，他们也完全同意，坚决服从。

议状写完了，需要大家逐一署名，以表示这是集体讨论的结果。然而，谁也不愿意第一个署名。尽管范琼领着兵在旁边一直催促，依然没有人愿意做出头鸟。

无奈之下，为了避免事情陷入僵局，王时雍只好带头第一个署名。大家一看有了背大锅的，这才跟着签了名。唯独孙傅与张叔夜不肯署名。

不配合的结果是很明确的：孙傅及张叔夜先后被抓到金营。为了使张叔夜就范，粘没喝欺骗他说："孙傅因为不配合已经被杀了。你年纪已经大了，还有一大家子人需要养活，何必和孙傅一块死呢？还是签个名吧。"张叔夜却说："我家世代受国厚恩，誓与国家共存亡，绝不愿立异姓。"

金人迫之数四，张叔夜终不从，惟请死而已。粘没喝觉得他是个有情有义之人，便没再为难他。

第二天（二月十二），王时雍将在京大小官员召集到一起，向大家通报欲立张邦昌为帝一事。大家知道事情无法改变，皆唯唯诺诺而已。唯独御史马伸愤然说："身为诤臣，岂能坐视不管！"

他与另一位御史吴给一起，联合时任御史中丞的秦桧，共同写了一份议状，直言张邦昌在上皇时期蠹国害民，实在不堪人主之位，希望还政于宋钦宗，以安四方。

这就有点不识抬举了。粘没喝之前一再强调，推举谁都可以，就是不能推举赵氏，秦桧此举无疑是在挑衅，粘没喝自然不能容忍，于是秦桧也被抓至金营。

不可思议的是，虽然推立异姓之事闹出了如此大的动静，但作为当事人的张邦昌却对自己被推举为新皇帝一事毫不知情。直至二月二十七日，一切都准备得差不多了，粘没喝才摆了一桌酒席，告诉他要册立其为帝一事。张邦昌顿时如五雷轰顶，吓得痛哭倒地。

很多人说张邦昌是在演戏，他的痛哭不过是装给别人看的，心里实际上不知道有多高兴呢。这完全是掉入了以结果推原因的逻辑陷阱，而这种推理方法所得到的结论往往是错误的。

在后世人的眼中，张邦昌是一个彻头彻尾的大奸臣，在评书中他更是被塑造成了一个毫无道德的大卖国贼。只因为他曾经做过一个多月傀儡皇帝，一切就都成了错误。这实在是一种不公。实际上，从张邦昌随后的表现来看，他之所以做这个傀儡皇帝，实属无奈。

当得知自己要被立为皇帝时，张邦昌是拒绝的。他从来没想过要当皇帝，也知道被立为皇帝会有什么样的后果——他将成为一个傀儡，为百姓所鄙夷，为后世所唾骂，被史官写进《奸臣传》，遗臭万年。他不想要这样的结局，因此极力拒绝，声言

“必欲立邦昌，请继以死。”

当然，大金之所以要立张邦昌，绝不是做好人好事，无缘无故送他一个天大的富贵，实在是他们不得不这样做。

大金有能力灭掉大宋，但却没有能力统治大宋，文化差异使得中原地区的百姓不会心甘情愿屈从于异族统治者，治国经验的缺乏也使得大金无法直接统治大宋如此广阔的疆域。他们必须找一个代理人，代替他们统治大宋。而这个代理人，既要有一定的声望和能力，又要对大金比较友好。

张邦昌，无疑就是这样一个人选。

事实上，大金对张邦昌的印象一直是不错的。第一次汴京围城时，他曾跟随康王一起出使金营，而且表现得不卑不亢。在金人看来，这是一种十分英勇的表现。金人撤围北返后，以李纲为首的主战派纷纷劝宋钦宗不要交割三镇，张邦昌却认为应该遵守和约，并要求宋钦宗下诏敦促守臣交割。在金人看来，这是一种友好的表现。

金人认为张邦昌是一个合格的代理人，这才将他内定为新皇帝。张邦昌的拒绝打破了他们的计划，粘没喝自然不允许这样的事发生。为了稳住张邦昌，粘没喝决定先撒个谎。他告诉张邦昌，刚才不过是开个玩笑，实际上，大金皇帝已决定立宋朝太子为帝，让你当宰相好好辅佐他，以免大宋再次背盟。

听粘没喝说得有鼻子有眼，张邦昌竟然信了！

为了避免夜长梦多，粘没喝决定三月初一将张邦昌送入城去，并暗地里做好了册封的准备。

一场闹剧，即将开始。

五、北宋亡国

三月初一很快到来了。

粘没喝已提前派人给城内下了命令，要他们做好迎接准备。当天，以王时雍为首的留守官员早早等在南薰门外，迎接张邦昌到来。金军铁骑将张邦昌送至南薰门外后随即折返，并没有踏进城内。

为了确保册立一事顺利进行，粘没喝专门下令：如张邦昌不肯即位，或者城中不愿推戴，先戮大臣，而后纵兵洗城，“即一城尽为血池，更不他择矣。”

金军铁骑临走前也再次强调：今天送来的是一个活的张相公，他如果死了，那就是你们不愿意拥立他把他杀了，账要算到你们的头上，后果自负。

这就等于将张邦昌和全城官员、百姓的性命捆绑在了一起，逼迫其不得不当这个皇帝，而大家也不得不拥立他当皇帝。

张邦昌这才如梦初醒，大呼上当。然而一切都已经晚了，只能走一步看一步了。

在应该用什么礼仪来迎接张邦昌的问题上，大家着实费了一番脑子。他们本是昔日同僚，共同为赵氏皇帝打工，可现在，人家马上就要当皇帝了，成了自己的主子，自己还要继续给他打工。这滋味，实在让人别扭。

尽管有十万个不情愿，但该做的还是得做。张邦昌现在还不是皇帝，经过御史台查看旧例，大家最终决定用对待宰相的礼仪来迎接张邦昌。

当时，前来看热闹的老百姓多达数万。为了防止意外，范琼在从南薰门至内城的道路两旁布满了士兵，排场之大，让张邦昌愧不敢当。他用扇子挡住脸，在百官的簇拥下，快步来到尚书省。

大家见他坐定，立即站于台阶之下参拜。张邦昌见状，连忙起身还礼。客气完之后，开始干正事。

因为金人有三日不立便屠城的警告，所以百姓父老尽皆赶来，求张邦昌赶快即位。王时雍等人也劝张邦昌“即权宜之计，救取一城老小。”张邦昌委屈地说：“你们怕死，却让我来做坏人，我身为宋臣，如果即位了，岂不是篡逆吗？虽然是大家逼我这么做的，但我又焉能免祸呢？”

从后来发生的事实来看，张邦昌是很有政治敏锐性的。对于做皇帝这件事可能导致的后果，他有着极为清晰且准确的判断，所以，他说什么也不肯即位。

这可急坏了王时雍等人，张邦昌不即位，他们便有被杀的可能。为了自己的脑袋，他们不得不轮番上阵，强迫张邦昌快点当这个皇帝。张邦昌也急了，拿过刀来就要自杀。大家见状赶紧将刀夺下，并埋怨他说：“相公城外不死，今欲使涂炭一城耶？相公宜从权，他日相公为伊尹为王莽，皆在相公。”

张邦昌本想说自己是被金人骗了，可谁又会相信呢？他只得长叹一声道：“邦昌以九族保此一城人。”得到了张邦昌的允诺，大家这才放心而去。

可接下来，张邦昌又反悔了。从三月初二至三月初五，大家一再催促他即位，可张邦昌一直以生病为由，不吃也不喝，一拖再拖。

金人听说后十分生气，当即对百官大加斥责，并下了最后通牒，要求张邦昌必须在三月初七即位，举行登基大典时，承信郎以上的官员必须全部参加，如有遗漏，必定重加惩处。除此之外，金人还对大典的程序进行了严格的规定，要求大家务必遵守。

至此，似乎一切都已经确定下来。谁也没有想到，就在大家按部就班地为张邦昌登基忙前忙后时，一场变乱悄然形成。

变乱的策划者是陕西统制官、宣赞舍人吴革。粘没喝要求太子出城时，他曾经和孙傅商量找人冒充太子出城，然后设法将真太子送出城外，可没能成功。心存遗憾的吴革眼见张邦昌这个异姓要登上皇帝之位，义愤填膺，于是，他与吕好问、马伸、张所、吴伦等人秘密召集了一批敢死之士，准备发动政变。

当时，恰好有被金军抓出城外的医官入城买药，他们告诉吴革，康王率领的兵马正逐渐逼近京城，城外金军大部分都被派去攻打康王了，现在金营之内的金军不过万人而已。吴革闻知大喜，立即写了蜡书派人送出城外，与康王的军马约定三月初八共同举事，来个里应外合，消灭金军，迎回二圣。

就在吴革秘密准备的时候，一个意外的消息打乱了他的计划。有人向他报告，有五十辆车从青城出发，向东而去。吴革大惊，误以为二帝已经被金人送走，抚案恸哭曰："吾君去矣！"

三月初六这天，更坏的消息传来：张邦昌要在初七登基，比他们约定举事的日期还要早一天。

有人劝他提前发动兵变，如果等张邦昌登基完毕，人心必定涣散，只怕会祸及己身。吴革犹豫了，因为他与康王约定的日期是初八，如果先期举事而城外不知，自己必定得不到外援，无异于以卵击石。大家却认为，一旦举事，京城数十万百姓必定会站在我们这一边，大事必能成功。

吴革知道众意不可夺，只得披甲上马，仓促起兵。他不知道的是，已有叛徒将他的阴谋告知了范琼等人。范琼立即领兵来追，终于在朱雀门追上了吴革。为了让吴革放松警惕，范琼故意高喊："吴统制，如此大事，为什么不拉上我一起？"

吴革也是昏了头，真以为范琼要与自己共同起事，便下马与其交谈，结果被擒，与其儿子一起被杀。

吴革固然是个忠臣，但从当时的情形来看，在内外皆是金人势力的情况下，单凭一腔热血就想举事成功，实在有点异想天开，而期望普通百姓在变乱时主动站到自己一边，也不过是过于乐观的一厢情愿。这就注定了吴革兵变只能是一个小插曲而已。

兵变平息了，时间也到了。三月初七，张邦昌的登基大典如期上演。

当天一早，百官便按照粘没喝事先规定的流程来到尚书省外等待，大金负责册封的使臣们也携带册文玉玺等来到。张邦昌从尚书省痛哭而出，骑马走到西府门的时候，竟然差点从马上掉下来，回过神来之后，依然痛哭不止，就这么一路哭一路走，一直哭到宣德门。下马之后，他被人引导至幕后，等待册封大典开始，仍旧痛哭。

册封典礼开始后，金国使者拿来皇帝才能穿的御衣放在幕外。张邦昌从幕后步出，走至御街之上，朝着大金皇帝所在的方向拜舞，表示自己承认大金为正朔。拜舞完毕，张邦昌跪下接受册封。

大金皇帝在册文中写道：

> 太宰张邦昌，天毓疏通，神姿睿哲，处位著忠良之誉，居家闻孝友之名，实天命之有归，乃人情之所系。择其贤者，非子而谁？是用遣使备礼，以玺绂宝册，命尔为皇帝，以理斯民，国号大楚，都于金陵。自黄河以外，除西夏封圻，疆埸仍旧，世辅王室，永为藩臣。贡礼时修，勿疑于述职，问音岁至，无缓于披诚。于戏！天生蒸民，不能自治，故立君以临之；君不能独理，故设官以教之。乃知民非后不治，后非贤不守，其有位者，可不谨欤？予懋乃德，嘉乃丕绩，日慎一日，虽休勿休。往钦哉！其听朕命。

金使宣读册文完毕后，张邦昌起身，穿上只有皇帝才能穿的御衣，册封大礼宣告完成。

这是一个具有历史意义的时刻。张邦昌尽管很不情愿，但他终究成了新的皇帝，成为这个国家的统治者。对更多的人而言，其意义更为重大，因为这标志着新王朝诞生了。从此以后，他们的皇帝不再姓赵，开始姓张；这个国家的名字不再叫大宋，而是叫大楚；他们也不再是大宋的子民，而是大楚的子民。

又一次改朝换代！大宋，已经亡了！